LES

MIRABEAU

IV

PARIS. — IMP. PAUL DUPONT, 4, RUE DU BOULOI (Cl.).

LES MIRABEAU

NOUVELLES ÉTUDES

SUR

LA SOCIÉTÉ FRANÇAISE AU XVIIIe SIÈCLE

PAR

LOUIS DE LOMÉNIE

DE L'ACADÉMIE FRANÇAISE

DEUXIÈME PARTIE CONTINUÉE PAR SON FILS

TOME QUATRIÈME

PARIS

E. DENTU, ÉDITEUR

LIBRAIRE DE LA SOCIÉTÉ DES GENS DE LETTRES

PALAIS-ROYAL, 3, PLACE DE VALOIS

1891

LES MIRABEAU

(DEUXIÈME PARTIE)

XII

LA MISSION SECRÈTE DE MIRABEAU A LA COUR DE BERLIN. — L'OUVRAGE SUR LA MONARCHIE PRUSSIENNE.

C'était, nous l'avons vu, au mois de janvier de l'année 1786 que Mirabeau était arrivé pour la première fois à Berlin sans aucune mission encore du gouvernement. Il voyageait pour échapper aux embarras que l'imprudence et la vivacité de ses polémiques financières lui avaient suscités, pour recommencer ces polémiques plus en sûreté. S'il avait choisi Berlin comme but de voyage, ce n'était pas seulement par ce sentiment général de curiosité qui attirait tant de Français à la cour du souverain le plus remarquable et du plus grand capitaine de l'époque, c'était dans le dessein, conçu de longue date, d'étudier de près l'œuvre politique de Frédéric II pour en faire le sujet d'un important ouvrage.

Il était lié depuis deux on trois ans avec un certain marquis de Luchet, aventurier de lettres, qui avait réussi à se faire attacher à la personne du prince Henri de Prusse, second frère de Frédéric II. Il espérait conquérir, par son ami Luchet, le patronage de ce prince, grand ami des Français, disait-on, et très fêté par eux dans un récent voyage en France. Au surplus, quel Français faisant profession d'écrire ne se promettait pas un accueil favorable à la cour de l'ami de Voltaire et de d'Alembert ?

Le ministre de France à Berlin était alors le comte d'Esterno, plus digne gentilhomme que diplomate émérite. Il fut assez étonné de se voir remettre par un personnage tel que Mirabeau une lettre de recommandation de M. de Vergennes. « Sans cette lettre, écrit-il au ministre des affaires étrangères, je n'aurais pas pris sur moi de présenter ici un homme sur lequel j'ai eu occasion de porter des plaintes en cette cour, à l'occasion des libelles qu'il a fait imprimer à Neuchâtel (1). M. le comte de Finck (ministre des affaires étrangères prussien) m'a marqué quelque surprise de cette présentation... Un grand inconvénient, ajoute judicieusement M. d'Esterno, c'est que

(1) C'est à dire à propos de l'impression du livre sur les *Lettres de cachet* et des autres écrits publiés en 1782 par l'éditeur Fauche. Voir t. III, chap. VIII.

M. de Mirabeau n'a aucun moyen de subsistance connu, qu'étant avoué de France il trouvera ici du crédit, et qu'il y aura infailliblement des réclamations à ce sujet. » A quoi M. de Vergennes réplique avec froideur : « La lettre que M. de Mirabeau vous a remise de ma part ne vous engage à quoi que ce soit envers ce gentilhomme, et rien ne doit vous empêcher de vous conduire à son égard avec la réserve que vous croirez nécessaire. Vous ferez sagement de ne lui point donner d'accès familier (1). »

M. d'Esterno n'eut point à prendre la responsabilité de présenter Mirabeau au roi. Frédéric II, comme on sait, se faisait remettre chaque jour la liste des étrangers nouvellement arrivés à Berlin, ceux-ci étant obligés de décliner leurs noms et qualités dans les corps de garde qui se trouvaient à l'entrée de la ville. Il remarqua le nom de Mirabeau, et chargea le secrétaire de son académie, Formey, de s'enquérir des motifs du voyage de l'arrivant; l'audience que Mirabeau lui demanda presque au débotté fut accordée immédiatement. Le lendemain de l'audience, Mirabeau, encouragé par la bienveillance de Frédéric II, lui écrivit une nouvelle lettre pour lui dévoiler les prétendus motifs secrets de son voyage, sur lesquels la présence de deux témoins ne lui avait pas permis de s'expliquer dans l'entrevue de la veille. Il se

(1) Archives du ministère des affaires étrangères.

plaignait des mauvais procédés par lesquels le ministre des finances français avait reconnu les *véritablement grands services qu'il lui avait rendus*, faisait allusion à l'*héritage considérable* (1) que devait lui laisser son père et qu'il ne seyait pas mal à un homme sans ressources de rappeler; parlait de son frère le vicomte, colonel dans l'armée française, qui se proposait, dit-il, de venir assister aux grandes manœuvres prussiennes, avec la permission du roi; manifestait l'intention de pousser jusqu'en Russie, et ajoutait en terminant sa lettre: « Certes, je n'aurais pas été chercher cette nation ébauchée et cette contrée sauvage (la Russie), s'il ne me paraissait que votre gouvernement est trop complètement organisé pour que je puisse me flatter d'être utile à Votre Majesté. La servir, et non pas siéger oiseusement dans des académies, eût été sans doute la première de mes ambitions, Sire. Mais les orages de ma première jeunesse et les déceptions de mon pays ont trop longtemps détourné mes idées de ce beau dessein, et je crains bien qu'il ne soit trop tard. »

Sans paraître faire attention à cette offre de services déguisée, Frédéric II répondit par une lettre des plus courtoises, où il se déclarait fort sensible à la confidence qui lui était faite (2).

(1) Cet héritage était déjà aux trois quarts anéanti.

(2) Voir les *Mémoires de Mirabeau* de M. Lucas de Montigny, t. IV, p. 292. Les lettres échangées à cette occasion entre Mirabeau et Frédéric II ont été insérées dans les *Œuvres de Fré-*

M. d'Esterno, dans sa correspondance avec M. de Vergennes, prétend que le roi de Prusse, « ayant apparemment reçu des informations défavorables » sur le compte de Mirabeau, se refroidit beaucoup à son égard par la suite, qu'il contremanda une seconde audience qu'il lui avait accordée, qu'ayant à sa table un de ses ministres, le baron de Heinitz, il témoigna à celui-ci sa surprise du bon accueil fait à Berlin « à un homme qui avait tant de choses sur son compte », propos tenu à dessein et fait pour être répété. Ce qui est certain, c'est que Frédéric continue à répondre aux lettres que Mirabeau lui adresse. Il le reçoit même une fois encore, au mois d'avril suivant, lorsque Mirabeau repasse à Potsdam pour aller faire un court séjour en France. Frédéric est alors bien près de sa fin ; mais son âme énergique commande encore à son corps défaillant et, d'une voix oppressée, il s'entretient près d'une heure avec son interlocuteur sur la tolérance, l'émancipation des juifs et la politique qu'il a suivie à l'égard des écrivains allemands (1).

Quant au prince Henri, il s'était de prime abord vraiment engoué de Mirabeau. « Je sais qu'il y a beaucoup à dire, avouait-t-il, mais cet homme m'amuse infiniment. » Le nouveau venu n'avait

déric, t. XXV. On voit d'ailleurs que Mirabeau exagère un peu, lorsqu'il écrit plus tard que Frédéric II l'a appelé auprès de lui *de son propre mouvement*.

(1) Voir la lettre du 19 avril 1786 à Mme de Nehra, citée dans les *Mémoires de Mirabeau*, t. IV, p. 296.

pas besoin d'être encouragé pour s'établir même auprès d'un prince sur le pied de la familiarité. Au bout de quelque temps, on ne vit et surtout on n'entendit plus que lui chez le prince Henri. Il y faisait parade de cinquante lettres de cachet soi-disant données contre sa famille, parlait sans cesse des finances de la France et de « leur dérangement horrible », et prétendait aller s'installer à demeure dans la magnifique habitation de plaisance de Rheinsberg que le prince possédait à quelques lieues de Berlin. « Celui-ci, dit M. d'Esterno, par le ton qu'il a laissé prendre à son protégé, ne sait comment se défendre de le recevoir. Ainsi, continue le digne ambassadeur qui était parfois sentencieux, des êtres presque imperceptibles chez nous font une sensation dans les autres cours, et spécialement dans celle-ci, où le goût de la maison royale pour les étrangers leur donne une espèce d'importance plus grande que partout ailleurs. »

Comme il devait arriver, le prince finit par se fatiguer de Mirabeau ; il le lui fit sentir par sa réserve, et Mirabeau s'en trouva offensé. Personne, pas même le très médiocre successeur de Frédéric II, qui avait eu le tort impardonnable de ne pas faire attention au remuant Français de passage à sa cour, n'est plus maltraité que le prince Henri dans la correspondance que Mirabeau adressa un peu plus tard à Paris, une fois chargé de la mission secrète dont nous allons parler.

Cette mission secrète, s'il faut en croire Dieudonné Thiébault, l'auteur des *Souvenirs de vingt ans de séjour à Berlin*, c'est pourtant le prince Henri qui en avait eu l'idée première. Partisan décidé de l'alliance française, bien qu'il eût été d'ailleurs l'agent principal du premier partage de la Pologne, le prince souhaitait à Berlin, à l'époque prochaine de la mort de son royal frère, au début d'un nouveau règne qui pouvait ouvrir le champ à bien des intrigues, à celles notamment du parti opposé à la France, la présence d'un observateur plus clairvoyant et plus actif que M. d'Esterno. Il écrivit en ce sens à quelques amis en France, sa lettre fut montrée aux ministres, et M. de Calonne qui cherchait alors à employer Mirabeau de quelque manière pour le *museler*, trouva l'occasion bonne et le fit désigner. Ce choix, auquel le prince Henri avait été fort loin de songer, ne lui plut pas. Il se voyait adresser, avec ordre de ne rien faire que de concert avec lui, un homme dont il avait déjà sujet de se méfier.

Je connaissais les talents de Mirabeau, racontait-il quelque temps après à Thiébault qui nous transmet ses propres paroles, mais je connaissais aussi sa moralité... Je résolus de ne point m'exposer à ses indiscrétions. Il venait me voir autant qu'il le pouvait, et je ne le recevais que poliment ; il m'envoyait de ses nouvelles avec des billets très galants, et je les lui faisais reporter avec des compliments, mais sans billet ; il n'a jamais pu avoir ni ma signature, ni un mot de ma main. Il a beaucoup trop d'esprit pour ne s'être pas aperçu qu'il n'avait pas ma confiance; et moi, de mon côté, j'étais trop attentif à ses démarches pour ne pas être assuré qu'il avait surtout à cœur d'obtenir quelques lettres ou billets de ma part, quoique j'ignorasse l'usage qu'il projetait d'en faire; et c'est pour avoir échoué dans ce dessein qu'il s'est livré à une violente colère contre moi, et m'a si fort maltraité dans son *Histoire secrète* (le recueil livré au public de sa correspondance de Berlin).

Rappelé à Paris vers la fin d'avril 1786, Mirabeau en revint moins de trois mois après, chargé de sa mission (1). Si le ministre des affaires étrangères, M. de Vergennes, avait admis la mission en principe, il se montra sans nul doute très opposé au choix de l'homme que son collègue M. de Calonne y voulait employer. Il connaissait Mirabeau de longue date, ayant eu notamment à solliciter, en 1777, des États généraux de Hollande l'extradition du ravisseur de Mme de Monnier et, en 1782, du gouvernement prussien lui-même la répression des publications faites, comme nous l'avons dit, à Neuchâtel. Les rapports de M. d'Esterno sur la conduite de Mirabeau depuis son arrivée à Berlin n'étaient point de nature à dissiper ces préventions défavorables. Aussi, sans vouloir mettre un obstacle absolu au projet du contrôleur

(1) Le procès du collier était alors commencé, et Mirabeau prend avec beaucoup de vivacité dans ses lettres particulières les intérêts du cardinal de Rohan; il avait fait la connaissance précédemment de plusieurs membres de la maison de Rohan, lors de leur exil à Bouillon.

général qu'il tenait à ménager, dont il était d'ailleurs l'ami et le protecteur auprès du roi, il ne fit rien pour s'y prêter. Mirabeau dut être rétribué sur les fonds du contrôle général, non sur ceux des affaires étrangères. Il ne correspondit jamais avec le ministre de ce département; quelques-unes seulement de ses lettres arrivèrent, ainsi que nous l'expliquerons, indirectement jusqu'à M. de Vergennes. En aucun moment ce ministre ne paraît l'avoir considéré comme un agent sérieux et utile, mais comme un homme dangereux qu'il valait encore mieux avoir à ses gages à l'étranger que contre soi en France.

Deux personnes avaient particulièrement contribué à obtenir la désignation de Mirabeau, et restèrent les intermédiaires de ses communications avec le contrôleur général : le duc de Lauzun et l'abbé de Périgord. Nous savons que tous deux s'étaient liés intimement avec Mirabeau dans la maison du banquier Panchaud. Le duc de Lauzun était alors très avant dans la confiance de M. de Calonne; il avait été chargé par lui de négocier le traité de commerce avec l'Angleterre qui fut signé cette année même. Quant à l'abbé de Périgord, il semblerait résulter d'une lettre ultérieure de Mirabeau à M. de Montmorin qu'il n'était pas alors dans les mêmes termes avec le contrôleur général. Pourtant Mirabeau, dans une autre lettre adressée à Mme de Nehra, au moment où il reçoit sa mission, c'est-à-dire au commencement de juillet 1786, déclare que l'abbé de Périgord « est toujours dans la plus haute faveur », ce qui semble indiquer une faveur datant déjà de quelque temps. Et l'abbé lui-même, qui avait d'ailleurs partie liée avec le duc de Lauzun, exprime un peu plus tard dans sa correspondance avec Mirabeau un attachement à la politique de M. de Calonne qui ne pouvait guère être formé de la veille. « Vous ne pouvez trop louer M. de Calonne sur cet objet, écrit par exemple l'abbé en parlant de la convocation des notables. Il faut le soutenir par communes louanges pour mener à bien cette grande affaire, et lui montrer surtout la gloire qu'il va acquérir. » Dans tous les cas, ce fut à l'abbé de Périgord qu'échut le véritable rôle de correspondant de Mirabeau, au nom de M. de Calonne. Il recevait ses dépêches, les déchiffrait, remettait les déchiffrés à M. de Calonne, qui les faisait passer sous les yeux du roi, et rédigeait ensuite les réponses, quand on jugeait à propos d'en envoyer. Dans la transmission même des dépêches de Mirabeau, il ne se bornait pas au simple travail de déchiffrement ; comme nous le verrons, il contrôlait et retouchait.

Si intéressant qu'il puisse être de voir la tête froide de Talleyrand se laisser captiver par les enchantements de M. de Calonne, ce qui nous intéresse bien plus aujourd'hui, c'est d'avoir quelque lumière sur le rapprochement de Talleyrand et de Mirabeau, au début de leurs carrières politiques.

Ces deux hommes ne sont-ils pas, à tout prendre, les figures les plus originales que le mouvement de 1789 ait mises en relief, celles qui réunissent le mieux en elles-mêmes tous les contrastes de la société du temps ?

En 1788, nous l'avons vu, Mirabeau, énumérant les quatre personnes qui lui étaient les plus chères au monde, plaçait parmi elles l'abbé de Périgord, avec Mme de Nehra, le duc de Lauzun et Panchaud (1). D'autre part, les quatre lettres écrites par l'abbé à Mirabeau pendant la mission de ce dernier à Berlin, et conservées aujourd'hui aux archives du ministère des affaires étrangères, respirent la plus cordiale amitié. Sans parler des compliments, qui n'y sont pas ménagés, on y trouve des phrases comme celle-ci : « J'aime bien à vous dire, mon cher comte, que c'est pour la vie que je vous suis tendrement attaché. » L'abbé fait confidence de ses ambitions à son ami ; il lui raconte en particulier comme quoi il est question pour lui dans le moment de l'archevêché de Bourges, « une belle place, dit-il ; il y a une administration, et cela donne nécessairement entrée aux États ».

Quelle sorte de sympathie a pu unir deux hommes de caractères en apparence si dissemblables ? Même, de Talleyrand jeune à Mirabeau, ce n'était pas seulement le caractère, c'était

(1) Dans ses lettres de Berlin, Mirabeau appelle l'abbé de Périgord « mon cher maître ».

aussi le genre de vie qui paraissait différer essentiellement. L'un était le gentilhomme sans ressources et sans considération que nous connaissons, écrivant par nécessité des brochures de circonstance, à la solde des financiers et des ministres. L'autre était un brillant abbé de cour, recherché dans le meilleur monde, en possession du crédit le mieux établi auprès du gouvernement, investi des fonctions importantes d'agent général du clergé, en attendant de recueillir la succession d'un oncle archevêque de Reims et pair de France, non moins dénué de sens moral que Mirabeau, avec un cœur plus sec, mais très soumis aux convenances mondaines, tant qu'il était impossible de parvenir en s'en affranchissant, et, dans son ambition même, prudent, mesuré et calculateur comme on ne l'est pas à son âge, car lui et Mirabeau n'avaient pas alors quarante ans. A la vérité, Talleyrand avait un coup d'œil assez perspicace pour comprendre que Mirabeau était plus qu'un homme d'esprit, comme on le reconnaissait généralement dès lors ; qu'il était un homme doué de facultés extraordinaires, comme Clavière seul peut-être avait su le deviner avant lui. En outre, si l'ambition de Mirabeau était impatiente, avec moins de raison celle de Talleyrand l'était aussi. Ni l'un ni l'autre ne voyaient bien clairement ce qu'allait être la Révolution qu'ils pressentaient ; mais tous deux appelaient de leurs vœux un grand changement dans l'état de choses existant : l'abbé pour arriver plus vite aux premières places dans le gouvernement, Mirabeau pour pouvoir même y prétendre. Communauté d'ambition, c'est à ce motif de sympathie qu'il ne faut toujours revenir pour expliquer la plupart des amitiés de Mirabeau pendant les quelques années qui précèdent immédiatement 1789. Il faut aussi faire la part de la séduction qu'exerçait Mirabeau, et à laquelle, nous l'avons déjà constaté, personne n'a complètement réussi à se soustraire. Et enfin, quant à Talleyrand, il faut se le représenter alors sous ses véritables traits extérieurs, c'est-à-dire très aimable (1), point sardonique, comme il a pu le paraître quelquefois vers la fin de son existence accidentée et désenchantée; rougissant un peu de son infirmité, mais nullement aigri contre sa destinée, l'état ecclésiastique, dont les devoirs ne lui pesaient guère, répondant bien à ses visées ambitieuses. Il était surtout occupé d'intrigues et aussi de spéculations, car ses revenus abbatiaux ne suffisaient guère à ses goûts de dépense ; il cherchait toutes les occasions de se mettre en évidence : c'est ainsi qu'il s'était fait

(1) Dans une collection de portraits publiés en 1789 sous le titre de *Galerie des États généraux* et dus à la collaboration de Laclos, du marquis de Luchet et de Mirabeau, Talleyrand est dépeint sous le nom d'Amène. « Amène a ces formes enchanteresses qui embellissent même la vertu. » Telle est la première ligne du portrait. M. Sainte-Beuve, si rigoureux pour Talleyrand, dans l'étude qu'il lui a consacrée, n'a cependant pas dissimulé cet agrément de formes.

présenter à Voltaire lors du dernier voyage à Paris du patriarche de Ferney, qu'il avait armé un vaisseau à ses frais pendant la guerre d'Amérique; mais nul ne goûtait mieux ce *plaisir de vivre* que ceux qui n'ont pas vécu au même temps n'ont pas connu, c'est lui qui l'a dit en ses vieux jours (1); et peut-être même subissait-il l'influence de cette heureuse époque, jusqu'à participer à ses heures aux entraînements généreux de son entourage.

Il y eut des nuages, il devait y en avoir, dans les relations de Talleyrand et de Mirabeau, pendant les quatre ans qu'elles durèrent. Nous avons des lettres où Mirabeau reproche à l'abbé, s'adressant à lui ou parlant de lui, *ses manèges*, *sa souplesse de courtisan*, même *sa perfidie*. Ce dernier mot est employé à propos d'insinuations par lesquelles l'abbé avait essayé, paraît-il, d'éveiller la jalousie de Mirabeau au sujet de Mme de Nehra (2). L'abbé, en revanche, prêchait

(1) Le mot est cité par M. Guizot au début de ses *Mémoires*. C'est avec une véritable émotion que, dans une séance de la Chambre des pairs, le 19 novembre 1821, Talleyrand se reportait à ces belles années de sa jeunesse pour rendre hommage à celui qui avait été alors son compagnon le plus intime, le duc de Lauzun.

(2) Il y a plus. Nous trouvons reproduite dans une brochure peu connue du comte d'Antraigues, intitulée : *Adresse à l'ordre de la noblesse*, Paris, 1792, une lettre adressée à ce gentilhomme par Mirabeau, et dans laquelle Talleyrand est traité avec la dernière violence. Nous ne prenons pas cette lettre comme l'expression des sentiments vrais de Mirabeau à l'endroit de celui qu'il appelait son ami. Nous sommes même embarrassés pour expliquer complètement la grande colère que Mirabeau

sans cesse à son impétueux ami, non pas la morale, mais la tenue et la correction extérieures. Les frasques de Mirabeau le déconcertaient. Ce fut une de ces frasques qui rompit définitivement leurs relations. Nous qualifions ainsi l'acte grave d'indélicatesse que Mirabeau commit au commencement de 1789, dans un moment où il avait un pressant besoin d'argent, en publiant, sous le titre d'*Histoire secrète de la cour de Berlin*, toutes les lettres qu'il avait adressées de Berlin à l'abbé de Périgord et au duc de Lauzun au cours de sa mission. Ces lettres, dont Mirabeau avait gardé ou redemandé copies, étaient remplies de jugements sans mesure dans la forme, d'anecdotes et de commérages scandaleux sur les principaux personnages de la cour de Berlin, à commencer par le roi Frédéric-Guillaume. Le Parlement de Paris fit

manifeste en cette circonstance. Sans doute il en voulait à l'abbé de Périgord de ne l'avoir pas assez défendu contre la lettre de cachet dont il avait été l'objet, lors de la publication de la *Dénonciation de l'agiotage*. La lettre de Mirabeau est en effet à peu près de cette époque; elle porte la date du 28 *avril* 1787, *Paris, rue Sainte-Anne, hôtel de Gênes*. Elle débute par des compliments à M. d'Antraigues et continue ainsi : « Ma position, assombrie par l'infâme conduite de l'abbé de Périgord, est devenue intolérable. Je vous envoie sous cachet volant la lettre que je lui écris. Envoyez-la-lui, je le répète, envoyez-la-lui, car j'aime à penser que cet homme vous est inconnu, et je suis bien sûr du moins qu'il devrait l'être à tout homme de votre trempe. L'histoire de mes malheurs m'a jeté entre ses mains, et il me faut encore user de ménagements avec cet être vil, bas, avide, intrigant. C'est de la boue et de l'argent qu'il lui faut. Pour de l'argent il a vendu son honneur et son ami, pour de l'argent il vendrait son âme et aurait raison, car il troquerait son fumier contre de l'or. »

brûler l'ouvrage par la main du bourreau, et ordonna des poursuites contre l'auteur ou l'éditeur anonyme. Désavouer la publication, c'est ce que Mirabeau ne manqua pas de faire, mais le désaveu ne pouvait tromper personne. Il ne nia pas que les lettres fussent de lui; mais il fit entendre qu'on s'en était emparé sans son consentement, qu'on les avait *mutilées*, *falsifiées*, *empoisonnées*, artifice renouvelé de Voltaire à propos de son poème de *la Pucelle* et de beaucoup d'autres ouvrages. En définitive, l'indélicatesse était aussi une insigne maladresse de la part d'un homme qui aspirait alors à entrer aux États généraux, et qui avait déjà pour y parvenir tant d'obstacles à surmonter. Le duc de Lauzun et l'abbé de Périgord, devenu évêque d'Autun, restaient désignés par leurs initiales dans les lettres imprimées; le premier se montra bon prince et feignit d'accepter les explications de Mirabeau; le second, qui était le plus compromis, car presque toutes les lettres lui étaient adressées et étaient parvenues par lui au contrôleur général, à M. de Vergennes, au roi même, car il était, sinon l'organisateur de cette correspondance, du moins, suivant l'expression de M. Sorel dans un remarquable travail dont nous aurons à parler, le ministre *in partibus* tenant la plume pour répondre à Mirabeau et lui donner ses instructions, le second ne pardonna pas, et ne voulut se réconcilier avec Mirabeau que lorsque celui-ci était sur son lit de mort.

Si l'évêque d'Autun n'était pour moi qu'un homme public, écrivait Mirabeau au duc de Lauzun le 21 avril 1789, peu de temps après cette rupture, sur un ton sincèrement humilié et attristé, après avoir montré à sa place, à son talent et à tout ce qu'on a le droit d'attendre (*sic*) la considération qu'il mérite, et fait des avances pour m'approcher de lui, je me tiendrais à la distance où il voudrait me tenir, consolé de ce que pourrait y perdre la chose nationale par la conscience d'avoir fait tout ce qui est en moi pour me *coalitionner* avec lui. Mais je l'aime, et je dois l'aimer avec une extrême tendresse ; je lui porte un dévouement illimité et une reconnaissance très profonde ; je ne puis m'accoutumer à l'idée de ne traiter que par tiers avec lui, et rien ne m'y fera résigner. Je n'ai point été chez lui pour ne pas l'embarrasser. Mais je ne puis pas même avec décence m'en abstenir longtemps, puisque me voilà à Paris, puis à Versailles, puis en présence. La scène est changée, les petites convenances de coterie disparaissent devant les grandes affaires nationales. Veuillez donc l'engager à me tirer nettement d'incertitude, à diriger la marche que je dois tenir ostensiblement avec lui, et m'épargner le nouveau chagrin de le contrarier ou de lui déplaire.

Cette lettre même ne désarma pas Talleyrand (1).

Mirabeau avait donc, au commencement de juillet, quitté Paris, où il était depuis un mois, pour retourner à Berlin et y rejoindre Mme de

(1) Notons d'ailleurs que dans les projets de ministères que compose Mirabeau au mois d'octobre 1789, avant le vote de l'Assemblée constituante excluant les ministres de son sein, Talleyrand, quoique brouillé avec lui, figure soit avec le portefeuille des finances, soit avec celui des affaires étrangères.

Nehra qu'il y avait laissée ; ce fut le 21 juillet, vingt-six jours avant la mort du grand Frédéric qu'il y arriva. Il devait y rester jusqu'au 19 janvier suivant. Par conséquent, sa mission dura six mois. Pendant ce laps de temps, il adressa à Paris, sans compter les mémoires particuliers et les extraits de journaux allemands, plus de soixante-cinq lettres d'informations, soit la moyenne imposante de onze lettres par mois, longues pour la plupart. Sauf deux ou trois, sauf de très légères suppressions de détail dans les autres, toutes ces lettres se retrouvent dans le recueil publié au commencement de 1789 (1). Les transcriptions de dépêches chiffrées, rendues par l'abbé de Périgord à Mirabeau et léguées par celui-ci à son ami le comte de La Marck, étant finalement revenues de notre temps aux archives du ministère des affaires étrangères, il est facile de les collationner avec la correspondance imprimée. Trois lettres seulement, dont une inédite et fort importante, sont à l'adresse du duc de Lauzun ; les autres, comme nous l'avons dit, à celle de l'abbé de Périgord.

L'abbé ne se contentait pas de déchiffrer les lettres qu'il recevait, et d'en remettre les déchiffrés à M. de Calonne. Il les modifiait et les arrangeait, gardant pour lui au besoin celles qu'il lui

(1). Il y en a soixante-six dans le recueil, mais la première est encore datée de France. En tête des lettres se trouve dans le recueil un mémoire sur la situation actuelle de l'Europe, du 2 juin 1786, qui paraît avoir été écrit par Mirabeau en vue de justifier la mission qu'il sollicitait encore.

paraissait inutile ou inopportun de montrer (1). Douze lettres, du 16 juillet au 5 septembre, ainsi arrangées par lui, réduites à dix et remises au net de sa fine écriture, se trouvent également aux Archives des affaires étrangères, confondues avec la correspondance régulière de M. d'Esterno et de M. de Vergennes. Le système de correction et d'arrangement de l'abbé de Périgord est curieux à étudier. Mirabeau est naturellement un peu verbeux, et le plus grand nombre des modifications de l'abbé ont pour but de resserrer ce qu'il écrit. Mais, d'autres fois aussi, l'abbé efface ou atténue des phrases qui lui semblent de nature à produire mauvais effet : une allusion trop directe au bruit qui court de la disgrâce de M. de Vergennes, et de son remplacement par M. de Breteuil, le partisan décidé du *système autrichien* ; une tirade récriminatoire ou dénigrante contre M. d'Esterno de plus en plus froid envers son compatriote ; une critique trop tranchante de la politique étrangère précédemment suivie par le ministère français. Mirabeau, par exemple, écrit : *Depuis quelques années, la politique générale est très incohérente,*

(1) Mirabeau écrit lui-même à l'abbé de Périgord dans une de ses dépêches imprimées (14 octobre 1786) : « Si je me rapporte au peu de comptes rendus que votre amitié a daigné me faire de la satisfaction qu'ont produit mes dépêches épurées, arrangées, embellies par vous (car comment soigner ce qu'on écrit au moment, au jour le jour, avec la rapidité de l'éclair et sans avoir le temps de relire), on en est content. » Nous donnons aux pièces justificatives un exemple du travail de correction que Talleyrand faisait subir aux dépêches de Mirabeau.

faute de porter sur un système connu; l'abbé de Périgord y substitue : *Depuis quelques années, la politique générale a subi beaucoup de variations.* Parfois enfin ce qui est supprimé est un détail cynique, une boutade de mauvais goût, déplacée dans une lettre diplomatique, comme celle-ci : « Le prince Henri voudrait aussi, car les grands hommes ne dédaignent pas les petits moyens, que l'on envoyât ici une blonde un peu grasse, à talents surtout musicaux, qui passât pour venir d'Italie ou d'ailleurs, mais pas de France, qui n'eût point eu d'aventure d'éclat, qui parût plutôt disposée à accorder des faveurs qu'à montrer des besoins, des échantillons d'élégance, mais pensez toujours que cet homme (le roi Frédéric-Guillaume) est avare. » A mesure que la correspondance de Mirabeau s'est avancée, l'abbé de Périgord a dû avoir plus d'occasions d'y apporter des remaniements et des retranchements, car c'est dans ses dernières lettres surtout que Mirabeau, se faisant l'écho de toutes les petites nouvelles scandaleuses de la nouvelle cour, tombe dans un commérage digne de Métra ou des successeurs de Bachaumont. Malheureusement, nous ne pouvons pas suivre longtemps l'abbé dans l'exercice de sa tâche de censeur. La dernière des douze lettres revues et recopiées par lui qui se trouvent au ministère des affaires étrangères est du 5 septembre. Passé cette date, la correspondance de Mirabeau, qui continuait d'être remise à M. de

Calonne et au roi même, nous en avons la preuve dans les cinq lettres de l'abbé de Périgord à Mirabeau conservées au même dépôt, aura cessé de parvenir jusqu'à M. de Vergennes. Le 4 août, l'abbé de Périgord écrit à son ami : « La correspondance va d'abord directement à celui qui peut tout (c'est-à-dire au roi), et de là elle revient (entre les mains du contrôleur général) et est transmise à l'homme de la chose (le ministre des affaires étrangères, Vergennes), à qui l'on n'en a pas fait mystère ; il aura lieu d'être satisfait de ce qui le concerne, et c'est bien fait. » Le 9 octobre, tout en disant à Mirabeau que « l'on est parfaitement content de sa correspondance », l'abbé ajoute : « Elle est si bonne qu'il n'est pas sûr qu'elle plaise toujours à M. de Vergennes. Il souffre de la *pauvreté éminente* des dépêches de M. d'Esterno comparées aux vôtres. » Enfin, à une date ultérieure, l'abbé déclare encore que « le roi lit la correspondance avec beaucoup d'intérêt », que « M. de Calonne remercie Mirabeau de son exactitude et du soin avec lequel il rédige ses dépêches », mais de M. de Vergennes il n'est plus dit un mot.

Louis XVI avait ce trait commun avec son grand-père Louis XV (1), c'était à peu près le seul, de goûter assez les correspondances secrètes; nous aurons encore occasion d'en faire la

(1) Est-il possible de faire allusion à la diplomatie secrète de Louis XV sans que le souvenir des travaux de M. le duc de Broglie sur ce sujet se présente immédiatement à la pensée ?

remarque. Quant à M. de Vergennes, ce n'était pas précisément, croyons-nous, à cause de la supériorité des dépêches de Mirabeau sur celles de M. d'Esterno qu'il lisait les premières avec mauvaise humeur, et qu'il finit même, à ce qu'il semble, par ne plus vouloir les recevoir du tout. D'abord, quoi qu'en dise l'abbé de Périgord, les dépêches de M. d'Esterno ne sont pas tellement *pauvres*. Nous les avons lues avec beaucoup d'attention. Ce sont les lettres d'un homme qui, en fait de moyens d'information, s'en tient uniquement à ses conversations avec les ministres, les princes et les premiers personnages de la cour, qui néglige complètement les voies détournées, qui d'ailleurs reproduit au jour le jour son impression du moment sans guère se former d'avis arrêté ni de vues d'ensemble. Nous verrons que la correspondance de Mirabeau a exactement les défauts contraires, et, à ce point de vue, M. de Vergennes a peut-être eu tort de ne pas en faire assez de cas. L'une était bonne à contrôler par l'autre. Mais M. de Vergennes était déjà très en défiance à l'endroit de Mirabeau, et voici ce qui a pu accroître encore cette défiance. D'une part, dès ses premières lettres, Mirabeau, qui avait été spécialement adressé au prince Henri, commence, tout en prétendant (1) que ce

(1) L'allégation se trouve dans la lettre du 22 août. Mirabeau y prétend aussi qu'on l'a « tâté » pour entrer au service du roi lui-même.

prince lui a offert d'entrer à son service, et qu'il a refusé, à dire de celui-ci tout le mal possible. Or, le prince Henri, dans son voyage en France, avait eu de longues conversations avec M. de Vergennes, et c'était encore parmi tous les personnages de la cour de Berlin celui en qui le ministre français avait le plus de confiance. D'autre part, quelques jours seulement après la mort de Frédéric II, Mirabeau avait eu l'outrecuidance d'envoyer au nouveau roi un mémoire où il le haranguait sur ses devoirs de souverain et les réformes à établir dans le gouvernement de son royaume, du ton que Fénelon aurait pu prendre vis-à-vis du duc de Bourgogne (1). Frédéric-Guillaume avait poliment accusé réception de l'envoi du mémoire, mais l'effet produit sur lui-même et sur sa cour, où le parti antifrançais commençait à s'agiter, avait été détestable. Le prince Henri avait chargé M. d'Esterno d'en faire part à M. de Vergennes.

Le prince Henri, écrit M. d'Esterno, m'a chargé expressément de vous demander d'engager le roi de ne permettre qu'aucun Français ne vînt en cette cour, excepté des officiers généraux d'une prudence consommée. Le prince m'a désigné à ce titre MM. de Bouillé et de La Fayette (tous deux venaient de visiter Berlin où ils avaient produit la meilleure impression), et s'il m'est permis de

(1) Ce mémoire a été publié par Mirabeau en 1787 sous le titre de *Lettre remise à Frédéric-Guillaume II le jour de son avènement au trône*. D'après Ranke, cité à cet égard par M. Alfred Stern, Mirabeau aurait utilisé pour la composition de cet écrit un mémoire rédigé en 1779 par le ministre Hertzberg.

joindre mon opinion à celle de ce prince, je prends la liberté de vous représenter qu'il serait très convenable que le roi voulût bien signifier cette défense dans tous les départements, afin qu'il ne vienne d'ici à longtemps de Français en cette cour. Le comte de Mirabeau vient encore de nuire à la nation par la présomption qu'il a eue de tracer un plan de gouvernement au roi de Prusse. Dans ce plan, à titre de philosophe qui fait consister son devoir à dire la vérité au roi qui ne lui en demande pas, il a écrit des choses très déplacées et très désobligeantes pour le roi de Prusse, et le prince Henri m'a dit également qu'il serait fort à propos de le faire partir des États de Prusse.

La lettre à laquelle nous avons emprunté cette citation est du 2 septembre, c'est-à-dire précisément de l'époque où les dépêches de Mirabeau revues par Talleyrand cessent de figurer dans la correspondance de M. de Vergennes.

Au reste, s'il faut en croire des renseignements ultérieurs fournis par M. d'Esterno au commencement de 1789, le gouvernement prussien aurait fini par surprendre le chiffre de Mirabeau, et ce serait lui qui aurait ainsi fait le mieux son profit des dépêches adressées à l'abbé de Périgord. Le roi Frédéric-Guillaume tout au moins ne paraît pas avoir eu connaissance de ces dépêches lors de leur rédaction; les mêmes renseignements de M. d'Esterno nous le montrent furieux en lisant, comme pour la première fois, le contenu de l'*Histoire secrète de la cour de Berlin*, frappant du pied et s'écriant : « Voilà donc ce que c'est que les Français qui voyagent dans mes États. »

Mirabeau avait accepté ce qu'il appelait lui-même une situation de « bas officier en diplomatie », dans l'espérance qu'elle pourrait le conduire à mieux. Bientôt devinée (elle ne pouvait manquer de l'être, malgré l'*incognito* que le correspondant de Talleyrand avait ordre de garder strictement, quant au motif de sa présence à Berlin), cette situation équivoque ne le mettait point dans la haute société au niveau que son amour-propre eût souhaité. Il était suspect par son passé trop connu ; il le devenait encore davantage. Nul ne pouvait souffrir plus que lui de ce défaut de considération sur le nouveau théâtre où il se produisait. Il sentait très bien d'ailleurs, ce qui est la vérité même, c'est qu'un agent secret, de passage simplement dans un poste d'observation, ne peut rendre que des services insuffisants, car ses moyens d'information sont bornés et trop souvent subalternes. Toute son activité se heurtait à des difficultés insurmontables. D'ailleurs, à cinquante louis par mois qui lui avait été alloués en traitement, il se trouvait fort mal payé, et il l'était d'autant moins bien qu'il avait emmené magnifiquement avec lui et à sa charge deux secrétaires. L'un d'entre eux, le baron de Noldé, était un jeune gentilhomme courlandais, lieutenant au service de la France dans le régiment Royal Suédois et d'un réel mérite. Mirabeau excédait donc constamment la somme mensuelle mise à sa disposition, et, quand il n'était pas remboursé de cet excédent, il se plaignait avec amertume. Ses lettres à Talleyrand sont remplies de semblables plaintes.

Je ne vous dissimulerai pas, mon cher maître, lui écrit-il le 7 novembre, l'extrême étonnement que m'ont inspiré ces mots sortis de votre bouche : *Il fait beaucoup de besogne, mais beaucoup de dépense.* Je croyais, je l'avoue, que l'extrême modération de ma dépense, comparée aux résultats de mes courses et de mes travaux, serait remarquée au moins de mes amis, de ceux qui savent que j'ai pour trente louis par mois au plus petit pied de dépense à faire pour trois hommes dont je n'aurais pas le plus léger besoin si j'étais dans la situation de tous les particuliers qui n'ont point de grands rapports, et qu'ainsi la haute munificence du pays que vous habitez m'en accorde vingt pour mon amie, mon enfant, mes gens et moi, en m'imposant d'aller à la cour et partout où l'on voit et l'on est vu ; voilà la solde d'environ seize à dix-sept heures de travail par jour, ou d'ennui pire que le travail qui n'est pas de mon jour.

Aussi dépensez-vous davantage, m'allez-vous répondre. Oui, je dépense davantage, et sans l'extrême et même inconcevable discrétion pécuniaire de mes jeunes gens, j'aurais été loin de pouvoir faire face. Je dépense davantage, mais ce n'est pas guère moins que je pourrais dépenser, comme vous dites, c'est beaucoup plus qu'il est impossible que je ne dépense pas, si mon atelier subsiste. Les deux jeunes gens sont un objet de quinze louis d'honoraires par mois; l'auxiliaire purement mécanique et qui est écrasé m'en coûte environ quatre. Évaluez comme vous voudrez le loyer, la nourriture et le chauffage des deux dont je suis chargé, et dont on sait bien là-bas que je suis chargé, puisque je ne les ai que de l'aveu du ministre, leur blanchissage, leurs menues dépenses (le baron de Noldé va et doit aller dans le monde); songez que nous sommes neuf dans la maison et que nous n'y avons habituellement que quatre feux, parce que je n'en ai point dans ma chambre, qu'il me faut un carrosse et tous les rites de cour, dont le jeu seul est une vraie dépense, vu la fréquence et l'inégalité de ses retours; songez enfin, puisqu'on me force à le dire, que les gens à qui l'on donne 60,000 francs ne rendent pas, doués de tous les moyens qui tiennent à leur place dont j'ai presque toutes les dépenses (mon atelier de travail est trois fois plus fort que le leur) et aucun des avantages, ne rendent pas à beaucoup près ce que je rends (c'est vous-même dont je cite l'autorité), et plaignez mes payeurs (qui ne payent pas) si vous en avez le courage.

Me trouvent-il trop cher ? Mon cher maître, ils n'ont que deux partis à prendre : me rappeler ou me placer. Je suis tout prêt au premier, et quant au second, ce n'est pas ma faute s'ils n'ont pas encore pensé qu'un homme mis à sa place leur épargnerait le traitement d'un fainéant en place, et d'un surveillant qui travaille pour lui....

Si donc, d'ici à la mi-décembre, il ne plaît pas au gouvernement de fixer mon sort, je ne demande à sa justice que de payer les dettes que je pourrais avoir ici, et de m'envoyer de quoi retourner pour moi et les miens. Mais, dussions-nous tous mettre nos chemises en gage, le 1er de janvier ne nous verra pas dans l'état d'anxiété et de strangurie où nous sommes. Eh ! de bonne foi, la raison, la décence, la nécessité ne commandent-elles pas ce parti. Il faut être quelque chose ou rien. Quelque chose, c'est votre affaire; rien, c'est la mienne.... Que ferais-je ici sur le pied où j'y suis que d'accumuler des dettes qui me fermeraient toutes les portes, m'ôteraient toute considération, me susciteraient les embarras les plus cruels. Heureux encore si dans votre équitable et généreux pays on ne me l'imputait pas à crime. Je le répète donc, mon cher maître, et je vous prie pour vous éviter tout embarras et explication de montrer ma lettre. Ceci ne peut plus durer, je ne puis ni ne le veux souffrir, la nécessité des choses ordonne que cela change; et n'y fût-elle pas invinciblement autant qu'elle y est en effet, votre ami n'est pas fait après tout pour nager plus longtemps entre deux eaux, pour être traité en explorateur subalterne ou en commis. Ma carrière passée fut semée de quelques chausse-trapes; je crois que le gouvernement peut en accuser mon père et lui-même plus que moi; si l'on me croit susceptible d'être utile, peut-être la réputation de talent que je me suis faite en donne-t-elle un assez juste prétexte, peut-être doit-on trouver que j'ai passablement sollicité par les faits depuis quelques mois, qu'où les autres demandent une grâce, c'est un droit que je réclame. En un mot, *je vaux mieux que la plupart des ministres du roi par la naissance,* et pour ce qui est de la capacité, jugez-en vous-même, car pour moi j'aurais honte; je ne vois pas qu'il doive être difficile de me placer; qu'ils disent donc leur mot, car le mien est prononcé sans retour (1).

Nous avons cru devoir citer cette longue lettre inédite presque tout entière, parce qu'elle nous semble en elle-même fort intéressante. Le Mirabeau qui s'y peint à nous est bien le même qui nous est apparu dans sa jeunesse en Provence, puis dans les différentes prisons d'État où il a passé, puis à la barre du parlement d'Aix; tous les traits de

(1) Archives du ministère des affaires étrangères. Les lettres particulières de Mirabeau à Talleyrand pendant la mission du premier se trouvent, en brouillons de sa main pour la plupart, avec les déchiffrés de dépêches dont nous avons parlé précédemment.

son caractère s'y retrouvent, jusqu'à l'orgueil nobiliaire qui fait un si étrange contraste avec les misères de son existence. Nous savons déjà que la place régulière qu'il demandait ne lui fut point accordée; quand il revint en France au mois de janvier 1787, il conservait encore quelque espoir d'obtenir en Hollande une mission sinon officielle, du moins plus relevée que sa mission à Berlin, et c'est en voyant cet espoir s'évanouir qu'il reprit son ancien métier de pamphlétaire, et s'attaqua à M. de Calonne pour lui montrer que « s'il était bon à prendre, il n'était pas bon à laisser ».

Ainsi M. de Vergennes et M. de Calonne ont employé Mirabeau, en attachant très peu de prix à ses services. Pour nous, étrangers aux préventions qui ont pu agir défavorablement sur l'esprit de ces ministres, disposés au contraire à rechercher dans tout ce qui vient de Mirabeau quelques traces du génie qu'il a plus tard développé, quelle appréciation devons-nous porter sur cette correspondance de Berlin, fruit de la mission de l'ami de Talleyrand? Passons sur les détails cyniques qui firent tant de scandale au temps de la publication; mettons-les de côté, si faire se peut. Il reste un document historique d'un réel intérêt, et celui de tous les écrits de Mirabeau qui peut-être mérite le mieux d'être relu et réimprimé de nos jours. Si nous portons un tel jugement sur cette collection de lettres, ce n'est pas seulement parce qu'elle est l'œuvre personnelle de Mirabeau, beaucoup plus que telle ou telle composition suivie publiée sous son nom, beaucoup plus que le volumineux ouvrage sur la *Monarchie prussienne*, par exemple, c'est aussi parce qu'elle présente le tableau le plus saisissant que nous connaissions de la brusque décadence de la Prusse après Frédéric II (1). Vrai dans son ensemble, le tableau est pourtant un peu forcé dans ses détails. Mirabeau écrit sous l'impression de la mauvaise humeur que lui cause la fausseté de sa situation dans « cette cour vandale », où, dit-il, « je puis rarement m'adresser aux faiseurs ; ma seule hure les effraye trop ». Cette mauvaise humeur retombe sur Frédéric-Guillaume et son entourage ; Mirabeau se retrouve pamphlétaire, et laisse à peine percer ici le sentiment d'admiration pour Frédéric II et son œuvre marqué à chaque page du livre sur la *Monarchie prussienne*. C'est avec indignation qu'il montre les deux tiers des habitants de Berlin « s'évertuant aujourd'hui à prouver que Frédéric II fut un homme ordinaire ». — « Oh ! ajoute-t-il, si ses grands yeux, qui portaient, au gré de son âme héroïque, la séduction ou la terreur, se rouvraient un instant, auraient-ils le courage de mourir de honte ces adulateurs imbéciles? » Mais en même temps il constate combien les *cordes du gouver-*

(1) Tel est le sujet même, fort remarquablement traité, du travail de M. Sorel que nous avons eu occasion de citer, et qui, avant d'être réuni en volume avec d'autres études non moins intéressantes du même auteur, a paru dans la *Revue des Deux Mondes* du 15 janvier 1883.

nement sont « tendues », combien le peuple a été « opprimé, vexé, pressuré » sous le dernier règne.

Les historiens allemands les plus éminents, et notamment M. Philippson (1), passent condamnation sur les fautes de Frédéric-Guillaume II, d'autant plus volontiers peut-être qu'il leur en coûte d'avouer que l'œuvre grandiose mais factice de Frédéric devait se trouver nécessairement en péril, lui disparu. Certes, c'était un pauvre roi que ce neveu du grand homme, cet Hercule germanique mystique et fantasque, piétiste et dissolu, « un gaillard consciencieux qui n'a jamais assez de femmes légitimes », écrivait l'impératrice Catherine II à Grimm; et, en effet, à la suite de divorces et d'unions morganatiques sanctionnées par des autorités religieuses complaisantes, il s'est trouvé à un certain moment avoir jusqu'à trois femmes légitimes à la fois; ne craignant rien tant d'ailleurs que de paraître gouverné, et abandonnant la direction des affaires publiques à deux intrigants illuminés comme lui, Wœllner et Bischoffswerder, en compagnie desquels il allait dans des assemblées de francs-maçons rose-croix évoquer l'ombre de César, ou même celle de Jésus-Christ (2).

(1) *Histoire de l'Etat prussien depuis la mort de Frédéric le Grand.*

(2) Voir sur les illuminés en général à la fin du XVIIIe siècle, et sur ceux d'Allemagne en particulier, la petite brochure que Mirabeau rédigea précisément durant la première partie de son séjour à Berlin, et qui est intitulée : *Lettre du comte de Mirabeau sur Cagliostro et Lavater*, à Berlin, chez François de la Garde, libraire, rue et pont des Chasseurs.

Mais enfin, après Frédéric II, et à moins que son successeur n'eût été un autre lui-même, il devait y avoir nécessairement un temps d'arrêt, sinon un recul dans la marche ascendante de la puissance prussienne. M. d'Esterno, dans sa correspondance avec M. de Vergennes, en donne le motif en peu de mots. « Comme, sous les deux derniers règnes, écrit-il, aucun sujet n'osait s'exposer à proposer quelque chose, parce que les rois voulaient être comme la Providence, qui règle les détails, aussi bien que l'ensemble de l'univers, il s'ensuit, Monsieur le comte, que, cette Providence n'existant pas actuellement, rien ne se fait dans aucune partie. »

Sans doute, cette magnifique armée que Mirabeau, dans sa *Monarchie prussienne*, évalue à 190,000 hommes en temps de paix, était toujours là ; mais les lieutenants de Frédéric II qui survivaient, privés de l'appui qu'ils avaient coutume de trouver dans le souverain, suffisaient-ils à maintenir en elle l'esprit de son fondateur ? Sans doute, il restait ce trésor que le grand roi avait parcimonieusement accumulé, réservant en ses dernières années, dit M. d'Esterno, 8 millions par an en livres françaises, pour le grossir sur un état de revenus qui n'excédait pas 64 millions, et dont l'armée emportait 52 (1). Mais le secret pour faire

(1) Nous donnons ces chiffres de M. d'Esterno sans en affirmer l'exactitude. Mirabeau, dans sa *Monarchie prussienne*, fixe l'ensemble des revenus publics prussiens, vers la fin du règne

face aux dépenses du gouvernement, tout en continuant ce système d'économie, était descendu dans la tombe avec Frédéric. Le vainqueur de Rosbach administrait ses finances, comme il préparait ses plans de campagne, à lui seul. Ses ministres n'étaient que des commis sans initiative et sans responsabilité; à aucun département d'ailleurs n'était préposé un ministre unique; il y avait deux ministres des affaires étrangères placés au même rang et agissant en commun, et tout un collège de ministres de l'intérieur, qu'on appelait le grand directoire. Les agents diplomatiques, mal rétribués et recrutés avec peine, étaient impropres à jouer le rôle de conseillers utiles. Jusqu'à son dernier jour, Frédéric II, assisté de quelques secrétaires subalternes, avait voulu tenir dans sa main tous les fils du gouvernement, et si à sa mort son royaume paraissait dépourvu d'hommes, c'est qu'il n'en avait pas formés ou même laissé croître sous lui. Tout en travaillant à la grandeur de la monarchie personnifiée en lui, il n'avait pas cherché à associer en quelque sorte ses sujets à ses vastes pensées; il leur avait au contraire en toute occasion fait sentir leur infériorité par son dédain de leur langue et de leurs habitudes religieuses, par la

de Frédéric II, à 22 millions de rixdalers ou thalers, dont 16,200,000 provenant d'impôts, les revenus de la Westphalie qui se dépensaient à part, dans la province même, non compris. Il parle de 27 millions de thalers dans sa *Correspondance de Berlin*.

préférence qu'il témoignait pour la société et les services des étrangers. Enfin, pour soutenir les guerres qui en cinquante ans avaient fait monter la Prusse de l'état de royauté de troisième ordre à celui d'une des grandes puissances européennes, il avait dû accabler de charges les populations soumises à ses lois, épuisées déjà par des opérations militaires qui se passaient toujours chez elles. « On ne peut se représenter la Prusse, après la guerre de Sept ans, écrit-il lui-même dans ses Mémoires, que sous l'image d'un homme criblé de blessures, affaibli par la perte de son sang, et près de succomber sous le poids de ses souffrances. »

Mirabeau décrit, en termes frappants, l'expression de soulagement empreinte sur tous les visages à Berlin le jour des funérailles du héros dont on y adore aujourd'hui la mémoire. Il nous montre ensuite la cour du successeur de Frédéric livrée aux intrigues de bas étage, au conflit des ambition et des médiocrités. Puis, après avoir indiqué quel eût été dans son sentiment le seul moyen de salut pour la Prusse, c'est-à-dire la nomination d'un premier ministre, lequel ne pouvait être autre suivant lui que le duc de Brunswick, il conclut sa correspondance par les présages les plus défavorables sur l'avenir de cette nation. *Pourriture avant maturité, j'ai bien peur que ce ne soit la devise de la monarchie prussienne*, ou bien : *Dans quelques années, Frédéric-Guil-*

laume sera marquis de Brandebourg, voilà le dernier mot de l'observateur français.

La conclusion est excessive et se ressent de l'impression de mauvaise humeur dont nous parlions tout à l'heure. Les revers de la Prusse allaient venir; mais auparavant cette puissance allait encore faire subir à la politique française une grave humiliation, que nous aurons à rappeler. Sans parler de la force que maintenaient à la Prusse cette confédération de petits États formée autour d'elle par Frédéric avant de mourir, ces défiances séculaires de l'Allemagne protestante contre la maison d'Autriche, entretenues alors par les témérités de l'empereur Joseph II, tels symptômes pouvaient démontrer encore que le sentiment national inspiré par la gloire de Frédéric II, l'aiguillon prussien, *der preussische Sporn*, comme on disait alors, ne serait pas facile à détruire. Cette réaction même qui éclatait à Berlin contre les influences françaises de toute sorte, cette « haine mortelle prise par la nation prussienne contre la France », pour employer l'expression d'un Prussien, victime pourtant de Frédéric II, le baron de Trenck (1), n'était-ce pas une affirmation

(1) Dans une réponse en français à l'*Histoire secrète de la cour de Berlin*, où il défend le roi Frédéric-Guillaume contre les attaques de Mirabeau. Berlin, 1789. — Une autre réponse en allemand au livre de Mirabeau, dédiée par Ernst Ludwig Posselt à « l'esprit de Frédéric le Grand », est animée d'une manière bien plus significative encore du sentiment de l'enthousiasme prussien. Nous devons la communication de cette pièce curieuse à M. Alfred Stern.

de l'esprit national auquel nous faisons allusion? Il devait faire vivre l'œuvre de Frédéric II à travers les vicissitudes des événements, enflammer tous les cœurs, vingt ans plus tard, à l'époque des guerres de Napoléon Ier et du plus grand abaissement de la Prusse, amener la réforme du gouvernement de cette nation, et son relèvement qui date de là.

Qu'il s'agisse de juger les hommes ou d'apprécier les situations, Mirabeau pèche un peu de la même manière. Il est trop homme d'impression pour être agent diplomatique sûr, et l'esprit de circonspection lui fait encore plus défaut que les sources d'information. Le prince Henri de Prusse, sur lequel il croyait pouvoir compter, le tient à distance. Il tracera donc de ce prince, à l'intelligence non ordinaire, mais, il est vrai, assez mal équilibrée, et qui associait les rêveries d'une imagination nuageuse aux convoitises d'une ambition toujours déçue, des portraits vraiment trop désavantageux (1). Au contraire, le duc Ferdinand de Brunswick lui a fait un accueil flatteur dans la capitale de son petit État, lui a accordé de longues conversations sur les questions politiques du moment, non sans cacher ses pensées secrètes sous des dehors de brusque franchise. Mirabeau le présentera non seulement pour ce qu'il est en réalité,

(1) On peut opposer à ces portraits fournis par Mirabeau le portrait que trace du même prince le comte de Ségur dans ses *Mémoires*.

c'est-à-dire pour l'un des meilleurs élèves de Frédéric II et l'un des hommes les plus distingués de l'Allemagne à cette époque, si malheureux qu'il ait été par la suite dans sa campagne de 1792 contre la France, mais pour un grand homme (1). Il le déclarera « trop sage pour faire peur aux sages », et admettra ses bonnes dispositions à l'endroit de la France. Il ne peut se dissimuler que par son mariage et par ses relations le duc est très anglais de sympathies ; mais sous l'influence de ses entretiens avec lui il s'enthousiasmera pour l'idée d'une triple alliance de la France, de l'Angleterre et de la Prusse, ou plutôt pour une alliance de la France et de l'Angleterre, dans laquelle la Prusse serait nécessairement amenée à entrer.

Cette alliance remplacerait l'union avec l'Autriche, dont il fait bon marché. Elle serait fondée sur la liberté illimitée du commerce. La France abandonnerait spontanément à l'Angleterre l'empire maritime, elle s'assurerait ainsi à elle-même la prépondérance sur le continent. « Le duc de Brunswick, écrit Mirabeau, regarde cette idée comme *le sauveur du monde,* et comme n'ayant d'autre difficulté que les préjugés de la fausse science et la tiédeur de la pusillanimité. » Le mi-

(1) « Cet adversaire des armées françaises, dit M. Sorel, avait cependant, et par deux fois, failli les commander. A la fin de 1791, Narbonne, Talleyrand, Sieyès voulaient faire de lui un généralissime et lui confier la régénération de la France. Huit ans après, vers la fin du Directoire, ils y revinrent. »

nistre d'Angleterre à Berlin, lord Dalrymple, n'est pas éloigné d'y adhérer. Il en a parlé jadis à M. Pitt. Celui-ci lui a, il est vrai, répondu que « l'on n'est pas mûr à cette grande révolution, que la France a encore trop de jalousie contre l'Angleterre pour s'y prêter, et que l'Angleterre ne peut faire les premiers pas ». Assurément il y a peu de conceptions plus séduisantes, motivées par un intérêt pratique plus certain que celle d'une union intime de la France et de l'Angleterre. Les pas faits, depuis le milieu de ce siècle, dans le sens de la liberté du commerce ne paraissent pas nous avoir rapprochés de sa réalisation, et ce serait pour la France la payer un peu cher que de renoncer dans ce but à sa part légitime d'influence sur les mers et dans les autres parties du monde que l'Europe. Mais, en 1786, quand depuis un siècle l'Angleterre n'avait cessé de travailler avec l'acharnement le plus soutenu à ruiner notre commerce maritime, à nous enlever nos colonies, deux fins auxquelles elle avait presque complètement réussi, quand la guerre d'Amérique, sans nous valoir d'avantage matériel compensant les énormes sacrifices qu'elle avait coûtés, venait d'effacer du moins la honte des traités de Paris, de faire battre d'orgueil les cœurs humiliés de nos vieux marins, et de réveiller en même temps la jalousie de nos voisins d'outre-mer, en 1786, il faut bien en convenir, une telle conception appliquée au temps présent était purement chimérique. Le traité de commerce qui venait d'être conclu avec l'Angleterre n'était nullement le gage d'un rapprochement politique à brève échéance. Mirabeau pourtant est resté fidèle à son rêve. Vers la fin de sa mission, il s'aperçoit très bien que *la cause de la France est perdue à Berlin*, ce sont ses propres expressions, que le duc de Brunswick même n'a plus de chances de devenir premier ministre, qu'au système de coquetterie un peu perfide, adopté par Frédéric II vis-à-vis de notre pays depuis quelques années, va succéder une hostilité non moins perfide, mais plus brutale. Il n'ignore pas que les mauvaises dispositions de la nouvelle cour sont soigneusement entretenues par l'Angleterre. Il est au courant de ce qui se passe en Hollande, où le parti libéral, soutenu par nous, et le stathouder, soutenu par le roi de Prusse, son beau-frère, sont en lutte violente : l'Angleterre souffle le feu, anime le stathouder contre ses adversaires et le roi de Prusse contre nous. Mirabeau n'en continue pas moins à faire confidence au duc de Lauzun de son zèle pour l'alliance anglaise. C'est à lui qu'il s'adresse de préférence quand il veut s'étendre sur ce chapitre. Il sait bien que Lauzun, qui vient, nous l'avons dit, de négocier le traité de commerce franco-anglais, est avec le duc d'Orléans le plus *anglomane* de tous les Français.

Ils auront beau faire les politiques routiniers, lui écrit-il le 12 novembre. Ils auront beau s'évertuer dans leurs agitations subalternes, il n'y a qu'un grand plan, qu'une idée lumineuse, qu'un projet assez vaste pour tout embrasser, pour tout concilier, pour tout réprimer, c'est le vôtre, qui faisant disparaître, non pas les rivalités du commerce, mais les inimitiés absurdes et sanglantes qu'elles font naître, confierait aux soins vigilants de la France et de l'Angleterre réunies la liberté et la paix des deux mondes, *comme l'espèce humaine est au sein de la nature* (1) (*sic*), laissant une égale latitude aux causes secondes, mais donnant un système général, une impulsion égale et constante, qui, d'abord ouvrage de notre force et de notre union, serait bientôt le résultat simple et naturel de la sagesse unie des nations, dont la vigueur ne se développerait plus que pour la prospérité intérieure de chaque pays et l'amélioration successive des choses humaines.

Sans doute, elle paraît romanesque, cette idée ; mais est-ce notre faute, à nous pauvres mortels, si tout ce qui est simple est devenu romanesque? Sans doute, elle paraît un chapitre de Gulliver aux vues courtes. Mais n'est-ce pas la distance plus ou moins reculée du possible qui sépare les hommes?...

Au moment le plus éclatant de sa carrière politique, nous verrons encore Mirabeau nourrissant un projet d'alliance avec l'Angleterre, et même né-

(1) Mirabeau avait d'abord écrit *la Providence*. Il faut reconnaître d'ailleurs que ce passage est un parfait modèle de galimatias. La citation que nous introduisons ici appartient à une lettre inédite de Mirabeau ; elle a déjà été donnée en partie par M. Pallain dans la préface de la *Correspondance de Talleyrand et Louis XVIII pendant le congrès de Vienne*. Nous trouvons dans une précédente lettre de Mirabeau à Lauzun cette phrase plus éloquente, citée aussi par M. Pallain : « Je ne veux que vous encourager à montrer la possibilité, presque

gociant dans ce but avec son ami Hugh Elliot, chargé d'une mission secrète du premier ministre Pitt.

Nous ne saurions, quant à nous, blâmer M. de Vergennes d'avoir gardé vis-à-vis de l'Angleterre, depuis la guerre d'Amérique, une expectative prudente, et qui ne l'avait pas empêché, d'ailleurs, de conclure avec elle le traité de commerce précédemment rappelé, grand événement dans l'histoire économique de l'Europe. Nous ne pouvons le blâmer davantage d'avoir maintenu avec l'Autriche une alliance imposée par les circonstances et peu sûre, il est vrai, mais faute de laquelle la France se fût trouvée isolée en Europe, ou, ce qui revenait au même, réduite à l'appui du roi d'Espagne, des petits princes entrés avec lui dans le pacte de famille, de quelques autres États secondaires peut-être. La politique de ce ministre, « vacillante », selon Mirabeau, nous apparaît au contraire comme très réfléchie et très arrêtée. M. de Vergennes avait trouvé toutes les vieilles traditions diplomatiques dans lesquelles il avait été élevé rompues et anéanties; *voir venir* les événements, en profitant des occasions pour relever et maintenir la *considération* (1) de la France en Europe,

la facilité d'asseoir sur l'éternelle et inébranlable base de l'intérêt commun l'alliance de deux pays qui doivent et peuvent commander la paix au monde, et qui ne cesseront jamais de l'ensanglanter en se déchirant. »

(1) C'est un mot que M. de Vergennes affectionnait. « Notre système, répétait-il souvent dans les lettres qu'il écrivait à ses

telle était la règle de conduite qu'il avait adoptée; il n'y en avait point alors de meilleure. Le souverain que la force des choses nous avait donné pour principal allié, l'empereur Joseph II, se trouvait, au contraire, suivre une politique inquiète et entreprenante. Aussi, M. de Vergennes, sans briser témérairement les liens qui nous unissaient à lui, ne se croyait-il nullement astreint à le seconder dans les différentes aventures qu'il plairait à son ambition de tenter, avec l'appui nouvellement recherché et acquis par lui d'une souveraine non moins ambitieuse, l'impératrice Catherine de Russie. Lorsque, en 1778, avant même la mort de Marie-Thérèse, Joseph II avait revendiqué la succession vacante de l'électorat de Bavière, et rallumé, à cette occasion, la guerre contre Frédéric II, le confident du roi Louis XVI s'était refusé à embrasser la querelle du frère de Marie-Antoinette; il avait fait prévaloir une médiation de la France, dont l'issue avait été tout au désavantage de ce dernier. Six ans plus tard, Joseph II avait formé une nouvelle entreprise, contre la Hollande cette fois; il avait prétendu imposer aux Provinces-Unies la libre navigation des bouches de l'Escaut au profit de ses sujets des Pays-Bas. L'idée était en elle-même civilisatrice, mais elle ne pouvait être appliquée de vive force, en violation de tous les traités

agènts ou dans les mémoires qu'il adressait au roi, repose sur la *considération* de la France en Europe. »

antérieurs. D'ailleurs, la Hollande venait d'être pour nous une alliée utile pendant la guerre d'Amérique; elle venait de s'arracher à des influences anglaises séculaires, pour se placer sous le patronage de la Prusse; le roi de France ne pouvait l'abandonner à la légère, et la fermeté de son ministre, malgré l'intervention de la reine Marie-Antoinette, avait fini par désarmer et faire reculer Joseph II. A ce moment, Linguet avait écrit pour défendre la cause de Joseph II; Mirabeau, qui se trouvait encore en Angleterre, lui avait répondu dans un petit ouvrage intitulé : *Doutes sur la liberté de l'Escaut*, où il allait jusqu'à préconiser, comme la solution de l'avenir, la formation d'un État libre des Pays-Bas, la Belgique actuelle, mais sous forme de république fédérative.

En 1786, la Hollande tenait encore la première place dans les préoccupations de M. de Vergennes. Seulement, ce n'était plus la cour de Vienne, mais bien la cour de Berlin, d'accord avec celle de Londres, qui menaçait alors l'indépendance de ce petit État. La situation était inquiétante; elle faisait le fond de toutes les dépêches échangées entre le ministre des affaires étrangères et le représentant de la France en Prusse. C'est sur cet objet que l'attention d'un agent secret comme Mirabeau pouvait se porter avec le plus d'utilité pratique, et c'est précisément à ce propos que Mirabeau a le plus manqué de clairvoyance, grâce aux illusions de son amour-propre, flatté par le duc de

Brunswick, et aussi par le ministre de Hollande à Berlin.

Nous avons dit un mot de la lutte qui existait entre le stathouder Guillaume V de Nassau, époux d'une sœur du roi Frédéric-Guillaume II, la princesse Frédérique-Sophie-Wilhelmine, et le parti libéral ou *patriotique* qui était, en Hollande, le parti ami de la France. Nous n'avons pas à la raconter ici, et nous ne pouvons que renvoyer nos lecteurs au récit que vient précisément d'en donner M. Pierre de Witt dans un ouvrage fort intéressant, récemment paru (1). Qu'il nous suffise de dire que cette lutte avait sa raison d'être dans les bizarreries de la Constitution des Provinces-Unies, république fédérative, avec une aristocratie encore puissante et un premier magistrat, héréditaire depuis 1747, aspirant à devenir complètement roi; qu'elle avait eu son point de départ à l'époque de la guerre d'Amérique, le stathouder ayant mal dissimulé ses sentiments anglais, alors que sa nation avait été tirée de l'état de neutralité par une attaque brutale de l'Angleterre; qu'en 1786 cette lutte avait dégénéré en une véritable guerre civile, concentrée surtout entre le prince et une des Provinces-Unies, celle de Hollande proprement dite.

Tout en soutenant de son mieux le parti des patriotes, M. de Vergennes lui avait toujours fait parvenir des conseils de conciliation; et c'était

(1) *La Prusse en Hollande*. — Plon, 1886.

encore pour tenter une médiation pacifique que le premier commis de notre département des affaires étrangères, M. de Rayneval, allait vers la fin de 1786, la guerre civile déjà commencée, se rendre en mission extraordinaire à La Haye auprès des États de Hollande, à Nimègue auprès du stathouder, dont la mauvaise volonté fit d'ailleurs échouer complètement sa tentative. Au contraire, la Prusse et l'Angleterre avaient toujours, par leurs représentants diplomatiques, poussé le prince à la résistance, et celui-ci était fondé à réclamer, comme il le faisait énergiquement alors, le secours de leurs armes pour le rétablissement de son autorité. La Prusse irait-elle jusqu'à cette intervention armée contre le gré de la France, et avait-elle à ce point partie liée avec l'Angleterre, qu'elle pût envisager froidement les conséquences possibles d'une pareille résolution ?

L'attitude de la chancellerie prussienne était très équivoque : des deux ministres des affaires étrangères du roi Frédéric-Guillaume, l'un, le comte de Finck, manifestait toujours le désir de maintenir la bonne harmonie de son pays avec la France ; l'autre, le comte de Hertzberg, laissait de temps à autre échapper des paroles menaçantes que M. de Vergennes avait toujours relevées avec fermeté. Personne n'ignorait d'ailleurs à Berlin que M. de Hertzberg appuyait de toutes ses forces pour l'intervention en Hollande. Des deux influences que chacun de ces ministres personnifiait, laquelle l'emporterait? M. d'Esterno se flattait encore que ce serait l'influence pacifique, et Mirabeau le croyait bien davantage. C'était toujours le duc de Brunswick qui était l'oracle de Mirabeau; il l'avait souvent entretenu des « convulsions » de la Hollande, mais toujours en exprimant le désir de les voir terminer par l'action concertée de la France et de la Prusse. Un jour, pourtant, le duc lui avait laissé entendre, « avec un sourire presque imperceptible et très ironique », que l'Angleterre avait fait proposer son assistance au roi de Prusse, pour le cas où ce monarque voudrait *arbitrer les affaires de Hollande* à main armée, et que l'on devait délibérer en conseil, à Berlin, sur cette proposition. « Monseigneur, lui avait répondu fièrement Mirabeau, ce n'est pas à vous qu'il est besoin de dire que ce que Louis XIV, Turenne, Condé, Luxembourg, Louvois et deux cent mille Français n'ont pas fait en Hollande, la Prusse surveillée de l'empereur ne le fera pas dans le même pays soutenu de la France. » Et il en avait écrit à son correspondant de Paris, feignant de tourner en plaisanterie la communication du duc de Brunswick. « Le duc, écrivait-il, va donc, ou veut nous faire accroire qu'il va à Berlin, où l'on délibère sur les propositions de l'Angleterre... Eh bien, tant mieux; soyez tranquille; le duc est plus Allemand que Prussien, et aussi bon homme d'État que grand guerrier. Il fera voir qu'une telle proposition est si absurde qu'elle n'est probablement que la conception personnelle de cet audacieux et rusé Harris (le ministre d'Angleterre en Hollande, depuis lord Malmesbury), qui veut à tout prix faire sa fortune, et enferrer dans un accès de fougue sa nation plus habile que sage. »

Jusqu'au bout de sa mission, Mirabeau se fait illusion sur les projets qui se trament à Berlin relativement à la Hollande, et sans doute aussi sur les dispositions du duc de Brunswick lui-même. Quelques jours seulement avant de partir pour retourner en France, il se demande dans une lettre du 4 janvier 1787 si le duc ne l'a pas *indignement trompé*, et il reconnaît « qu'il ne faut se fier à ce prince ambitieux que sous bonne caution ». Il est vrai qu'il est alors disposé à croire que la princesse d'Orange, sœur du roi Frédéric-Guillaume, « veut s'accommoder à un certain point, *et se donner à la France*, craignant de jouer trop gros jeu pour sa famille ». C'est le ministre de Hollande à Berlin, M. de Reede, à ce moment en relations suivies avec Mirabeau, qui a amené celui-ci à cette conviction. M. de Reede est très dévoué à la princesse d'Orange; il voudrait établir des relations directes ou indirectes entre cette princesse et M. de Calonne, considéré comme l'homme le plus influent du ministère français. Mirabeau se fait passer pour favorisé de la confiance de M. de Calonne; le diplomate hollandais voit donc en lui un personnage propre à seconder ses vues; il le recherche, le flatte, lui offre son appui pour le faire envoyer lui-même auprès de la princesse d'Orange comme négociateur. On comprend que Mirabeau n'oublie pas de mentionner cette dernière ouverture dans les lettres qu'il écrit à Paris, et il ne l'a point encore perdue de vue lorsqu'il quitte Berlin pour revenir en France.

Six mois plus tard, on le sait, les Provinces-Unies étaient envahies par une armée prussienne d'une quinzaine de mille hommes, sous les ordres du duc de Brunswick sortant de ce que Mirabeau, tardivement désabusé, appelait maintenant, dans une lettre à Mme de Nehra, « le sommeil du lion ». Cette armée se rendait rapidement maîtresse des points stratégiques les plus importants du pays. La défection du rhingrave de Salm, qui commandait les troupes des États de Hollande, coupait court à toute résistance. La seule ville d'Amsterdam arrêtait les Prussiens dix jours avant d'être obligée de se rendre (1). Le stathouder était rétabli dans toutes ses prérogatives et dignités; aux États de Hollande, une majorité stathoudérienne, élue sous la pression des armes prussiennes, remplaçait l'ancienne majorité patriotique. Des vengeances impitoyables étaient exercées contre les principaux patriotes; beaucoup d'entre eux étaient réduits à s'expatrier. L'alliance des Provinces-Unies avec la France, œuvre de M. de Vergennes, s'anéantissait, et une triple alliance entre cette nation, la Prusse et l'Angleterre lui était substituée.

(1) Elle était défendue par un Français, M. de Ternant.

La France avait vu s'accomplir ces événements, sans s'y opposer autrement que par des protestations platoniques. Le sentiment de l'humiliation infligé à notre amour-propre national était redoublé par les jactances des Prussiens. « Nous avons frappé magnifiquement notre coup en Hollande, écrivait à sa cour le baron de Goltz, ministre de Prusse à Paris... Le ministère français sait bien que, quelque amer que soit le calice, il vaut mieux encore s'en tenir là que de faire la guerre à la Prusse,... le parti autrichien et russe sera bien *capon* quand il verra que les affaires de Hollande n'auront pas pu brouiller la Prusse et la France. » L'inaction du ministère de l'archevêque de Toulouse avait valu à ce ministère (1), encore à ses débuts, une extrême défaveur dans l'opinion publique française. On en retrouve la trace dans tous les mémoires du temps. Et pourtant, lorsqu'on se reporte aux correspondances même du département des affaires étrangères, il est impossible de méconnaître que la situation fût, pour notre gouvernement, extrêmement embarrassante. L'Angleterre s'était déclarée prête à concourir au besoin à l'expédition prussienne. L'empereur Joseph II ne demandait, il est vrai, qu'à rouvrir contre la Prusse la querelle mal éteinte de la succession de Bavière. Le prince de Reuss, ministre d'Autriche à Berlin, déclarait, en novembre 1787, à notre chargé d'af-

(1) Le ministère d'ailleurs se scinda, et les maréchaux de Ségur et de Castries se retirèrent à cette occasion.

faires Falciola qu'on avait attendu à Vienne les ouvertures de la France, et que cette puissance aurait obtenu de sa cour *tout ce qu'elle aurait voulu*. A ce moment même, une guerre nouvelle s'engageait entre la Russie et l'Empire ottoman. Nul doute que les premières marches des troupes françaises à la rencontre des troupes prussiennes n'eussent été le signal d'une immense conflagration européenne. Que notre état politique intérieur eût été alors normal, et la France eût pu, sous de favorables auspices, recommencer ainsi la guerre de Sept ans, avec Frédéric II de moins comme adversaire. Mais notre pays était en plein état de crise, précurseur de la Révolution ; on pourrait même dire que l'ère de la Révolution était déjà ouverte. Nos finances arrivaient à la dernière détresse ; tous les ressorts du gouvernement étaient détendus ; la lutte violente des Parlements contre le ministère commençait, et les émeutes populaires allaient lui succéder immédiatement. Dans de telles circonstances, comment accepter toute autre guerre qu'une guerre pour la défense directe de l'indépendance nationale. A un certain moment, l'attitude de l'Angleterre était devenue tellement menaçante que le ministère français dut se demander si la guerre ne s'imposerait pas en effet ; mais elle eût été alors concentrée contre l'Angleterre, M. de Montmorin le déclara formellement au représentant de cette nation, et les sommes dont la pénurie du Trésor permettait de disposer furent surtout consacrées à des armements maritimes (1). Quant à la Hollande, il est probable que M. de Vergennes, l'auteur même du traité d'alliance qui nous unissait à elle, s'il ne fût mort quelques mois auparavant, eût admis la nécessité, déplorable sans doute, mais enfin la nécessité de l'abandonner à son sort. Les Prussiens connaissaient parfaitement toutes nos difficultés intérieures; c'est ce qui les avait enhardis. « Le cabinet de Saint-James, écrit en décembre 1787 à M. de Montmorin, notre chargé d'affaires à Berlin Falciola, a constamment assuré la Prusse de l'impuissance où se trouvait la France de résister à ses démarches. J'ai vu le temps où l'erreur allait jusqu'à supposer une guerre civile, une révolution prochaine dans le gouvernement politique intérieur, où l'on se demandait : Peut-elle faire la guerre, a-t elle de l'argent, une armée, des généraux ? et l'on répondait négativement. »

Dans l'empressement de Mirabeau à se rapprocher des réfugiés du parti patriotique hollandais, l'année qui suivit son retour en France, le sentiment de sa déconvenue diplomatique entrait pour une bonne part. De nombreuses lettres furent échangées alors entre lui et ces réfugiés (2). Il devint un des champions les plus ardents de leur cause,

(1) On avait formé un camp à Givet dans le dessein d'intimider la Prusse, mais la Prusse ne se laissa pas intimider.

(2) Il y a lieu de mentionner la *Lettre sur l'invasion des Provinces-Unies à M. le comte de Mirabeau et sa réponse, publiées par la commission que les patriotes hollandais ont établie à Bruxelles*. Bruxelles, 1787.

et publia pour la défendre, au commencement de l'année 1788, alors que tout était consommé en Hollande, un pamphlet se terminant par un appel aux armes, et intitulé : *Adresse aux Bataves sur le stathoudérat.* C'est une des plus médiocres compilations auxquelles il ait attaché son nom ; tel était le jugement mérité qu'en portait Talleyrand. On peut y relever seulement une sorte d'exposition de principes politiques, de projet de déclaration des droits d'un caractère fort libéral et fort démocratique, s'appliquant à la France, au moins autant qu'à la Hollande.

Si Mirabeau n'avait pas retiré de sa mission les avantages qu'il en attendait, il avait du moins mis à profit son séjour en Allemagne pour ses études et ses travaux personnels. Quelque fausse que fût sa situation, il avait pénétré, à Berlin beaucoup plus qu'à Londres, dans la société qui pouvait lui fournir des relations et des sujets d'observation utiles. Il s'était lié avec Ewart, le secrétaire de l'ambassade anglaise. Dohm, le diplomate et l'écrivain politique bien connu en Allemagne, d'abord très frappé des rares facultés d'assimilation qu'il avait trouvées en lui, ne s'était refroidi à l'égard du voyageur français que lorsqu'il avait eu des raisons de se méfier du penchant au plagiat toujours à redouter de la part de celui-ci. C'est en effet au moyen d'emprunts à un écrit de Dohm, antérieurement publié, que Mirabeau a composé son ouvrage sur *Moses Mendelssohn et la Réforme politique des juifs*, paru en 1787. La colonie juive de Berlin, fort riche et fort intelligente à cette époque, lui avait témoigné beaucoup d'empressement (1). Enfin Mirabeau avait jeté les bases de son grand ouvrage sur la *Monarchie prussienne*. A Brunswick, il avait rencontré et mis à l'œuvre l'homme qu'il lui fallait pour une tâche de longue haleine que l'étendue du sujet, l'abondance des documents dans une langue qui lui était peu familière, et enfin sa précipitation ne lui permettaient pas de mener seul à bonne fin. C'était un officier du génie au service du duc de Brunswick, laborieux, versé dans les matières d'économie politique et d'administration, et, grâce à l'origine française de sa famille, possédant presque également l'allemand et le français.

Le germe de l'ouvrage, écrivait plus tard cet officier, le major Mauvillon, dans la préface placée par lui en tête du recueil des lettres que Mirabeau lui a adressées, le germe de l'ouvrage est né uniquement dans la tête du comte; il est le fruit tout pur de son génie. Il le jeta dans l'âme de son ami, qui sans cela n'aurait jamais songé, ni même dans le fond jamais été capable de produire un pareil ouvrage. Le comte fit plus. Après que son ami eut nourri, étendu, mis au monde le germe, en vrai père il soigna son éducation, redressa quelque membre sain, mais disloqué, enleva quelques loupes, quelques taches déplaisantes, et lui donna une parure capable de le faire

(1) Le livre de M. Stern, dont nous avons plus d'une fois parlé, contient d'intéressants détails sur les rapports de Mirabeau avec la société de Berlin.

paraître avantageusement dans le monde. On voit donc bien qu'il a de grands droits à cet ouvrage, quoiqu'il ne l'ait pas fait, et qu'il a pu non sans raison s'en attribuer le mérite.

Il faut rapprocher de ces explications l'aveu suivant contenu dans une lettre de Mirabeau à Mauvillon du 19 mai 1788. « Vous aurez un grand plaisir à revoir *notre ouvrage*, puisque vous voulez que je l'appelle ainsi, un peu refait et repeigné. » Dans l'été de 1787, Mirabeau se rendit encore une fois en Allemagne pour s'occuper uniquement alors, de concert avec Mauvillon, de la préparation et de la publication de cet ouvrage.

Le mérite principal de la *Monarchie prussienne* est dans la grande abondance de renseignements statistiques et économiques consciencieusement recueillis que l'ouvrage contient. Ce mérite est tout à fait étranger à Mirabeau. Sa touche personnelle ne se révèle guère que dans l'introduction, dans la conclusion, dans quelques parties des livres consacrés à l'état religieux de la Prusse et au système fiscal de Frédéric II. En général, ce grand travail en quatre volumes in-4° et huit in-8° a toute la lourdeur allemande. Plutôt que de l'analyser, mieux vaut en dégager l'idée maîtresse qui appartient réellement à Mirabeau. L'admiration pour l'œuvre politique de Frédéric II n'y est pas ménagée, et, en faisant même la part des illusions générales de l'époque, on peut trouver que l'auteur va un peu loin dans cette admiration, lorsqu'il présente la Prusse comme le plus solide étai de la constitution germanique, laquelle, ne donnât-elle à vingt-cinq millions d'hommes que l'avantage de vivre dans de petits États, est digne, malgré son caractère aristocratique, qu'on fasse des vœux pour sa conservation ; lorsqu'il invite le successeur de Frédéric II, appelé à maintenir la liberté des princes et des peuples allemands contre l'insatiable ambition de la maison d'Autriche, à dédaigner le titre d'empereur d'Allemagne pour celui de *vertueux tribun du peuple* ; lorsqu'il s'écrie dans sa conclusion : « Citoyens de l'Allemagne, de quelque rang que vous soyez, regardez l'étendard de la maison de Brandebourg comme le panache de votre liberté ! »

Pourtant, « tout en déclarant que si la Prusse périt, l'art de gouverner retournera vers l'enfance », Mirabeau ne méconnaît pas les défauts de son gouvernement tel que l'a constitué Frédéric II. Prouver que ce prince, au travers de toutes les grandes choses qu'il a accomplies, s'est trompé gravement en « voulant être universel », mais surtout en contrevenant aux principes mis en lumière par les économistes français ou *physiocrates*, en entravant constamment la liberté du commerce dans ses États, en recourant avec prédilection aux impôts indirects ; que, par de telles erreurs, il a non seulement nui à la prospérité de ses sujets de son vivant, mais préparé à son œuvre des causes de décadence après sa mort; « démontrer ainsi par les faits des vérités de première importance et cependant encore disputées », défendre « le système physiocratique, ce système si simple qui place dans la liberté des hommes et des choses tout l'art de les gouverner », voilà le but poursuivi par l'auteur nominal de la *Monarchie prussienne*.

Pour l'indiquer en quelque sorte dès la première page, Mirabeau a dédié son ouvrage à son père, « au philosophe patriote qui a joui d'une gloire juste, qui est demeuré l'*ami des hommes,* parce qu'ils ont reconnu qu'un véritable zèle pour leur bonheur animait ses écrits, qui a fait de l'agriculture la plus importante affaire des gouvernements, qui a flétri l'odieux impôt des corvées, qui a demandé les assemblées provinciales, c'est-à-dire pour chaque province une administration particulière dans laquelle les propriétaires eux-mêmes ou leurs représentants seraient chargés de répartir les impôts, de diriger les travaux publics, d'être les organes de l'autorité envers le peuple, ceux des besoins et des droits du peuple envers l'autorité ».

Plus j'ai avancé dans ce travail, dit Mirabeau en concluant sa dédicace, plus j'ai senti qu'il m'était convenable de vous le dédier; et comme à un des inventeurs de cette belle science de l'économie politique qui doit faire un jour le bonheur du monde, et pour compenser un peu, mon père, par cet emploi honorable de mon âge mûr, les peines qu'a pu vous causer ma jeunesse orageuse. Vous ne pourrez voir avec indifférence que je devienne véritablement utile. Cette idée, qui fait mon espoir et ma consolation, m'enhardit à mettre l'ouvrage et l'auteur à vos pieds.

Toute la dédicace est non seulement une amende honorable des torts que Mirabeau a eus très réellement envers son père, mais aussi une profession de foi physiocratique. L'auteur était sincère en l'écrivant; les lettres qu'il adresse à la même époque à son ami et collaborateur, le major Mauvillon, le prouvent. « Il fallait, lisons-nous notamment dans une lettre du 2 octobre 1788, faire justice à mon père comme philosophe politique, car on a vraiment oublié jusqu'à l'ingratitude les services qu'il a rendus. Il fallait le faire sans cafardise, et pourtant sans lui déplaire. »

Nous verrons que le vieux marquis, oublié ou ridiculisé depuis longtemps, hors du petit cercle de ses amis et de ses disciples familiers, ne put faire autrement que d'être très sensible et à la dédicace et à l'esprit général de tout l'ouvrage. Il appelle celui-ci un ouvrage capital. « Si ce n'était son *philosophisme*, observe-t-il en parlant de l'auteur, je ne pourrais m'empêcher de dire que je l'avais autrefois demandé en écrivant : *Exoriare aliquis nostris ex ossibus ultor*. »

A part quelques petites hérésies économiques, selon la pure doctrine de Quesnay, comme une défense de la petite propriété, à l'encontre de la grande, le *philosophisme* était, en effet, tout ce que le marquis pouvait trouver à redire dans l'ouvrage de son fils. Mais ce défaut-là, « qui lui concilie, écrit le marquis, les novateurs bruyants et éloigne à jamais les gens sages, me choque outrément...Il attaque partout la catholicité, il fronde partout la religion de ses pères et de son pays, et il mé dédie cela, à moi ! Or il est à noter que, quand il a à dire une sottise, il pousse d'énergie, et de ce qu'ils appellent éloquence. »

Le fait est que l'audace des attaques contre le culte catholique est encore un autre trait à noter dans la *Monarchie prussienne*. L'auteur va même jusqu'à reprocher à Frédéric II d'avoir été trop tolérant pour les catholiques de Silésie. « C'est, dit-il ailleurs, érigeant comme de coutume en doctrine son immoralité personnelle, c'est une des grandes erreurs de la morale très incomplète, très ambiguë, plus souvent fausse que nous devons au christianisme d'attacher beaucoup d'importance à ce que les prêtres ont nommé *péchés de la chair*. » Quand on réfléchit que le livre où se trouvent de pareils passages s'est imprimé, distribué et vendu librement en France (1), on est forcé de convenir que la Révolution, en matière de liberté de plume, a eu seulement à sanctionner celle qui s'était établie avant elle, et par la force

(1) L'édition était entreprise de concert par le libraire allemand Fauche et les libraires français Le Jay, Volland et Desenne. L'impression fut faite à Paris.

des choses. L'absence de liberté de droit ne faisait guère, à la veille de 1789, qu'exciter à l'abus de la liberté de fait. Deux ans plus tard, Mirabeau n'eût pas parlé du culte catholique sur le même ton. Nous ne prenons pas d'ailleurs son *philosophisme* très au sérieux, et nous le considérons comme bien plus largement tolérant, en tous cas, qu'il ne le paraît dans la *Monarchie prussienne* ; nous fournirons des preuves à l'appui.

Mirabeau attachait une réelle importance à la publication de son grand ouvrage. Cette publication devait, suivant lui, faire époque dans sa vie, le tirer du rang des pamphlétaires pour l'élever à celui des écrivains, renouveler enfin sa réputation contre le mauvais effet de laquelle toutes ses visées ambitieuses venaient échouer. « Mon amie, écrit-il à Mme de Nehra, le 22 août 1787, quand cet ouvrage paraîtra, je n'aurai à peu près que trente-huit ans ; j'ose le prédire, il me fera un nom, et il se peut qu'il donne quelque regret à mon pays de laisser oisif un tel observateur et d'avoir mal récompensé de tels travaux. » — « Je mourrais triste, lisons-nous encore dans une lettre adressée en octobre 1789 au major Mauvillon, si ce monument ne restait pas sur mon tombeau. »

L'ouvrage, paru dans l'été de 1788, eut en effet tout le succès qu'on pouvait désirer. Nous n'oserions pas affirmer que beaucoup de gens le *lurent* d'un bout à l'autre ; mais beaucoup du moins le feuilletèrent et en parlèrent. Dans cette société aimablement légère d'avant 1789, on était très respectueux pour les livres qui se présentaient avec un appareil de gravité et d'érudition. Les trouvât-on indigestes et ennuyeux, on n'osait pas trop le déclarer le premier, de peur de paraître *peu éclairé.* L'étonnement même que l'on ressentit à trouver une pareille production signée du nom de Mirabeau concourut à lui rendre le public favorable. Si les ministres ne se départirent pas de leur répugnance à lui accorder un emploi public en rapport avec ses talents, si les salons qui lui étaient fermés ne s'ouvrirent pas tout d'un coup pour lui, les cercles politiques lui firent bon accueil. Il y tint une place marquante jusqu'au moment où l'indélicate publication de sa correspondance de Berlin lui valut une nouvelle mise à l'index. Il contribua avec Brissot à la fondation de la *Société des Amis des Noirs,* société de propagande contre l'esclavage qui devint bientôt un foyer de doctrines politiques libérales. Vers la fin de 1788, il est aussi l'un des organisateurs d'un *club constitutionnel*, qui a pris naissance chez Duport, le conseiller au Parlement, rue du Grand-Chantier, au Marais. Le premier noyau de ce club a été formé surtout des parlementaires influents ; mais on cherche à y attirer les notables de nouveau convoqués, et en général tous ceux qui, à Paris, s'occupent de politique avec quelque autorité. Là se rencontrent les hommes qui suivront dans la Révolution les voies les plus différentes :

d'Espreménil et Robert de Saint-Vincent, La Fayette, Condorcet et l'évêque d'Autun. Là se préparent les élections prochaines aux États généraux, et à ce moment, comme nous le verrons, tout autre intérêt s'efface dans l'esprit de Mirabeau devant le souci d'assurer sa nomination de député.

XIII

MIRABEAU ET LE MINISTÈRE BRIENNE. — LES IDÉES POLITIQUES DE MIRABEAU AVANT LES ÉTATS GÉNÉRAUX. — SES DERNIERS RAPPORTS AVEC SON PÈRE.

§ 1. — Mirabeau et le ministère Brienne.

Tant que la date de convocation des États généraux n'a pas été fixée, Mirabeau n'a pas renoncé à se faire employer par le ministère presque entièrement nouveau, formé à la suite de la mort de M. de Vergennes, de la disgrâce de M. de Calonne et de M. de Miroménil. « L'archevêque de Toulouse, que vous devez regarder comme un premier ministre, écrit-il, le 11 mai 1787, à Mauvillon, est un homme d'un grand talent et d'une grande suite; il est impossible que, tôt ou tard, il ne sente pas qu'il vaut mieux m'employer que m'oublier... C'est l'ouvrage sur la Prusse à la main que je veux aborder M. de Toulouse, qui en a une grande attente. » Mirabeau ne différa pas jusque-là; il n'était pas homme à concentrer toute son activité, même dans de grandes études, et, dès le mois de septembre de l'année 1787, lorsqu'il revient, après son dernier voyage en Allemagne, se fixer à Paris, nous le trouvons à son poste de solliciteur auprès des nouveaux ministres.

Il ne connaît pas l'archevêque lui-même, mais il a rencontré en Allemagne un jeune homme de mérite qui vient d'être choisi par M. de Brienne comme premier commis, Soufflot de Mérey, neveu de l'architecte de Sainte-Geneviève. Il paraît que Soufflot, ayant eu occasion de voir Mme du Saillant, sœur de Mirabeau, lui a parlé de cette rencontre en termes obligeants. Mirabeau profite de la circonstance pour écrire au premier commis; et, sous prétexte seulement de le remercier et de le féliciter de sa nomination, il a soin, dans la pensée que sa lettre sera montrée à l'archevêque, de faire valoir ses services sans paraître les proposer, et de développer des considérations politiques de nature à attirer l'attention sur celui qui les a écrites.

Que voulez-vous que j'aille faire à Versailles, dit-il, moi fier de mes services, de mes forces, de mes fautes peut-être, puisque les folies d'une bouillante jeunesse ont été le premier aiguillon qui m'a pressé de payer à mon pays un tribut noble et généreux. Que voulez-vous que j'aille faire dans un pays où l'on croit avoir tout dit sur moi en s'écriant : *Il a un grand talent, quel dommage!* Comme si cela n'équivalait pas à ceci : *Il a écrit d'excellentes choses, quel homme s'il n'écrivait pas!* Où je suis décrié par cela même qui m'honore, redouté pour mes services, desservi par mes talents; où j'ai été désobligé, non seulement en faits, mais en paroles, par l'homme le plus propre à m'apprécier, à planer sur les préventions, les préjugés, les on-dit, par votre ministre en un mot (1), qui ne peut pas ignorer que l'on n'asseoit une grande réputation que sur de grandes calomnies. Eh! qu'avait-il à me reprocher, lui?... D'avoir contribué à détrôner l'homme sur les ruines duquel il s'est élevé à la puissance suprême? D'avoir professé des principes qu'il a mis en loi? D'avoir écrasé quelques-uns des monstres dont il veut purger son pays? D'avoir démontré que l'implacable ennemi de toute autorité, de tout crédit, de toute place qui ne sont pas siens n'avait de grand que son charlatanisme et son ambition? Voilà donc de biens terribles crimes, mon cher Soufflot!... Mais votre lettre sur l'Empereur... (2) D'abord elle n'est pas de la date où votre ministre m'a désobligé et repoussé; elle est très postérieure. Qui ne voit ensuite que le passage tant reproché est apocryphe par cela même qu'il est absurde? Ainsi parce qu'on imprime en mon absence, moi éloigné de trois cents lieues, *aventurier* pour *aventureux* dans une brochure qu'on m'attribue; parce qu'un prote ignorant ou étourdi a revu mes épreuves, je suis un homme intolérable ou tout au moins condamné à une irrémédiable nullité. A leur commodité, mon cher Soufflot, car cela ne sera vrai, je vous assure, qu'autant que je le voudrai. Certes, je ne me cache pas d'être séduit, attiré par les circonstances qui promettent un beau jour à ma patrie. *Je sens qu'il me serait trop facile, et même trop naturel, de me donner à l'homme qui fait espérer enfin que la France sera constituée, et, par conséquent, régénérée.* Mais loin de moi l'impudeur de violer la confiance de personne, ou même l'accès auprès des per-

(1) L'archevêque de Toulouse avait fait supprimer par arrêt du Conseil les *Lettres sur l'administration de M. Necker*.

(2) Il s'agit ici, croyons-nous, de la *Lettre sur l'invasion des Provinces-Unies* que nous avons précédemment citée.

sonnages influents. Je ne demande rien, je ne convoite rien, je n'envie rien; j'ai pû désirer l'emploi de mon activité, sûr que je suis de servir fidèlement, utilement même, à force de zèle, d'application, de suite, et ainsi donner autant que je recevrais. Mais je ne ferai jamais pas même la moitié du chemin; on appellerait intrigue ou présomption ce qui n'est qu'amour du bien public, et patriotisme aussi pur dans son énergie que désintéressé dans ses motifs.

Laissez-moi donc à mon obscurité, mon cher Soufflot, je dis à mon obscurité, parce qu'en effet mon dessein est d'y rester invariablement, jusqu'à ce qu'il sorte un ordre de choses régulier du tumulte où nous sommes, et que quelque grande révolution, soit en bien, soit en mal, ordonne à un bon citoyen, toujours comptable de ses suffrages et même de ses talents, d'élever la voix. Cette révolution ne saurait tarder. Le détroit où se trouve engagé le vaisseau public est également court et difficile. Un pilote habile peut sans doute le mettre en haute mer, et, s'il y est une fois, il est sauvé; mais il ne le peut qu'avec le concours de l'équipage, et je ne connais pas, en ce moment, de matelot à mépriser (1).

Mirabeau donne ensuite son avis sur l'emprunt, sans lequel le ministre ne peut « ni vivre ni à peine finir l'année », et sur la meilleure manière d'assurer son succès. « Le contrôle général, ajoute-t-il, n'est entouré que de vieux professeurs, dont la pra-

(1) M. Lucas de Montigny fait, à tort, de cette lettre, citée par lui avec quelques changements (*Mémoires de Mirabeau*, tome IV, p. 448), une *réponse*. Elle est, au contraire, une entrée en matière. Non datée, dans le brouillon que nous avons sous les yeux, elle doit se placer au commencement d'octobre 1787. C'est le moment où La Fayette écrivait encore à Washington :

L'archevêque de Toulouse est premier ministre; c'est un homme

tique, exaltée par des spéculateurs intéressés au maintien de l'antique méthode qui fonde leurs richesses sur le discrédit de l'État, est déshonorée par la très constante langueur de nos emprunts... Si M. l'archevêque, entraîné par le torrent des circonstances et des affaires, n'a pas le temps d'appliquer à ce point particulier sa méditation, qu'il se fasse représenter les mémoires donnés à M. de Calonne pour motiver la méthode de l'emprunt de 125 millions; ils existent, tout est là en théorie comme en pratique, et je défie un homme de bonne foi d'y rien répliquer. »

Auprès du ministre des affaires étrangères, M. de Montmorin, qu'il aborde avec moins de détours, Mirabeau fait valoir de même sa mission de *dix mois* (1) à Berlin, « l'immense travail qu'il a fait à cette occasion »; il affirme de même, avec quelque outrecuidance, que, « dans cette période, il n'est pas arrivé un fait intéressant qui lui soit échappé ou qu'il n'ait prédit. »

Si, écrit-il, après une allusion amère *au prix qu'il a reçu de ses services*, si, dans la situation perplexe où se trouve la France et l'incertitude où vacillent nos systèmes politiques, un homme qui porte un nom assez connu pour que sa curiosité de voyager ne soit pas un sujet d'éton-

honnête et éclairé. J'avoue qu'il a commis des fautes depuis qu'il est en place, mais je lui crois encore un talent du premier ordre. Il a été étourdi par le double orage de la politique extérieure et intérieure. Mais, si le temps devenait plus calme, je suis sûr qu'il serait propre et disposé à faire de grandes choses. »

(1) Elle n'avait été en réalité que de six mois.

nement et devienne un moyen de communication plus exact et plus rapide, et qui, par son application assidue, a peut-être acquis quelque connaissance et quelque facilité, vous paraît devoir être utile, il serait digne de vous de n'être pas arrêté par de perfides *on-dit* ou de frivoles considérations... Daignez penser, monsieur le comte, que *le même talent qui a pu lutter par la puissance de l'opinion contre l'autorité est, à plus forte raison, capable de la servir, lorsqu'elle saura en faire usage.* Jusqu'au moment où le sort disposera de mon père, mon existence et ma fortune ne peuvent être que l'ouvrage de moi-même et du Gouvernement. La vie exécutive me convient mieux que la spéculative, et je préférerais bien servir le Gouvernement comme acteur que de risquer de lui déplaire dans mon métier d'instructeur... Je suis très homme à risquer ma tête, comme à l'employer pour le service du roi. Varsovie, Saint-Pétersbourg, Constantinople, Alexandrie, tout m'est à peu près égal, pourvu que je puisse trouver l'emploi utile de mon activité. Je m'en remets à votre sagesse sur la manière, à votre seule équité sur le traitement et les suites. *Je m'offre purement et simplement* (1).

C'est ainsi que Mirabeau sollicitait, rappelant, pour les faire mieux apprécier, que ses talents pouvaient, à un moment donné, devenir redoutables. Tout l'objet de ses vœux, alors, était de reprendre ce qu'il nommait jadis dédaigneusement « le métier de bas-officier en diplomatie ». Mais M. de Montmorin, qui n'avait pas autant de motifs de le craindre que M. de Calonne, lui ayant

(1) 11 octobre 1787. Cette lettre a été citée aussi par M. Lucas de Montigny avec une légère modification.

répondu par de l'eau bénite de cour, nous le voyons, le mois suivant, baisser encore d'un cran ses prétentions, et demander à entreprendre, sous le patronage secret du ministre des affaires étrangères, un journal « qui serait une analyse fidèle mais décente, nerveuse mais adroite, des papiers-nouvelles anglais », et dans lequel le ministre aurait la faculté « d'insinuer des choses qu'il ne peut guère permettre aux journaux paraissant sous l'autorité avouée du Gouvernement ». — « Je n'ai pas besoin de vous dire, ajoute Mirabeau, que je m'entendrais, soit avec vous, soit avec celui de vos gens de confiance que vous désigneriez pour être d'accord avec vos vues (1) ». Voilà donc l'ancien agent de M. de Calonne remettant sa plume aux ordres d'un ministre. Mais ici, comme à propos de ses publications financières, ou, plus tard de son traité avec la cour, lorsqu'il siégera à l'Assemblée constituante, on peut faire observer qu'en vendant sa plume, ses conseils ou sa parole, Mirabeau n'aliène pourtant pas sa liberté d'opinion. Nous avons une autre lettre où il la revendique, à l'occasion d'un dissentiment sur la rédaction du journal même qu'il a proposé à M. de Montmorin, et qui a commencé à paraître (2).

(1) Lettre inédite à M. de Montmorin du 16 novembre 1787.

(2) Ce dissentiment avait été amené par une polémique de Mirabeau avec le *Mercure de France*, rédigé par Mallet du Pan. M. de Montmorin désapprouva cette polémique, alléguant entre autres raisons qu'elle pouvait nuire à la *considération* de Mirabeau et aux projets qu'il formait pour lui. « Monsieur le comte

Ce journal, d'ailleurs, n'occupa que très passagèrement Mirabeau et n'a laissé aucune trace dans l'histoire de la presse du temps (1). Un peu plus tard, Mirabeau consentira, avec un peu de répugnance et pour plaire à M. de Montmorin, ainsi qu'à son collègue, le garde des sceaux Lamoignon, avec lequel il est aussi entré en relations, à écrire un pamphlet contre les Parlements dans des circonstances critiques. Sans traduire par des actes bien significatifs les bonnes intentions qu'ils mani-

répond Mirabeau, je n'ai pas du tout les idées vulgaires sur la considération, je n'en donne qu'à ce qui en mérite, à la vertu et aux talents, et nullement à tout l'entourage factice de la société. Sevré depuis longtemps des illusions auxquelles m'appelait le hasard de ma naissance, accoutumé à être moi, à n'être que moi, à ne m'estimer que par moi, je tâcherai de mériter toutes les places et de me consoler de n'en avoir aucune, si votre bonté ne peut pas parvenir à vaincre ma destinée. En vérité, les Anglais nous valent, voire même un peu plus. Eh bien ! il n'est pas chez eux un homme de mérite, un talent constaté, un homme public, qui n'ait travaillé longtemps à ces écrits périodiques, à ces feuilles volantes que notre ininstruction dédaigne. Je ne puis me trouver humilié de faire ce que l'élite de l'Angleterre a toujours fait et fait encore, et je ne croirai pas avoir été inutile à mon pays, même en ce sens, si l'exemple d'un homme, dont le nom, ni le talent, ni la manière ne sont subalternes, y détruit ce nuisible et déraisonnable préjugé. — Permettez donc, Monsieur le comte, que, fidèle à mon engagement de ne pas donner le moindre ombrage au Gouvernement, de servir ses vues, quand elles seront conformes à mes principes, de m'abstenir, quand il me sera impossible d'approuver ses opérations, je persévère dans ma manière et mon plan, et ne tienne plus compte des clameurs de Mallet et de Panckoucke que du bourdonnement des insectes qui voltigent autour de moi. » (22 janvier 1788). C'était, cette fois, parler en gentilhomme.

(1) Il s'en trouve quelques numéros à la Bibliothèque nationale.

festaient à son égard, MM. de Montmorin et de Lamoignon surent flatter ses ambitions, satisfaire son amour-propre, et maintenir ses dispositions à les servir, alors que le ministère auquel ils appartenaient était tombé dans la plus complète impopularité.

Vous êtes, écrivait Mirabeau à M. de Montmorin, lorsqu'il commençait à avoir accès auprès de lui, le premier homme en place qui ayez mis de la grâce et de la vérité à vouloir être mon bienfaiteur, le premier surtout qui m'ayez montré le seul désir vraiment capable de me flatter, celui de me rendre à mon existence naturelle, et de me mettre dans mon véritable jour. De ce moment, je suis à vous tout entier. Mon honneur et mon intérêt doivent vous être le double gage de ma discrétion, comme de ma reconnaissance. Ce n'est plus aux paroles, c'est aux faits à en témoigner. Veuillez me tracer exactement la marche que je dois suivre, soit pour vous voir, soit pour vous écrire, de manière à déjouer les curieux.

De ce moment, en effet, jusqu'à l'époque où la publication de la *Correspondance de Berlin* obligea M. de Montmorin à lui fermer sa porte et à refuser de recevoir ses communications, Mirabeau ne se découragea pas d'adresser à ce ministre des réflexions sur les affaires publiques, voire même des conseils assez mal utilisés. Sa vie, pendant les dix-huit mois qui précèdent l'année 1789, se partage entre ce genre d'occupations, la préparation de l'ouvrage sur la *Monarchie prussienne,* et la rédaction toujours hâtée de nouveaux écrits de circonstance pour le public.

L'énumération même des écrits dont il s'agit serait sans intérêt. Mieux vaut étudier, surtout d'après la correspondance de Mirabeau, le travail qui se fait dans son esprit, à la veille de son entrée sur la scène parlementaire, les idées politiques qui se développent, se succèdent, se fixent ou s'entre-choquent en lui, durant une des périodes les plus décisives de notre histoire.

Mirabeau ne fut jamais un théoricien politique, à la manière de Sieyès, par exemple. Il n'est point entré aux États généraux avec une Constitution toute prête dans le cerveau : en aucun moment de sa carrière politique, il ne s'est enfermé dans des formules invariables et inflexibles. Il se juge même exactement lorsqu'il dit à M. de Montmorin, dans une des lettres citées plus haut, que la vie *exécutive* lui convient mieux que la vie *spéculative*. Il a beaucoup lu, un peu au hasard, un peu à la diable, il est vrai; il a fait de ses lectures d'innombrables extraits. Mais sa véritable supériorité n'est pas dans cette érudition mal ordonnée, dans cette « bibliothèque renversée » qui encombre son esprit, pour employer des expressions de son père et de son oncle. Elle est bien plutôt dans la conaissance des hommes qu'il a acquise, grâce à son talent d'observateur, et aussi aux vicissitudes de son existence aventureuse. Né gentilhomme, il a frayé avec toutes les classes sociales, en France et à l'étranger. Il est monté dans les carrosses du roi très chrétien, il a fréquenté des princes et des ministres, et, pourtant, il a eu des rapports de familiarité avec de petits hommes de loi, des artistes, des journalistes, des libraires, et jusqu'à des inspecteurs de police. Il a lui-même passé par toutes les conditions, exercé tous les métiers, lutté contre toutes les difficultés. Tout le prépare à être par excellence un politique pratique, cherchant à tirer parti des événements, bien plus qu'à leur faire la loi par l'application de principes arrêtés.

Mirabeau est même un politique par trop pratique; rien n'est plus difficile que de rattacher à une véritable doctrine personnelle ses inspirations du moment. Nous examinerons si cette doctrine personnelle s'est formée chez lui depuis la Révolution ; il est certain qu'auparavant elle lui fait complètement défaut. Dans cette période de 1787 à 1788, où la marche des affaires publiques captive déjà toute son attention, il aspire, comme beaucoup de Français, à un renouvellement d'institutions, sans savoir bien précisément jusqu'où le renouvellement devra s'étendre, en quoi il devra consister, par quels moyens il devra s'opérer. Il a sur les nécessités de la situation de lumineux aperçus; mais ce ne sont que des aperçus incessamment modifiés, souvent contredits par d'autres. « Cet homme n'a à la place d'âme qu'un miroir où tout se peint et s'efface à l'instant. » Plus on étudie Mirabeau, plus cette appréciation de son père à son égard paraît saisissante de vérité. Le propre de son esprit est de mettre admirablement en valeur les idées d'autrui, qu'il réfléchit selon le sens où il est orienté, c'est-à-dire selon les impulsions capricieuses de la passion, de l'amour-propre, ou de l'intérêt. Ces impulsions-là dominent la pensée de Mirabeau, comme elles dirigent sa conduite, et on retrouve dans l'une un peu du manque de suite, du décousu de l'autre.

Il n'y a de fixe dans l'esprit de Mirabeau que certaines tendances générales déterminées par la nature de son caractère, par les circonstances de son éducation et de sa vie. Indiquons-les d'abord, avant de suivre l'évolution de ses sentiments, depuis l'ouverture de l'Assemblée des notables qui marque le commencement de la crise révolutionnaire, jusqu'à son élection aux États généraux.

La haine contre l'arbitraire et le privilège est certainement très sincère et très enracinée chez lui, et elle n'est pas seulement le résultat de ses lectures ou des élans de son imagination. La Fayette, Alexis de Noailles, Mathieu de Montmorency, bien d'autres encore du même rang, se sont épris de bonne heure d'un amour idéal pour la liberté. Mirabeau, moins désintéressé, a contre l'ordre de choses établi un fond de rancunes, qui est la première assise de ses opinions réformatrices. Ses malheurs ont été principalement son ouvrage, et pourtant il en accuse toujours, comme nous l'avons vu dans une de ses lettres à Talleyrand, son père et le gouvernement. Il a oublié que les nombreuses lettres de cachet sollicitées et obtenues contre lui l'ont plus d'une fois tiré d'affaires judiciaires embarrassantes, il ne se souvient que des années de captivité qu'elles lui ont valu. Si dénué de fiel qu'il puisse être, il garde toujours un peu du ressentiment qui s'est épanché dans les deux ouvrages de sa première jeunesse, l'*Essai sur le despotisme*, et surtout le livre sur les *Lettres de cachet.* Quand il est rentré dans le monde, après cette première jeunesse tourmentée, il a été abreuvé de toutes les amertumes du déclassé. En butte aux mépris de ceux qu'il considérait comme ses égaux, il s'est vu arrêter dans son ambition par d'invisibles et d'insurmontables obstacles. De là ces tirades, trop violentes pour être réfléchies, dans ses *Considérations sur l'ordre de Cincinnatus*, par exemple, contre la noblesse « composée, dans l'origine, d'une troupe d'oppresseurs et d'assassins, recrutée de concussionnaires ou de voleurs publics (1). » Il est, en

(1) Nous devons avouer pourtant que dans d'autres ouvrages, dans quelques-unes de ses lettres particulières, Mirabeau s'est prononcé avec plus de calme contre la noblesse héréditaire. « La noblesse et sa dignité sont dans la nature, écrit-il dans les *Conseils d'un jeune prince sur la nécessité de refaire son éducation* (cet ouvrage, nous l'avons dit, est de son père en grande partie, mais la phrase que nous citons est bien de lui), la noblesse et sa dignité sont dans la nature, quoique, avec une noblesse héréditaire, il soit bien difficile de constituer une société. Mais Dieu même ne saurait empêcher une noblesse personnelle. »

tous cas, une noblesse dont Mirabeau ne fait nullement fi, c'est la sienne. Dans ses lettres, comme plus tard dans ses discours à l'Assemblée constituante, il ne manque pas une occasion de la rappeler, s'attribuant souvent des ancêtres et des parents très peu authentiques. Sa généalogie, son titre, ses armes lui sont tellement chers qu'il ne renoncera pas à s'en parer, même quand l'Assemblée constituante aura aboli toutes les distinctions nobiliaires (1). Frochot, l'un de ses amis les plus dévoués et les plus sages à l'Assemblée constituante, racontait volontiers une conversation caractéristique qu'il avait eue un jour avec lui. Tous deux revenaient ensemble, en voiture, d'une séance de l'Assemblée, où les gentilshommes du côté droit avaient vanté leur origine et les services de leurs pères. « Serait-il bien possible, s'écrie Frochot, que ces messieurs se crussent en effet, à part toute expression figurée, d'un autre sang que le reste des hommes. — N'en doutez pas, répond vivement Mirabeau ; puis, après un instant de silence, il ajoute : Et, croyez-moi, c'est une erreur dont on se guérit bien plus malaisément que vous ne pensez. » Par ses goûts personnels, par ses vices même, Mirabeau était aristocrate d'instinct. Il en était de lui comme de son

(1) C'est ce moment qu'il choisira pour faire armorier ses voitures et confectionner des livrées à ses domestiques, l'argent de la cour lui permettant alors un luxe qu'il n'avait pu se donner jusqu'alors.

père: les idées démocratiques, en faisant invasion dans son esprit, s'étaient combinées à cet instinct d'une manière indéfinissable. Seulement, à la différence de son père, Mirabeau avait été blessé, dans son orgueil nobiliaire même, par des humiliations venant de la caste à laquelle il était d'ailleurs fier d'appartenir: celles qu'il allait éprouver encore, lors de son élection aux États généraux, devaient lui être particulièrement sensibles.

Et maintenant, quel est le courant d'idées générales dont il a le plus manifestement subi l'action? Ce n'est pas, croyons-nous, le courant philosophique. Les écrits des philosophes paraissent lui être très peu familiers; il a lu ceux que tout le monde connaît, ni plus ni moins. Dans ses lettres de Vincennes, il parle de Voltaire très froidement. L'expression de l'admiration pour Rousseau revient, au contraire, fréquemment sous sa plume. Par le style, il est bien un peu disciple de Jean-Jacques. Mais il n'a pourtant adopté ni le spiritualisme affirmatif, ni les utopies sociales de ce dernier; il a même, dans son premier ouvrage, l'*Essai sur le despotisme*, réfuté avec vigueur la conception d'un prétendu état de nature antérieur à la vie de l'homme en société (1).

(1) Malgré son titre, l'*Essai sur le despotisme* n'est rien moins qu'un ouvrage révolutionnaire. On y lit des phrases comme celle-ci : « Il ne naît pas, en quatre siècles, quatre hommes capables de prévoir jusqu'où peuvent aller les innovations; d'où l'on doit conclure que les changements et les

Il parle, dans son livre sur la *Monarchie prussienne* de Kant « qui a si bien miné l'édifice fantastique de la métaphysique », mais connaît-il réellement les écrits du philosophe de Kœnigsberg, si ignoré d'ailleurs en France à cette époque? Connaît-il les œuvres de Mably, qui, à tant d'égards, inspireront l'Assemblée constituante ? Rien ne l'indique. En somme, les problèmes généraux de la destinée humaine le préoccupent peu ; la méditation qu'ils comportent n'est pas son fait. C'est à la morale de l'Église catholique et aux prétentions dominatrices de ses ministres qu'il est hostile, encore plus qu'à ses dogmes. Le philosophisme que lui reproche son père est surtout un philosophisme de *libertin*, dans toute l'acception que l'on donnait à ce mot au XVIIe siècle. L'esprit de tolérance, que les philosophes ont contribué à développer, sans en donner personnellement l'exemple, est, durant les dernières années de l'ancien régime, répandu dans l'atmosphère de la société cultivée. Mirabeau l'y a, en quelque sorte, respiré. Ce sentiment s'harmonise avec une certaine disposition bienveillante, chaleureuse et communicative, qui, malgré les inconséquences de son langage, est

nouveaux établissements constitutifs sont fort délicats et rarement sans danger. » D'autre part, c'est dans le même ouvrage que Mirabeau écrit cette autre phrase assez singulière, venant de lui : « Le vœu des honnêtes gens, des vrais amis de l'humanité, serait que la religion fût appliquée à la science du gouvernement avec le même succès que l'algèbre l'a été à la géométrie. »

le meilleur trait de sa nature (1). Au reste, ses polémiques hardies, ses publications compromettantes auraient suffi à le rendre, par nécessité d'état, partisan zélé de la liberté de pensée, de parole et de plume. Dans cet ordre de principes, son ouvrage sur *Moses Mendelssohn et la Réforme politique des Juifs* lui ferait grand honneur, s'il n'était aussi complètement imité, comme nous l'avons dit, d'un écrit de l'auteur allemand Dohm. Mais, nous le répétons, il n'y a pas de filiation intellectuelle à établir entre Mirabeau, et aucun des représentants de l'école philosophique.

(1) A plusieurs pages malheureuses de l'étude sur la *Monarchie prussienne*, nous aimons à opposer une éloquente exposition de principes, tirée d'une des lettres de Mirabeau à Mauvillon, en date du 22 octobre 1788. Le morceau a déjà été cité, mais nous ne résistons pas à la tentation de le reproduire : « Nous sommes, écrit Mirabeau, un singulier mélange d'Orosmade et d'Arimane (nous avons déjà dit que Mirabeau affectionnait cette métaphore empruntée à une mythologie orientale), ou plus philosophiquement parlant, de l'esprit céleste animant une matière réfractaire. Aussi ne devons-nous jamais ni trop admirer, ni trop mépriser. Ce que nous devons encore moins, c'est désespérer et haïr. Trois chemins doivent nous conduire à la plus inaltérable indulgence : la conscience de nos propres faiblesses, la prudence qui craint d'être injuste, et l'envie de bien faire qui, ne pouvant refondre ni les hommes, ni les choses, doit chercher à tirer parti de tout ce qui est, comme il est. Je me crois obligé de porter désormais cette extrême tolérance sur toutes les opinions philosophiques et religieuses. Il faut réprimer les mauvaises actions, mais souffrir les mauvaises pensées et surtout les mauvais raisonnements. Le dévot et l'athée, l'économiste et le réglementaire aussi, servent à la composition et à la direction du monde, et doivent servir à toutes les têtes douées de la bonne ambition d'aider, autant que le peut notre faiblesse, au bien-être du genre humain. Tolérons donc les écrivains quelconques : s'ils appel-

On n'a jamais fait assez ressortir, au contraire, combien l'influence des idées appartenant à son père et aux coreligionnaires de son père en économie politique est apparente chez lui (1). Ceux de nos lecteurs qui ont présente à l'esprit la première partie de ces études sur les *Mirabeau* (chapitre XXII à XXVI) se rappellent que les physiocrates ont non seulement, malgré leurs méprises ou

lent à la raison, c'est très bien fait, nous leur parlerons raison; s'ils invoquent la liberté, c'est encore mieux fait, nous leur dirons que la liberté de penser, d'écrire, et surtout celle des actions innocentes, celle du travail et du commerce sont l'âme de la politique. Ils battront des mains, et répéteront avec nous, et leurs élèves en feront autant. Tolérons de même jusqu'aux gens à chapelets; ils adorent la Providence, ils ont raison! Nous leur dirons qu'elle est toute bienfaisante, et qu'elle nous prescrit de l'imiter; qu'elle a chargé l'homme de besoins; qu'elle nous oblige de ne pas l'empêcher d'y pourvoir; qu'elle lui a donné des droits, imposé des devoirs, et nous ferons de notre philosophie secourable une religion, un culte. En vérité, dans un certain sens, tout m'est bon; les événements, les hommes, les choses, les opinions, tout a une anse, une prise. Je deviens trop vieux pour user mon reste de forces à des guerres... N'excommunions personne, et associons-nous à quiconque a un cheveu sociable... » — « Je le dis nettement, écrivait antérieurement Mirabeau dans un passage de ses *Doutes sur la liberté de l'Escaut*, fort intéressant à citer de nos jours, il y a autant d'injustice à chasser un moine ou une religieuse de leur retraite qu'à chasser un particulier de sa maison. Méprisez les moines tant que vous voudrez, mais ne les persécutez pas, surtout ne les volez jamais, car il ne faut persécuter ni voler personne, depuis l'athée le plus déterminé jusqu'au capucin le plus crédule. »

(1) Signalons cependant les observations qui se trouvent à cet égard dans un très intéressant discours lu par M. Oncken, professeur d'économie politique à l'Université de Berne, à la fête commémorative de l'inauguration de cette Université, le 14 novembre 1885. Ce discours est intitulé : *Mirabeau l'ancien et la Société économique de Berne.*

leurs utopies, constitué, pour la première fois, les lois économiques en science, mais encore professé toute une doctrine politique. Considéré à ce point de vue, leur système se rapprochait beaucoup de ce qu'on a appelé, de notre temps, la *démocratie autoritaire*; c'est ce qui lui a valu, de la part de M. de Tocqueville, dans son admirable ouvrage sur l'*Ancien régime et la Révolution* une réprobation peut-être excessive, car les physiocrates n'ont cessé de réclamer, avec plus d'énergie et de netteté que beaucoup de philosophes, certaines des réformes les plus nécessaires de 1789, la garantie de la liberté individuelle, la sûreté de la propriété, l'abolition des restes du régime féodal et des inégalités d'impôt, le contrôle des finances. D'autre part, cette autorité, dont ils n'admettaient pas la division, ils pensaient qu'elle devait prendre sa racine dans l'intérêt de conservation de tous les propriétaires fonciers de France, sans distinction d'ordre et de richesse, et, tout en la qualifiant de l'expression bizarre de *despotisme légal*, ils ont toujours soutenu qu'elle ne devait point être l'arbitraire, car elle s'exercerait selon quelques préceptes très simples, trop simples même pour être pratiques, et au delà de l'application desquels le despotisme cesserait d'être *légal*. Ils demandaient que ces préceptes fussent mis, en quelque sorte, à la portée de tous par la diffusion de l'instruction populaire. Ils voulaient que les représentants de l'autorité pussent toujours s'inspirer des besoins de la nation, manifestés par les élus de tous les propriétaires fonciers. La constitution d'assemblées provinciales et municipales électives était le premier de leurs *desiderata;* repoussant absolument le système de centralisation suivi jusqu'alors et accentué chaque jour, ils étaient disposés à abandonner à ces assemblées presque toute l'administration locale. Quelques-uns d'entre eux, Turgot et Dupont de Nemours, non d'accord, à cet égard, avec le marquis de Mirabeau, faisaient même entrevoir, au bout de leurs réformes, l'institution d'une *municipalité de royaume*, c'est l'appellation qu'ils avaient adoptée pour désigner une assemblée nationale (1) nommée par les différentes assemblées provinciales, et qu'ils entendaient, il est vrai, réduire à des attributions purement consultatives. Qu'une telle assemblée se fût contentée d'un tel rôle, voilà, nous l'avons déjà fait remarquer, ce qui était une supposition fort chimérique. Il n'en faut pas moins reconnaître à Turgot et aux physiocrates, en général, le mérite d'avoir envisagé en face et cherché à résoudre en temps utile le grand problème social de leur époque : nous voulons parler de la fusion de ces trois classes distinctes, rivales et inégales en droits de toute espèce, entre lesquelles la nation se partageait encore. Fusion que l'exercice prolongé du pouvoir absolu avait empêché de s'accomplir naturellement et graduellement, tout en favo-

(1) Un autre économiste, Le Trosne, voulait appeler cette même assemblée : *Conseil national.*

risant, dans une certaine mesure, le nivellement des conditions et le développement de l'esprit d'égalité qui en rendaient la nécessité plus sensible; fusion que les physiocrates voulaient réaliser dans les assemblées locales et par les assemblées locales.

Rattacher Mirabeau à cette école n'est donc point faire tort à sa mémoire. Ce n'est pas non plus forger une hypothèse hasardée. Peu importent les railleries des *Lettres de Vincennes* contre le dogmatisme de l'*Ami des hommes*. Quelle meilleure rétractation de ces railleries que la dédicace de l'ouvrage sur la *Monarchie prussienne?* Quelle affirmation plus nette des liens de doctrine entre le père et le fils que l'esprit général de tout ce grand ouvrage? Nous pourrions relever des traces du même esprit dans plusieurs autres compositions de Mirabeau. Dans l'*Essai sur le despotisme* notamment, n'est-ce pas à l'aide des arguments de son père, comme on peut s'en convaincre facilement, que Mirabeau combat la théorie de Rousseau sur l'état de nature, et critique l'organisation administrative de son temps? Nous ne prétendons pas, d'ailleurs, que Mirabeau se soit assimilé toutes les idées de son père; pour les raisons que nous avons indiquées, il fait incontestablement beaucoup moins de part que celui-ci au respect des anciennes traditions; il est beaucoup moins *conservateur*. Comme économiste même, il n'a pas puisé ses enseignements à une seule source; lié d'amitié avec Dupont de Nemours, il ne partage pas les préventions de l'*Ami des hommes* contre Turgot; il a, au contraire, rendu constamment hommage à ce ministre, « le seul dont la France ait dû attendre jusqu'ici sa régénération », est-il dit dans les *Lettres sur l'administration de M. Necker*. Nous ne prétendons pas davantage qu'en empruntant les principes des physiocrates, il les ait beaucoup approfondis par lui-même. Ce qui est certain, c'est que, jusqu'à sa mort, il met à honneur de professer ces principes. Le recueil imprimé, et malheureusement très rare, de ses lettres à son collaborateur allemand, Mauvillon, pendant les années 1788 à 1790, fournit des preuves bien curieuses de cette assertion. Un des projets, dont Mirabeau entretient sans cesse son ami Mauvillon, une fois l'étude sur la *Monarchie prussienne* publiée, est celui d'un ouvrage de théorie économique, établissant la concordance entre les physiocrates français et les économistes anglais, et réfutant certaines objections de ceux-ci contre les premiers. « Que notre ouvrage physiocratique marche, écrit-il le 8 novembre 1788! Les bons esprits, mais timides et peu inventeurs, n'attendent qu'un tel ouvrage pour se donner tout entiers à cette science, et imprimer à ses lumineux résultats la puissance de l'opinion publique ». En 1790, au milieu de ses travaux à l'Assemblée constituante, il songe encore à cet ouvrage, et défend toujours la thèse favorite de Quesnay, à savoir que la terre seule est productive de richesse, et que, par conséquent, le seul impôt rationnel est un impôt direct unique, établi sur le produit net de la terre. « On m'a dit, écrit-il le 31 janvier 1790, que Smith, dans sa dernière édition, avait fait de très fortes objections, non répondues, en faveur de la faculté productive des manufactures et des commerçants. Cela ne m'ébranle pas même en doute, car *je tiens les principes.* » Vers la même époque, il voudrait proposer à l'assemblée un décret « qui interdise constitutionnellement tout impôt indirect, et, en général, à toute législature la faculté d'user de ce genre d'imposition à partir de telle époque. Car, reconnaît-il, il faut du temps pour déblayer ». Dans une lettre d'un an plus ancienne, celle dont nous avons extrait une éloquente exposition de ses idées de tolérance, il blâme l'intolérance des économistes français, laquelle « a beaucoup nui à la science ». Mais il dit : *la science*, à propos de la doctrine des physiocrates, absolument comme son père le marquis.

Si, comme nous le verrons par la suite, les notions de Mirabeau en physiocratie ne sont point étrangères à sa conception de monarchie démocratique dans la dernière période même de sa vie parlementaire, à plus forte raison forment-elles un des éléments les plus importants de ses appréciations politiques avant 1789, quand il n'est encore que spectateur et observateur des événements. Lors de la première Assemblée des notables, le plan de réformes présenté par M. de Calonne le satisfaisait et lui suffisait pleinement. Établissement d'assemblées provinciales, imposition territoriale et réformation de la taille, liberté du commerce des grains, suppression des corvées, abolition des douanes intérieures et de plusieurs droits d'aide, réformation de la gabelle, c'était le programme de Turgot qu'on reprenait là, ou, du moins, la plus grande partie de ce programme. Parmi les quinze projets de résolutions déposés sur le bureau de l'Assemblée par le contrôleur général, il en était deux qui avaient une portée toute particulière. D'abord, l'établissement d'une imposition territoriale (1), qui serait assise sans distinction entre les possesseurs de terres, ou les terres elles-mêmes, qui, remplaçant immédiatement le vexatoire impôt des vingtièmes, était destinée à remplacer aussi la vieille taille roturière, maintenue provisoirement avec des améliorations. Il est vrai que M. de Calonne avait atténué d'avance l'heureux effet de cette innovation, en proposant, pour la faire accepter des privilégiés, de reporter leurs exemptions sur un impôt, moins important sans doute, et plus fixe, mais supporté jusqu'alors par la noblesse (2), la

(1) Notons une particularité du projet, à laquelle les notables furent heureux de pouvoir s'attacher pour la critiquer : la faculté donnée aux contribuables d'acquitter l'impôt territorial *en nature*, comme la dîme.

(2) Le clergé n'acquittait, à la différence de la noblesse, ni la capitation, ni les vingtièmes. L'allocation qu'il accordait périodiquement au roi, sous le nom de *don gratuit*, ne représentait pas même complètement sa part des deux impositions ci-dessus. Cette allocation était payée au moyen d'emprunts,

capitation. En second lieu, l'institution de trois degrés d'assemblées locales électives, assemblées paroissiales, assemblées de district, assemblées provinciales, qui seraient formées et délibéreraient sans aucune distinction d'ordre, les seules conditions d'électorat et d'éligibilité assignées étant des conditions de revenu. Cette dernière mesure, à elle seule, eût opéré une véritable révolution dans l'état social de la nation.

C'était le confident et l'ami le plus intime de Turgot, Dupont de Nemours, qui avait été appelé par M.de Calonne à rédiger tous ses projets. Mirabeau, qui, comme nous l'avons vu, avait cherché à se faire passer auprès de M. de Calonne pour l'auteur du *Mémoire sur les municipalités* de Dupont, s'attribue de même, dans ses lettres à Mauvillon, le mérite et du plan soumis aux notables, et même de leur convocation. « Le conseil, que vous appelez sublime, écrit-il le 1er février

dont les intérêts et l'amortissement étaient couverts par les contributions votées en assemblée générale du clergé, et réparties entre les différents bénéficiers. Pour assujettir le clergé à l'impôt territorial, il fallait commencer par pourvoir au remboursement de la dette ainsi accumulée ; M. de Calonne proposait à cet effet l'aliénation de certains droits dépendant des bénéfices. En parlant de la législation ecclésiastique de l'Assemblée constituante, nous reviendrons sur cette organisation financière, si spéciale, du clergé de France. En somme, le clergé était de beaucoup le plus privilégié de tous les ordres, d'autant que la masse de la nation supportait, pour son entretien, un véritable impôt, en sus de tous les autres, la dîme. C'est au clergé que les projets de M. de Calonne s'attaquaient surtout, et c'est surtout devant l'opposition de ses chefs que ces projets échouèrent.

1787, est de moi. J'ai donné l'idée, le plan, le mémoire, etc. Mais le courage et la dextérité qu'a exigé l'exécution est au ministre, et, quand je vois avec quelle légèreté, ou quelle méfiance on accueille ce bienfait, je suis tenté de maudire la légèreté de ma nation (1). » Il se disposait, à ce moment, à attaquer M. de Calonne devant le public pour les raisons toutes personnelles que nous avons dites, mais, dans l'intimité de sa correspondance particulière, il n'en rendait pas moins hommage au ministre et à la tentative de celui-ci. « J'avoue, déclare-t-il, lors de la chute de M. de Calonne, chute à laquelle il avait pourtant contribué, que la torpeur des notables, à cette occasion, jointe à tous les détails qui prouvent si bien que c'est au clergé beaucoup plutôt qu'à la chose publique qu'ils ont immolé M. de Calonne, m'a glacé non pas de découragement, mais d'indignation. »

Dans la *Dénonciation sur l'agiotage* même, après les développements financiers consacrés à flétrir les excès de la spéculation, il y a une partie

(1) Mirabeau avait ambitionné la place de secrétaire de l'assemblée des notables. Les ouvertures qu'il fit à ce sujet à M. de Calonne et à l'abbé de Périgord, son intermédiaire auprès de celui-ci, ne paraissent nullement avoir été prises au sérieux. « La place de secrétaire de l'assemblée des notables, écrit-il le 13 février 1787 à Mauvillon, a été divisée et donnée pour moitié à une nature d'hommes qui m'en exclut (c'est-à-dire M. Hennin, ancien résident à Genève, maintenant simple secrétaire du Conseil), et surtout pour moitié à un homme avec qui je ne veux et ne puis vouloir rien (c'est-à-dire Dupont de Nemours, avec lequel Mirabeau est alors brouillé). »

politique. Nous y lisons d'abord le passage suivant emprunté à peu près textuellement au *Mémoire sur les municipalités* de Dupont : « Aussi longtemps qu'une constitution régulière n'organisera pas le royaume, nous ne serons qu'une société composée de différents ordres mal unis, d'un peuple sans presque aucuns liens sociaux, dont chaque individu, occupé uniquement de son intérêt particulier, attendra pour tout la décision du roi et de ses mandataires, qu'il ne sera pas possible de prévoir, même dans le fait le plus simple. » Mirabeau va-t-il conclure par cet appel à une assemblée nationale, qui se fera bientôt entendre, d'abord d'une manière isolée parmi les notables, puis dans les Parlements, puis dans toute la France? N'écrivait-il pas, moins de deux mois auparavant, dans une de ses dernières lettres de Berlin à Talleyrand : « Je regarde comme un des plus beaux jours de ma vie celui où vous m'apprenez la convocation des notables, *qui, sans doute, précédera de peu celle de l'Assemblée nationale.* » Il n'y avait là apparemment qu'une supposition à laquelle Mirabeau attachait peu d'importance, ou bien il avait changé d'avis depuis son retour en France; car, si nous achevons le passage de la *Dénonciation de l'agiotage* que nous avons commencé à citer, nous constatons que l'auteur attend uniquement les réformes suivant lui nécessaires de la prérogative royale fortifiée par les notables, et ne songe point, pour le présent, à amoindrir cette prérogative. « Le monarque d'un grand État, dit-il, toujours en s'appropriant les expressions de Dupont, *doit gouverner comme Dieu, par des lois générales.* Notre roi le pourra quand les parties intégrantes de son empire auront des formes connues ; il ne le peut pas dans l'état actuel des choses. » Ce que Mirabeau entend alors par une constitution régulière du royaume, c'est « une forme d'après laquelle les choses qui doivent se faire puissent se faire d'elles-même suffisamment bien sur les lieux, sans que le gouvernement ait besoin d'y concourir autrement que par la protection générale qu'il doit à tous les citoyens. » Pour employer un langage plus clair, il réclame la décentralisation et l'uniformité administratives, les assemblées provinciales proposées par M. de Calonne, et rien autre chose en fait de rouages politiques nouveaux. « Oui, s'écrie-t-il à la fin de son morceau, c'est au sein des assemblées provinciales, c'est à l'aide de cette institution simple et sublime que la France, régénérée *par la seule volonté de son souverain*, passera sous une forme stable, imposante, digne de respect, à ses descendants, et leur rappellera sans cesse, comme à sa nation, l'image d'un roi citoyen. Alors, les vœux de sa grande âme pourront être exaucés, la puissance de l'opinion publique viendra se réunir à la puissance sonveraine pour l'accomplissement du plus grand des desseins. » En un mot, les assemblées provinciales suffisent à la génération présente ; une autre génération pourra faire davantage, et constituer une représentation nationale, lorsque les esprits seront préparés à ce progrès (1).

Notons, d'ailleurs, que Mirabeau, dans le même ouvrage, a demandé auparavant la liberté de la presse; qu'il s'en repose sur les assemblées provinciales du soin d'établir « une instruction nationale dirigée dans un seul esprit, dans des vues politiques, sur des principes uniformes, où l'étude des devoirs du citoyen, membre d'une famille, sera le fondement de toutes les autres, rangées désormais selon l'ordre de leur utilité dans leur rapport avec la société,... par laquelle il sera facile d'apprendre aux enfants et aux pères que les propriétés, ces récompenses précieuses accordées par la Providence au travail, doivent être conservées, améliorées, employées, et non pas jouées ». Est-il besoin d'insister pour démontrer que Mirabeau en est encore purement et simplement aux idées de Turgot, devenues par le jeu des circonstances les idées de M. de Calonne?

(1) Voici dans une lettre de la même époque (sa date précise est du 26 mars 1787), et à l'adresse du comte d'Antraigues, une phrase plus catégorique encore sur l'intégrité que Mirabeau, auteur de la lettre, veut alors maintenir au pouvoir royal : « Je suis loin, écrit-il, de confondre l'autorité souveraine avec les excès de ses ministres. Le roi ne participe et ne peut participer à aucune faute. *Le Roi est l'État.* Il ne peut jamais avoir aucun intérêt contraire à la nation, et dans ses vertus, dans ses projets, réside l'espoir de la France. Il n'y a qu'un sot ou qu'un factieux qui ignore ou nie ces choses-là. » Cette phrase est citée dans une brochure publiée en 1792 par le comte d'Antraigues, sous le titre d'*Adresse à l'ordre de la noblesse*.

A partir de l'Assemblée des notables, les sentiments politiques de Mirabeau font le même chemin rapide que ceux de la masse de la nation. Demander aux privilégiés eux-mêmes l'abandon des faveurs abusives dont ils jouissaient, « chercher dans ces abus même, suivant les propres expressions de M. de Calonne à l'ouverture de l'Assemblée des notables, le fonds de richesses que l'État avait droit de réclamer, et qui devait servir au rétablissement de l'ordre dans les finances », c'était une conception ingénieuse et généreuse à la fois, à laquelle les contemporains et la plupart des historiens de nos jours n'ont pas assez rendu justice (1). Malheureusement cette conception ne s'était présentée à l'esprit fertile de M. de Calonne que comme un dernier expédient, lorsque tous les autres avaient été épuisés. « Son administration paraissait l'assemblage de tous les abus dont il voulait être le réformateur », dit avec beaucoup de justesse Malouet dans ses *Mémoires*. Quel qu'ait été le talent avec lequel il plaida sa cause, ses étranges interventions à la Bourse, précédemment racontées par nous, étaient à elles seules contre lui une charge écrasante. Il était facile aux notables de prêter à leurs résistances des motifs d'in-

(1) Notons cependant que, dans ses lettres de l'époque, La Fayette, qui devait être, comme Mirabeau, un des adversaires les plus redoutables de M. de Calonne, commence d'abord, comme Mirabeau aussi, par rendre hommage à son idée et à son plan de réformes.

térêt général, de voiler le point de vue réformateur des projets ministériels, pour ne faire ressortir que leur portée fiscale. Au lendemain de la séparation de l'Assemblée, la situation du Trésor était aussi critique qu'avant sa réunion, puisque les notables, malgré le remplacement de M. de Calonne, n'avaient voulu se prononcer sur le principe d'aucun impôt nouveau. Ils avaient, d'ailleurs, pris quelques résolutions utiles, adopté quelques-uns des projets de M. de Calonne, entre autres celui qui portait établissement d'assemblées locales dans toutes les provinces dépourvues d'états particuliers. Il est vrai qu'ils avaient modifié gravement le caractère de ce dernier projet, en maintenant la distinction des ordres dans les assemblées à créer, en les instituant sur le modèle donné par Necker, lors des deux premiers essais de 1778 et 1779 en Berry et en Haute-Guyenne. Avec un tel mode d'organisation même, les administrations électives généralisées pouvaient produire les résultats les plus heureux si les difficultés du moment eussent permis d'attendre ces résultats. Mais, comme les réformes immédiates les plus significatives et les mesures financières les plus nécessaires avaient été écartées par elle, l'Assemblée des notables, après avoir donné lieu à un aveu solennel du déficit dans les finances et des abus dans l'état politique et social, aboutissait seulement, aux yeux du public, à une constatation non moins solennelle de l'impuissance présente du gouvernement à remédier, de concert avec ses auxiliaires naturels, et aux abus et au déficit.

Que de telles conjonctures aient déterminé, dans toute la nation, un vœu presque unanime en faveur des États généraux, dont on ne parlait jusque-là que vaguement, il n'est pas possible de s'en étonner. Ce vœu fut aussi soudain que général, et il suffit aux Parlements de s'en constituer les interprètes pour se voir soutenus de toute la puissance de l'opinion dans leur opposition même aux projets qu'elle avait approuvés, celui de l'impôt territorial particulièrement, lorsque le successeur de M. de Calonne, les notables congédiés, essaya à son tour de s'approprier ces projets et de les réaliser par lui-même.

« Les corps de magistrature, dit Rivarol dans son *Journal politique national*, s'avisèrent tout à coup d'avouer qu'ils n'avaient pas le droit d'enregistrer des impôts non consentis par la nation, et de s'accuser eux-mêmes, par cet aveu tardif, d'avoir été jusque-là des tuteurs infidèles, qui avaient abusé de la longue enfance de leurs pupilles. » On ne s'inquiéta pas de savoir s'ils n'obéissaient pas en secret au même sentiment d'intérêt aristocratique qui avait exercé son influence sur les notables, on ne se demanda pas, au premier abord, si le mode de représentation nationale auquel ils se référaient était bien celui que comportait l'état actuel de la France. On réclama, avec les Parlements, la promesse des États généraux pour une date prochaine, bien avant de mettre en question comment ces États généraux seraient formés.

Là était pourtant la difficulté qui préoccupait, à juste titre, les personnages participant de près ou de loin à l'administration. L'antique constitution des États généraux d'autrefois était un souvenir historique, non une tradition, car une tradition implique un fait continué. Les Parlements cherchèrent avec persévérance à imposer l'observation des formes suivies en 1614 ; si celui de Paris s'écarta de cette ligne de conduite, en admettant, à la fin de 1788, la possibilité d'une représentation du Tiers, double de la représentation à attribuer à chacun des autres ordres, ce fut contre l'avis d'un grand nombre de ses membres, et sous l'empire du courant d'opinion à la tête duquel il s'était placé, qui par cela même l'entraînait. Les autres Cours souveraines n'imitèrent pas son exemple. Que savait-on des États généraux de 1614, les derniers convoqués ? Qu'ils avaient été composés de trois ordres de députés élus suivant les procédés d'élection les plus variés et les plus inégaux, et que ces trois ordres, délibérant séparément, avaient passé toute la durée de leur session à se faire la guerre de caste la plus acharnée et la plus stérile, au point de dégoûter le pays de pareilles assemblées, et de préparer les voies de la sorte au despotisme de Richelieu et de Louis XIV. Fallait-il, après plus de cent cinquante ans, alors que l'esprit d'égalité avait fait tant de progrès, remettre ainsi en présence et en rivalité deux ordres attachés encore à leurs privilèges, et un troisième ordre d'autant plus empressé à les leur disputer qu'il avait acquis plus de force et plus de conscience de sa force ; fallait-il en venir là avant d'avoir rien tenté du moins pour amortir de part et d'autre un choc inévitable? Dans la mêlée qui devait s'ensuivre, quel ascendant pouvait conserver la royauté si elle se contentait de subir la nécessité qui la conduisait aux États généraux, laissant, pour ainsi dire, tomber de ses mains les rênes du gouvernement, et renonçant à faire, dans la mesure du possible, acte d'initiative ?

C'était une pensée assez naturelle que celle de constituer la future assemblée nationale par le suffrage des assemblées provinciales, sur le point d'être formées dans toute la France. La délibération en commun des trois ordres, avec double représentation du Tiers, étant acquise pour ces dernières assemblées (1), serait maintenue sans peine parmi les députés qu'elles nommeraient. L'unité d'origine assurerait l'unité de vote, et peut-être même l'unité de tendances. Enfin ce mode d'élection pour inaugurer le retour du pays à la vie re-

(1) Il n'en était pas de même pour les États de certaines provinces qui avaient conservé leurs franchises et leur constitution particulières, la Bretagne et l'Artois par exemple. Mais, outre que ces provinces étaient peu nombreuses, l'esprit d'union s'y serait propagé s'il avait prévalu dans le reste de la France. Dans le plus important des pays d'États, en Languedoc, la délibération en commun des trois ordres était de tradition.

présentative, offrait des garanties de calme, de régularité et de sagesse qu'on ne pouvait attendre d'aucun autre. Il était préconisé par Malesherbes, que l'archevêque de Toulouse avait rappelé dans les conseils du gouvernement. « Si le roi, écrivait Malesherbes, dans un mémoire rédigé à la fin de 1787, et qui a déjà été cité, eût ouvert son cœur à la nation; si, le jour où il a installé les assemblées provinciales, il eût déclaré qu'il les destinait à être les éléments d'une assemblée générale, la plus nationale qui ait jamais existé, tout serait fait aujourd'hui (1). »

M. Chérest, dans l'ouvrage sur *la Chute de l'ancien régime* publié et complété après sa mort, ouvrage si substantiel et en général si judicieux, met en question la portée pratique de l'édit et des règlements particuliers qui, de 1787 à 1788, ont institué dans toute la France des assemblées locales. Il va jusqu'à dire que les éloges donnés à cette grande

(1) L'avis de Malesherbes avait d'autant plus de prix que ce sage penseur avait, le premier peut-être parmi ceux qui tenaient à l'administration, parlé, dès l'avènement de Louis XVI, de convoquer les États généraux. Au reste, cet avis était celui de bien d'autres encore, et M. de Lavergne rappelle fort à propos, dans son ouvrage sur les assemblées provinciales, les paroles suivantes de Necker, à l'ouverture des États généraux : « Je me représente à l'avance le jour éclatant et magnifique où le roi, du haut de son trône, écouterait, au milieu d'une assemblée auguste et solennelle, le rapport que viendraient faire les députés des États de chaque province. » Après avoir dû convoquer les États généraux sous une forme plus ou moins semblable à celle de 1614, Necker semblait donc proposer à ces États de revenir, pour les assemblées nationales suivantes, au système d'élection par les assemblées provinciales.

réforme d'initiative royale, notamment par les historiens qui y ont consacré des études spéciales, M. Léonce de Lavergne et M. le vicomte de Luçay, « dépassent toutes les bornes du paradoxe historique ». Constatant que les assemblées d'élections ou de districts et les assemblées municipales ou de communautés étant en général demeurées à l'état de projet, les assemblées de provinces ont seules pu être effectivement organisées en 1787, il va jusqu'à s'approprier le reproche adressé à celles-ci par certains Parlements du temps, de n'avoir été que de *simples commissions provinciales.*

Il faut remarquer, en effet, que l'archevêque de Toulouse, s'inspirant toujours de ce qui avait été fait par Necker, quand il avait créé les deux assemblées du Berry et de la Haute-Guyenne, et lié d'ailleurs jusqu'à un certain point par les résolutions de l'assemblée des notables, avait réglé comme en 1778 la nomination des premiers membres des assemblées provinciales. Ces premiers membres devaient être nommés, moitié par le roi, moitié par le suffrage de leurs collègues ainsi choisis. Au bout de trois ans seulement, c'est-à-dire à partir de 1790, les assemblées devaient commencer à se renouveler annuellement par quart et par le suffrage des assemblées d'élections procédant elles-mêmes de celui des assemblées municipales, selon le plan primitif de Turgot. Assemblées municipales et assemblées d'élections ne devaient, comme les assemblées provinciales, arriver à se constituer que graduellement sous une véritable forme élective.

Ce lent établissement du régime électif pouvait avoir sa raison d'être, c'était une précaution prise contre les inconvénients momentanés inhérents à aussi grand changement dans les procédés d'administration de notre pays. M. de Tocqueville, à l'inverse de M. Chérest, a reproché aux assemblées provinciales de 1787, dans son livre sur l'ancien régime et la Révolution, de n'avoir été qu'une cause de désorganisation de plus, dans le grand bouleversement avant-coureur de la Révolution (1). Les deux reproches, comme on le voit, ne se concilient guère, puisque M. Chérest soutient que la réforme de l'archevêque de Toulouse n'a pas été une réforme sérieuse, et, si celui de M. de Tocqueville est le vrai, le ministère Brienne ne peut être très rigoureusement condamné pour avoir

(1) M. de Tocqueville, comme M. Chérest après lui, méconnaît un peu trop les tendances heureuses qu'avaient manifestées les assemblées provinciales même dans la confusion inévitable de leurs débuts. Nous ne pouvons que renvoyer, à cet égard, au livre de M. de Lavergne, *les Assemblées provinciales sous Louis XVI*. « Je les vois former un lien qui rapproche et réunit les différentes parties de l'État, écrit avec raison à propos de ces assemblées le marquis de Mirabeau dans une lettre du 24 mai 1788 que nous avons déjà citée. »

Le comte de Brienne, frère du premier ministre, par la suite ministre de la guerre lui-même, et son fils adoptif, le vicomte de Loménie, siégèrent successivement à l'assemblée provinciale de Champagne, dans l'ordre du Tiers-État, comme représentants de la ville de Bar-sur-Aube.

cherché à se prémunir contre la secousse pouvant résulter de l'accomplissement trop brusque d'une mesure d'ailleurs utile et réclamée dès longtemps par l'opinion.

Quoi qu'il en soit, les conditions de formation des premières assemblées provinciales étaient certainement un obstacle à la nomination des prochains États généraux par ces assemblées même, car la France, dans l'état politique auquel elle était arrivée, ne pouvait guère attendre la réunion des États généraux, comme le fait remarquer, avec raison cette fois, M. Chérest, jusqu'au moment éloigné, où, d'après les dispositions prises par le ministère, les assemblées locales eussent été renouvelées complètement par l'élection.

Mais enfin il fallait au moins laisser les premières assemblées provinciales se constituer, sauf à hâter ensuite leur renouvellement par l'élection, ou à obtenir, avec leur concours, un mode quelconque d'élection aux États généraux non en désaccord avec les idées du temps et dont l'application ne présentât pas par elle-même un danger certain de guerre sociale. Quand une réforme est mûre, et c'était le cas pour celle-là à l'avènement du ministère Brienne, il n'est pas très raisonnable de s'en détacher pour courir plus vite à de plus vastes conquêtes, La France n'eût rien perdu, elle eût au contraire gagné beaucoup à faire une première étape dans la voie qui avait pour terme la constitution d'un gouvernement représentatif. Si l'opinion eût aperçu ce terme nécessaire au bout de toutes les mesures trop incohérentes (1) du ministère Brienne, elle eût peut-être moins facilement appuyé la coalition de privilégiés qui s'était formée contre des hommes inférieurs à leur tâche, mais animés d'un sincère esprit de réforme, et aux prises avec des difficultés de toute nature léguées par leurs prédécesseurs ; et l'autorité royale ne se fût pas énervée et avilie dans la personne de ses dépositaires, avant même de se trouver en face des représentants de la nation (2).

(1) L'hésitation, qui a été le grand tort de l'archevêque de Toulouse, était dans son caractère, ou dans son tempérament, bien plus que dans ses idées. Qu'il nous soit permis de citer ici le passage suivant d'une lettre adressée le 25 mars 1791 par l'ancien premier ministre à Beaumarchais, et qui est en notre possession : « Je me soumets en partie au reproche (d'indécision) que vous me faites sur mon caractère. Je crois cependant qu'il est plus facile qu'incertain, et que le désir de concilier et l'esprit de modération ont pu faire croire que j'abandonnais mes principes, quand je ne cherchais que des ménagements pour les faire adopter. » Ce système de ménagements a abouti à des coups d'autorité désespérés et inutiles ; c'est ainsi souvent que les choses se passent.

Parmi les mesnres les plus bienfaisantes du règne de Louis XVI, on cite volontiers la restitution de l'état civil aux protestants et l'abolition définitive de la torture, mais on oublie que ces mesures ont été rendues sous l'administration de l'archevêque de Toulouse. Les fameux édits du 8 mai 1788, qui causèrent tant d'effervescence, contenaient pourtant, à côté des dispositions relatives à la malencontreuse cour plénière, d'excellentes réformes d'organisation judiciaire et de procédure. Le compte financier le plus complet et le plus véridique qui ait été publié avant la révolution est celui qu'a établi, pour l'année 1788, Soufflot de Mérey, premier commis de l'archevêque.

(2) Le livre de M. Chérest, que nous avons cité, montre de la

Au moment où les premiers combats s'engageaient entre les Parlements et le ministère Brienne, où ce ministère, cherchant avant tout les ressources financières immédiates qui lui faisaient défaut, mais non encore compromis par les fautes irréparables auxquelles le conduisit l'opposition de ses adversaires, venait de promettre les États généraux pour 1791 au plus tard, Mirabeau mieux qu'un autre pouvait avertir l'opinion qu'elle faisait fausse route en se tournant vers les Parlements. Il pouvait maintenir les principes exprimés par lui-même, quelques mois auparavant, dans sa *Dénonciation de l'agiotage*, même en abandonnant l'opinion que la France dût être *régénérée par la seule volonté de son souverain*. C'était le cas de prôner encore l'*institution simple et sublime* des assemblées provinciales, comme devant joindre à ses mérites propres celui d'être le berceau des institutions représentatives nationales. Mais, depuis quelques mois, l'orientation de l'esprit de Mirabeau a changé. Demeurer en divergence avec le sentiment public, à la veille d'une crise décisive, est une situation qui ne peut convenir à son caractère. Il a donc adopté le cri général pour la fixation des États généraux à un terme aussi rapproché que possible, et, avec le commun des Français, il se persuade que tout s'arrangera ensuite de soi-même. Ce n'est pas qu'il méconnaisse les difficultés de for-

manière la plus complète la Révolution « venant d'en haut » pendant les deux années qui précèdent 1789.

mation des États généraux. Au moins les signale-t-il d'une manière très nette, un peu plus tard, à la fin de 1788, dans une lettre à Mauvillon (1).

« Y réfléchissez-vous quelquefois, mon ami, écrit-il alors, à cette étrange position où se trouve la France? Rien de plus extraordinaire; rien de plus digne d'observation! La question qui nous agite (le mode de convocation de l'assemblée nationale) tient aux parties les plus ignorées de notre histoire; elle tient aux principes les plus importants de l'ordre social. Elle va décider des caractères que prendra la révolution qui s'opère parmi nous; y faire prédominer la raison ou les préjugés, l'intérêt général ou les intérêts privés, avancer ou reculer notre siècle. Un tribunal extraordinaire est institué pour en connaître. Pour la première fois, tout le monde est invité à parler et à écrire. Mais il faut que ce procès de la nation contre la nation même soit instruit et décidé en moins de deux mois! Tel est l'empire des circonstances! telle est la marche forcée des événements! La France n'est plus gouvernable que par les États généraux; nous voulons être assemblés en corps de nation, mais nous ne savons comment nous y prendre.

Tout en déclarant ensuite que la difficulté n'est pas « réelle », Mirabeau convient cependant qu' « elle ne doit pas induire les étrangers à bien présumer d'une révolution s'ouvrant par de semblables préliminaires ». — « Que la nation, lisons-nous encore dans la même lettre, reçoive une représentation juste, sage, proportionnée entre les divers membres de l'État, propre aux grands

(1) 8 novembre 1788.

effets qui en doivent résulter, la confiance la plus respectueuse s'y attachera ; car ces oppositions, dont on fait tant de bruit à l'avance, se dissipent à la fin dans les acclamations générales; elle se perfectionnera par les décrets de cette assemblée même ; n'ayant pas de direction au mal, elle fera les plus grands biens; l'esprit du siècle passera tout entier dans les délibérations d'une assemblée pareille, et ce sera nous qui réformerons, par notre exemple, les autres nations libres de l'Europe. Qu'au contraire les États de 1614 soient adoptés, comme les Parlements, qui ne veulent que rendre les États généraux inutiles, le demandent tant. Nous redevenons, autant qu'il est en nous, un peuple féodal; nous n'éprouvons l'activité récente de nos lumières que pour les soumettre à la caducité des vieux préjugés. Une partie de la nation peut encore tenter d'opprimer l'autre, celle-ci sentir enfin ses injures et mesurer ses droits à sa puissance réelle. »

Tout ceci est d'une parfaite clairvoyance. Seulement, comment le même homme qui a écrit les passages précédents a-t'il pu se flatter un instant d'obtenir, grâce aux Parlements, devenus les arbitres des destinées du royaume, cette représentation « juste, sage, proportionnée entre les différents membres de l'État », qu'il appelle de tous ses vœux. Ce qu'il entend par là, il ne faut pas s'y tromper, ce n'est pas la simple attribution au Tiers-État d'un nombre de députés double, par rapport aux députés de chaque ordre supérieur. Dans ses *Lettres à Cerutti*, il blâmera Necker d'avoir adopté cette mesure sans lui donner le complément qui lui assure seul son intérêt, c'est-à-dire sans avoir prescrit également à l'avance la délibération en commun des trois ordres (1). Comme si l'autorité royale pouvait facilement aller jusque-là, malgré les Parlements, après avoir été réduite à capituler devant eux, prendre une initiative aussi hardie à l'encontre des traditions constitutionnelles dont se réclamaient les deux premiers ordres, après avoir subi une guerre acharnée au nom de ces prétendues traditions constitutionnelles, soi-disant violées ou menacées par son despotisme.

Au fond, Mirabeau n'avait jamais accepté les d'Espreménil et autres meneurs parlementaires pour de véritables défenseurs de la liberté, ni le droit revendiqué par les Parlements de se refuser à l'enregistrement des édits royaux comme une maxime fondamentale du royaume et une garantie

(1) « Si, dit-il dans la même lettre que nous avons déjà citée, nous avions conservé nos États généraux comme une nation voisine qui est partie du même point que nous pour s'élever à sa constitution actuelle, ils se seraient nécessairement réformés par les mêmes besoins et suivant les mêmes principes ; ainsi que les Anglais, nous aurions peut-être gardé la plus vicieuse représentation (on verra encore mieux par la suite que Mirabeau apprécie fort mal les institutions anglaises), mais au moins la nation se serait mise en possession de ses droits ; le Tiers-Etat ne serait plus le dernier ordre ; il serait la puissance législative, sous le nom de communes de France. »

sérieuse de la nation. Il se souvenait fort bien que ces corps avaient fait échouer toutes les réformes de Turgot, le ministre économiste, condamné le livre de Boncerf, demandant le rachat des droits féodaux, à être brûlé par la main du bourreau, entravé le premier essai d'organisation des assemblées provinciales, sous le ministère de Necker, comme certains d'entre eux s'efforçaient maintenant encore d'entraver l'organisation générale de ces assemblées (1), éludé toute tentative d'amélioration de la procédure, même en matière criminelle, où le besoin en était si impérieux. Lui-même avait, lors de ses différents procès, éprouvé et signalé tous les vices du système judiciaire de son temps. Mais, indépendamment de la répugnance que pouvait lui inspirer le vieil appareil arbitraire appliqué par le ministère Brienne contre les Parlements, tout au bénéfice de leur popularité, lits de justice, ordres d'exil, emprisonnements de magistrats, il a craint avant tout de voir s'évanouir la perspective nouvelle ouverte aux espérances de la nation. A cet égard encore ses sentiments sont bien l'expression de l'opinion publique. Il a été, comme elle, d'autant plus impatient de la réunion des États généraux, qu'il était resté plus longtemps sans oser l'ambitionner. Il exhorte donc M. de Montmorin, dès l'époque où il commence auprès de lui les sollicitations que nous savons, à user

(1) Les Parlements de Bordeaux et de Besançon notamment.

de son influence en vue de faire « annoncer, en termes précis et solennels, les États généraux, dont on ne peut plus se passer, pour 1789 ».

S'il s'en était tenu là, il n'y aurait qu'à rendre hommage à son indépendance de langage vis-à-vis du ministre même duquel il recherchait les bonnes grâces. Mais tout en prétendant jouer le rôle de conseiller utile du gouvernement, il n'en entretient pas moins, pendant quelque temps, des relations avec le parti de l'opposition parlementaire, et ne s'efforce nullement de modérer les entraînements des amis qu'il compte dans ce parti. Tout au contraire, c'est lui qni, à la veille du jour où l'édit, annonçant les États généraux pour 1791 au plus tard, et autorisant, jusqu'à cette époque, une série d'emprunts, va être présenté à l'enregistrement, pousse à la résistance un jeune conseiller au Parlement disposé, semble-t-il, à la conciliation. D'une lettre en brouillon adressée à ce jeune magistrat, dont le nom ne nous est pas indiqué, et portant la date du 18 novembre 1787, voici ce que nous extrayons :

Il est impossible de soutenir l'archevêque de Toulouse dans le plan que nous connaissons. L'essayer serait se déshonorer gratuitement. Enregistrer un emprunt énorme dont la nécessité légale ne saurait être démontrée, et que l'on ne peut s'abstenir de critiquer qu'en prétextant qu'on n'a pas le temps de l'examiner et de le juger, enregistrer cet emprunt dans un édit qui entraîne l'enregistrement tacite de trois autres emprunts, et offre à la nation une aggravation inutile de dettes d'environ cinq cents millions, enregistrer cet emprunt avec le seul échange d'une promesse vague, faite sous une forme captieuse, de convoquer, avant cinq ans, les États généraux (1), ce serait, en tout état de cause, une chose impossible peut-être à un honnête homme, mais c'est, à mon avis, une proposition très périlleuse pour tout magistrat qui, non seulement ne peut pas compter sur l'abri de la pluralité, mais que toutes les probabilités humaines conduisent à prévoir la très grande minorité, que mérite trop bien un ministre, dont on ne peut expliquer la conduite qu'en lui supposant l'intention de saisir un prétexte pour effectuer la banqueroute et déployer l'étendard du despotisme.

Certainement, mon cher voisin, la guerre a des dangers.

(1) « Si, par la force des choses, 1789 est de rigueur, comme vous le croyez, écrivait déjà Mirabeau quelques jours auparavant au même correspondant, pourquoi ne pas demander 1789, en en donnant cette raison ? Si le Gouvernement a sur cela un entêtement de faiblesse, pourquoi ne pas se renfermer dans le mot *incessamment ?* Ce mot vaut mille fois mieux qu'une date reculée qui n'a nul prétexte, puisque assurément il ne faut cinq ans ni pour convoquer, ni pour se former, ni pour se préparer, et que l'état de la nation est trop critique pour que l'on puisse permettre à ceux qui l'y ont plongée de vivre soixante mois encore d'expédients. Un lustre est pour ce pays mobile un cycle tout entier. Le commun des citoyens trouvera dans cette annonce une vraie dérision. Les observateurs profonds y verront la collusion de l'autorité et des parlements pour continuer de gouverner en l'absence de la nation. Eh ! où serez-vous alors ministres et magistrats ? Croyez-vous qu'un vague préambule rétablira le crédit dans un pays où les préambules n'ont presque jamais été que le jargon de l'impéritie, ou le joujou de la mauvaise foi. Une convocation des États généraux est tellement ordonnée par la nécessité, tellement inévitable, qu'avec ou sans premier ministre, sous Achille ou Thersite, elle aura indubitablement lieu, et qu'ainsi l'on en saura médiocrement gré au Gouvernement, à quelque époque qu'elle soit indiquée. Mais si cette époque s'éloigne, ce sera un sujet de plus de mécontentement, de discrédit et de malveillance. »

Elle n'en a pas de comparables, surtout pour un homme public, à la défection de la chose publique. Que fera l'archevêque ? La banqueroute, — elle n'est pas plus en son pouvoir que l'argent même. Des proscriptions, — les martyrs sont en tout genre la semence des martyrs, et le cardinal de Richelieu serait là que le siècle n'y est pas. La guerre à la nation, — plût à Dieu, ce procès serait bientôt jugé. Mais il ne fera rien de tout cela. N'a-t-il pas donné sa mesure ? Il reculera et tombera. Cette chute a des inconvénients privés, car il périra du monde sous les débris, mais ceux qui se rangeront risqueront assurément moins que ceux qui se présenteront pour étayer.

Ne parlez pas, si vous pouvez vous en dispenser, mon aimable voisin. Si vous parlez, faites passer la modération des résultats par l'énergie des détails ; mais, quelque bienveillant que vous soyez pour l'archevêque de Toulouse et pour la paix, vous ne pouvez pas, sans vous perdre de réputation, opiner avec plus d'indulgence que dans ce sens : abandonnons à la sagesse du roi un emprunt dont son Parlement ne peut juger ni l'organisation, ni la nécessité, pourvu que par le paternel et sage rapprochement des États généraux à l'année 1789, le Parlement ait la certitude que cet emprunt de 120 millions est un véritable provisoire, et le seul qu'on lui demandera jusqu'au moment où la nation assemblée pourra connaître ses besoins, décréter ses devoirs, exercer ses droits et déployer ses ressources (1).

Nous ne nions pas le moins du monde la force de ces arguments que Mirabeau, deux jours plus tard, après un premier refus d'enregistrement de l'édit par le Parlement, a soin de reproduire en grande partie, et avec beaucoup d'expressions

(1) Voir *Mémoires de Mirabeau*, t. IV.

identiques, dans une lettre à l'adresse de M. de Montmorin. Nous restons convaincu que le plan de Malesherbes pour la formation des États généraux était à tous égards le plus sage ; nous ne serions pas embarrassés de démontrer que le premier ministre s'y rattachait alors. Mais le pis était de ne pas s'expliquer par appréhension de nouvelles difficultés de la part du Parlement de Paris, alors qu'on avait besoin de lui. C'est dans le concours de l'opinion publique que cette assemblée de magistrats puisait toute sa force et toute son audace, et l'essentiel pour le gouvernement était de gagner sa cause devant l'opinion.

Quant aux emprunts projetés, Mirabeau était mal venu à en contester la nécessité après avoir reconnu, un mois auparavant, dans sa lettre à Soufflot de Mérey, citée plus haut, que « sans emprunt le gouvernement ne pouvait ni vivre ni à peine finir l'année ».

On sait que, l'édit ayant été repoussé une première fois, il se tint, le 24 novembre 1787, une séance royale pour son enregistrement; que le gouvernement fût peut-être arrivé, cette fois, à grouper une majorité en sa faveur dans le Parlement, si le garde des sceaux, M. de Lamoignon, après avoir recueilli les avis individuels, ne se fût refusé à laisser l'assemblée mettre l'enregistrement aux voix, le roi étant présent pour l'ordonner; on sait enfin la protestation que le duc d'Orléans fit entendre, avant la levée de la séance, contre « l'illégalité » d'un enregistrement forcé, protestation qui lui valut, le lendemain, un ordre d'exil, envoyé également d'ailleurs à quelques magistrats. Mirabeau, qui ne connaissait pas encore personnellement le duc d'Orléans, bien que lié avec un de ses familiers les plus intimes, le duc de Lauzun, devenu le duc de Biron, s'empresse pourtant de lui adresser une lettre de félicitations. Nous citons ici cette lettre, qui est entièrement inédite.

Monseigneur,

Si la noblesse avait des syndics qui pussent exprimer son vœu, si la nation, rentrée dans ses droits, avait des représentants légaux, les uns et les autres seraient chez Votre Altesse Sérénissime pour lui exprimer leur inacquittable reconnaissance sur le haut et magnanime acte de patriotisme par lequel vous avez soutenu hier, et leurs droits, et leurs magistrats, et la sainte liberté. Permettez, daignez permettre qu'un citoyen qui n'a ni rang ni place, mais dont les principes inflexiblement libres et purs sont connus, porte à vos pieds sa plus tendre admiration et ses félicitations respectueuses. Ah ! Monseigneur, vous voilà enfin à votre place ! à celle que vos talents et votre âme vous désignaient autant que votre naissance ; vous êtes le premier homme de la nation ; autour de vous se rallieront tous les amis de la liberté, tous les bons citoyens, tous les fidèles serviteurs du roi, qui n'ont pas vu sans horreur qu'on le compromît d'une manière si cruelle, qu'on ne rougît pas de l'abaisser jusqu'à la fraude, et qu'à la bonté, que nous aimons tous à croire lui être si naturelle, on ait eu l'infâme industrie de substituer des manœuvres non moins indignes de sa puissance que de son caractère personnel. Monseigneur, quelles que soient vos destinées, n'oubliez pas que tous les hommes de bien, de tête et de cœur ont les regards fixés sur vous, qu'ils ne les en détourneront plus, que leurs voix, leurs vœux et leur sang sont à vous.

Si préparés que soient nos lecteurs aux soudaines volte-faces de Mirabeau, nous allons maintenant leur en signaler une qui ne laissera pas que de les étonner. Nous venons de voir Mirabeau s'indigner contre l'atteinte portée, dans la séance royale du 24 novembre, « aux droits de la nation, à ses magistrats et à la sainte liberté ». Nous le retrouvons, six mois après, composant sous l'inspiration du ministère un pamphlet contre les Parlements, destiné à appuyer non des mesures raisonnables, comme celles qu'il combattait jadis, mais des coups d'autorité très fâcheux et très inopportuns. Tel est l'objet de l'opuscule intitulé : *Réponse aux alarmes des bons citoyens*, paru fort peu avant les édits du 8 mai 1788, et auquel Mirabeau ne mit pas, il est vrai, son nom.

Nous devons dire qu'il ne s'était pas résigné sans peine à donner une satisfaction semblable au gouvernement ; non qu'il eût pour cela aucune conviction réelle à sacrifier. Se justifiant auprès de son père d'avoir cédé en cette circonstance à la puissance de l'argent, il lui déclare qu' « il ne s'est jamais soucié d'être un des trompettes de ces aristocrates à robes noires, de ces insatiables privilégiés qui veulent dépouiller le roi, mais uniquement pour se doter de ses dépouilles » (1). Et, en effet, bien qu'il ne se soit pas toujours exprimé de la sorte au sujet des Parlements, il a certainement nourri moins d'illusions que beaucoup d'autres sur l'esprit qui les animait. Nous en avons déjà fait la remarque. Néanmoins, il lui en a coûté de se placer en antagonisme avec le sentiment général, avec celui de la plupart de ses amis, de compromettre sa réputation déjà établie de champion de la liberté, et de donner publiquement son adhésion à des actes politiques dont le succès ne pouvait que lui paraître fort hasardeux. « M. de Lamoignon, écrit-il encore à son père (2), a employé toutes les séductions que comporte la délicatesse pour me faire travailler à sa *besogne*, et je lui ai constamment déconseillé sa besogne. Ma correspondance avec lui en est la critique la plus sévère. A la vérité, j'aime sa personne, j'estime son caractère, je révère son courage. Il m'est démontré à moi, dans le fond de ma conscience, qu'il a voulu faire vraiment au profit de la nation une Révolution dont il n'avait ni le talent ni l'étoffe ; mais je n'ai jamais cessé de lui dire et de lui écrire que les Parlements ne devaient et ne pouvaient tomber qu'en présence de la nation, que là seulement je leur ferais la guerre, et ce n'est pas une médiocre preuve de la hauteur de son caractère que d'a-

(1) Lettre de Mirabeau à son père, déjà citée par nous, du 4 octobre 1788.

(2) Même lettre.

voir continué à me voir avec intérêt, malgré mes prophéties, jamais crues et toujours vérifiées. »

Nous avons une lettre importante (1), adressée à M. de Montmorin, où Mirabeau développe les mêmes objections qu'il dit avoir présentées à M. de Lamoignon. Il y répète sa phrase : *Je ne ferai jamais la guerre aux Parlements qu'en présence de la nation.* Et il ajoute : « Là seulement, les Parlements peuvent être rendus et réduits à leur caractère de ministres de la justice. Mais si, à la place des droits qu'ils nous ont usurpés, nous ne voyons pas naître une constitution sanctionnée par notre consentement, qui d'entre nous voudrait effacer les vestiges de nos libertés mourantes? Si la volonté d'un seul doit faire désormais la loi dans la monarchie, qu'avons-nous besoin de nous mêler des disputes qui s'élèvent entre le monarque et les mandataires de sa volonté? »

Substituez, dit-il au ministre, un système vraiment national au langage suranné de l'autorité arbitraire, tout s'aplanit de soi-même. Eh! ne voyez-vous pas, Monsieur le comte, qu'au premier mot solennel qui indiquera d'une

(1) Cette lettre, du 18 avril 1788, a été intégralement insérée dans les *Mémoires de Mirabeau,* tome IV. Mirabeau en a d'ailleurs reproduit une bonne partie dans la brochure intitulée *Suite de la Dénonciation de l'agiotage*, laquelle, à part cela, n'a pas grand intérêt, étant surtout consacrée à défendre contre la Compagnie générale d'assurances les intérêts d'une autre compagnie semblable, la chambre d'accumulation. La Compagnie générale d'assurances dirigée par Clavière, dont Mirabeau se trouvait, cette fois l'adversaire, cherchait à obtenir le privilège des assurances sur la vie.

manière précise la convocation des États généraux, tout sera calmé? Que les bons citoyens, les hommes paisibles, les Français qu'on n'est pas encore parvenu à dégoûter de la monarchie, parce qu'ils savent que la France est *géographiquement monarchique*, seront remplis d'espoir et de docilité à cet instant même? Qu'il ne restera pas le moindre moyen aux hommes turbulents, aux corps inquiets d'exciter le moindre orage jusqu'à l'Assemblée nationale? Que si le gouvernement a besoin de secours momentanés, d'un crédit temporaire, c'est encore là le meilleur moyen de se les procurer, parce que les États généraux sont aussi nécessaires comme la seule ressource de finances que comme moyen unique de constituer le royaume, et *vice versa?*

Mirabeau parle ensuite de « cette terrible maladie des ministres de ne pouvoir jamais se résoudre à donner aujourd'hui ce qui leur sera infailliblement arraché demain ». Il conclut en demandant à M. de Montmorin de « ne pas compromettre un serviteur zélé, qui comptera pour rien ses dangers le jour où il faudra se dévouer à la patrie, mais qui, au prix de toutes les couronnes, ne voudrait pas se prostituer dans une cause équivoque, où le but est incertain, le principe douteux, la marche effrayante et ténébreuse ».

Fût-ce seulement par des explications sur la loyauté de ses projets, quant à la convocation des États généraux, que le ministère leva les scrupules de Mirabeau? Nous croyons qu'il serait imprudent de l'affirmer, ayant la preuve que celui-ci, en d'autres circonstances du moins, a reçu de M. de

Montmorin des sommes d'argent. En tous cas, les résistances qu'il avait opposées d'abord cessèrent : la *Réponse aux alarmes des bons citoyens* fut rédigée et publiée (1). Cette brochure débute par une charge contre les prétentions législatives des Parlements. « Ils ont voulu, écrit Mirabeau, ne former qu'un seul corps qui représentât le royaume de France, comme si, malgré l'étonnante diversité des intérêts respectifs, toutes les provinces, parmi lesquelles il en est de légalement représentées par leurs États particuliers, pouvaient avoir, ailleurs qu'aux États généraux, un autre centre de réunion que le roi, ce dépositaire incontestable de la puissance exécutive... Cette subtilité, quoique fondée sur de grands exemples, n'a eu de succès ni dans les villes, où l'on est indigné de n'avoir pas impunément quelque affaire devant eux ou contre eux, ni surtout dans les campagnes, où se fait sentir tout le poids de ces impôts inégalement répartis auxquels ils ont toujours eu l'audace de se soustraire. » L'auteur montre bien que, dans leur lutte contre le ministère, les Parlements obéissent à des motifs intéressés ; qu'il faut expliquer ainsi le rejet par eux de l'impôt territorial, qui devait atteindre les deux premiers ordres, suivi

(1) On voit que M. Chérest se trompe lorsqu'il soutient, dans son livre sur la *Chute de l'ancien régime*, que le ministère Brienne ne s'est pas servi de la presse contre les Parlements, et ne trouve à citer, parmi les écrits polémiques rédigés à cette époque en faveur du ministère, que le *hérault du peuple*, de Mangourit.

d'un consentement à la prorogation du troisième vingtième qui comportait toutes les anciennes exemptions; que, sous prétexte de maintenir l'application de certaines traditions constitutionnelles vagues, qu'ils font à volonté sommeiller ou réapparaître (1), ils se sont arrogé une véritable « puissance tribunitienne », que cette puissance est incompatible avec les fonctions judiciaires, et, qu'eût-elle un fondement légal, il est de l'intérêt général de la faire disparaître; que d'ailleurs, « lors même que le scandale des prétentions législatives des Parlements aurait disparu, on devrait leur reprocher la vénalité et l'hérédité de leurs charges ». Mais si Mirabeau défend le gouvernement contre les Parlements et contre « les hommes honnêtes et éclairés qui les soutiennent encore », c'est en se portant fort, en quelque sorte, pour garantir la sincérité de la promesse de convocation des États généraux.

« Le prince qui a rétabli les assemblées provinciales, s'écrie-t-il, qui a permis la publicité des comptes de l'État, qui a convoqué les notables, n'aura point promis en vain la convocation des États généraux. Le prince qui a tant contribué à l'affranchissement de l'Amérique voudra être le roi des Francs, et non celui des serfs. Quelque

(1) Ces mêmes corps qui déclaraient maintenant ne pouvoir enregistrer d'impôts nouveaux non consentis par la nation, ne s'étaient-ils pas proclamés eux-mêmes, dès le XVIe siècle, des « États généraux au petit pied ? »

mal que l'on doive penser des princes, on n'est point dispensé d'être juste envers eux, et l'on serait à la fois injuste et peu réfléchi, si l'on ne voyait que le roi n'a pas d'autre intérêt que de rendre aux citoyens les droits qui leur appartiennent, d'associer la majesté du trône à celle de la nation ». Enfin Mirabeau repousse cette opinion que « les Français aient perdu, depuis trop de temps, l'habitude des assemblées pour se régénérer par elles ». Contrairement à ce qu'il a écrit, l'année précédente, il nie « qu'il appartienne au roi seul de réparer les maux produits par le despotisme de ses prédécesseurs ». Avec la destruction des privilèges, avec la liberté individuelle, avec la liberté de la presse « dont les restrictions, dit-il, ne gênent que les honnêtes gens, de même que la contrebande ne sert que les fripons, et qui, comme la lance célèbre, guérit les blessures qu'elle fait », il demande, pour la première fois et très nettement des *assemblées nationales périodiques*, et il termine par une péroraison éloquente à l'adresse de Louis XVI, lui rappelant l'exemple de Marc-Aurèle. « Seul, entre tous les princes, cet empereur parut d'une nature supérieure aux autres hommes ; mais tant de vertus, tant de qualités brillantes passèrent comme l'éclair, et il fut remplacé par un fils qui n'eut de l'homme que la faculté de s'abrutir. »

Comme on le voit, Mirabeau s'était arrangé pour faire de sa brochure une profession de foi libérale, en même temps qu'une défense du gouvernement.

Il se mettait ainsi en garde contre le reproche de palinodie. Cependant cette brochure avait paru le plus malencontreusement du monde, au lendemain de l'investissement militaire du Palais de Justice, pour l'arrestation des conseillers d'Espreménil et Goislard de Montsabert, violence qui avait surexcité l'opinion au plus haut point. Mirabeau se trouva donc assez embarrassé de son œuvre, et ne s'en vanta guère. Dans ses lettres à Mauvillon, il n'en dit pas un mot. « Il y a dix mois, écrit-il, le 21 août 1788, à son ami allemand, et surtout six, que je suis en butte à toutes les calomnies du monde, parce que, *dans la conversation*, je ne partage pas le fanatisme parlementaire, et que je n'ai pas écrit une seule ligne pour le parti de l'opposition. *A la vérité, je n'en ai pas écrit davantage pour l'autre côté*. J'ai toujours cru qu'entre le Roi et le Parlement il y avait un pauvre petit parti obscur, appelé la nation, dont les gens de bon sens et de bonne foi devaient être. » Vis-à-vis de ses amis de Paris, le désaveu était plus difficile, et nous avons une lettre assez curieuse, du 9 mai 1788, où il essaye de se justifier auprès du duc de Lauzun, fort engagé, en sa qualité d'ami du duc d'Orléans, dans le parti parlementaire.

Monsieur le duc, lui dit-il, non seulement en affaires publiques les opinions doivent être libres entre les meilleurs amis, mais encore il n'y a d'hommes essentiels que ceux qui savent conserver leurs principes, malgré toutes les fluctuations de la vie; voilà ce que je professe et pratique pour moi. Voilà ce que je laisse à mes amis, ou plutôt voilà ce que je leur désire... Ma conduite a été simple. J'ai dit : *Voulez-vous une révolution entière? Je suis à vous pourvu que vous travailliez au profit de la nation et que tout soit subordonné à des États généraux, indiqués formellement, et dont la suprématie soit reconnue. Et, comme cela ne peut se juger qu'après les coups que vous allez porter, je m'abstiens jusque-là...* Ai-je tenu parole? Je vous le demande, Monsieur le duc... Vous avez écrit cette brochure, me direz-vous peut-être ? — Eh bien ! je le veux ; qu'est-ce que cette brochure? — Un libelle contre le Parlement. — Un libelle... passe encore ; bien que je voudrais qu'on y relevât une calomnie. Or, sans cet ingrédient, point de libelle... Mais libelle soit. Au moins ce libelle est-il passablement national, puisque les États généraux y sont montrés comme étant nécessairement et imprescriptiblement le législateur suprême et devant avoir périodiquement tous les droits de la souveraineté. Eh bien ! je consens d'avoir, *sur ces bases,* écrit un libelle, et quand il pourrait être vrai qu'un écrit, nécessairement rédigé et même imprimé avant l'investissement du Palais que je ne justifierai ni n'approuverai en aucun temps, eût fait, au milieu du fanatisme parlementaire dont tout le monde est atteint, un mal véritable au Parlement, que je meure à l'instant si je sais de quoi je pourrais me repentir. D'avoir concouru à détruire pour des gens qui ne veulent pas reconstruire, voilà, je crois, Monsieur le duc, la plus forte objection que l'on puisse me faire. Veuillez écouter ma réponse. Ces gens-là sont de bonne foi ou n'en sont pas; insensés ou prévoyants, tout-puissants, ou les jouets d'une intrigue. S'ils ne veulent pas reconstituer la nation, leur marche est impossible; ils succomberont, et la force des choses nous délivrera d'eux, après qu'ils nous ont délivrés du despotisme des bonnets carrés. C'est autant de gagné. S'ils n'ont point de raison, ils vont passer à la violence, folie barbare qui n'a jamais produit rien de durable, et la liberté ne s'en acheminera que plus vite. S'ils sont abandonnés, l'autorité royale est perdue et la crise très prochaine. Dans tous les cas, que pouvait-il nous arriver de mieux, et comment voulait-on marcher à un autre ordre de choses sans des calamités particulières. Et qu'est-ce que des calamités particulières auprès de la nation mise en scène? Et, dans la lutte qui se prépare, le despotisme de la force ne vaut-il pas mille fois mieux que celui des formes (1)?

Mirabeau ajoutait « pour vous, disait-il au duc de Lauzun, et pour notre ami de Bellechasse », c'est-à-dire Talleyrand (2), qu'il « travaillait à un mémoire sur l'*insuffisance de la Cour plénière, considérée même provisoirement* », que ce mémoire devait tomber entre les mains du roi, et cela « par l'organe de l'homme que vous soupçonnez tous d'être, avec moins de génie, mais avec des intentions aussi perverses, le Richelieu du temps » : il s'agit de l'archevêque de Toulouse, devenu archevêque de Sens. Il « jurait d'honneur que, s'il était trompé, il rendrait son mémoire public ».

Trois mois plus tard, le prétendu « Richelieu du temps » (3), à bout de ressources, abandonnait son

(1) Cette lettre figure dans les *Mémoires de Mirabeau*, tome V, avec quelques changements.

(2) Il était logé au couvent de Bellechasse, rue Saint-Dominique.

(3) L'archevêque de Sens n'a pas eu tout seul le bénéfice de cette comparaison que Mirabeau, comme nous l'avons vu, a appliquée aussi à Necker. L'un et l'autre ne méritaient assurément « ni cet excès d'honneur, ni cette indignité ».

projet de cour plénière, et fixait la réunion des États généraux à la date de mai 1789, renonçant à règler d'avance leur mode de formation, et faisant appel, pour l'aider à résoudre cette grave question, aux recherches du public et aux éclaircissements de la presse. Sa chute devait suivre de près. Pris à la gorge par le défaut d'argent, il ne sut pas se retirer avant d'être obligé d'attacher son nom à des mesures financières qui se rapprochaient de la banqueroute. Nous voulons parler de l'arrêt du conseil du 16 août 1788, autorisant les caisses du Trésor à effectuer leurs paiements pour trois cinquièmes en billets à intérêts, tandis que, par un autre arrêt du même jour, la Caisse d'escompte était autorisée à rembourser ses billets en effets de son portefeuille. Necker ne fit aucun usage de la faculté que lui conférait l'une des deux mesures prises *in extremis* par son prédécesseur, celle qui était relative aux paiements du Trésor; mais il maintint et perpétua la seconde, qui établissait le cours forcé des billets de la Caisse d'escompte, afin de permettre de nouveaux emprunts du Trésor à cet établissement. Dans ses *Lettres à Cerutti*, Mirabeau le reprochera au ministre genevois avec beaucoup de vivacité.

Nous résumerons l'attitude de notre héros pendant les quinze mois du ministère Brienne, cette période du rapide et progressif affaiblissement de l'autorité royale, en disant que, sans jamais cesser de pousser à la convocation des États généraux, depuis l'instant où il a commencé à tourner ses regards de ce côté, il flotte du ministère aux Parlements, également préoccupé de ménager sa popularité et de maintenir ses attaches avec le pouvoir.

§ 2. — Les idées politiques de Mirabeau avant les États généraux. — Ses derniers rapports avec son père.

La fixation de la date des États généraux et le retour de Necker aux affaires ouvrent une nouvelle phase dans l'existence de Mirabeau. Le premier de ces deux événements lui cause un vif mouvement de joie. « C'est, écrit-il à Mauvillon, le 11 août, un pas d'un siècle que la nation a fait en vingt-quatre heures. Ah ! mon ami, vous verrez quelle nation ce sera que celle-ci le jour où elle sera constituée ; le jour où le talent aussi sera une puissance. J'espère qu'à cette époque vous entendrez parler favorablement de votre ami. » Quant au retour de Necker, Mirabeau ne pouvait que le voir d'assez mauvais œil, en raison de l'antipathie qu'il avait toujours professée pour ce ministre. Sensible aux attaques, Necker ne gardait-il pas rancune de celles dont il avait été poursuivi par lui? ne « s'opposerait-il pas par toutes voies » à ce que son ancien détracteur « fût aux États généraux, « où j'avais la présomption de me croire utile et même nécessaire, écrit celui-ci » (1) ? — « Voilà,

(1) Lettre à Mauvillon du 22 septembre 1788.

continue Mirabeau dans ses confidences à Mauvillon, mon inquiétude la plus poignante. J'accepterais le bien public des mains d'*Arimane* (1) même. Je me tiendrai donc en repos jusqu'à l'Assemblée nationale, à moins de quelque grand acte de tyrannie, ou de quelque charlatanisme pernicieux (nous verrons que cette résolution fut assez mal tenue), et je tâcherai par tous les moyens d'être à mon poste de citoyen. Après quoi vogue la galère. »

Indépendamment de tout souci personnel, Mirabeau avait un sentiment très net de l'affaiblissement de l'autorité royale, auquel nous faisions allusion plus haut, et il ne se trompait guère en croyant Necker peu capable de réagir contre cet affaiblissement. Il écrivait par exemple, le 19 août, au comte d'Antraigues : « Les États généraux sont devenus inévitables, autant qu'ils sont nécessaires pour rétablir notre constitution monarchique. Ce forcené d'archevêque est en délire. Il nous mènerait à l'anarchie et à la démocratie. Si nous n'y prenons garde, ces gens-là nous démonarchiseront et nous précipiteront dans un gouffre de malheurs. Nous allons avoir ce charlatan de Necker, le roi de la canaille. Elle seule a ici du courage, et, s'il était le maître, elle finirait par tout étrangler sous sa direction (2). » Invectives à part, et celles qui pré-

(1) Nous avons déjà expliqué qu'Arimane est l'esprit du mal.

(2) Le passage ci-dessus a été cité par le comte d'Antraigues dans son *Adresse à l'ordre de la noblesse*, où nous avons déjà

cèdent sont fort injustes pour Necker, cette impression pessimiste de Mirabeau, suivant de si près un premier mouvement de joie et de confiance, est vraiment digne de remarque.

Au moment où le peuple de Paris, après avoir brûlé en effigie l'archevêque de Sens et M. de Lamoignon, illuminait et tirait des fusées en l'honneur du retour de Necker, Mirabeau adresse à M. de Montmorin, selon ses propres expressions, « une marque de souvenir et d'attachement à l'occasion de la catastrophe de son ami », l'archevêque de Sens. Quelques jours après, au commencement de septembre, dans une longue lettre (1) qu'il lui fait encore parvenir, il s'exprime ainsi : « Je ne veux pas que vous ni vos amis puissiez croire que je les déserte. M. de Lamoignon est dénoncé ; le moment est venu de lui offrir mes services ; je suis épris de son caractère, j'estime ses intentions, j'abhorre l'acharnement qu'on lui montre, j'exècre

trouvé un curieux fragment de lettre de Mirabeau. Ailleurs, dans sa correspondance avec Mauvillon, ce sont d'autres griefs qu'il exprime contre Necker. « L'homme aux miracles qui vient de renverser le seul ministre qui voulût une révolution au profit de la nation (le garde des sceaux Lamoignon) n'a, dit-il, ni un talent proportionné aux circonstances, ni une âme civique, ni des principes vraiment libéraux. » — « Royaliste ou national, écrit-il ailleurs, voilà son alternative. S'il est le premier, il est perdu... S'il est le dernier, son règne ne sera pas long. La peur, qui l'a pris malgré la répugnance, le chassera bientôt à l'aide du ressentiment. »

(1) C'est le premier document placé par M. de Bacourt en tête de la correspondance de Mirabeau et du comte de La Marck, tome I.

plus que lui-même les corps qui, non contents de l'avoir vaincu, veulent l'immoler. Je connais les desseins de ces corps implacables, leurs menées, leur conspiration en un mot, car c'en est une contre la nation que le plan d'attaque qu'ils dressent aujourd'hui contre le Gouvernement. Je m'offre nettement à M. de Lamoignon pour sa défense personnelle, s'il en a besoin, et je vous supplie de le lui dire. » La suite de la lettre est extrêmement intéressante. Mirabeau y dit en propres termes à M. de Montmorin : « Jamais assemblée nationale ne menaça d'être aussi orageuse que celle qui va décider du sort de la monarchie, et où l'on arrive avec tant de précipitation et de méfiance mutuelle. Le ministère qui s'est précipité dans ce défilé fatal pour s'être efforcé de reculer les États généraux au lieu de s'y préparer, s'occupe-t'il des moyens de n'avoir pas à craindre leur contrôle, ou plutôt de rendre utile leur concours ? A-t-il un plan fixe et solide que les représentants de la nation n'aient plus qu'à sanctionner ? Eh bien ! ce plan, je l'ai, Monsieur le comte. Il est lié à celui d'une constitution qui nous sauverait des complots de l'aristocratie, des excès de la démocratie et de l'anarchie profonde où l'autorité, pour avoir voulu être absolue, s'est plongée avec nous. Si l'on peut disputer sur les conseils qui se trouvent dans ce plan, il est au moins impossible de ne pas estimer les principes qui en sont la base. En désirez-vous la communication ? Voulez-vous le montrer au roi ? Aurez-vous le courage de mettre une fois à son poste de citoyen un sujet fidèle, un homme courageux, un intrépide défenseur de la justice et de la vérité? Sans le concours, du moins secret, du Gouvernement, je ne puis être aux États généraux; j'ai déjà éprouvé qu'un de vos collègues me fermera toutes les portes, peut-être même sans le vouloir, et par la seule crainte de son humeur vindicative. En nous entendant, il me serait très aisé d'éluder les difficultés ou de surmonter les obstacles ; et certes, il n'y a pas trop de trois mois pour se préparer, lier sa partie, et se montrer digne et influent défenseur du trône et de la chose publique. »

Donc, dès la fin de 1788, Mirabeau offre au gouvernement d'entrer aux États généraux comme son auxiliaire; dès la fin de 1788, il se vante d'avoir un plan dont l'application sauvegarderait l'autorité royale « plus que jamais nécessaire, au moment où elle est sur le penchant de sa ruine » (1). Si peu d'importance que M. de Montmorin ait pu attacher alors à cette ouverture venant d'un homme dont le caractère lui était trop connu, et la puissance de talent pas assez, il est bon de la noter pour la rapprocher des autres ouvertures du même genre ultérieurement faites par Mirabeau. Au reste, c'était le langage même de la raison qu'il parlait, en conseillant au gouvernement de de-

(1) C'est une autre phrase de la lettre que nous venons de citer.

vancer les événements et d'apporter aux États généraux des propositions à sanctionner, au lieu d'attendre leurs résolutions, et de se remettre ainsi à leur merci (1).

Le plan qu'il offrait, cela ressort des termes même de sa lettre à M. de Montmorin, avait déjà le caractère de ceux qu'il a pu développer par la suite. Ce qu'il voulait déjà, c'était, pour employer l'expression qu'il emploie dans une de ses lettres de 1789, « coalitionner l'autorité royale avec le peuple contre les privilégiés ». Jusqu'à la fin de 1788, les coups qui avaient atteint l'autorité royale étaient partis des deux premiers ordres. La royauté ne paraissait donc pas avoir d'intérêt commun avec eux, et, au contraire, dans l'impossibilité de leur tenir tête à laquelle elle était arrivée, elle avait besoin que l'appui du reste de la nation renouvelât ses forces. Les classes moyennes et les classes populaires, n'ayant pas encore livré la

(1) « Il ne faut pas attendre que les États généraux vous demandent ou vous ordonnent, disait Malouet à Necker, vers la même époque ; il faut vous hâter d'offrir tout ce que les bons esprits peuvent désirer, en limites raisonnables, soit de l'autorité, soit des droits nationaux. » — « Comment les ministres, observe Malouet, après avoir rapporté les conseils, semblables à ceux de Mirabeau, qu'il donnait alors, comment les ministres ont-ils pu réduire le roi, dès la fin de 1788, à une véritable suspension de ses fonctions royales par l'indécision avec laquelle ils le laissaient aborder les États généraux. Ce n'était plus le roi qui parlait, c'était l'avocat consultant de la couronne demandant conseil à tout le monde et ayant l'air de dire à tout venant : *Que faut-il faire? Que puis-je faire? Que veut-on retrancher de mon autorité? Que m'en laissera-t-on?* »

bataille qu'elles devaient gagner si vite et si facilement, à elles seules, ne pouvaient répugner à se grouper autour de la royauté pour faire table rase du chaos d'intérêts particuliers en conflit qui entravait l'amélioration croissante de leur condition. L'alliance à laquelle songeait Mirabeau était donc très logique alors ; les qualités personnelles du roi Louis XVI la favorisaient ; et elle avait ses précédents dans l'histoire de France tout entière.

L'idée d'associer, de la sorte, la cause de la monarchie à celle de la démocratie a été, il faut bien le reconnaître, partagée, à un moment donné, par la plupart des membres constitutionnels de l'assemblée de 1789. Mirabeau a eu, du moins, le mérite de l'exprimer, de la soutenir avec plus de persévérance et d'énergie que beaucoup d'autres. Le difficile était de tracer non dans dans ses détails, mais dans ses grandes lignes, le programme de l'alliance. De tous les documents émanant de Mirabeau et relatifs à l'époque qui nous occupe actuellement, celui qui ressemble le plus à un programme est une lettre écrite à un libraire de Strasbourg, nommé Levrault (1), agent de tentatives passagères pour faire élire Mirabeau aux États généraux en Alsace. Cette lettre, qui

(1) A la fin de 1788, ce libraire ayant voulu publier les procès-verbaux des assemblées provinciales et s'étant vu arrêter dans cette entreprise par l'autorité trouva un défenseur dans Mirabeau. Plus tard, Levrault est devenu procureur-général-syndic du département du Bas-Rhin.

porte la date du 16 août 1788, est conservée aux Archives de l'Alsace; elle a déjà été imprimée plus d'une fois, mais nous croyons utile de la remettre en lumière.

Il n'est plus possible, écrit Mirabeau à son correspondant, de douter que les États généraux auront lieu. Qui payerait le 1er mai 1789, je vous le demande? Il est arrivé au Gouvernement ce que je lui ai prédit : *Si vous ne les voulez pas à pied, ils viendront à cheval.* On en a hâté l'époque jusqu'à la précipitation, et certainement on s'en apercevra. (Mirabeau ne se souvenait déjà plus sans doute qu'il avait insisté, autant que personne, pour hâter la convocation des États). Que feront-ils ? Certainement beaucoup de sottises; mais qu'importe! Les nations, comme les enfants, ont leurs tranchées, leurs maux de dents, leurs vagissements; elles se forment de même.

Les premiers États généraux seront tumultuaires; ils iront trop loin peut-être. Les seconds assureront leur marche; les troisièmes achèveront la constitution. Ne nous défendons point du besoin d'en créer une tout entière; que tout soit juste aujourd'hui, tout sera légal demain. Surtout gardons-nous de l'érudition, dédaignons ce qui s'est fait, cherchons ce qu'il faut faire et n'entreprenons pas trop. Consentement à l'impôt et aux emprunts, liberté civile, assemblée périodique, voilà trois points capitaux qui doivent reposer sur une déclaration précise des droits nationaux. Le reste viendra assez vite.

Quant à mes vues particulières, je le dirai nettement à vous, mais à vous seul. *La guerre aux privilégiés et aux privilèges*, voilà ma devise.

Les privilèges sont utiles contre les rois, mais ils sont détestables contre les nations, et jamais la nôtre n'aura d'esprit public ant qu'elle n'en sera pas délivrée. Voilà pourquoi nous devons rester et pourquoi je serai personnellement, moi, très monarchique. Eh! de bonne foi, que serait une république composée de toutes les aristocraties qui nous rongent? Le foyer de la plus active tyrannie. Vous l'apprendrez assez de la guerre intestine qui dévorera les États généraux, surtout si le Gouvernement s'obstine à ne pas les vouloir nombreux......

Le morceau qu'on vient de lire a un véritable accent de sagesse. Mirabeau y montre une fois de plus une appréhension fondée des dangers de l'avenir. Il limite avec beaucoup de modération les articles essentiels des réformes à réaliser. Toutefois, il ne se sépare pas moins de ceux qui envisagent, avec les Parlements, la tâche incombant aux États généraux comme un simple retour à d'anciennes tradition rajeunies. Il estime, et ses lettres particulières à Mauvillon confirment bien ce que nous disons de sa manière de voir à cet égard, il estime que les traditions dont il s'agit ne sont plus susceptibles d'être reprises. C'est là ce qu'il veut dire quand il conseille « de se garder de l'érudition ». Il désire la construction d'un édifice constitutionnel nouveau, qui ait pour assise une déclaration des droits, comme celle des États-Unis d'Amérique, comme celle dont il a lui-même donné un aperçu dans son *Adresse aux Bataves sur le Stathoudérat*. Le principe qui servira de point de départ au travail de l'Assemblée constituante est donc par avance le sien. Comment la destruction de ces privilèges, dont il se déclare surtout l'ennemi, se concilierait-elle avec le maintien, avec la consécration d'une distinction politique d'ordres à laquelle l'idée de privilège est nécessairement attachée ? « Il se peut sans doute, lisons-nous dans une de ses lettres de la même époque à Mauvillon, que l'Assemblée nationale ne soit qu'une réunion d'agrégations ennemies. Mais, si l'on parvient à en faire une fusion de parties homogènes, ce Royaume vous étonnera encore, avant que vous vous endormiez au sein de vos pères. »

Les trois points capitaux du programme de Mirabeau étaient à peu près admis par tout le monde à la fin de 1788. Et pourtant, quoi qu'en puissent dire les partisans de la tradition, ces trois points capitaux constituaient par eux-mêmes de très profondes innovations. Le droit des représentants de la nation à consentir librement les impôts et les emprunts avait pu être proclamé jadis; mais, pour le trouver strictement observé, on était obligé de remonter au XIVe siècle; constamment violé ensuite, il était tombé depuis près de deux siècles dans une complète désuétude. La périodicité des États généraux n'avait jamais existé ni en fait ni en droit, pas plus que la liberté civile dans le sens où l'entendait Mirabeau. De telles innovations en entraînaient d'autres; il fallait bien régler la compositiou des assemblées nationales rendues périodiques, leurs pouvoirs et leurs rapports avec la royauté.

Pour tout cela la tradition ne suffisait pas (1).

(1) Nous reviendrons sur ce sujet dans un autre chapitre.

L'œuvre à accomplir par les législateurs de 1789 était forcément une œuvre de toutes pièces. Devait-on en demander les éléments à la raison pure et aux écrits des docteurs politiques ? Ne valait-il pas mieux, au contraire, faire intervenir ici l'expérience des nations étrangères, et, sauf à tenir compte de ce qu'il y avait de particulier dans l'état social et les mœurs de la France, prendre comme modèle la constitution d'Angleterre, « cette constitution naturelle, dit Mounier (1), de toute monarchie qui des usages de la féodalité veut passer à la liberté politique », cette constitution citée par Montesquieu en exemple du plus haut degré où la liberté puisse être portée. Qu'en pensait Mirabeau, alors qu'il se préparait à briguer une place à l'assemblée des États généraux ?

N'en déplaise à un certain nombre d'historiens, malgré le témoignage même du comte de La Marck (2), Mirabeau ne nous paraît, ni à cette époque ni plus tard, grand admirateur de la constitution anglaise, et disposé à y chercher de

Rappelons toutefois que le célèbre jurisconsulte anglais Blackstone, célébrant les bienfaits de la constitution anglaise, vers la fin du XVIIIe siècle, a pu écrire cette phrase, d'ailleurs injuste pour le gouvernement français de l'ancien régime : « Si nous n'avions pas notre constitution, on pourrait alors emprisonner, faire punir ou exiler tous ceux qui déplairaient au Gouvernement, ainsi que cela se pratique *en Turquie et en France.* »

(1) *Considérations sur les causes qui ont empêché les Français de devenir libres*, chapitre XVIII.

(2) Dans les souvenirs imprimés par M. de Bacourt, en tête de la correspondance de Mirabeau et de La Marck.

préférence des inspirations. Pour juger cette constitution, il n'a pas attendu que Sieyès l'ait qualifiée « le produit du hasard et des circonstances bien plus que des lumières » dans la fameuse brochure : *Qu'est-ce que le Tiers-État*, où la Chambre des lords est appelée aussi « un monument de superstition gothique ». Nous avons déjà noté la curieuse impression de désenchantement manifestée par Mirabeau dans ses lettres à Chamfort, lors de son séjour à Londres, en 1784 (1). Il n'a pu méconnaître la liberté civile très étendue dont jouissent les Anglais, mais il n'a nullement su apprécier les institutions politiques qui garantissent cette liberté (2). « Orgueilleuse nation! s'écrie-t-il dans son *Adresse aux Bataves*, à propos de la Grande-Bretagne, malgré les succès qui l'éblouissent, elle est plus digne de pitié que d'envie ! ... Trop tôt, hélas ! elle sera réduite, par le dangereux système des contrepoids, à la fatale inertie de la servitude, à moins que les sages de toutes les contrées, touchés des grands exemples qu'elle a donnés à l'univers et des exemples plus grands qu'elle lui doit, ne se liguent pour lui indiquer un plan de réforme. » A la vérité, il s'exprimera sur l'Angleterre, un jour, à la tribune

(1) Les lettres écrites également d'Angleterre par André Chénier expriment le même sentiment.

(2) Le fait est d'autant plus remarquable que, dans le domaine de la politique étrangère, Mirabeau est, comme nous l'avons vu, partisan décidé de l'alliance anglaise.

de l'Assemblée constituante (1), en termes beaucoup moins dédaigneux; il ira jusqu'à vanter « cette île fameuse, cet inépuisable foyer de grands exemples, cette terre classique des amis de la liberté ». Nous verrons ce qu'il faut penser de la tirade à laquelle nous faisons allusion. Bornons-nous, quant à présent, à constater qu'en 1788 il parle couramment à son ami Mauvillon de la vicieuse représentation de l'Angleterre, tout en formant avec lui le projet d'un ouvrage sur cette nation, analogue à l'ouvrage récemment paru sur la *Monarchie prussienne*. Il est évident que, dans la pensée de Mirabeau, cet ouvrage ne devait pas être un panégyrique du gouvernement anglais.

C'est tout particulièrement à l'existence d'une chambre haute aristocratique qu'il semble déjà peu favorable (2). Dans une petite brochure en faveur de la *Liberté de la presse*, brochure imitée en grande partie d'un discours de Milton à la Chambre des communes d'Angleterre, et publiée

(1) Dans la séance du 16 juillet 1789.

(2) Voici pourtant, nous devons le dire, ce que nous lisons dans une lettre de l'année précédente (1787), écrite par Mirabeau au duc de Lauzun, à l'occasion de son élévation à la pairie : « C'est une grande existence que celle de duc et pair ; les circonstances tendent tellement à l'agrandir; elle est si évidemment la base non contestée de notre constitution actuelle, telle qu'elle soit; elle sera si évidemment élément constitutif dans celle qu'on va faire; il me paraît si certain que les ducs et pairs en seront les syndics, et qu'il sera rendu très difficile de le devenir; qu'en tout état de cause, je crois qu'il faut se hâter de l'être aussitôt qu'on le peut, et braver les petits inconvénients du moment pour les indubitables avantages de l'avenir. »

en décembre 1788, il emprunte au livre récent d'un certain marquis de Casaux (1) des développements tendant à prouver que « ce n'est point la distinction et l'indépendance respective des communes, des pairs et du roi, jointes à la nécessité de leur accord pour former une loi, qui assurent la prospérité politique de l'Angleterre ». — « Il suffirait, dit-il, pour réunir tous les avantages de la législation anglaise, qu'une assemblée d'hommes égaux se partageât en trois comités dont le second ne s'occuperait d'une proposition qu'après qu'elle aurait été débattue et agréée dans le premier, et dont le troisième ne pourrait s'en saisir qu'après qu'elle aurait été agréée par les deux autres. Maintenant si chacun des trois comités devenait à son tour le troisième, si chacun d'eux devenait à son tour le premier, quel avantage aurait sur cette organisation simple l'organisation mixte, si vantée, de l'Angleterre, dont l'Amérique voulut, trop

Il y a ainsi bien des questions sur lesquelles Mirabeau a soutenu successivement le *pour* et le *contre*. Ces variations sont d'ailleurs communes à beaucoup d'hommes de son temps. Dans la lettre même que nous venons de citer, Mirabeau appuie son avis sur l'importance future de la dignité de duc et pair, de celui de Target, plus tard l'un des auteurs principaux de la Constitution de 1791.

(1) Ce livre était intitulé *Questions du jour*. Le marquis de Casaux, tout à fait inconnu de notre temps, a pourtant exercé quelque influence sur l'esprit de Mirabeau, inspiré même, nous le verrons, quelques-uns de ses discours. Le principal écrit de Casaux est un ouvrage économique publié en 1785 sous ce titre : *Considérations sur quelques parties du mécanisme des sociétés*. On se demande comment Mirabeau, dont l'esprit était si alerte, a pu goûter un fatras aussi inintelligible.

peut-être, se rapprocher. » On sait que, sans insister pour faire admettre cette conception constitutionnelle, Sieyès la préconisa pourtant à la tribune de l'Assemblée constituante (1). Mirabeau n'y attachait pas beaucoup d'importance. Mais il est certain que, bien avant les États généraux, il avait contre le gouvernement parlementaire à la manière anglaise, contre le système des *contre poids*, des préventions de démocrate autoritaire, élevé à l'école des physiocrates.

Son idéal politique, un peu vague, était dès lors celui qu'il indique plus tard à Mauvillon. « En tout, écrit-il à cet ami le 31 janvier 1790, je tiens plus que jamais à mon système qu'un grand empire ne peut jamais être bien gouverné que comme une congrégation de petits États fédératifs dont le nœud fédéral est dans une assemblée représentative présidée et surveillée par le monarque » (2). Le 19 octobre suivant, cinq mois seulement avant sa mort, il répète cette définition dans des termes presque identiques, et ajoute : « Nous échouerions que la solution du problème n'en serait devenue que plus évidente, quoique moins prochaine. »

On pourrait croire, au premier abord, que Mirabeau, en tenant ce langage, incline vers la consti-

(1) Il en avait parlé auparavant dans ses *Vues sur les moyens d'exécution dont les représentants de la France pourront disposer en 1789*, et dans sa brochure *Qu'est-ce que le Tiers-État.*

(2) Voir encore la même idée exprimée dans une lettre à La Marck du 27 janvier 1790 (correspondance de Mirabeau et du comte de La Marck, t. I, p. 487).

tution fédérative américaine, comme plusieurs autres membres de l'Assemblée constituante. Mais il n'en est pas ainsi. A l'exemple de Turgot, dans sa lettre au docteur Price, il reproche à cette constitution, qui admet deux chambres fédérales, de se rapprocher trop de la constitution anglaise. Défenseur sincère de la prérogative royale, il n'entend pas le moins du monde réduire les attributions du roi de France à celles du président de la République américaine. Il rêve, c'est le mot, une assemblée nationale unique, laissant au souverain qui la *présiderait* et la *surveillerait* une grande autorité, une grande influence, et couronnant une organisation administrative fortement décentralisée. Elargissez le système de Turgot, développez un peu le rôle de sa *municipalité de royaume*, et vous retrouverez ce système ainsi modifié, mais avec son vice principal, la confusion aux différents degrés hiérarchiques du pouvoir d'exécution et du pouvoir de délibération, dans l'esprit du grand orateur de l'Assemblée constituante.

Nous ne croyons pas qu'il soit possible de déterminer plus exactement la part de théorie à laquelle Mirabeau a pu être accessible. Au reste, il faut redire encore que la théorie ne convient ni à ses goûts, ni à la nature de ses facultés. Étant mené par les faits beaucoup plus que par les doctrines, il est toujours prêt, lors même qu'il échafaude un système, à le modifier le lendemain, sous l'empire des circonstances; c'est ainsi que, après s'être contenté de réformes à effectuer par la seule puissance de l'autorité royale, il est arrivé à faire un pressant appel aux États généraux, à réclamer dans le plus bref délai ces assemblées nationales périodiques, dont il renvoyait l'inauguration à un autre temps. C'est ainsi que, dès avant 1789, il a adopté, en lui donnant une grande importance, un principe qui n'a rien de physiocratique, et qui est, au contraire, la pierre angulaire du régime parlementaire : celui de la responsabilité des ministres. Cet article de réforme était aussi d'avance au nombre des plus généralement acceptés ; mais il apparaissait surtout comme une précaution contre le despotisme. Mirabeau le signale « comme la seule base de l'inviolable respect de l'autorité royale » (1). Et, en effet, malgré tous les abus auxquels elle peut donner lieu, la responsabilité ministérielle, dans toute son extension, est beaucoup plus nécessaire sous un gouvernement monarchique que sous un gouvernement républicain,

(1) Dans un post-scriptum ajouté à sa brochure sur la *Liberté de la presse*, à l'occasion de la déclaration du Parlement de Paris, en date du 5 décembre 1788. On sait que cette déclaration, dont l'objet principal était une adhésion à la double représentation du Tiers, contenait, d'autre part, tout un programme de réformes politiques, parmi lesquelles figuraient la liberté de la presse et la responsabilité des ministres, pour la première fois réclamée par un grand corps judiciaire. « Cela est bien fol pour un corps judiciaire, mais bien bon pour la chose publique, écrivait Mirabeau dans une lettre particulière au duc de Lauzun, devenu le duc de Biron, et notre société (le Club constitutionnel formé chez Duport), qui a mis en serre chaude cette résolution, a assurément rendu ce service. »

lorsque la puissance de l'opinion publique, dans laquelle les assemblées électives puisent leur propre force, est arrivée au point où elle était déjà en France à la fin de 1788. Les ministres responsables couvrent alors la personne du roi, mais à une condition, c'est qu'ils aient une action réelle sur les assemblées, c'est qu'ils puissent être choisis à cet effet parmi leurs membres, parmi leurs chefs. Telle est l'idée fondamentale qui préside au fonctionnement de toutes les monarchies parlementaires modernes, et Mirabeau, non encore dégagé de doctrines toutes différentes, mais guidé par son intérêt personnel venant en aide à son bon sens, livrera pour elle et contre l'incompatibilité des fonctions ministérielles et de celles de député la plus grande bataille oratoire de sa vie publique. C'est après la perte de cette bataille décisive qu'il se dégoûtera, à l'excès même, de l'Assemblée, dont il est devenu membre, et qu'il désespérera de voir établir par elle un édifice constitutionnel durable.

L'inexpérience politique, voilà la principale faiblesse de l'illustre Assemblée de 1789, comme aussi de toute la France d'alors, qui l'avait formée à son image. Cette faiblesse était le résultat naturel de deux siècles de despotisme, il ne faut jamais l'oublier, et Mirabeau en avait sa part comme les autres, mais il était plus apte qu'un autre peut-être à s'en corriger vite. Les infirmités de son caractère, au contraire, n'étaient pas celles dont on se corrige. Combien elles lui nuisaient dans ses aspirations à être le modérateur de la Révolution, lui-même le sentait lorsqu'il s'écriait en gémissant devant son ami La Marck : *Ah ! que l'immoralité de ma jeunesse fait de tort à la chose publique !* Seulement ce qu'il ne s'avouait pas, et ce qui était vrai pourtant, c'est que l'immoralité de sa jeunesse était aussi celle de toute sa vie ; et il ne faut pas prendre ici le mot d'immoralité dans son sens le plus étroit. Nous entendons par ce mot, non seulement le désordre de sa vie intime, mais encore le dérèglement, les incartades, les sursauts qui résultaient dans toute sa conduite d'une duplicité inconsciente unie à un amour-propre facile à irriter, à une fougue de tempérament sans frein, à des besoins d'argent sans limites. C'était à cette immoralité que le marquis de Mirabeau faisait allusion lorsqu'il écrivait en prophétisant la destinée réservée à son fils, au cas même où la mort ne fût pas venue le frapper prématurément : « Au fond, il recueille ce qui revient aux gens qui ont manqué par la base, par les mœurs..... Il n'obtiendra jamais la confiance, voulût-il la mériter. »

Nous avons vu que Mirabeau avait eu un instant l'espoir de faire accueillir sa candidature aux Etats généraux en Alsace. « Mais, dit-il dans une lettre à Mauvillon du 24 décembre 1788, l'Alsace, qui m'avait capté, provoqué, arrhé, à l'avènement de Necker, a *fouiné.* » Repoussé de ce côté, il avait tourné ses visées électorales vers le pays avec lequel il avait le plus d'attaches, la Provence, tout en faisant, d'ailleurs, l'acquisition fictive d'un petit fief en Dauphiné, pour se ménager, le cas échéant, une seconde chance. La qualité de propriétaire territorial paraissait devoir être une condition d'éligibilité (1). Mirabeau était dénué de toute autre propriété que le droit aux biens substitués de son père. C'était donc comme représentant de son père qu'il devait tenter la fortune des élections en Provence. Or il était, depuis cinq ans, dans des termes tels avec celui-ci que, loin de pouvoir compter sur aucun appui de sa part, il était exposé à se voir publiquement désavoué par lui. De tous les obstacles à son ambition, c'était le plus sérieux.

Tout en n'entretenant plus avec son fils, à partir du moment où il s'était décidé à l'abandonner à lui-même, que les relations par huissier dont nous avons parlé, le marquis de Mirabeau n'avait pas laissé de s'intéresser à l'existence de ce fils en disgrâce, plus qu'on n'eût pu croire, d'après le ton de dédaigneuse indifférence avec lequel il en parlait, plus peut-être qu'il ne voulait se l'avouer. Il s'était tenu au courant de tous les faits et gestes de Mirabeau ; nul écrit de « Monsieur le comte » n'avait paru sans qu'il en fût question dans cette

(1) Cette condition ne fut pas imposée par le règlement des élections, et ce fut peut-être un tort.

correspondance suivie du marquis et du bailli de Mirabeau, que la mort seule du premier a interrompue. Rien de plus défavorable, il est vrai, de plus âpre, de plus mordant que les jugements du père sur la conduite et les œuvres de son fils pendant les quatre ans qui s'étaient ainsi écoulés. « Boute-feu publiciste,..... à la solde de l'agio,.... chien hargneux et fol, qu'on jette aux jambes à tout venant, et toujours prêt dès qu'il est question de mordre,..... personnage toujours sur les tréteaux,..... qui n'a d'autre propriété que celle des renards de Samson,..... qui ne saurait laisser reposer son nom une semaine entière,..... tout ce qu'il écrit n'est que *brochure.* » C'est en invectives de ce genre que le marquis se répandait toutes les fois que quelque éclat nouveau venait rappeler sur son fils l'attention du public et la sienne. Il n'avait pu parvenir du moins « à l'ignorer et à l'oublier », comme il s'en vantait au dehors; et même, on s'en aperçoit en avançant dans la lecture de ses lettres, à mesure que la popularité de son fils grandissait, les sentiments du père tendaient à se modifier un peu. Le marquis avait apprécié moins défavorablement quelques-uns des derniers travaux de Mirabeau; les *Lettres sur l'administration de M. Necker,* le livre sur la *Réforme politique des juifs*. Il était encore fort éloigné d'accorder à leur auteur son estime, mais il commençait à s'habituer à l'importance que cet auteur avait peu à peu prise dans le monde, à présager le rôle auquel pourraient l'élever, en un temps de troubles, des facultés d'esprit et une force de travail impossibles à méconnaître.

« M. le comte, écrivait-il le 15 août 1788, au lendemain du jour où la convocation des États généraux venait d'être annoncée, M. le comte est devenu le coryphée de son siècle par son *rimbombo*, par son labeur, par son impudence et par l'avantage d'être méprisable par sa conduite ; car c'en est un en certains âges et périodes de mœurs. Quoique son existence ait mis le *fœnum in cornu* à mon nom, au point de me le rendre à charge à moi-même, je n'ai pas laissé de sentir qu'il s'est successivement relevé en quelque sorte..... Il s'est fait une autre existence, grâce à ce que le siècle est venu à lui. Je sais qu'il a des rapports avec le ministre des affaires étrangères (M. de Montmorin) pour un extrait en journal des papiers anglais..... On le dit créature du garde des sceaux (M. de Lamoignon), ce bruit m'est venu de province..... A mon dernier voyage à Paris, ayant à parler à de Crosne, lieutenant de police, il me remit par deux fois sur le compte de ce monsieur, sans insister à mes courtes réponses. Cela ne m'étonnait pas du temps du brave Lenoir, mais cela m'étonna de la part de de Crosne, homme probe..... Si ce monsieur voulait figurer dans la nation, il se rétablirait dans sa province originaire ; son talent et son labeur lui donneraient du poids, et par la province dans l'Assemblée de la nation, où il est fort connu. Son père qui ne veut que repos, n'a rien du tout à faire là. »

Mirabeau ne demandait pas autre chose. Mais pour « se rétablir dans sa province originaire », il croyait avoir besoin de se rapprocher de son père; quelque difficile que fût le rapprochement, il y travaillait au moment même où le marquis écrivait la lettre dont nous avons cité un fragment, et sans que le marquis s'en doutât encore. Nous avons dit quel accès il avait alors auprès de M. de Montmorin et de M. de Lamoignon. Il avait tout dernièrement servi leur politique, il sollicitait leur appui pour arriver aux États. Il obtint de M. de Montmorin que mission fût donnée par ce ministre à l'évêque de Blois, M. de Thémines, d'agir auprès du marquis de Mirabeau, dont le prélat était parent par alliance, pour le déterminer au moins à recevoir son fils.

L'évêque accepta la mission, et le 23 août, la veille de la retraite de l'archevêque de Toulouse, il se rendit dans ce but à Argenteuil, où le marquis, sa terre du Bignon vendue à son gendre M. du Saillant, venait de louer une maison pour y passer l'été. « Il m'a dit, écrit le marquis, que M. de Montmorin lui avait parlé et dit qu'il était impossible de rien faire patemment de cet homme qu'il n'eût l'air avoué de quelqu'un. ..... Ledit évêque, se montrant plus que convaincu de l'espèce du personnage, et même de la fougue actuelle et exubérance de son *parlage*, mettait à part :

1° toute espèce de coutubernalité, 2° toute fréquence, 3° toute confidence de ses plans et projets; et seulement de pouvoir dire qu'il était reçu par son père. »

La requête présentée au nom de Mirabeau n'allait pas bien loin, comme on le voit, et pourtant son père commença par la repousser avec vivacité. « J'ai dit à l'évêque, raconte-t-il lui-même, que j'avais assez senti tout le poids d'être père, et que je serais mort à la peine si je n'avais pris le parti d'ignorer et oublier les membres pourris, que je n'avais de ma vie vu et pratiqué gens mal famés, et qu'il était bien dur qu'on me voulût forcer à frayer avec mon fils, l'ennemi fougueux et dévoué du genre humain... J'ai ajouté à cela que je l'avais mis à même de faire honneur à son nom, qu'à vingt ans il était capitaine de dragons, à vingt-quatre mari d'une grande héritière et assuré de la plus forte partie du bien de ses pères; qu'aujourd'hui, à quarante, il n'était qu'un écrivailleur à gages, redouté du plus grand nombre, méprisé de tous, et clef de meute de ce tas de gens perdus de dettes et de crimes qui infestent toutes les grandes sociétés décousues, et il faut tout à coup que je l'avoue, parce que cela lui plaît !... Puisque des ministres s'intéressent à lui, qu'ils le mettent à même de se relever par quelques services, qu'on en fasse un homme, et alors je pourrai le voir comme homme public. »

L'évêque insiste, et objecte que c'est précisément

pour en faire un homme public qu'on veut que Mirabeau « puisse se vanter de n'être pas rejeté par son père ». Le marquis se ravise alors; et réfléchissant que le mariage de son second fils, le vicomte, qui vient de se célébrer, peut sembler une occasion naturelle pour le rapprochement qu'on lui demande; que, s'il était sollicité à cet effet par sa nouvelle belle-fille, faire ses conditions lui serait plus difficile, il finit par donner son consentement, mais avec une série de réserves peu encourageantes. Il ne veut rien savoir ni des plans, ni des affaires de son fils; il ne le recevra pas à Argenteuil, où il est venu pour chercher le repos, mais seulement à Paris quand il y sera rentré. Encore les visites de Mirabeau devront-elles être peu fréquentes et annoncées à l'avance. « Ce que je redoute, écrit le marquis en achevant le récit qu'il fait à son frère, c'est la facilité de ce drôle-là pour entrer en conversation et se mettre à son aise. »

Informé de ce résultat, Mirabeau n'en manifeste pas moins la plus vive reconnaissance, et adresse à son père le billet suivant, daté du 28 août 1788 :

Mon père,

Je n'ai su qu'hier le résultat de la mission dont M. l'évêque de Blois avait bien voulu se charger, et la noble et touchante bonté avec laquelle vous avez daigné vous rendre à mes vœux, et lui promettre qu'à votre retour à Paris vous ne m'interdiriez pas le bonheur de me jeter à vos pieds. Tout ce que j'ai éprouvé, mon père, à cette nouvelle, tout ce que je sens au premier rayon de l'espoir qu'il n'est plus de barrières éternelles entre vous et moi ne saurait s'exprimer. Recevez seulement mes actions de grâces et l'assurance que si je ne vais pas les porter à Argenteuil et y solliciter le bonheur d'être admis auprès de vous, c'est par le respect profond que je dois à vos moindres signes, et la crainte de vous occasionner un déplaisir ou une émotion qui nuirait à votre précieuse santé (1).

Le marquis répond :

M. l'évêque de Blois a dû vous dire, comme il me l'a promis, que je consentais à vous voir pour que vous puissiez le dire, puisqu'on prétend que mon refus à cet égard pourrait vous nuire, mais que je ne voulais rien savoir de vos plans ni de vos projets, votre caractère, vos mœurs et tout ce qui s'ensuit, votre conduite, enfin, étant diamétralement opposés à mes principes; que le consentement que je vous donnais était strict, ne voulant d'ailleurs aucun rapport plus direct avec vous pour mon repos. A ces conditions, je confirme ce que j'ai dit, et vous pouvez venir quand vous voudrez, aussitôt que je serai de retour à Paris.

Il était difficile de se tenir pour satisfait d'une permission octroyée de la sorte. Mirabeau avait eu

(1) Cette lettre, ainsi que la réponse du marquis, a été déjà publiée dans le travail de M. Louis de Loménie intitulé : *Mirabeau et son père à la veille de la Révolution*. Voir le travail dont il s'agit sur les derniers rapports du marquis de Mirabeau et de son fils (*Esquisses historiques et littéraires*, par M. Louis de Loménie. — Paris, Calmann Lévy). En même temps qu'à son père, Mirabeau écrivait fort humblement aussi à Mme de Pailly. Cette autre lettre est citée au tome II, p. 553 des présentes études sur *les Mirabeau*.

recours encore à son oncle le bailli, qu'il avait si longtemps négligé, et dont il implorait maintenant « la générosité naturelle », lui demandant de seconder la démarche de l'évêque de Blois. Mais le bailli, justement froissé de l'ingratitude de son neveu, revenu à partager contre lui toutes les préventions paternelles, ne semblait nullement disposé à s'entremettre. Cependant Necker venait d'être rappelé comme premier ministre, et les inquiétudes de Mirabeau au sujet de son élection devenaient, comme on l'a vu, plus pressantes. Heureusement il lui restait encore, pour rentrer en grâce auprès de son père, un dernier ressort à faire jouer, et celui-là devait produire tout son effet.

L'ouvrage sur la *Monarchie prussienne* allait paraître. Cette publication venait à point, non seulement pour ajouter dans le public un peu plus de considération à la popularité de l'auteur, mais pour le servir auprès de son père. Il est permis de penser qu'en plaçant, en tête de cet ouvrage imbu de la pure doctrine physiocratique, l'épître dédicatoire dont nous avons déjà parlé, Mirabeau n'obéissait pas seulement à la pensée de faire, suivant son expression, « justice à son père, comme philosophe politique », mais espérait aussi forcer en quelque sorte sa réconciliation. Et, en effet, le marquis, lorsqu'il reçoit les quatre gros volumes in-4° de *la Monarchie prussienne*, imprimés en beaux caractères, et qu'il tombe, en ouvrant le premier volume, sur une dédicace où il est loué comme il n'est plus accoutumé à l'être, ne peut s'empêcher de sentir son amour-propre agréablement flatté. Toutefois il garde encore un peu de méfiance. « Il faut savoir, dit-il, ce qu'il y a dans ce gros livre. » Il se met donc à le lire patiemment, soigneusement, d'un bout à l'autre, non sans trouver à critiquer, mais avec une complaisance de plus en plus marquée dans les longues analyses qu'il s'interrompt pour adresser au bailli. Quand il est arrivé à la fin de sa lecture, il déclare son fils « un centaure de travail », « ne fût-il que collecteur, compilateur, éditeur », « l'homme le plus rare de son siècle, et peut-être un des plus rares que la nature ait produits, si la *directité* dans les vues lui eût été en même temps accordée ».

Ce qu'il lui reproche surtout, nous l'avons dit déjà, c'est le *philosophisme*, c'est l'esprit antireligieux répandu dans tout l'ouvrage. Mais ce reproche même servira au marquis de prétexte pour mander son fils à Argenteuil, sans attendre le terme auquel il a ajourné les entrevues demandées par l'évêque de Blois. « En avançant dans la lecture de son énorme ouvrage, écrit-il au bailli, en voyant dans chaque page plus d'étendue et d'audace à l'essor de cet homme qui, semblable à la plante nommée *pas d'âne*, s'étend en feuillage qui couvre tout, mais sans racine, il m'est venu dans la tête qu'il pourrait me rester en quelque sorte de devoir de l'aviser et avertir en gros de points capitaux et qu'enfin je pouvais, en faveur de la dédicace, le mander une fois ici *proprio motu;* je lui ai donc fait dire qu'il vînt, mais qu'il vînt seul, et il est venu. » Ajoutons que Mirabeau, informé, grâce à son ami Dupont de Nemours, de l'impression avantageuse causée par son livre, a saisi adroitement l'occasion de se justifier par avance dans l'esprit de son père d'un autre reproche s'appliquant non plus aux opinions professées dans ce livre, mais à toute sa vie antérieure : celui de vénalité (1). Il s'est défendu enfin de vouloir *occuper la place* du marquis aux États généraux.

Si vous y paraissez, lui écrit-il, c'est-à-dire si votre santé et votre volonté vous en laissent le pouvoir, vous y ferez une très grande sensation, et vous y deviendrez un point de ralliement pour les bons citoyens qui connaissent trop bien ce pays et cette nation pour vouloir une constitution républicaine. Ce jour de gloire pour vous en serait un d'orgueil pour votre famille..... Que si vous ne voulez point paraître aux États généraux, peut-être mon ambition mériterait-elle quelque indulgence, quand j'aurais osé penser que, des fiefs aussi considérables que les vôtres devant être représentés si le mode de convocation est tant soit peu raisonnable, j'en serais le représentant naturel, pour peu que je vous inspirasse assez de confiance dans mes principes d'homme public pour que vous consentissiez à me donner votre voix..... Mais la vérité est que je n'ai point osé me flatter, ni même fixer

(1) Tel est l'objet principal d'une longue lettre, en date du 4 octobre, dont nous avons déjà cité plus d'un passage, et qui a d'ailleurs été publiée en partie dans les *Mémoires de Mirabeau.*

le moins du monde mes regards; que, fortement épris de l'idée d'être, à cette époque solennelle où la nation peut être constituée, à mon poste de citoyen, j'ai formé les projets vagues, dont l'incertitude du mode de convocation m'a laissé l'espace, pour être élu par quelque province, sans écrire un mot en Provence qu'à mon seul et respectable oncle..... Voilà, mon père, l'exacte confession de ce qui s'est passé. Ce n'est pas pour vous parler de projets que vous ne voulez pas connaître que je l'ai tracée, c'est pour qu'il ne vous reste pas le plus léger doute que les démarches que M. l'évêque de Blois, à la prière de M. de Montmorin et à la mienne, a faites auprès de vous aient un motif intéressé. Vous l'avez pu croire à raison de leur époque. Mais, mon père, vous ne désapprouverez pas celui qui les a retardées quand vous saurez que c'est uniquement le mariage de mon frère..... J'ai voulu ôter aux malveuillants le prétexte d'essayer de persuader à mon père que je n'essayais de rentrer en grâce auprès de vous que pour entraver sa fortune.

« Procédé pourtant noble, observe le marquis, qui se montre touché de cette dernière considération, attendu que père et mère le déshéritaient en quelque sorte (au profit de son frère) (1). »

Vers le milieu d'octobre 1788, Mirabeau et son père se retrouvent donc en présence; il y avait près de six ans qu'ils ne s'étaient revus. Mais,

(1) A quelque temps de là, Mirabeau, plus magnanime encore, offre de secourir par une avance d'argent son frère le vicomte, qui malgré son mariage a mis ses affaires dans un état de désordre critique. L'offre eût été, il est vrai, assez difficile à réaliser; car celui dont elle venait n'était guère mieux dans ses affaires; mais elle faisait bon effet, et il n'est tels, pour promettre assistance, que les gens vivant au jour le jour, sans ressources assurées.

comme six ans avant, l'attitude de Mirabeau, en abordant son père, était humble et contrite; « il parlait, dit le marquis, avec ce ton mielleux et cet accent apprêté qui est du *naturiau* et qui ne changera point ». Le père septuagénaire, accablé d'infirmités et à huit mois de sa fin, avait gardé toute sa vivacité hautaine, toute sa verve ironique d'autrefois; et, quelque radouci qu'il fût à l'égard de son fils, il était bien résolu à s'armer, pour la circonstance, de toute sa dignité (1). « J'ai abrégé sur les prosternations, raconte-t-il dans un long récit de l'entrevue à l'adresse du bailli, lui disant que c'était trop de trois fois, que ma juridiction était passée, que, comme père, je n'étais plus que conseil, et que nous étions, à cet égard, trop hors de voie respective, mais que j'avais cru pouvoir, *comme élève économique*, lui être bon. » Et, tout de suite, voilà le vieillard entamant le chapitre de ses objections contre « l'affiche philosophique » de son fils, et démontrant « tu ne saurais croire avec quelle force et quelle abondance » (2), dit-il au bailli, « la misère de prendre, en matière de religion, le noyau pour la plante,.... et l'outrage à l'humanité de déchirer l'habit à toutes tailles que

(1) M. Jules Claretie a fait de cette entrevue le sujet d'une excellente scène de son drame : *les Mirabeau*.

(2) Après avoir développé tout au long les arguments par lesquels il a combattu le philosophisme de son fils, le père se retourne complaisamment vers le bailli, et lui dit : « Tu vois que ce n'est pas avec des chapelets et des scapulaires que j'ai attaqué cet écho bruyant. »

tant de grands hommes avaient entretenu, approprié, pour la laisser nue, livrée au mot du guet de la tour de Babel, *tot capita, tot sensus.* »

Mirabeau ne contredit point les raisonnements de son père. Il se borne à répondre « qu'il a été investi des opinions de l'Allemagne et de la visibilité des faits dans ce pays, quant au clergé catholique » ; que ce qu'il a écrit « n'est point pour ce pays-ci, où la nation a toujours barré les invasions cléricales » ; que « déjà, d'ailleurs, il a reçu des observations et oppositions raisonnées de la part d'Anglais et autres, et qu'il va les faire imprimer » ; qu'il fera en sorte d'aplanir ce que son père appelle « un mur de séparation » entre eux.

Après avoir examiné l'ouvrage de Mirabeau à d'autres points de vue, après avoir redressé quelques erreurs économiques, concédant que son fils « a saisi et bien travaillé les résultats », mais le reprenant sur les principes, à l'égard desquels celui-ci même avoue « n'être pas bien ferré », le marquis conclut l'entretien par le singulier compliment suivant : « Il m'est venu, à propos du *Labor improbus omnia vincit*, une pensée qui m'a surpris et qui vous surprendra peut-être vous-même : c'est que le travail opiniâtre et constant pourrait opérer ce prodige de faire de M. le comte un honnête homme. Un sang fougueux, une tête où les fumées ne laissaient aucun jour à la lumière commune, une poitrine cave où la conscience n'eut point d'issue l'ont mené si loin que bien fol serait celui qui se chargerait de montrer la voie du retour, mais le travail peut tout. Qu'en dites-vous? » — « Je le regardai fixement, rapporte le marquis; il baissa la tête en signe de confusion, et dit: « Mon père a bien senti que le passé ne pouvait s'excuser, puisqu'il a eu la bonté de me dire qu'il n'en serait pas question; à l'égard de mon ouvrage, j'étais sans guide, sans conseils, et je sens combien ils m'ont manqué. » — « Tu n'ignores pas, remarque encore le vieux père, s'adressant au bailli, qu'il sait convenir de tout ce qu'on veut. »

A dater de ce jour mémorable, les relations entre Mirabeau et son père furent rétablies. Mirabeau revint plus d'une fois écouter avec une patience respectueuse les instructions et les admonestations paternelles, et son père, en revanche, s'habitua de plus en plus à le voir sous un jour nouveau. Il est singulier que ce soit ce père, jadis si dédaigneux, qui ait, le premier, prononcé, à propos de celui qui allait devenir le personnage le plus célèbre de l'Assemblée constituante, le mot de *génie*. Nous trouvons ce mot dans une lettre écrite au bailli en janvier 1789, au moment où Mirabeau part pour la Provence; malgré une nuance d'ironie qui s'y maintient, cette lettre indique bien tout ce que le fils a gagné dans l'esprit de son père depuis quelques mois.

De longtemps ils n'auront vu une telle tête en Provence, écrit le marquis; le *calus*, qui n'en faisait que de l'airain sonnant avec *fougue*, est rompu ; je l'ai vérifié par moi-même, et, dans quelques conversations et communications, j'ai aperçu vraiment du génie... Son travail infatigable, qui est vraiment unique, son *ne douter de rien* et sa hauteur innée, jointe à beaucoup de ce qu'on appelle esprit, en ont fait un personnage, et dans la banque, et dans l'imprimerie, et surtout dans la politique moderne. Il dit franchement qu'il ne souffrira pas qu'on démonarchise la France, et, en même temps, il est l'ami des coryphées du *Tiers* (tu sais que c'est aujourd'hui le grand mot), et puis la populace des écoutants qui voit en lui l'homme qui a détruit en France la banque de Saint-Charles, terrassé le fantôme des eaux Périer, dénoncé et accablé les agioteurs et déclaré la guerre politique à l'empereur (Joseph II), devant sa sœur (Marie-Antoinette), le tout en mettant toujours son nom à la tête de tout, le prend pour le géant *Podagrambo* (1), tandis que des manières nobles, le faste des habits en un siècle de mode dépenaillée, les doubles et triples secrétaires et antichambre peuplée, hauteur respectueuse avec les grands, consortie et primauté d'éloquence avec les docteurs, plaisanterie gaie et noble avec les femmes et impétuosité dominante avec tout ce qu'il met en œuvre, en font un personnage chargé de reliques qui semblent tenir à la peau. Voilà, du moins, comme ils le peignent, et n'ai-je pas raison de dire que le temps des réalités est passé, et que je ne vois plus que des ombres.

Ce que Mirabeau ne put réussir à entamer, ce fut la résolution de son père « de ne lui servir ni lui nuire » dans ses projets. Dès la fin d'octobre 1788, nous le voyons, dans une lettre à son

(1) Personnage fantastique d'un conte de Duclos.

ami Mauvillon, s'impatienter de ne point recueillir le fruit qu'il attendait de ses actes de déférence. « Quoi, mon cher ! dit-il, vous avez cru que la réconciliation de l'*Ami des hommes* avec son fils entraînait des libéralités, un relâchement quelconque de gênes et de privations ! Ah ! certes, vous vous trompez fort. Il a cru ne pouvoir pas ne pas me voir d'après mon épître dédicatoire et mon ouvrage ; il est à la campagne ; de temps à autre il me fait perdre une journée à l'écouter ; mais il est à naître qu'il m'ait encore parlé, je ne dis pas de mes affaires personnelles, pécuniaires ou autres, je dis des moyens d'entrer aux États généraux, moyens qu'il pourrait me donner à profusion. » Au mois de février 1789, Mirabeau demande formellement à son père de lui donner en Provence la propriété immédiate de quelqu'un des fiefs dont lui-même est l'héritier, afin de faire tomber le motif d'exclusion qui lui est opposé par la noblesse d'Aix. Le marquis refuse tout net.

Nous aimerions à en demeurer du moins sur l'appréciation avantageuse exprimée par le père, dans cette lettre du mois de janvier 1789, que nous venons de citer. Mais nous sommes obligé de constater que, lorsque Mirabeau revient à Paris député de Provence, le langage que son père tient sur son compte redevient plus fréquemment désapprobateur. Le nouveau député, livré aux préoccupations de son rôle politique, néglige un peu, en effet, le vieillard dont il n'a plus besoin.

Cependant, à l'occasion d'une des rares visites que lui fait son fils, le marquis écrit à son frère : « Je fauche devant lui, et je crois que, selon son talent naturel, il trouve à glaner à m'entendre. »

Mirabeau écoute encore son père, en pareille circonstance, avec l'attitude respectueuse que nous connaissons. Mais il est engagé, dès lors, par suite même de la situation que les événements lui ont faite, dans une voie révolutionnaire qui ne peut être celle du marquis. Celui-ci lui reproche « de n'avoir fait que du mal, même en attaquant et en déchirant les abus ». — « Aujourd'hui, ajoute-t-il, dans la même lettre qui est du 13 juin 1789, il tend visiblement à la destruction de l'ordre reçu, et mal lui en arrivera. » Tandis que les grandes journées de la Révolution commencent, le vieillard s'achemine vers sa fin. Sa dernière lettre, écrite le 8 juillet, deux jours seulement avant de mourir, et peu après le serment du Jeu de paume et la séance royale du 23 juin, où son fils s'est si audacieusement mis en évidence, est d'un accent morose et pessimiste, bien que l'esprit de saillie y reparaisse encore. « Douze cent cinquante législateurs, y lisons-nous, tout neufs à toute sorte d'administration, tous gens sans conduite dans leurs propres affaires, vont faire une merveilleuse constitution d'État avec le *bonnet vert* en tête et l'*homme aux contes bleus* pour guide. (Le *bonnet vert*, on l'a deviné, c'est Mirabeau, et l'*homme aux contes bleus*, c'est Necker). Tous les petits moyens de sédition s'emploient et s'agitent avec une fureur et une impunité sans exemple. Le Gouvernement, aussi absolument nul que le fut la municipalité à Marseille, lors de la peste, ne paraît que pour invoquer avec ferveur et suavité *Sainte Anarchie*, et avec cela, sauf les scandales de détail, *Sainte Routine* tient, de manière qu'un Mazaniello même semble manquer à la nation. »

Pessimisme à part, il y a une vigueur bien remarquable dans ce jugement d'un vieillard à deux jours de sa mort. Le marquis de Mirabeau s'est éteint, en effet, en pleine possession de son intelligence vraiment puissante, et à laquelle il ne manquait que d'être mieux équilibrée ; achevant de corriger les épreuves d'une brochure intitulée le *Rêve d'un goutteux* (1), où il opposait avec plus de fermeté que jamais aux partisans à outrance des traditions, comme aux démocrates révolutionnaires, les principes de l'école physiocratique, et ces lois naturelles des sociétés qu'il s'agissait uniquement, suivant lui, de connaître et d'appliquer dans la pratique, sans refondre et multiplier les lois écrites ; préparant la publication d'une série d'études sur les hommes d'État et les écrivains qu'il considérait comme les précurseurs des phy-

(1) Mirabeau, pour complaire sans doute à son père, paraît s'être intéressé beaucoup à l'impression du *Rêve d'un goutteux*. Dans toute la fièvre de son orageuse élection, il en entretient par lettre son secrétaire, lui recommandant de s'en occuper.

siocrates dans la science du gouvernement (1); songeant à une édition complète de ses œuvres et continuant avec son frère, avec quelques amis, une correspondance où, à côté de raisonnements un peu embrouillés, les aperçus originaux et les traits piquants foisonnent (2).

La mort du marquis fut presque subite, bien que l'aggravation de son état de maladie, aggravation à laquelle la douleur causée par la perte de son fidèle secrétaire, Garçon, n'avait pas été étrangère, inquiétât depuis quelques jours son entourage. Au commencement de la belle saison, il était revenu s'installer à Argenteuil, et c'est là que, le 10 juillet 1789, en écoutant une lecture faite par l'aînée de ses petites-filles du Saillant, devenue plus tard la marquise d'Aragon, et particulièrement chérie de lui, il cessa tout à coup et doucement de respirer (3). Aucun de ses deux fils, qu'il

(1) L'ouvrage devait être intitulé : *Hommes à célébrer pour avoir, en ces derniers âges, mérité de leur siècle et de l'humanité, relativement à l'instruction politique et économique.* Il devait comprendre des études sur Sully et ses économies royales, Louis XVI et sa lettre à son fils, Vauban, Boisguillebert, l'abbé de Saint-Pierre, l'abbé Terrasson, auteur d'un roman politique intitulé *Séthos*, et enfin Montesquieu que le marquis avait ajouté à sa liste, à la demande de son ami le marquis Longo. La seule partie de l'ouvrage qui fût en état d'être imprimée à la mort du marquis de Mirabeau, celle relative à Sully, l'a été en Italie par les soins de Longo. Elle forme à elle seule deux volumes fort remarquables.

(2) Il n'est pas jusqu'au testament du marquis, rédigé peu de temps avant sa mort, qui ne soit conçu en des termes d'une bonhomie fort spirituelle.

(3) Voir les *Mémoires de Mirabeau*, tome VI.

s'égayait peu de temps auparavant de voir, « tous deux interdits par leur désordre, se retrouver entre les flambeaux du monde » n'était présent (1). En racontant l'histoire du vicomte nous expliquerons pour quelles justes raisons son père, dont il avait été si longtemps le préféré, lui tenait rigueur, alors, encore plus qu'à son frère aîné. Tous deux manifestèrent de vifs sentiments de regret (2), et cessèrent pendant quelques jours de paraître aux séances de l'Assemblée. La sincérité du comte pourrait sembler suspecte si, par son propre testament, le grand orateur n'avait exprimé le désir formel d'être réuni, après sa mort, dans la même sépulture, à ce père qui l'avait si rudement châtié, dont il avait, en revanche, si souvent troublé le repos, et près duquel, cependant, il voulait dormir du dernier sommeil, au château du Marais dernièrement acquis par lui, près d'Argenteuil. La décision de l'Assemblée constituante, qui ordonna pour lui les honneurs du Panthéon, empêcha de donner suite à ce vœu. Et aujourd'hui les restes de Mirabeau, arrachés du temple des grands hommes pendant la Terreur, sont perdus dans le sol

(1) Le marquis avait auprès de lui en ce moment, outre Mme de Pailly, dont le dévouement lui était resté fidèle jusqu'au bout, sa belle-fille, la vicomtesse, née de Robien, avec le petit-fils héritier du nom qu'elle venait de lui donner, dernière joie de sa vieillesse, enfin Mme du Saillant et ses enfants.

(2) Dans sa dix-neuvième lettre à ses commettants, Mirabeau déclare que « la perte de son père met en deuil les vrais citoyens du monde. » — « L'humanité a perdu un beau génie, » écrivait-il aussi, à cette occasion, à son oncle le bailli.

de l'ancien cimetière de Clamart, de même que ceux de son père, extraits, il y a peu d'années, de l'église d'Argenteuil, lors de la reconstruction de cette église, ont été rejetés et oubliés dans un coin de terrain avoisinant (1).

Nous allons maintenant raconter au travers de quelles difficultés Mirabeau parvint à se faire élire en Provence, sans le concours, mais sans l'opposition de son père.

(1) M. Michelet, dans son *Histoire de la Révolution*, demande que les restes de Mirabeau soient recherchés et réintégrés au Panthéon. Nous croyons, quoi qu'en dise l'éminent historien, que cette recherche serait assez difficile. Il serait plus facile de retrouver les restes du marquis. Le directoire du district de Saint-Germain-en-Laye avait décidé, le 24 décembre 1790, lors de l'aliénation des biens ecclésiastiques, « qu'il prenait sous sa garde particulière la tombe de Victor de Riqueti, ci-devant marquis de Mirabeau, et de sa mère, et chargeait spécialement la municipalité d'Argenteuil de veiller attentivement à leur conservation, par respect pour la mémoire de l'*ami des hommes* et pour le père de l'*ami de la liberté* ». Nous citons les termes mêmes de sa délibération. Il nous semble que la municipalité actuelle d'Argenteuil devrait se conformer à cette délibération en faisant replacer aujourd'hui dans une sépulture plus convenable la dépouille du marquis Victor de Mirabeau.

XIV

L'ÉLECTION DE MIRABEAU AUX ÉTATS GÉNÉRAUX. — LES PRÉLIMINAIRES DES ÉLECTIONS. — MIRABEAU ET LA CRISE DES ÉLECTIONS EN PROVENCE.

§ 1. — Préliminaires des élections aux États généraux.

C'est au moment de se rendre en Provence à la session des États particuliers, devant précéder immédiatement les élections aux États généraux, que Mirabeau prit la détermination de livrer à la publicité sa correspondance de Berlin. La publication, qui eut lieu dans le courant du mois de janvier 1789, suivit d'assez près son départ de Paris. Nous nous sommes expliqués précédemment sur le caractère de cette correspondance ; en la faisant imprimer, Mirabeau ne pouvait avoir d'autre but que celui de se procurer de l'argent. Bien que sa situation dans le monde se fût relevée, notre héros n'avait pourtant nullement changé ses habitudes de désordre pécuniaire. Avec son carrosse à l'année, ses secrétaires, sa *petite maison* récemment louée à Polangis, près de Saint-Maur, et tout le train de vie assez large qu'il avait peu à peu repris, comme le constate son père, il n'était que plus incapable de faire face à ses dépenses. Ses dettes non payées s'accumulaient les unes sur les autres, semblables aux stratifications des différentes époques géologiques. Il est clair que le moment où il allait se présenter aux suffrages des électeurs devait être une phase critique dans ses affaires privées, non pas seulement à cause des frais même de son élection, mais aussi parce qu'il allait fournir à ce moment une prise aux nombreux créanciers qu'il avait su réduire au silence. Nous pourrions nous en tenir à cette simple réflexion, si nous n'étions obligé d'examiner certains renseignements venant de bonne source, et présentant la publication dont nous parlons comme accompagnée de circonstances qui achèveraient de couvrir Mirabeau de honte.

Mentionnant, dans ses *Mémoires*, les efforts tentés par lui, au mois de juin 1789, pour rapprocher Mirabeau du ministère, Malouet rapporte dans les termes suivants la réponse qu'il aurait reçue, à cette occasion, de M. de Montmorin : « M. de Mirabeau m'a trompé indignement ; et j'ai déclaré à son ami, le duc de Lauzun, que je ne voulais plus en entendre parler. M. de Lauzun m'apporta son manuscrit des *Lettres sur la Prusse*, et me dit que M. de Mirabeau en ferait le sacrifice au roi, renoncerait à les imprimer, si je voulais lui en donner le prix que lui en offrait le libraire : trois cents louis. J'acceptai le marché ; je comptai l'argent, à la condition que M. de Mirabeau renoncerait à se faire élire député et n'irait pas en Provence ; il promit, et partit avec l'argent du roi qui a servi à le faire élire ; mais ce n'est pas tout ; il avait deux copies de son manuscrit ; il en garda une et la fit imprimer. Quelle confiance voulez-vous que j'aie en un tel homme ? »

Bien avant que les *Mémoires* de Malouet fussent connus du public, M. Droz, qui avait pu les consulter en manuscrit, avait, d'après eux, développé, dans son *Histoire de Louis XVI*, l'accusation qui précède. M. de Bacourt s'est attaché, au contraire, dans des notes jointes par lui à la *Correspondance de Mirabeau et de La Marck*, à réfuter cette accusation. Aujourd'hui, le témoignage sur lequel elle repose a été produit au grand jour ; c'est celui d'un des hommes les plus honnêtes de son temps. Quelque autorité que mérite un pareil témoignage, nous croyons que les torts de Mirabeau sont ici exagérés. Malouet et M. de Montmorin ont pu être trompés par leurs souvenirs. Suivant le proverbe, *on ne prête qu'aux riches*, et le fait seul de la publication de la correspondance secrète, imputable sans conteste à Mirabeau, était par lui-même assez coupable pour prêter aux amplifications.

Nous avons bien entre les mains plusieurs lettres des mois de novembre et décembre 1788 (1), adressées au duc de Lauzun, où Mirabeau sollicite l'appui de ce dernier pour obtenir de M. de Montmorin une somme d'argent, mais rien n'indique que la renonciation de Mirabeau à ses prétentions politiques ait pu être une condition mise par le ministre à sa libéralité. Mirabeau ne dissimule pas du tout qu'il « désire passionnément être aux États généraux », suivant l'expression d'une autre de ses lettres, une de celles qu'il écrit vers la même époque à Cerutti, et qu'il publiera, comme la correspondance de Berlin, fort abusivement aussi. C'est même dans l'intérêt avoué de son élection qu'il déclare avoir besoin d'un secours pécuniaire.

J'ai à vous prier, dit-il en s'adressant pour la première fois au duc de Lauzun, le 10 novembre, de vous charger d'une requête auprès de M. de Montmorin. Je viens d'acquérir un petit fief en Dauphiné pour acquérir la faculté d'être élu. M. de Montmorin m'a souvent dit de le regarder comme mon banquier, et depuis la petite somme que vous avez eu le courage de lui arracher pour moi, je n'ai pas eu un sol de lui, ni en manière quelconque du gouvernement; vous en croirez plus ma parole que de perfides et absurdes *on-dit*. J'ai à payer le 18, pour droits, etc., reliquat de la valeur de ce fief, 4800 livres. (La cession est fictive, mais il a fallu faire un sacrifice d'argent et passer des actes). Il me serait excessivement impor-

(1) Nous avons les minutes de ces lettres. Quelques-unes d'entre elles ont été publiées récemment dans le journal *le Curieux*.

tant qu'il me fît prêter une partie de cette somme, et, en vérité, je crois qu'on peut employer plus mal l'argent du roi. — Je vous supplie, écrit-il quatre jours après, de m'engager envers M. de Montmorin à tout ce à quoi vous vous engageriez à ma place, et à rien de plus. Je puis promettre d'épargner l'individu. Je ne puis pas m'engager à respecter et ménager d'autres principes que les miens; mais ce qui est très vrai et ce qu'on peut croire, c'est que je serai dans l'Assemblée nationale très zélé monarchiste, parce que je sens profondément combien nous avons besoin de tuer le despotisme ministériel et de relever l'autorité royale.

Le 16 novembre, il revient à la charge, et s'exprime ainsi:

M. de Montmorin semble avoir une très véritable envie de me voir aux États généraux (voilà qui répond à la relation de Malouet). Il est même décidé, je crois, à en parler nettement à M. Necker, et aussi à aller en avant sans lui, du moins pour quelques secours pécuniaires, mais non pour une influence active dans ma nomination. Je lui ai parlé nettement du besoin que j'avais d'être pécuniairement aidé pour m'introduire dans l'Assemblée nationale; je ne lui ai pas dit le reste, ma délicatesse, placée ou déplacée en ceci, y a répugné. Il est bien plus aisé de parler pour les autres que pour soi. Rendez-moi ce service signalé. Si aux 4,800 francs du fief on ajoutait cent ou cent cinquante louis au moins, Monsieur le duc, soit pour me transporter dans les provinces où se brassera mon élection, soit pour *égayer* les électeurs, on mettrait le comble au service. J'ai parlé de deux ou trois mille écus. Osez davantage si vous le croyez possible, Monsieur le duc; je vous avoue que 500 louis me feraient un grand plaisir; mais 4,800 francs pour le 20, voilà ce qui m'est profondément capital.

Enfin, dans les derniers jour du mois de décembre, le 23 de ce mois, et à la veille de prendre le chemin de Provence, nous voyons Mirabeau demander encore avec instance à Lauzun « s'il peut compter aujourd'hui de la part de M. de Montmorin sur ce que le zèle et l'amitié du duc lui ont fait espérer ». Cette fois encore il ajoute : « Ah ! Monsieur le duc, soyons aux États généraux à tout prix ; nous les mènerons et nous ferons une grande chose, et nous aurons de grandes jouissances qui vaudront mieux que les hochets de cour. »

Si l'on se rappelle, d'autre part, que les premières démarches tendant à une réconciliation de Mirabeau et de son père se sont faites sous les auspices de M. de Montmorin, et que, d'après le marquis de Mirabeau lui-même, la réconciliation demandée avait bien pour but de permettre à son fils de devenir un homme public, on demeurera convaincu que l'engagement de ne pas se rendre en Provence pour les élections n'a pu être exigé de Mirabeau, comme Malouet le raconte. Que Mirabeau ait *vendu* ses *Lettres de Berlin* à M. de Montmorin avant d'en publier à son profit une autre copie, nous ne le croyons pas davantage. D'abord il n'est nullement question de cela dans la correspondance avec Lauzun que nous venons de citer. Puis, qu'eût signifié une pareille vente ? Comment était-il possible de proposer à M. de Montmorin le rachat de lettres de mission écrites pour le roi et ses ministres, leur appartenant par conséquent, quand bien même les originaux ou les déchiffrés n'eussent pas été conservés par eux? Comment le duc de Lauzun, qui avait été, avec l'abbé de Périgord, l'organisateur de la mission de Mirabeau, se serait-il fait l'intermédiaire d'une proposition de ce genre? Comment eût-il admis la possibilité pour Mirabeau de disposer en faveur d'un libraire de ses lettres de mission? Ne voyons-nous pas Mirabeau, par la suite, nier, même vis-à-vis du duc de Lauzun, sa responsabilité dans la publication? Comment, en dernier lieu, si les deux particularités rapportées par Malouet étaient exactes, n'y serait-il pas fait quelque allusion dans la lettre (1), si méprisante sous sa forme polie, écrite à Mirabeau par M. de Montmorin,

(1) Cette lettre a été publiée dans le recueil de M. de Bacourt. « J'ignorais, écrit M. de Montmorin, qu'il eût été question de vous dans un journal à l'occasion de l'*Histoire secrète de la Cour de Berlin*, et j'ignore même ce qu'on en a dit. Si on vous y attribue la publication de cet ouvrage et que vous n'y ayez aucune part, je conçois combien vous devez en être blessé. Quant à moi, la confiance dont le roi m'a honoré en me chargeant du département des affaires étrangères me fait un devoir, sous tous les rapports, de chercher à faire découvrir et punir l'*éditeur* de cette correspondance. » M. de Montmorin parle ensuite de la *Correspondance avec Cerutti*, autre publication de Mirabeau que celui-ci ne désavoue pas. « Vous n'aviez, dit-il, pris aucun engagement envers moi à l'égard de M. Necker, et je ne vous ai pas demandé d'en prendre. Je m'étais borné à vous montrer l'estime et l'amitié que j'ai pour lui; j'avais lieu de penser que cette considération aurait sur vous quelque empire; vous m'avez prouvé que je m'étais trompé. » Le ministre termine sa lettre ainsi : « Je vous remercie des notions que vous me donnez sur la Provence, et de l'offre que vous voulez bien me faire d'une conférence particulière sur cet objet; mais d'après tout

le 26 février 1789, en réponse à des protestations d'innocence au sujet de cette publication?

Nous avons trouvé jusqu'ici trop peu d'occasions de défendre Mirabeau contre un reproche immérité pour ne pas saisir avec empressement celle qui s'offrait à nous cette fois. Il n'en reste pas moins établi que Mirabeau, venant de solliciter et de recevoir de l'argent de M. de Montmorin, se trouvant ainsi l'obligé du ministre, a livré à l'impression des lettres confidentielles et compromettantes pour le gouvernement, comme pour ses propres amis. C'est déjà une faute bien assez grave, et ses apologistes même n'essayent pas de l'en justifier. Ils se bornent à lui chercher des motifs d'excuse. Voici comment s'exprime l'ami qui l'avait introduit, le premier peut-être, auprès du prince Henri de Prusse, Luchet (1) : « Il livra sa correspondance, par faiblesse, à une maison de com-

ce que j'ai l'honneur de vous dire dans cette lettre, il me paraît au moins inutile que j'aie désormais celui de vous recevoir chez moi. »

« Mirabeau prétendait savoir avec certitude, rapporte le comte de La Marck son ami, dans la notice placée par M. de Bacourt en tête du recueil de leur correspondance, que, lorsqu'il se rendit en Provence pour s'y faire élire député, un des ministres avait proposé au roi de le faire arrêter et embarquer pour les Indes orientales, et que le roi avait repoussé cette proposition avec vivacité. » M. de Bacourt suppose que le ministre dont il s'agit était M. de Montmorin. Nous verrons plus loin que si une telle pensée a pu se présenter à l'esprit de M. de Montmorin, il n'ose pas même, en définitive, proposer de lancer contre Mirabeau une lettre de cachet ordinaire.

(1) *Notice historique de M. de Mirabeau lue au Lycée, le 11 avril 1791, par M. de Luchet.*

merce que la honte d'une faillite allait accabler : Prenez, dit-il, prenez cet aliment de la curiosité ; il me perd, mais il vous sauve. » La maison de commerce dont il s'agit ici est celle du libraire Le Jay, l'éditeur principal de la *Monarchie prussienne*. Une telle générosité, même secondée par la passion que Mirabeau éprouvait alors pour Mme Le Jay, nous laisse un peu incrédule. D'ailleurs, Mme de Nehra, qui venait de rompre avec Mirabeau au mois d'août précédent, précisément parce qu'elle ne pouvait obtenir de lui le sacrifice de sa liaison avec Mme Le Jay, Mme de Nehra, dans une des notices qu'elle a laissées, nous parle d'un certain *commérage de billets* entre Mirabeau et les Le Jay, auquel elle se préoccupait aussi de couper court, dans l'intérêt de son ami. Celui-ci, une fois séparé d'elle, aura dû se mettre de plus en plus dans la dépendance pécuniaire des Le Jay. La nécessité de satisfaire à quelque engagement important, pris envers eux, sera venue le presser, au moment de se rendre en Provence. Voilà l'explication la plus naturelle d'un acte que le bon sens même a peine à concevoir.

« Vous êtes en d'exécrables mains, » écrivait Mme de Nehra à Mirabeau, peu de temps après l'avoir quitté. Comment ne pas déplorer encore ici l'absence complète de sens moral qui le jetait en de pareilles mains, lui faisant perdre, au seuil de sa carrière d'homme public, l'amie désintéressée, compagne de ses mauvais jours. Ce n'est pas sans un grand déchirement de cœur que cette incomparable amie s'était décidée à se séparer de lui. Mais les six derniers mois de leur vie commune n'avaient été qu'une suite d'orages. « Il passait une partie de sa vie, écrit Mme de Nehra, dans des accès de fureur difficiles à exprimer (1), le reste à pleurer à mes pieds et à maudire la personne qui mettait le trouble dans notre ménage, et chez laquelle il avait la faiblesse de retourner toujours. Cet état était trop violent; il était au-dessus de mes forces, je me sentais mourir. Je pris un parti, et je le pris extrême : je quittai la maison (2) de M. de Mira-

(1) Mme Le Jay avait eu l'art d'exciter la jalousie de Mirabeau contre la rivale qu'elle voulait supplanter. « Jusque-là, écrit encore Mme de Nehra, il s'était contenté de l'espèce d'attachement que j'avais pour lui; on lui fit remarquer qu'il n'approchait pas de la passion qu'on avait ou qu'on feignait d'avoir pour lui... J'étais exposée alors aux plus violents orages, la mort même était présentée à mes yeux. Je sais bien qu'il n'en serait pas venu à cette extrémité; mais enfin, quand, étendue sur mon canapé, suffoquée dans mes larmes, je le voyais ne se possédant plus, le pistolet à la main, dans un accès de rage une secousse, un mouvement involontaire, pouvaient faire partir le coup et le faire mourir après de remords et de regrets. J'ai vécu ainsi près de six mois. »

(2) Au commencement de 1788, une maladie grave avait mis les jours de Mme de Nehra en danger. « C'est vraiment une chose au-dessus de tout courage, écrivait Mirabeau à ce moment à son ami Mauvillon, que de supporter longtemps le spectacle des souffrances de ce qu'on aime. » L'émotion qu'il avait ressentie avait affecté jusqu'à sa santé, sans l'amener pourtant à rompre avec Mme Le Jay. Il avait, à la suite de cette crise, loué à Passy un petit logement pour son amie convalescente et son enfant d'adoption. C'est de là que Mme de Nehra s'enfuit. La maison de Polangis était réservée aux rencontres avec Mme Le Jay.

beau le 18 août, et le lendemain le royaume. » Dumont de (Genève) déclare, dans ses *Souvenirs*, que les amis de Mirabeau ne lui ont *jamais pardonné* d'avoir sacrifié ainsi Mme de Nehra à une femme « artificieuse et cupide », « ayant l'insolence du vice », et « qui ne profita de l'ascendant acquis sur lui que pour exciter sa violence naturelle ». Ce portrait peut être un peu exagéré en mal. Mme Le Jay était certainement une personne intelligente et énergique ; elle a fait preuve de courage pendant la Terreur, et conquis ainsi, par un second mariage qui l'élevait fort au-dessus de sa condition première, le droit de porter un nom respecté. Néanmoins, il est difficile de garder quelque illusion sur ses principes de morale, à l'époque où Mirabeau se représente, dans une de ses propres lettres à Mauvillon, comme obligé de lui démontrer que « si la bonne foi n'était pas inventée, il faudrait la créer comme instrument de commerce ».

Chose curieuse, Mirabeau ne paraît pas avoir prévu le *tolle* que provoquerait la publication de sa correspondance secrète de Berlin, en France, dans toute l'opinion publique qui a de subits accès de sévérité, même aux temps de morale relâchée. La présence fortuite à Paris du prince Henri de Prusse, à l'endroit duquel Mirabeau n'avait atténué aucune de ses attaques, sans supprimer non plus les preuves des bons traitements qu'il avait reçus de lui, devait augmenter encore le mauvais effet de cette publication. Aux bulletins qui le lui faisaient connaître, l'auteur de la correspondance, récemment arrivé à Aix, opposa d'abord le plus grand sang-froid.

Quand ils seront las de faire du bruit, écrit-il, le 22 janvier, à son secrétaire, M. de Comps, demeuré à Paris, ils se tairont... Je vois clairement, continue-t-il dans ses lettres suivantes au même secrétaire, que toute cette émotion est le produit du fanatisme combiné des Neckristes enchantés d'avoir une occasion si précieuse de me dauber, de l'hypocrisie des honnêtes malveuillants qui cachent, sous cette feinte indignation, leur ressentiment d'autre chose qu'ils ne peuvent dire, et enfin de l'humeur moutonnière des hommes qui trouvent si commode de se répéter, et de donner tort aux absents... Il paraît qu'on ne crie pas tellement contre l'ouvrage dont vous m'avez tant parlé depuis quelques courriers, qu'il n'ait ses partisans. Quelqu'un se sera avisé peut-être que ce n'est pas un aussi grand crime que le croit le vulgaire que de porter le réverbère sur les puissants et les cours, et qu'ici, comme en toute autre occasion, c'est le bien vrai et le bien utile que les sots et les hypocrites appellent le bien méchant et le bien coupable... Je connais les hypocrites de vertu, je connais le fanatisme de la mode, et la mode du fanatisme; et le mot *toujours* ou *jamais* me paraît bien hasardé avec tout public, et surtout avec le public français.

On était alors dans tout le feu du procès Kornman, procès scandaleux duquel la gravité des circonstances politiques n'était pas arrivée à détourner l'attention. Beaumarchais en était un des principaux acteurs, et l'opinion publique s'était, non sans injustice, tournée contre lui, uniquement parce que le vieux jouteur ne se défendait plus avec sa verve d'autrefois. Les mauvais plaisants imaginèrent donc de mettre un nouveau méfait à sa charge. C'eût été lui qui, pour se venger de on ancien adversaire, lors de la polémique sur les actions des Eaux, se serait procuré copie des lettres de Mirabeau au dépôt des affaires étrangères ou ailleurs, et aurait fait imprimer cette copie (1). En général, pourtant, on demeura d'autant plus disposé à rendre Mirabeau responsable de cette publication qu'il ne se hâtait point de la désavouèr. Pressé de le faire par son secrétaire, informé par celui-ci qu'il était question de l'exclure du club constitutionnel de trente membres, fondé chez Duport, il répondait flegmatiquement : « Si les rois, les princes et les ministres étaient seuls frappés dans cet écrit, s'il ne portait le réverbère que sur ce qu'il importe à tous les hommes de savoir, si pas un ami n'y était compromis, pas une ligne d'un autre que de l'auteur divulguée, vous ne jetteriez pas de tels cris; je ne connais donc pas l'ouvrage. » La lettre ostensible de désaveu que Mirabeau adressa, le 2 février, à son secrétaire, et qui est rapportée notamment dans la correspondance de Grimm (2), ne disait au fond pas autre chose en beaucoup plus de mots. Mirabeau se plaignait seulement « d'une trame ourdie contre lui par ceux qui ne le voulaient pas dans

(1) Ce singulier bruit est relaté par Grimm. Le marquis de Mirabeau en parle aussi.

(2) Troisième partie, tome V.

l'Assemblée nationale ». C'est un peu plus tard, lorsqu'il vint se montrer à Paris, à la fin de février, qu'il se décida, sous l'appréhension des poursuites commencées par le Parlement (1), à fournir un désaveu plus catégorique, et, non content de se déclarer étranger à la divulgation de ses lettres, prétendit qu'elles avaient été « mutilées, falsifiées, empoisonnées (2) ».

Le gouvernement prussien avait réclamé la punition de Mirabeau. Était-il possible, disaient les ministres prussiens Hertzberg et Finck, de laisser plus longtemps impuni « un homme qui s'attaque, comme un chien enragé, à tout ce qui est respectable en Europe ». Néanmoins les poursuites du Parlement n'aboutirent pas ; et M. de Montmorin se borna à déclarer à M. de Goltz, représentant diplomatique du roi de Prusse, que « jamais le roi et son conseil n'avaient tant désiré terminer une affaire si odieuse par une lettre de cachet », mais que cela était impossible « dans l'état actuel et l'agitation des esprits (3) ».

(1) Le roi avait, assure-t-on, remis lui-même les deux volumes à l'avocat général Séguier, en lui donnant ordre de faire poursuivre. On raconte aussi que Séguier, au moment où il sortait de chez le roi, rencontra dans la galerie de Versailles le prince Henri de Prusse, qui se faisait appeler le comte d'Œls. « C'est de la boue, Monsieur le comte, lui aurait-il dit en lui montrant les deux volumes qu'il tenait sous son bras, mais cela ne tache pas. »

(2) Voir sa lettre du 22 février, imprimée dans le n° 53 du *Journal de Paris*.

(3) Dépêches du baron de Goltz conservées aux archives de

En même temps que ses lettres de Berlin, Mirabeau avait fait paraître sa correspondance avec Cerutti, à propos de Necker. Cette seconde publication qu'il avouait hautement, comme « faite pour éveiller l'attention des bons citoyens », n'était guère plus à son honneur que la première. Il ne s'était pas borné à donner ses lettres à Cerutti; il avait imprimé aussi les réponses, où celui-ci s'exprimait sur les questions religieuses entre autres, avec plus de liberté que la bienséance n'eût permis à un ecclésiastique dans un langage destiné au public. Quel moment d'ailleurs choisissait Mirabeau pour renouveler, avec plus de violence que jamais, ses attaques publiques contre Necker ? Celui où il venait de recourir aux libéralités du gouvernement qui avait ce ministre pour chef, celui où le ressentiment de Necker pouvait lui être plus nuisible que jamais. Dans cette occasion encore, la délicatesse, autant que son propre intérêt, ne lui commandait-elle pas de s'en tenir aux résolutions de prudence qu'il avait un moment formées ? Il avait laissé subsister dans une de ses lettres un passage ainsi conçu : « On cherche en vain à me persuader que M. Necker et ses amis cherchent à m'exclure de l'Assemblée nationale. Je ne crois pas cela. M. Necker serait trop au dessous des circonstances et de lui-même, si, dans ces moments de régénération et de crise, il ne se place

Berlin et citées par M. Alfred Stern dans son ouvrage sur Mirabeau, t. I, p. 286.

au dessus de ses ressentiments personnels et de ses souvenirs haineux... Enfin, en tout état de cause, je ne me tiendrais pas pour exclu, parce que M. Necker aurait voulu m'exclure. » N'employait-il pas en vérité un étrange moyen pour inviter Necker à oublier d'anciennes injures? Quelque supérieur à tous égards que le premier ministre se crût aux attaques de Mirabeau, il ne les oublia pas, nous le verrons; mais il faut lui rendre la justice qu'il ne chercha nullement à entraver l'élection d'un ennemi dont il ne soupçonnait pas encore, il est vrai, la force. Comme sa popularité était alors en plein éclat, ce fut le public qui se chargea de le venger, en ne faisant pas meilleur accueil à la *Correspondance avec Cerutti* qu'à l'*Histoire secrète de la cour de Berlin*. Lors de la réunion des États généraux, Mirabeau, qui venait d'exciter le plus vif enthousiasme en Provence, se trouva donc à Paris plus discrédité qu'à nulle autre époque de sa vie.

Il est temps de nous transporter maintenant sur la scène de ses premiers grands triomphes.

Parti de Paris le 8 janvier, il a traversé toute la France désolée par les rigueurs d'un hiver mémorable. « On dirait, écrit-il à son père, que l'ange exterminateur a frappé l'espèce humaine d'une extrémité du royaume à l'autre. Tous les fléaux sont déchaînés. J'ai trouvé partout des hommes morts de froid et de faim, souvent le pain à cinq sous la livre, jamais à moins de trois sous, sept deniers. On périt d'ailleurs de misère au milieu du blé, faute de farines. Tous les moulins sont gelés. » A Aix, où il arrive après un voyage de onze jours, les esprits sont dans le plus grand état de fermentation. Les émeutes n'ont point encore éclaté, le sang n'a point encore coulé, comme en Dauphiné, en Bretagne et à Paris. Mais les dissensions entre les ordres privilégiés et la classe supérieure du Tiers-État sont à leur paroxysme, et la multitude qui, depuis quelque temps, a entendu retentir de grands mots inconnus et annoncer un profond changement dans l'état social présent, qui n'a vu autre chose, dans la lutte des Parlements contre le pouvoir royal, que l'organisation d'une résistance à l'autorité établie, supporte plus difficilement qu'autrefois la misère d'une année exceptionnellement mauvaise, et gronde sourdement avant de se soulever.

Il n'est aucune partie de la France où la crise des élections aux États généraux ait été plus aiguë qu'en Provence. Et pourtant cette province paraissait placée dans de meilleures conditions que d'autres pour la traverser. La fusion des trois ordres était déjà et depuis longtemps réalisée dans son administration particulière. Les États de Provence avaient cessé en 1639 d'être réunis ; mais le Tiers-État avait continué d'avoir sa représentation, alors que les deux premiers ordres avaient perdu la leur. Il avait survécu aux États une assemblée dite assemblée des communautés, formée des députés des vingt-deux subdivisions territoriales de la Provence ou vigueries, et de ceux de trente-six villes ou bourgs importants. C'était cette assemblée qui présidait à la gestion des intérêts de la province, avec l'assistance des *procureurs du pays*, l'archevêque d'Aix, et quatre consuls de cette ville, renforcés dans certaines occasions de six *procureurs-joints*, deux évêques, deux gentilshommes, deux bourgeois. Les *procureurs du pays* constituaient dans l'administration provençale le pouvoir d'action, de même que l'assemblée des communautés, eux-mêmes y séant, était le pouvoir de délibération. Si, parmi eux, la préséance appartenait à l'archevêque, puis au premier consul d'Aix, qui, selon la tradition, devait être un gentilhomme, la plus grande part d'autorité effective était exercée par un autre magistrat consulaire de la capitale de la province, toujours choisi dans le barreau, l'*assesseur*.

Cette organisation, dont les traits ont été indiqués dans la première partie du présent ouvrage (1), avait pu jadis présenter moins de force de résistance à l'autorité royale que celle des anciens États. C'est un des reproches que lui adresse le marquis de Mirabeau dans son *Mémoire sur les États provinciaux*, et c'est évi-

(1) *Les Mirabeau*, t. II, chap. XXI. Voir aussi le livre si rempli de renseignements intéressants, publié en 1854 par M. de Ribbe : *Pascalis ou la fin de la constitution provençale.*

demment pour ce motif qu'elle avait pu subsister en remplacement du mode traditionnel de représentation de la Provence. Mais elle s'était affermie à mesure que l'ordre du Tiers avait conquis plus de puissance. En fait, à la fin du XVIIIe siècle, l'autorité de l'intendant était aussi limitée en Provence que dans les pays d'États proprement dits. Les *procureurs du pays* étaient les véritables administrateurs de la province. L'assemblée des communautés se réunissait régulièrement chaque année, à Lambesc, pour voter et répartir entre les vigueries, sous le nom significatif de don gratuit, le contingent de la province dans les impositions royales, ou du moins dans la taille, en même temps que les impositions provinciales. Les conseils de viguerie faisaient une seconde répartition entre les communautés ; et celles-ci, pour fournir la quote-part qui leur était assignée, choisissaient le mode de contribution qu'elles préféraient. Beaucoup d'entre elles remplaçaient en tout ou en partie l'impôt direct par des taxes de consommation appelées *rêves*. Ajoutons que certaines villes, celles de Marseille et d'Arles notamment, qualifiées *terres adjacentes au comté de Provence*, avaient une administration tout à fait distincte de celle du reste de la province. C'était surtout l'esprit municipal, fort développé en Provence, qui y avait sauvegardé et vivifié les libertés locales.

Celles que les Provençaux avaient conservées,

sous la forme dont nous venons de parler, auraient dû leur suffire. Tout le monde s'accordait à reconnaître que le régime des assemblées de communautés était très favorable à la bonne harmonie entre les différentes classes, le Tiers-État n'ayant point abusé de la prépondérance que ce régime lui assurait. « Tous les publicistes, disait Portalis, en 1787, dans un *Mémoire sur le projet de rétablir les États de Provence*, ont béni notre constitution. Ils l'ont proposée pour modèle. M. Necker, dont le nom seul fait l'éloge, écrivait aux procureurs du pays, en 1779, qu'il saisirait avec empressement les occasions de rendre hommage à une administration publique aussi digne d'estime que celle des communautés de Provence. Depuis, cet homme célèbre a dit que *cette administration est de celles qui approchent le plus de la perfection.* »

Malheureusement les Provençaux ne se contentaient pas pour leur pays de la situation de province de France, pourvue de libertés locales étendues. Remontant au souvenir de sa libre réunion à la couronne de France, en 1486, à la mort du dernier comte de Provence de la maison d'Anjou, ils revendiquaient pour lui la qualité de *co-état uni et non subalterné à la couronne*, selon le langage un peu barbare de leurs jurisconsultes. Ils se déclaraient sujets du roi, non comme roi de France, mais comme comte de Provence, et, en effet, de tout temps, dans les actes législatifs concernant la Provence, le roi avait pris cette dernière qualité. C'est surtout parce qu'ils blessaient ce sentiment de particularisme, que les édits du 8 mai 1788 excitèrent une vive émotion en Provence. On se récria contre l'institution de la cour plénière, surtout parce que cette cour devait être unique, parce qu'un seul et même enregistrement des lois devait s'appliquer à la Provence, comme aux autres parties du royaume (1). L'année d'avant, c'était encore en vertu des vieilles maximes d'indépendance provençale que, au lieu de s'en tenir à ce qui existait depuis 1639, on avait réclamé le rétablissement des anciens États. Le Tiers, qui formait presque complètement l'assemblée des communautés, ne devait plus être qu'un appoint dans les États, tels qu'ils étaient constitués en 1639. Tous les nobles possédant-fiefs de la province avaient le droit de se rendre aux États *in plenis*; unis aux évêques et à quelques abbés et commandeurs de Malte qui représentaient le clergé, ils réduisaient les députés du Tiers à l'état de très petite minorité; et dans une assemblée ainsi composée, la délibération en commun, qui était de tradition, perdait pour ceux-ci tous ses avantages.

Le bourgeoisie provençale n'était nullement

(1) M. Louis Blanc, dans son *Histoire de la Révolution*, a fait l'observation fort juste que le même sentiment contribua, dans plusieurs autres provinces encore, à la résistance opposée aux édits du 8 mai 1788.

résignée à abdiquer l'empire qu'elle avait exercé jusque-là, et, dans les observations qu'il présenta au ministère sur le projet de rétablissement des États, Portalis se fit l'interprète de ses sentiments. Elle consentait à renvoyer aux États eux-mêmes, restaurés sous leur forme primitive, le soin d'amender cette forme vicieuse, et de proposer au gouvernement un mode de composition répondant mieux à l'esprit du temps. Au surplus, comme elle réclamait la suppression des exemptions d'impôts, il paraissait juste de ne faire prononcer cette suppression que dans une assemblée où fussent suffisamment représentés les deux ordres possesseurs de la plus grande partie des terres exemptes; car l'exemption s'appliquait en Provence, comme en Languedoc, aux terres et non aux personnes. La taille, pour employer l'expression consacrée, y était réelle. Sa répartition était par cela seul plus équitable et plus régulière. Mais, en fait, la presque totalité des terres féodales se trouvant encore, à la veille de la Révolution, aux mains du clergé et de la noblesse, la surcharge imposée aux roturiers au bénéfice des deux premiers ordres n'était pas moins lourde en Provence, et n'y donnait pas lieu à moins de plaintes qu'ailleurs (1), en dépit de la faculté exercée par un certain nombre de villes de

(1) Nous sommes obligés de contredire un peu ici, pour ce qui est de la Provence tout au moins, une opinion assez accréditée. Dans un mémoire dont nous allons parler tout à l'heure,

convertir en taxes de consommation pesant sur tous (1) leur quote-part d'impôt direct.

L'égalité devant l'impôt était même si impatiemment réclamée en Provence, qu'on cherchait, comme nous l'avons vu, à la conquérir pour la province, sans attendre qu'elle eût pu être proclamée pour toute la France. Avant même la première session des États de Provence rétablis, dont l'ouverture fut fixée au 31 décembre 1787, l'assesseur en fonctions cette année-là, un des plus remarquables avocats d'Aix, Pascalis, publia à ce sujet un mémoire qui eut beaucoup de retentissement. Il y exprimait des idées raisonnables, mais non peut-être dans le langage le plus propre à déterminer les sacrifices volontaires qu'il s'agissait d'obtenir. « Ou il faut, s'écriait-il, apostrophant la noblesse, si vous assistez aux États, que vous contribuiez aux charges que vous délibérerez; ou, si vous n'y contribuez pas, il faut que vous n'y soyez pas admis... Si vous ne

l'assesseur Pascalis nous apprend que les terres appartenant au clergé et à la noblesse, et franches d'impôt, formaient encore en 1787 un sixième de toutes les terres de la province. A un certain point de vue, l'exemption des pays de taille personnelle était moins large que celle des pays de taille réelle, puisqu'elle n'atteignait pas les biens que les gentilshommes affermaient, ou même ceux qui, exploités directement par eux, dépassaient une mesure déterminée.

(1) Nous constaterons que les taxes locales de consommation étaient au moins aussi odieuses au bas peuple que la taille. C'est contre ces taxes principalement qu'éclatent dans les villes de Provence les premiers soulèvements populaires.

contribuez pas aux charges en proportion de vos biens, que rendrez-vous à l'État en indemnité de ses bienfaits, en compensation de la sûreté qu'il vous accorde, et des lois qui vous protègent? Vivrez-vous aux dépens de la Société, sans vous unir au lien social? La patrie sera-t-elle pour vous, sans que vous soyez pour elle? Comme le frelon de la ruche, dit M. d'Argenson, vous vivriez aux dépens communs, vous surchargeriez l'État du poids de votre existence; et, par un renversement de tout ordre social, le pauvre arroserait la terre de ses sueurs; il sèmerait et vous recueilleriez (1). »

L'homme qui se laissait ainsi entraîner par sa fougue provençale devait se prononcer plus tard en faveur de la conservation des rangs et privilèges honorifiques de la noblesse, et opposer aux exagérations révolutionnaires une résistance courageuse qui lui coûta la vie. Il n'en fut pas moins dénoncé, lors de la publication de son mémoire, comme un révolutionnaire forcené. La noblesse fit rédiger par un autre avocat, son syndic de robe, Gassier, une réponse à ce mémoire, conçue en termes aussi violents. Dès l'ouverture des États, la discorde entre les ordres éclata. « Le Tiers est fougueux, écrit, à propos de cette première session, le président de Saint-Vincens fils, dans

(1) Mémoire sur la contribution des trois ordres aux charges publiques et communes de la province, par Pascalis, assesseur d'Aix, procureur du pays. — Aix 1787.

un Journal du Parlement, commencé par son père et continué par lui jusqu'à la Révolution (1), il observe peu les formes et les procédés, mais la noblesse de Provence a de la hauteur, elle est aussi attachée à ses droits qu'elle aurait pu l'être au xve siècle. » Le reproche était mérité des deux parts.

Pascalis avait présenté un projet de réorganisation des États d'après lequel le clergé aurait été représenté à l'avenir par seize évêques ou supérieurs de chapitres, la noblesse par trente gentilshommes convoqués au tour de rôle de leurs fiefs, le Tiers par soixante députés. Il était légitime, suivant l'auteur du projet, d'accorder au Tiers non pas seulement l'égalité des suffrages par rapport aux deux autres ordres réunis, mais la prépondérance, parce que, indépendamment de son importance numérique, il supporterait toujours la plus forte part des charges communes. C'est sur ce projet que les premières discussions s'engagèrent. Grâce à l'influence conciliante de l'évêque de Sisteron, M. de Suffren-Saint-Tropez, et de l'archevêque d'Aix président des États, M. de Boisgelin, la noblesse finit par accepter une réduction dans le nombre de ses membres et des membres du clergé, laquelle assurait au Tiers-État l'égalité des suffrages, mais elle ne voulut jamais aller plus loin, et, voyant que cette con-

(1) Ce précieux document, dont l'existence a été signalée par M. de Ribbe, se trouve à la bibliothèque Méjanes d'Aix.

cession ne satisfaisait pas du tout le Tiers-État, elle la retira. Sur la question de contribution aux charges publiques, elle s'unit au clergé pour maintenir énergiquement les anciennes immunités, offrant seulement une subvention pour la dépense des chemins, et un *don charitable* de 4,000 livres destiné à l'entretien des bâtards, ou enfants trouvés.

A l'issue de la session, la noblesse et le Tiers-État députèrent séparément à la cour : le premier de ces deux ordres pour demander la condamnation du mémoire de Pascalis sur l'égalité d'impôt, condamnation qui fut refusée ; le second pour être autorisé à faire convoquer une assemblée des communautés comme avant le rétablissement des États. Il fallait, disait-on, que les communautés pussent *se choisir des défenseurs*, et *pourvoir au maintien de leurs droits*. Cette assemblée se réunit avec la permission du roi, le 4 mai 1788, à Lambesc ; Pascalis renouvela devant elle ses propositions qui naturellement furent adoptées avec enthousiasme (1).

Puis survinrent les édits du 8 mai 1788, les troubles graves de la province voisine du Dauphiné, et cette assemblée de Vizille où six cents membres des trois ordres vinrent non seulement protester contre les édits antiparlementaires, mais poser les bases d'une représentation de leur pro-

(1) Voir, pour l'histoire de la Provence durant toute cette période, le livre déjà cité de M. de Ribbe.

vince différente de celle qui avait été organisée par le gouvernement, acte insurrectionnel au premier chef, dans la voie révolutionnaire « le plus décisif qu'on eût encore vu », dit avec raison M. de Lavergne (1), et dont le ministère de Necker eut la faiblesse de sanctionner les résultats.

Il était naturel que le succès de l'assemblée de Vizille excitât en Provence beaucoup d'émotion et d'espérance à la fois. A la vérité, ce qui avait fait la force de l'insurrection dauphinoise, l'accord des trois ordres, manquait totalement en Provence. Mais il n'y avait logiquement aucune raison de refuser au vœu de la grande majorité de la population dans une de ces provinces, ce qu'on avait accordé ou cédé au vœu unanime dans l'autre : une assemblée générale des trois ordres, comme avaient été appelées l'assemblée illégale de Vizille et celle qui, par la suite, s'était tenue légalement à Romans, c'est-à-dire une sorte d'assemblée constituante locale, où la prépondérance numérique appartînt, bien entendu, au Tiers-État.

La demande d'une assemblée générale des trois

(1) *Les Assemblées provinciales sous Louis XVI*, chap. XXIX. Nous ne disconvenons pas d'ailleurs que les délibérations de l'assemblée de Vizille présentent un caractère libéral fort remarquable qui les distingue de la plupart des actes d'opposition au ministère Brienne vers la même époque, actes surtout inspirés par l'intérêt menacé des privilégiés, ou l'esprit de corporation. M. Guibal, professeur à la Faculté des lettres d'Aix, dont nous aurons à citer les travaux relatifs à Mirabeau, a publié une brochure intéressante sur *Grenoble et Vizille ou le centenaire du 18 juillet* 1788. Marseille, Barlatier-Feissat, 1888.

ordres devint donc le mot de ralliement du Tiers-État de Provence. Lorsque la convocation des États généraux eut été annoncée, cette demande fut renouvelée avec plus d'énergie encore. Et, en effet, les Provençaux appartenant à l'ordre populaire ne pouvaient admettre que les États particuliers, tels qu'ils étaient composés, députassent pour la province aux États généraux, comme en 1614. D'autre part, ils repoussaient également le mode de députation par sénéchaussées, en vertu des principes d'indépendance dont nous avons parlé, parce que la Provence étant, suivant eux, une nation distincte, devait députer en corps de nation à l'Assemblée de France, faire parvenir à Versailles ses voeux collectifs, et non des suffrages isolés qui se confondraient avec d'autres suffrages. Nous prions nos lecteurs de croire que nous n'exagérons rien. Voilà les maximes qui se professaient encore à la veille de la Révolution, en Provence, comme en Bretagne, comme en d'autres parties du royaume encore. Il n'est pas inutile de les rappeler à ceux qui ne veulent admettre aucun bénéfice résultant de la Révolution, et lui refusent même le mérite d'avoir consommé l'œuvre de notre unité nationale.

Le conseil municipal d'Aix, consulté par le ministère, en même temps que les autres municipalités importantes du royaume, sur les règles à adopter pour les élections aux États généraux, prit, le 14 novembre 1788, une délibération tendant à faire nommer les députés de Provence par cette assemblée générale des trois ordres, qui était sollicitée depuis plusieurs mois déjà. Il acceptait au reste que, dans cette assemblée, chaque ordre choisît ses députés séparément, pourvu que le nombre des députés de chacun « fût en proportion des impositions qui lui étaient réparties, ou du moins tel que le Tiers-État, supportant, en Provence, la presque totalité des charges, eût toujours la prépondérance ».

Ce fut une déception profonde quand on apprit, par une lettre du roi transmise aux procureurs du pays le 21 décembre, que les États de Provence, ceux-là mêmes qui s'étaient tenus en 1788, étaient, sans réforme aucune dans leur constitution, convoqués pour le 25 janvier 1789. Toujours effrayé des initiatives à prendre, le gouvernement prétendait persuader aux Provençaux de renvoyer aux États généraux la solution de leurs différends, alors que c'était justement la formation prochaine des États généraux qui donnait plus d'âpreté à ces différends. Pressé par une pétition couverte de nombreuses signatures, le conseil municipal d'Aix arrêta que, comme six mois auparavant à Grenoble, tous les *citoyens* de la ville, c'est-à-dire tous les habitants mâles ayant âge d'homme et inscrits sur un rôle de contribution ou un registre de corporation quelconque, seraient invités à se réunir en assemblée des trois ordres le 29 décembre. Plus de douze cents personnes répondirent à cet appel; les ecclésiastiques et les nobles possédant-fiefs s'abstinrent. L'assemblée, tenue en l'église du collège Bourbon, ratifia unanimement les délibérations du conseil municipal, « désavoua tous représentants aux États de la province » dans leur forme actuelle, « protesta contre toute assemblée de ces États où la *nation* ne serait pas légalement représentée, et contre toute députation aux États généraux qui ne serait pas déterminée par le concours et le mandat de la nation, » décida que de nouveau « Sa Majesté serait très humblement priée de convoquer immédiatement une assemblée générale des trois ordres du pays, tant à l'effet de déterminer la formation des États de la province, le nombre des députés de chaque ordre et le règlement qu'il appartiendra, que pour députer aux États généraux du royaume et donner aux députés les instructions requises (1) ». Des commissaires furent nommés pour rédiger un mémoire au roi, développant et motivant ces conclusions, et d'autres pour porter le mémoire à Versailles.

Vainement la délibération prise dans la réunion du collège Bourbon fut-elle cassée par arrêt du Conseil, et pour ce motif que la réunion avait été tenue sans autorisation des représentants du gouvernement. Vainement Necker adressa-t-il à la municipalité d'Aix une lettre où il blâmait avec

(1) Archives nationales.

bénignité la manifestation organisée par elle. Vainement cette municipalité elle-même se montra-t-elle touchée de l'appel que le premier ministre avait fait à sa modération, et, trouvant d'ailleurs avec raison une satisfaction importante à ses désirs dans le fameux résultat du Conseil, rendu public vers cette époque, qui posait en principe la double représentation du Tiers aux États généraux, parut-elle abandonner ou ajourner ses premières exigences (1). L'élan communiqué à tout le peuple de Provence ne pouvait plus être arrêté désormais. Presque tous les députés des vigueries et communautés aux États de la province s'étaient engagés par avance à n'assister que passivement à leurs délibérations, pour protester contre leur illégalité, leur refuser le droit de députer aux États généraux, et réclamer l'assemblée des trois

(1) Dès le 23 janvier 1789, avant même d'avoir reçu les admonestations de Necker, le conseil municipal d'Aix avait pris une délibération portant qu'à la session des États de la province sur le point de s'ouvrir, les consuls procureurs du pays réitéreraient préalablement la demande d'une assemblée des trois ordres ayant mission de régler la nouvelle formation des États de Provence, mais qu'ils pourraient cette fois seulement voter les impositions, et que pour les élections aux États généraux ils se contenteraient, afin de ne pas les retarder, du mode de procéder suivant: Adjonction de nouveaux députés nommés par les vigueries à ceux qui formaient déjà l'ordre du Tiers aux États de Provence ; nomination par l'ensemble de ces représentants du Tiers, mais séparément des deux premiers ordres, des députés aux États généraux. Ceux-ci devaient *avoir la charge spéciale de requérir dans l'assemblée de la nation française qu'il ne fût rien changé aux droits, franchises et libertés de la Provence.* (Voir l'ouvrage de M. de Ribbe.)

ordres. Le Tiers-État était appuyé par une fraction de la noblesse, le groupe des gentilshommes dépourvus de propriétés féodales, auxquels les gentilhommes possédant-fiefs ne voulaient point accorder séance à côté d'eux dans les États provinciaux, exclusion fondée sur ce principe traditionnel qui attachait, en Provence, les prérogatives et immunités à la possession de certaines terres, plutôt qu'à la condition de certaines personnes. Les ecclésiastiques du second ordre se plaignaient également de ne pas être représentés dans l'ordre du clergé. En présence de cette coalition de mécontentements, l'esprit des nobles possédant fiefs restait tellement intraitable qu'une grande partie d'entre eux méditait de protester contre la double représentation du Tiers aux États généraux, et de donner mandat aux députés qu'ils y nommeraient de se retirer, si l'on délibérait par tête et non par ordre.

§ 2. — Mirabeau et la crise des élections en Provence.

Mirabeau arrivait en Provence sur ces entrefaites pour prendre sa place aux États dans l'ordre de la noblesse.

Mon arrivée a fait explosion, écrit-il à son père, dans cette première lettre dont nous avons déjà cité une partie. Le Tiers crie que je viens pour être son avocat, on s'attroupe, on projette des acclamations, des pétitions, des fadaises, et l'on me donne le triste, éphémère et périlleux honneur du tribunat. La noblesse, entre nous, a vraiment peur, et, bien que j'aie certainement gardé les dehors qui conviennent pour faire voir que je ne viens pas ici démolir, tout en me faisant mille coquetteries, mille prévenances, et me demandant formellement secours et jonction, on commence par me refuser ma place aux États, parce que mes preuves n'ont pas été faites un mois d'avance. Je ne me fâche point, mais je fais entendre assez clairement que, si je ne suis pas noble, il faudra que je sois roturier. Ma boussole sera ceci : *Il faut être des Etats généraux*. Il y a un mois j'aurais incontestablement enlevé mon élection; aujourd'hui, il ne me reste évidemment que la chance du Tiers, et on me l'amoindrit beaucoup, vu le peu de temps qui me reste, si l'on m'ôte du théâtre où l'on aurait pu juger de mes intentions et de mon peu de talent. Au reste, ce qu'il y a de bien clair dès aujourd'hui, c'est que, désappointé ou non, mon voyage n'aura rien coûté à mon amour-propre.

S'adressant à sa sœur, Mme du Saillant, deux jours plus tard, Mirabeau lui dit avec moins de précaution dans son langage : « Le Tiers me poursuit de marques de confiance et d'enthousiasme très imprudentes pour sa cause même; car il met le comble à la rage des nobles qui ont toutes les convulsions de Turnus expirant. Je n'ai jamais vu un corps de noblesse plus ignorant, plus cupide, plus insolent. *Ces gens-là me feraient devenir tribun du peuple malgré moi, si je ne me tenais à quatre.* »

Tribun du peuple, c'est en effet le rôle qui allait écheoir dès lors à l'héritier substitué des fiefs de

Mirabeau et de Beaumont, sans qu'il l'eût précisément choisi. Les citations même qui précèdent prouvent qu'il eût préféré être l'élu de la noblesse ou de tous les ordres réunis, et qu'il ne se rabattait sur la nomination par le Tiers que comme pis aller. Ce sentiment, d'ailleurs, se trouve exprimé dans une lettre à son ami Mauvillon datée du 24 décembre, antérieure, par conséquent, à son départ de Paris, et où il prévoit pourtant que la noblesse l'exclura. Enfin, La Fayette raconte, dans ses *Mémoires*, qu'au club constitutionnel formé chez Duport, la principale réunion politique avant les États généraux, la question ayant été posée de savoir si les nobles du parti populaire chercheraient de préférence à représenter l'ordre des communes, l'affirmative fut soutenue par lui La Fayette, mais combattue avec énergie par Mirabeau, qui fit adopter la négative. Donc, lorsque Mirabeau, se compare ensuite aux Gracques, il oublie que les Gracques avaient rompu plus spontanément que lui avec la noblesse. Il maintiendra, malgré les contestations et jusqu'au bout des opérations électorales, son droit à être compté comme électeur noble. Nous connaissons ses tendances ; elles sont infiniment moins révolutionnaires que celles de beaucoup d'autres. Au début de son séjour en Provence, il annonce à son père qu'il *pulvérisera les exemptions pécuniaires* ; sur quoi le marquis fait en plaisantant la remarque qu'il pourrait bien lui pulvériser 6,000 livres de rentes ; mais il déclare en même temps qu'il *maintiendra les droits des fiefs*. Ce sont les blessures d'amour-propre qui vont commencer à l'entraîner hors de sa voie. C'est parce que, dans un journal de Paris répandu jusqu'à Aix, il est traité, à propos de sa *Correspondance avec Cérutti*, en « chien enragé (1) auquel les Provençaux ne sauraient donner la moindre confiance », qu'il écrit à son secrétaire, le 29 janvier : « Grande raison de m'élire, si je suis un chien enragé, car le despotisme et les privilèges mourront de ma morsure. » Heureusement et malheureusement à la fois, il va se trouver replacé au milieu des souvenirs encore vivants du procès soutenu six ans auparavant contre sa femme. La noblesse à laquelle il a affaire est la même qui, jadis, a pris parti contre lui; de sa grande lutte judiciaire datent les préventions défavorables, les dédains, les craintes que son caractère et ses talents excitent parmi elle, mais aussi les sympathies, l'enthousiasme qu'il inspire aux jeunes gens de la bourgeoisie et de la basoche, et qui, suivant son expression, ont *fait explosion* à son arrivée. Enfin, s'il n'a pas choisi son nouveau rôle, tout ce qui chez lui est extérieur, parole ardente, emportement, familiarité, stature herculéenne et laideur impressionnante, l'y prédispose à merveille. Son oncle le bailli, qui eût pu le modérer et le gêner, et dont il regrette pourtant l'absence, est alors hors

(1) C'est l'expression que les ministres prussiens et son père même avaient déjà employée à son égard.

de Provence, à la commanderie de Sainte-Eulalie en Rouergue.

Pour écarter de son sein celui en qui elle pressent un adversaire redoutable, les prétextes ne manquent point à la noblesse provençale. Le défaut de preuves généalogiques en temps utile est la moindre chicane qu'elle puisse lui chercher. Il y a bien d'autres incapacités plus sérieuses à invoquer contre lui : son interdiction, son insuffisance de droits au titre de *possédant-fief*, les fiefs dont il se prévaut ne lui étant assurés qu'en héritage, et la représentation de leur possesseur vivant n'étant pas admise ; *or j'existe*, observe judicieusement le marquis de Mirabeau dans une de ses lettres particulières, en se défendant de vouloir, même de ce chef, créer des embarras à son fils ; sans parler de ces condamnations plus ou moins bien purgées qui ne se perdent pas encore dans la nuit des temps. Mais la noblesse se réserve ; elle attend de voir l'attitude de Mirabeau se dessiner. La difficulté généalogique, qui était une difficulté de pure forme, est levée, non sans quelque peine, paraît-il ; Mirabeau l'annonce à son secrétaire, le 25 janvier, en lui déclarant qu' « il lui a fallu plus intriguer et louvoyer pour cela que pour la plus grande affaire ». — « La noblesse, ajoute-t-il, a mis une profonde couardise et une perfidie infernale à m'exclure. Elle n'a pas osé quand elle m'a vu décidé au combat. »

Admis donc dans les assemblées préparatoires

de la noblesse, Mirabeau s'y exerça en prenant sans succès la défense des gentilshommes non possédant-fiefs, en combattant sans plus de succès la proposition de protester contre le doublement du Tiers aux États généraux (1). Il parut à la procession qui précéda l'ouverture des États de la province (2), s'offrant complaisamment à la curiosité des spectateurs. « Il marchait, raconte dans ses *Souvenirs*, déjà cités par nous, M. Portalis fils, en quelque sorte entre la noblesse et le Tiers-État, et le dernier de l'ordre de la noblesse... Son œil perçant et scrutateur parcourait la foule des spectateurs, et semblait interroger la multitude de son regard provoquant. Il portait la tête haute et renversée en arrière. Il appuyait la main droite sur le pommeau de son épée, et tenait sous son bras gauche un chapeau à plumet blanc. Son épaisse chevelure, relevée et crispée sur son large front, se terminait en partie à la hauteur des oreilles en épaisses boucles. Le reste, rassemblé derrière sa tête, était recueilli dans une large bourse de taffetas noir qui flottait sur ses épaules. Sa laideur avait quelque chose d'imposant. »

Les trois premières séances des États se passèrent à entendre répéter la protestation convenue

(1) Sur cette question, du moins, Mirabeau eut avec lui un tiers de l'assemblée.

(2) La faute qui fut commise plus tard à Versailles, en semblable circonstance, ne l'avait pas été pour cette cérémonie. On n'avait point assigné à la noblesse et au Tiers-État des costumes d'étiquette différents.

des députés des communautés et vigueries, et la réponse convenue aussi des deux premiers ordres qui maintenaient leurs droits en invitant les protestataires à se soumettre aux volontés du roi. Les commissaires du roi près des États étaient deux hommes du caractère le plus modéré : le comte de Caraman, lieutenant général des armées, et commandant en Provence, ami du marquis de Mirabeau, reconnu par lui comme parent, et qui avait prêté appui à son fils pour entrer aux États malgré la difficulté qu'on lui suscitait, et M. des Galois de la Tour, premier président du parlement d'Aix, le plus sage parlement de France peut-être, chargé en même temps selon l'usage des fonctions d'intendant en Provence, et ayant reçu de l'Assemblée des communautés tenue l'année précédente un témoignage éclatant de respect et de sympathie (1). Mais ces deux commissaires, quel que fût leur sentiment personnel, ne pouvaient que se conformer à la teneur des instructions qu'ils avaient reçues. Il ne dépendait pas d'eux de rétablir la concorde.

Se référant au mandat de leurs commettants, les députés des communautés et vigueries allaient jusqu'à refuser de procéder en commun avec les autres ordres à la vérification des pouvoirs des membres composant les États. C'était la situation

(1) Cette assemblée avait fait frapper en son honneur une médaille d'or sur le revers de laquelle on lisait : *Le Tiers-État de Provence à Charles-J.-B. des Galois de la Tour, intendant du pays, son ami depuis plus de quarante années.*

qui allait se présenter, quelque temps après, à Versailles, renversée. Les mêmes députés déclaraient consentir à la levée des impositions royales de l'année; mais pour ne point participer d'une manière active, même sur ce point, aux délibérations d'une assemblée dont ils ne voulaient pas reconnaître la légalité, ils avaient imaginé l'expédient bizarre de faire constater leur consentement par-devant notaire. L'acte notarié dont il s'agit devait servir au trésorier de la province de titre pour le recouvrement des impôts « sans néanmoins préjudicier d'une manière quelconque aux droits du Tiers-État de répéter des deux premiers ordres les portions desdits impôts les concernant » (1). On voit que la question d'égalité de contribution était toujours liée à celle d'égalité de représentation.

Pendant ces trois premières séances, Mirabeau, à son rang dans la noblesse, n'intervint pas. Il trouvait que le Tiers « n'avait ni plan ni lumières », s'efforçait de le « rallier », car, dit-il, comme, seul peut-être d'entre les gens de qualité, je n'ai pu obtenir de la nature marâtre de savoir tout, sans avoir rien appris, j'ai besoin d'étudier,

(1) Acte signifié aux États à la requête des sieurs députés des communautés et vigueries. — Procès-verbal de l'assemblée de nosseigneurs des États généraux du pays et comté de Provence que les sieurs députés des communautés et vigueries, attendu l'illégalité par eux réclamée contre lesdits États, n'ont voulu intituler que : Procès-verbal de l'assemblée convoquée en la ville d'Aix le 25 janvier 1789.

de travailler, de professer. » Le 30 janvier, après avoir décidé le Tiers à voter d'ensemble et par acclamation la validation des pouvoirs de tous les membres de l'Assemblée, il se lève, non pour protester, comme on n'a cessé de le faire jusque-là, mais pour proposer avec calme aux États de donner librement satisfaction aux vœux du Tiers, en demandant d'un commun accord l'assemblée générale des trois ordres en vue des élections aux États généraux. A la grande fureur des gentilshommes, mais aux applaudissements répétés des députés du Tiers, il lit un long discours soigneusement et laborieusement composé, où il reprend sous une forme plus abstraite tous les arguments produits depuis un an contre la composition actuelle des États. « Je ne dirai pas que l'ordre de la nation doit l'emporter sur les ordres qui ne sont pas la nation. Je lèguerai ce principe à la postérité, je ne veux être, du moins dans les assemblées politiques, ni plus juste, ni plus sage que mon siècle. Mais je demande s'il est juste, même dans le siècle où nous sommes, que les deux ordres qui ne sont pas la nation l'emportent sur la nation. Cet abus, je le sais, existe ailleurs que chez nous, mais j'aimerais autant que l'on dît : Puisque l'on est injuste ailleurs, nous avons le droit de l'être. » Ainsi s'exprimait-il sur la question d'égalité de représentation du Tiers-État, en des termes un peu trop inspirés par la lecture de Sieyès. Au reste, il insistait surtout sur les défectuosités du mode de représentation du Tiers-État. Quelques consuls des villes, eussent-ils obtenu des pouvoirs spéciaux des conseils municipaux, et avec eux les délégués des réunions de consuls formant les conseils de viguerie, ne pouvaient, suivant lui, passer pour être les mandataires du Tiers-État de Provence, d'autant plus que l'élection de ces députés avait pu être entravée par les usages locaux, et que chaque ville ou viguerie n'avait qu'un représentant, sans égard aux différences de population. Suivait une sorte de théorie assez curieuse du suffrage universel.

Lorsqu'une nation, disait l'orateur, n'a point de représentants, chaque individu donne son vœu par lui-même. Lorsqu'une nation est trop nombreuse pour être réunie dans une seule assemblée, elle en forme plusieurs ; et les individus de chaque assemblée particulière donnent à un seul le droit de voter pour eux. Tout représentant est, par conséquent, un élu ; la collection des représentants est la nation, et tous ceux qui ne sont point représentants ont dû être électeurs, par cela seul qu'ils sont représentés. Le premier principe en cette matière est donc que la représentation soit individuelle ; elle le sera, s'il n'existe aucun individu dans la nation qui ne soit électeur ou élu, puisque tous devront être représentants ou représentés. Je sais que plusieurs nations ont limité ce principe, en n'accordant le droit d'élection qu'aux propriétaires, mais c'est déjà un grand pas vers l'inégalité politique.

Nous trouvons ce passage curieux, non seulement par l'opinion qu'il exprime, mais comme emprunt presque littéral à l'écrit d'un homme avec lequel Mirabeau avait pourtant peu d'affinités intellectuelles. Nos lecteurs n'auront pas de peine à y reconnaître encore le genre de raisonnements et jusqu'aux tournures de phrases de Sieyès (1). Ils ne s'étonneront pas non plus de l'appréciation du marquis de Mirabeau sur la harangue que son fils lui envoie, après l'avoir fait imprimer, et en la faisant répandre à Paris. « Ce premier discours, observe-t-il, m'a paru le prélude de Babel. Cet homme appelle tout *principes*, aussi mauvais logicien, selon moi, que bon dialecticien, ce qui paraît contradictoire, mais il est construit d'assemblages de contraires. Il résulte de la série de ses principes qu'on ne saurait faire une assemblée légale que dans la vallée de Josaphat. »

Contrairement à la thèse de Mirabeau, quiconque étudiera un peu l'ancienne organisation administrative de la Provence sera frappé, croyons-nous, de l'extension qu'elle donnait au droit de suffrage, et au droit de suffrage régulièrement exercé (2).

(1) Voir la brochure : *Qu'est-ce que le Tiers-État*, chapitre V.

(2) « Quant à l'administration, lisons-nous dans un mémoire publié à la suite de la correspondance de Mirabeau et de de La Marck, et qui a pour auteur un avocat provençal distingué, devenu le plus utile de tous les secrétaires de Mirabeau, Pellenc, la Provence était divisée en districts appelés vigueries, et chaque viguerie en communautés. Une communauté avait trois sortes d'assemblées politiques : 1° celle de tous les chefs de famille propriétaires ; 2° celle de tous les chefs de famille payant une certaine quotité d'impositions ; 3° celle du conseil municipal, composé de quelques gros propriétaires. A la tête du conseil municipal étaient trois ou quatre officiers municipaux appelés

Si Mirabeau eût réellement porté à la constitution provençale l'amour qu'il se croyait obligé de manifester, alors même qu'il sacrifiait aux abstractions philosophiques, il n'eût pas méconnu les avantages de ce système de représentation prenant racine depuis tant d'années dans l'intérêt municipal. « J'aurai à jamais l'honneur d'avoir posé les inébranlables bases de la constitution provençale, écrit-il à son secrétaire, en lui envoyant les discours qu'il a prononcés aux États. » Était-ce bien là l'honneur qu'il ambitionnait ? « Notre Provence, disait-il six ans auparavant dans ces *Lettres d'un ancien magistrat*, composées durant son procès contre sa femme, notre Provence, aujourd'hui si jalouse de ses droits antiques, qui ne sont qu'un désordre dans le désordre, une incohérence dans l'incohérence, une anarchie dans l'anarchie, fut subjuguée par les Romains sans coup férir ; quoique éloignée de la métropole, jamais elle ne songea à secouer le joug. Les Romains l'appelèrent *province fidèle*, c'est-à-dire esclave, ou *la province* par excellence. Lors du renversement de leur empire, elle fut au premier occupant, et lui resta fidèle aussi... Vienne

consuls, nommés par les citoyens. Chaque année, tous les premiers consuls ou maires des communautés de la viguerie s'assemblaient dans la principale ville de la viguerie et y tenaient l'assemblée représentative de la viguerie. Un député de chaque viguerie et ceux de trente-six bourgs et villes formaient l'ordre des communes aux États et à l'assemblée des communautés. Il ne paraîtra pas étonnant que les Provençaux, qui étaient presque tous propriétaires, fussent attachés à un régime si simple et si doux. »

enfin une constitution qui amalgame nos vingt royaumes en un royaume, et il faudra bien que la Provence obéisse. » Sous une forme un peu différente, n'est-ce pas la même pensée qu'il exprime lorsqu'il écrit dans un pamphlet intitulé *A la Nation provençale*, pamphlet dont nous reparlerons : « Vous prétendez être un co-État, et non un État subalterne;... les privilèges, quoique exécrables contre les nations, sont utiles contre le despotisme ministériel. Conservez donc soigneusement vos privilèges, aussi longtemps que la France n'aura pas une constitution homogène, stable et permanente, contre laquelle il sera de l'intérêt de tous d'échanger les prétentions et les droits locaux (1). » En réalité, Mirabeau est un patriote provençal des plus tièdes ; il se préoccupe surtout d'obtenir pour les élections aux États généraux la forme qui pourra lui donner le plus de chances d'être élu, et il écrit, dans une autre lettre à ce même secrétaire auquel il parle de « l'honneur d'avoir posé les bases de la constitution provençale » :

Serai-je ou ne serai-je pas aux États généraux? Cela dépend uniquement de la manière dont on y députera. Si dans les États particuliers, j'ai beaucoup de chances contre moi, il y a trop peu d'électeurs. Si dans l'assemblée des trois ordres, que je demanderai avec une grande énergie, je serai indubitablement nommé... Alors, continue-t-il, trouvant dans un billet écrit à la hâte la première

(1) La même idée avait été émise par les États du Dauphiné dans une déclaration dont nous reparlerons.

idée de la fameuse tirade qu'il reproduira, à quelque temps de là, dans un écrit public, en l'arrondissant, alors ils m'assassineront peut-être, mais je lancerai de la poussière vers le ciel, et de cette poussière, comme de celle du dernier des Gracques, il naîtra un Marius (1).

Revenons à la séance du 30 janvier aux États de Provence, et au grand discours que Mirabeau y prononça. Aucune réponse immédiate ne fut faite à ce discours. On avait commencé à mettre aux voix la proposition de Mirabeau, lorsqu'un député des communautés, jaloux sans doute de la popularité de l'orateur, fit remarquer que sa proposition n'était que le développement d'une motion déjà présentée par tous les membres de l'ordre du Tiers. On se borna donc à accorder l'insertion au procès-verbal du discours que Mirabeau appelait un *avis écrit*. A la séance suivante, le 31 janvier, après une discussion confuse et sans conclusion sur l'égalité de contribution entre les ordres, deux protestations contre ce discours, desquelles on demandait également l'insertion au procès-verbal, furent lues, au nom du clergé et au nom de la noblesse.

Ami de la paix par sentiment et par devoir, était-il dit dans la protestation du clergé, rédigée par l'évêque de Sisteron, l'ordre du clergé, profondément affligé de la funeste division qui, jusqu'à ce jour, a régné dans l'assemblée, n'a pu voir sans une vive douleur qu'à l'instant où la conciliation des esprits semblait s'opérer, un membre

(1) Lettre à M de Comps, du 25 janvier 1789.

de la noblesse ait prononcé un dire que, sans doute, son ordre désavoue, tendant à désunir de nouveau les membres des trois États. En conséquence, il proteste contre ce dire, déclarant que, loin d'adopter les opinions et les maximes qu'il contient, il les improuve, les regarde comme subversives à l'ordre public, déteste des expressions injurieuses à l'autorité d'un monarque que Dieu, les lois, l'honneur et son cœur lui prescrivent de respecter.

La noblesse s'exprimait sur le même ton (1).

Mirabeau avait préparé une réplique aux protestations des deux premiers ordres. Mais les commissaires du roi voyant la désunion entre les ordres s'accentuer de plus en plus, et même l'émotion s'étendre hors de l'assemblée, car, à la sortie de la salle des séances, les membres du clergé et de la noblesse, et même le sage archevêque d'Aix, président des États, étaient hués par la populace, les commissaires du roi, disons-nous, prirent le parti fort justifié de suspendre la session des États. Elle ne devait être reprise que le 21 avril suivant. Mirabeau, ne pouvant prononcer son second discours, le fit imprimer. C'est dans ce second discours que se trouve la phrase célèbre sur « la poussière lancée en mourant par le dernier des Gracques », et « Marius moins grand pour avoir exterminé les Cimbres que pour avoir abattu dans Rome l'aristocratie de la noblesse ». Tout le morceau dans lequel elle est comprise est fort connu. Mirabeau y

(1) Procès-verbal de l'assemblée de nosseigneurs des États généraux du pays et comté de Provence.

déclare que, comme homme public, « il n'a jamais craint que d'avoir tort », qu' « enveloppé de sa conscience et armé de principes, il braverait l'univers »; que, « le premier d'entre les Français, il a professé hautement ses opinions sur les affaires nationales, dans un temps où les circonstances étaient bien moins urgentes et la tâche bien plus périlleuse »; qu'« il a été, est et sera jusqu'au tombeau l'homme de la liberté publique, l'homme de la Constitution ». Il s'écrie enfin : « Malheur aux ordres privilégiés, si c'est là plutôt être l'homme du peuple que celui des nobles, car les privilèges finiront, mais le peuple est éternel. » Si la chaleur de cette tirade un peu déclamatoire n'est pas encore refroidie entièrement aujourd'hui, après un siècle, qu'on juge de son effet à l'époque et dans les circonstances où elle était écrite, et sur « des têtes cuites au soleil de Provence », comme dit Mirabeau.

En imprimant son discours, l'auteur l'avait fait précéder d'une sorte de préface que nous ne devons pas oublier. « Je lui avais fait passer, écrit le marquis de Mirabeau, à propos de cette préface, la note des services civiques de ses pères, tous tendant à apaiser les troubles, lui recommandant de n'aller pas sur leur tombe démentir leurs principes et leurs exemples. Fidèle à son aptitude à la maraude, il a fait de ce billet un préambule. » Et, en effet, Mirabeau, après avoir rappelé que « ses pères, proscrits d'une ville agitée, furent, il y a cinq cent vingt ans, recueillis dans cette province. », les passe individuellement en revue, depuis son cinquième aïeul, premier consul de Marseille, jusqu'à l'*Ami des hommes*, dont il s'approprie en ce moment la prose. Du conseil même qui lui était adressé il fait une phrase à son usage, et dit en terminant : « Voilà quels furent mes pères. Ce n'est pas sur leur tombe que je serais venu démentir leurs principes. J'ai voulu, je veux, je voudrai la paix. Mais je ne crois ni qu'une paix durable ait une autre base que la justice, ni qu'une révolution puisse être empêchée, qui est déjà faite dans l'opinion publique. »

La noblesse allait, par sa maladresse, contribuer encore à grandir le piédestal sur lequel l'imagination des Provençaux était en train de le placer. Après la suspension des États, cet ordre avait tenu des comités particuliers auxquels Mirabeau n'avait pas été appelé ; il annonça pour le 8 février ce qu'il appelait une assemblée générale de la noblesse ; et à cette assemblée Mirabeau fut convoqué par avis spécial. « J'y vais, écrit-il au moment de s'y rendre, j'y vais contre le gré de tout le monde, tant on a bonne opinion de ces gens-là. J'ai cru que, quand on avait des fonctions publiques, il fallait les remplir, et que ceux qui sont assez lâches pour insulter 180 ensemble un seul homme n'ont pas même assez de courage pour l'assassiner. Et, à dire vrai, mes funérailles pourraient être sanglantes. » Il ne s'agissait nullement d'assassiner Mirabeau, comme autrefois César, dont on peut bien invoquer le souvenir après celui de Marius, mais seulement de l'exclure du corps délibérant de la noblesse. La séance ouverte, le marquis de la Fare, premier consul d'Aix, déposa sur le bureau de l'Assemblée les titres de propriété des fiefs qui lui appartenaient, et invita Mirabeau à en faire autant pour justifier sa présence dans les rangs des gentilshommes possédant-fiefs. Sans se laisser embarrasser, bien que pris au dépourvu, Mirabeau répondit qu'il avait à la fois titre et possession pour être admis dans les assemblées de la noblesse. « Titre : en ce que son contrat de mariage lui donnait la double qualité de donataire et de substitué dans les fiefs que sa famille possédait en Provence. Possession : en ce qu'il avait quelquefois assisté aux assemblées particulières de la noblesse, il y a environ quinze ans; que, de plus, ayant remis au généalogiste du corps ses titres de propriété, il avait assisté, en conséquence, soit aux assemblées générales, soit aux comités, soit aux séances des États tenus jusqu'à présent, ses pouvoirs y étant été légitimés. » Comme il ne s'attendait pas à la motion de M. de la Fare, il n'avait pas, disait-il, « ses archives dans sa poche » ; cependant, « sa présence pouvant gêner la liberté des suffrages, il demandait à se retirer ».

Sorti de l'assemblée, il rédigea à l'instant une lettre à elle adressée, où il développait les arguments qui précèdent. Quelques gentilshommes, entre autres un membre de la famille d'Albertas, prirent sa défense; cependant, la majorité de l'assemblée, après s'être fait représenter son contrat de mariage, lequel ne lui conférait, en effet, aucune propriété actuelle de fiefs, après avoir constaté que les taxes locales de la noblesse, ou taxes d'afflorinement, étaient, pour les fiefs de la famille, entièrement acquittées par son père, prit une délibération portant que « en l'état il cesserait d'assister aux assemblées de la noblesse ».

« Vous voyez, écrit Mirabeau, annonçant ce résultat à son secrétaire, comme cela est ridiculement lâche, bêtement absurde et profondément illégal. C'est quand mes pouvoirs ont été légitimés par les États qu'un des ordres veut m'ôter une possession jugée; c'est de la démence. Ceci va être encore l'objet d'un écrit qui obstrue ma marche. »

L'écrit dont il s'agit parut, trois jours (1) après, sous ce titre : *A la Nation provençale*, par le comte de Mirabeau. Tout en y traitant fort au long la question soulevée à son sujet par la noblesse, Mirabeau débutait par déclarer cette question « en elle-même frivole et peu digne de l'occuper ».

Ce n'est point, disait-il, la qualité de possédant-fief qui me donne le droit d'être utile à mon pays. Provençal, homme, citoyen, je n'en réclame point d'autres... M. de

(1) 11 février 1789.

Roux (c'était le nom patronymique du marquis de la Fare) a bien voulu ne pas nier que Riquetti fût gentilhomme. Il a prétendu que j'étais sans fief; d'où il a conclu que j'étais sans intérêt pour les fiefs; et, je dois l'avouer, je ne mets pas grand intérêt à soutenir certaines prérogatives des fiefs... Mais l'assemblée des possédants-fiefs de Provence, ou plutôt un corps quelconque a-t-il le droit de renverser une possession jugée?... Voilà, certes, une question très importante, qui, tenant aux plus grands rapports de la société, mérite un examen scrupuleux; car il n'est aucun ordre, aucun individu dont une telle prétention ne puisse compromettre l'état. Ainsi l'égoïsme, qui rapetisse tout dans les affaires privées, peut tout agrandir dans les affaires publiques.

Il avait soin de faire remarquer qu'il ne se présentait point en concurrence avec son père :

A Dieu ne plaise, s'écriait-il, que j'ose jamais prendre une place à côté du vénérable représentant que la nature m'a donné, que mon cœur eût choisi, et auprès duquel je ne puis avoir que le respect du sentiment pour suffrage ! Mais la place que je lui céderais, et qu'il me cède lui-même, d'autres que lui peuvent-ils me la disputer ? Que gagnerait-on d'ailleurs à écarter le fils si le père pouvait paraître ? Celui-ci n'est-il donc plus l'*ami des hommes* qu'il a éclairés et défendus pendant un demi-siècle ?

Enfin Mirabeau prenait à partie M. de la Fare, dont la place était plutôt à l'assemblée des communes qu'à celle de la noblesse ; car il était, en tant que consul d'Aix, membre de l'ordre des communes, et, seul parmi les députés de cet ordre, il avait aux États déserté la cause de ceux dont il représentait les intérêts.

Son adresse *à la Nation provençale* publiée, Mirabeau repartit pour Paris, où le déchaînement contre son *Histoire secrète de la cour de Berlin* l'obligeait d'aller passer quelques jours avant le commencement des opérations d'élection aux États généraux. C'est dans l'intervalle que le règlement du 24 janvier 1789 fut rendu applicable à la Provence. Ce règlement admettait à voter avec les autres gentilshommes ceux qui ne possédaient pas de fiefs; il ôtait par conséquent toute portée à l'exclusion prononcée contre Mirabeau par les possédants-fiefs de sa province. Mais son application en Provence n'était pas propre à y calmer l'agitation des esprits.

Les dissensions dont nous venons de parler devaient fournir au gouvernement un motif naturel de faire rentrer la Provence dans le droit commun pour les élections aux États généraux. Dans presque tous les pays d'États, d'ailleurs, on avait vu se manifester les mêmes prétentions de députer en corps de nation, comme en 1614, selon la constitution et les usages particuliers de la province, et la même impossibilité de s'entendre pour le maintien intégral ou la réforme de ces institutions particulières (1). Le gouvernement qui avait paru

(1) En Dauphiné seulement, l'accord établi entre les trois ordres subsista, à part des dissidences dans la noblesse. A la faveur de cet accord, ce furent les États de la province qui réglèrent les conditions des élections aux États généraux, et qui y procédèrent eux-mêmes avec l'adjonction d'électeurs choisis par les trois ordres de l'assemblée, en nombre égal à celui de

d'abord disposé à accorder aux pays d'États un régime électoral spécial, qui, notamment, dans les instructions remises pour la tenue des États de Provence aux deux commissaires du roi, MM. de Caraman et de la Tour, faisait figurer au programme des travaux de l'assemblée d'Aix la rédaction des cahiers à porter aux États généraux, et la nomination des représentants à y députer, le gouvernement se décida à étendre aux provinces dont la situation avait été jusque-là réservée les principes de son règlement général. En Provence, en Bretagne, en Languedoc, en Artois, en Bourgogne et en Franche-Comté, le Tiers-État obtiendrait la même égalité de représentation, par rapport aux deux premiers ordres, que dans le reste de la France; mais, en revanche, comme dans le reste de la France aussi, les élections se feraient par bailliages et sénéchaussées, c'est-à-dire par circonscriptions administratives, et sans unité de représentation provinciale. « Le roi avait voulu, disait le préambule des lettres de convocation pour la Provence, dressées le 2 mars 1789, que la légalité de sa convocation fût indépendante de l'ac-

ses membres. La nomination des députés se fit en commun pour tous les ordres, de même que la rédaction du cahier. Toutes les opérations étaient terminées dans cette province avant même que le gouvernement eût promulgué son règlement électoral. Après avoir ainsi affirmé leur indépendance, les États du Dauphiné rendirent une déclaration portant que « les prérogatives locales contre les ordres avaient pu être utiles sous un gouvernement absolu, mais que le sacrifice de ces mêmes privilèges était le premier qu'on dût faire à la liberté publique ».

quiescement d'une portion quelconque de ses sujets; » — « et aujourd'hui, qu'on distinguait le droit d'administrer une province du droit de la représenter dans l'universalité de ses intérêts, S. M. n'avait pas cru devoir rejeter les représentations qui lui avaient été faites, au nom de ses sujets de Provence, pour réclamer le droit individuel et incessible de concourir tous médiatement ou immédiatement à la rédaction de leurs cahiers d'instructions ou de doléances, et à la nomination de leurs représentants aux États généraux. » Ainsi la solution adoptée était présentée comme une satisfaction accordée aux réclamations du Tiers-État, lequel, en Provence, n'avait pourtant pas cessé de demander l'assemblée générale des trois ordres. « La satisfaction eût été plus complète, observe le lieutenant général de la sénéchaussée d'Aix, M. Audier, en accusant réception au ministre des lettres de convocation, s'il avait été possible d'obtenir au moins que les électeurs nommés dans les différentes sénéchaussées se fussent (*sic*) tous rassemblés dans la sénéchaussée d'Aix pour la députation aux États généraux, et pour réduire tous les cahiers en un seul (1). »

Il est vrai que le roi réservait « à toutes les sénéchaussées, aux États de la province et aux trois

(1) On observa aussi que le roi ne prenait pas, dans les lettres de convocation, le titre obligé de comte de Provence. Il n'y avait là qu'une omission, et ce titre fut ajouté postérieurement pour la publication des lettres.

ordres en général les droits qu'ils pourraient avoir à une meilleure forme de convocation et d'élection aux assemblées des États généraux qui suivraient celles de 1789 », que le préambule se terminait par ces paroles engageantes : « Sa Majesté n'a pu, cette première fois, concilier tous les vœux, ni atteindre la perfection complète; mais elle ne doute pas que ses sujets, essentiellement intéressés au bien général qui doit être le résultat de la prochaine tenue d'États, ne suspendent leurs prétentions pour s'occuper uniquement du grand objet qui doit fixer en ce moment leur principale attention. »

Ces ménagements gardés envers le sentiment de patriotisme local pouvaient suffire au Tiers-État de Provence, alors qu'il voyait ses aspirations à l'égalité politique recevoir du souverain une sanction éclatante. L'ordre populaire se soumit donc sans résistance à la décision royale. Tel fut le conseil que lui donna Mirabeau, à peine revenu en Provence, dans un nouvel écrit daté du 13 mars 1789, et intitulé : *Opinion du comte de Mirabeau sur le règlement donné par le Roi pour l'exécution de ses lettres de convocation aux prochains États généraux de son comté de Provence.* Mirabeau venait d'être en quelque sorte consacré chef de parti par la réception triomphale qui lui avait été faite le 6 mars, à son retour de Paris. Depuis le moment où sa chaise de poste était entrée sur le territoire provençal, il avait trouvé dans toutes les villes, dans toutes les bourgades placées sur sa

route des députations nombreuses qui l'attendaient. Hommes, femmes et enfants, prêtres, soldats, paysans l'accueillaient aux cris répétés de : *Vive le comte de Mirabeau, vive le père de la Patrie* ! Les cloches sonnaient, on tirait des boîtes d'artifice, on voulait dételer sa voiture pour la traîner. A son arrivée à Aix, il lui avait fallu traverser une foule enthousiaste de plus de dix mille personnes pour gagner le logis qui lui avait été préparé place des Prêcheurs. Les jeunes gens de la bourgeoisie avait préparé une cavalcade pour le recevoir ; mais il avait déconcerté les préparatifs en arrivant une heure plus tôt qu'il n'était annoncé. Lorsqu'il était allé en chaise à porteurs dîner chez son ancien avocat et ami Jaubert, sa chaise avait été en un instant chargée de couronnes. Une escorte de tambourins et de galoubets l'avait accompagné. Le directeur de la comédie était venu lui demander de paraître le soir ou le lendemain dans sa salle, « sans quoi, disait-il, je ne sais pas ce qui arrivera ». La nuit venue, toute la ville s'était illuminée. Pour lui, gardant son calme au milieu de ces ovations, il faisait de beaux discours philosophiques « sur le
« danger de pareilles exagérations et la reconnais-
« sance que ne doit jamais le peuple, parce qu'on
« n'est jamais quitte envers lui » (1).

(1) Mirabeau aimait à répéter cette phrase de son *Adresse aux Bataves*, laquelle lui semblait d'un sens très profond : « Malheur aux peuples reconnaissants ! » Voir d'ailleurs, sur la réception

C'est au souvenir de ces journées-là que Mirabeau se reportait sans doute, lorsqu'un peu plus tard, devenu membre de l'Assemblée constituante, il disait en plaisantant à ses collaborateurs genevois, Dumont et Duroveray : « Je suis tout étonné de me voir philosophe, j'étais né pour être aventurier ; mais qui sait ? Ils vont déchirer le royaume et j'ai du crédit en Provence... Le voilà qui se voit comte de Provence, interrompait Duroveray. Eh bien, reprenait Mirabeau, beaucoup d'autres sont partis de plus bas. » Quelques jours après son entrée dans Aix, il se rendit à Marseille, où les mêmes marques d'enthousiasme l'accueillirent. La grande cité provençale commençait à être en proie à une effervescence inquiétante. Le moment n'était pas éloigné où Mirabeau, qui avait déjà prêché l'obéissance au roi à propos du règlement électoral, apparaîtrait au milieu de la foule soulevée en pacificateur, en médiateur entre elle et l'autorité. En attendant, si solidement établie que pût sembler sa popularité soudaine, il ne négligeait pour l'entretenir aucun moyen, grand ou petit. Des jeunes gens à sa dévotion répandaient autour de lui les louanges dont il se défendait ostensiblement. Son élection par le Tiers-État dans

de Mirabeau à Aix le 6 mars 1789, la narration publiée dans les *Mémoires de Mirabeau*, tome V, et aussi le passage qu'y consacre M. Michelet dans le dernier volume de son *Histoire de France*. C'est le lendemain qu'une députation, comme nous l'avons dit dans un précédent chapitre, se rendit chez la comtesse de Mirabeau pour lui demander de se réunir à son mari.

la sénéchaussée d'Aix était presque assurée. Mais pour plus de sûreté, ou pour plus d'éclat, il cherchait aussi à se faire élire dans la sénéchaussée de Marseille, et, avec l'infatigable activité qui le distinguait, il publiait, à cette fin, un écrit de plus, intitulé : *Lettre d'un citoyen de Marseille à un de ses amis sur M. de Mirabeau et l'abbé Raynal*, dans lequel, sous le voile de l'anonyme, il faisait de lui-même le plus pompeux panégyrique. La candidature de l'abbé Raynal avait été posée à Marseille. Elle était appuyée en quelques mots au commencement de l'écrit dont il s'agit ; après quoi, l'auteur passait, sans transition, à son véritable objet, c'est-à-dire à la glorification de sa propre candidature : « Si nous sommes assez justes, assez libres pour députer l'abbé Raynal, disait-il, un homme non moins étonnant que lui, le comte de Mirabeau le sera sans doute, et j'ose dire que ce double choix donnera assez de gloire à notre patrie. Ce dernier n'a point consacré sa plume à décrire les établissements du commerce, mais il grave, depuis quinze ans, dans des ouvrages qui vivront autant que le bronze et l'airain, les droits les plus sacrés de l'homme, la liberté et l'égalité. » Parmi ces ouvrages impérissables, l'étude sur la monarchie prussienne était qualifiée « le code théorique et pratique de toutes les institutions humaines ». « La Provence était esclave, lisait-on ensuite ; le comte de Mirabeau arrive et lui rend sa liberté... Il faut encore ajouter que ce bon citoyen est l'homme le plus éloquent de son siècle ; que sa voix domine dans les assemblées publiques, comme le tonnerre couvre le mugissement de la mer ; que son courage étonne encore plus que ses talents ; qu'il n'est aucune puissance humaine qui pût lui faire abandonner un principe ; que sa vie publique, depuis quinze années uniquement consacrée aux vérités importantes, est une suite de combats et de triomphes. » Mirabeau savait d'instinct que, pour parler à la multitude, il faut avant tout frapper fort, sans s'embarrasser de vaines délicatesses.

Il va sans dire que l'antipathie de la noblesse contre Mirabeau croissait en même temps que sa popularité dans l'ordre du Tiers. « Il est difficile, écrit le marquis de Mirabeau vers cette époque, et en parlant des gentilshommes provençaux dont les propos lui revenaient, de porter la haine et l'exécration plus loin, qu'en général il le font tous pour Monsieur le comte. » Mais qu'importait à Mirabeau ? Le corps des nobles possédant-fiefs, abandonné par le gouvernement, ne pouvait empêcher Gracchus ni d'être élu par le peuple, ni de voter comme gentilhomme. Ce corps en était réduit, à son tour, à protester contre le règlement accepté par le Tiers-État. Dès que le sens du règlement avait été connu, avant même qu'il eût été officiellement publié en Provence, les possédants-fiefs avaient pris une déclaration portant qu'ils ne se rendraient point aux assemblées de vote par sénéchaussées. Il y en eut bien peu par la suite qui ne se soient pas conformés à cet engagement. Ce furent les gentilshommes non possédant-fiefs qui représentèrent presque seuls la noblesse aux réunions ordonnées par le gouvernement; qui prirent des résolutions et députèrent en son nom. Les protestataires avaient essayé de gagner ceux-ci à leur cause, offrant de les admettre à siéger auprès d'eux, pour élire, en commun et dans une assemblée unique, la totalité des députés nobles correspondant aux différentes sénéchaussées de la province. Cette concession, si longtemps refusée, venait trop tard. La noblesse de Provence resta scindée en deux groupes. Les possédants-fiefs continuèrent à tenir des assemblées particulières et illégales ; ils constituèrent leur députation à eux, en antagonisme avec les députations nobles formées dans les sénéchaussées, leurs élus (1) devant tenter vainement de se faire admettre aux États généraux. S'ils consentirent enfin à renoncer à leurs privilèges d'exemption d'impôt, ce fut sur l'exemple qui leur était donné par le clergé et le Parlement, et qu'ils ne pouvaient se dispenser de suivre, alors que les émeutes s'étaient répandues

(1) Le nom du duc de Bourbon, placé à dessein en tête de la liste qui obtint les suffrages des possédants-fiefs, ne protégea pas cette liste. Les autres élus étaient : le marquis de Sabran, le président d'Arlatan de Lauris, le marquis de Forbin-Janson, le président d'Arbaud-Jouques, le comte de Sade, le marquis de Grimaldi et le président de Mazenod.

dans toute la Provence. Ils n'eurent pas même le mérite de leur sacrifice.

Le clergé fut mieux inspiré en général. A part un seul prélat, l'évêque de Toulon, il se soumit au règlement édicté par le roi, sauf à faire, pour le principe, telles réserves que de droit. Ce fut le chef de l'épiscopat provençal, l'archevêque d'Aix, M. de Boisgelin qui, dans une lettre circulaire au clergé régulier et séculier de son diocèse, en date du 20 mars 1789, se prononça, le premier, entre les privilégiés réellement intéressés aux exemptions d'impôt, pour la suppression de ces exemptions. « Le clergé, disait M. de Boisgelin, ne doit ni ne peut prétendre à aucune exemption relative aux charges publiques... S'il y avait des exemptions à faire, elles devraient être en faveur du peuple et non du clergé. » Des diverses parties de la province, le clergé adhéra aux idées de l'archevêque d'Aix. M. de Boisgelin, que Portalis avait appelé jadis « le centre de la réunion des trois ordres en Provence », devait rendre, pendant la période troublée qui commençait, les plus éminents services, et à l'Assemblée constituante, où il fut élu député, ne point démentir sa réputation de talent et de sagesse compatible avec de la fermeté.

Du 15 mars aux premiers jours d'avril, eurent lieu dans toute la Provence les opérations électorales du premier degré. Chaque communauté forma une ou plusieurs assemblées dans lesquelles tous les habitants majeurs, payant une contribution quelconque, ou bien appartenant à une corporation d'arts libéraux ou d'arts et métiers, vinrent, non pas seulement apporter leur vote pour la désignation des électeurs qui, réunis au chef-lieu de la sénéchaussée, nommeraient, en dernière analyse, les députés, mais débattre ensemble les questions politiques du moment pour la rédaction des cahiers particuliers, devant être plus tard fondus en un seul. Aucune forme de procéder ne pouvait être plus dangereuse dans les circonstances de l'époque. L'agitation, qui, certaines grandes villes exceptées, était jusque-là localisée dans les classes supérieures ou moyennes de la société, allait gagner les classes inférieures, s'étendant aux moindres villages. C'est autour des assemblées électorales, ou dans les assemblées électorales même, que les émeutes allaient se produire à l'état de feux isolés en apparence, mais multipliés et précurseurs du grand incendie général, suivant une belle comparaison de M. Taine (1). L'opposition aristocratique des Parlements avait détruit la force et le prestige qui restaient encore à l'autorité du gouvernement; dans la lutte que s'étaient livrée ensuite nobles et bourgeois, les seconds avaient eu raison des premiers. C'était la multitude qui allait maintenant entrer en scène, uniquement préoccupée de faire cesser les souffrances qu'on lui avait appris à

(1) *Les Origines de la France contemporaine. La Révolution*, t. I, p. 13.

mieux sentir (1), et dont on lui avait fait entrevoir le soulagement, confondant dans sa fureur aveugle nobles et bourgeois notables, qui étaient également pour elle des riches, des propriétaires oisifs, ou suivant le mot qui commençait déjà à être à la mode « des aristocrates » ; mais s'attaquant surtout aux impôts de consommation pour en rendre la perception impossible, au prix des denrées pour le faire baisser de force sans s'inquiéter de savoir qui supporterait la perte, aux charges féodales enfin pour en poursuivre l'anéantissement, jusque dans les titres qui les avaient établies, jusque dans les symboles qui les représentaient.

Avant même le commencement des opérations électorales en Provence, il y eut, le 14 mars, une première émeute dans la petite ville de Manosque (2). L'évêque de Sisteron, M. de Suffren-Saint-Tropez, frère de l'illustre marin, de passage dans cette petite ville appartenant à son diocèse, était allé visiter son séminaire qui y était établi. C'était jour de marché à Manosque, le blé était peu abondant sur la place, le peuple rassemblé mécontent. L'évêque était d'un caractère charitable, d'une capacité administrative reconnue ; ses

(1) Les rigueurs de l'hiver de 1788 à 1789 s'étaient d'ailleurs particulièrement fait sentir en Provence. Une grande partie des oliviers, qui forment une des principales ressources agricoles de cette région, avaient été gelés.

(2) Toute la partie de ce récit dans laquelle nous entrons a été rédigée d'après les documents conservés aux Archives nationales sur les élections et l'état de la Provence en 1789.

opinions n'avaient rien de rétrograde. Néanmoins il n'était pas populaire dans son diocèse, où il possédait des fiefs en propriété personnelle. On l'accusait d'être de connivence avec les accapareurs de grains; peut-être aussi se souvenait-on qu'il avait, à la dernière session des États, pris très énergiquement parti contre Mirabeau, et rédigé la protestation du clergé contre son premier discours. Un attroupement se forma autour de lui, tandis que, ses visites pastorales terminées, il rejoignait à pied sa voiture laissée hors de la ville. Malgré l'intervention des consuls en chaperon et du subdélégué, on le hua, on lui jeta d'abord des mottes de terre et des pelotes de neige, puis des pierres qui le blessèrent. Parvenu, non sans peine, à remonter dans sa voiture, il quitta la ville poursuivi par une grêle de pierres. « Plusieurs fois, rapporte son frère, le marquis de Suffren, dans une lettre au ministre, il s'adressa à ces furieux pour les calmer, leur demander ce qu'il leur avait fait pour les porter à l'assassiner. Les plus échauffés lui répondirent : *Nous sommes pauvres, vous êtes riche, nous voulons tout votre bien.* »

L'événement fit une vive sensation en Provence, par cela même qu'il était le premier en son genre. Le Parlement commença, à grand fracas, une procédure. Les personnages marquants de l'ordre du Tiers s'efforcèrent en vain de se persuader et de persuader au gouvernement qu'il n'y avait là qu'une effervescence sans portée, occasionnée uniquement par la disette du blé, et le « sentiment trop vif de la misère publique ». L'intendant de Provence, M. de La Tour, n'était pas de cet avis.

La disette du blé, au marché de samedi à Manosque, écrivait-il au gouvernement, n'a servi que de prétexte. Le blé ne manque nulle part, les municipalités sont prévenues qu'elles peuvent s'en pourvoir à Marseille. Il est cher, à la vérité, mais nous avons éprouvé des chertés beaucoup plus considérables, sans qu'elles aient produit aucune commotion. J'ai vu le blé à 50 et 60 francs la charge (1); celui de la plus belle qualité ne va pas à 45 francs, et les inférieurs de 37 à 40 et 41... L'insurrection du peuple contre le clergé et la noblesse est aussi vive que générale; il ne dissimule ni ses plaintes, ni ses menaces. On lui a persuadé qu'il va être déchargé de tout impôt, et que les deux premiers ordres supporteront seuls les charges de l'Etat; le peuple annonce qu'il ne paiera pas la dîme, plusieurs communautés ont refusé à leurs trésoriers de rien payer au delà des impositions royales.

En réalité, les troubles de Manosque n'étaient qu'un prélude, et les appréhensions des chefs de l'administration en Provence étaient parfaitement justifiées. Les assemblées de corporations et de communautés s'ouvrirent peu à peu. « Elles sont tumultueuses, dit encore M. de La Tour, et souvent troublées par l'affluence du peuple qui veut y dominer. » Du 23 au 27 mars, l'émeute éclate

(1) La charge de blé représentait un poids de 245 livres.

presque simultanément sur une quinzaine de points à la fois, non seulement dans les grandes villes de la province, à Marseille et Toulon, qui donnent le signal, puis à Aix, dans de petites villes, comme Pertuis, La Seyne, Hyères, Brignolles, Barjols, Riez, mais dans une série de villages. Là où il existe des impôts de consommation ou *rèves*, et nous avons dit combien ce genre d'impôts était répandu en Provence, la foule se jette sur les bâtiments affectés à leur perception et les détruit, maltraite les agents de recouvrement, force les officiers municipaux non seulement à proclamer l'abolition de ces droits odieux, mais encore à abaisser quelquefois de plus du tiers le prix courant des denrées comestibles : farine, pain, viande, huile même. C'est là le trait le plus saillant et le plus original de toutes les émeutes provençales en 1789. Il est vrai que quelques-unes des taxes de consommation dont il s'agit étaient particulièrement vexatoires. Le droit de *piquet* sur les farines avait par lui-même cet inconvénient, impossible à atténuer, de frapper l'objet le plus nécessaire à la vie, et, par conséquent, de peser surtout sur les pauvres. Mais, de plus, dans certaines villes, à Aix par exemple, il était perçu par voie d'abonnement, c'est-à-dire que chaque famille était taxée à raison d'une certaine quantité fixe de farine qu'elle était censée consommer par an. Pour la viande, c'était autre chose ; sa vente était l'objet d'un véritable monopole au profit des municipalités à Aix, à Marseille, à Toulon, ailleurs encore. Ce monopole était affermé à Marseille ; à Aix il était exploité en régie. Comment s'étonner des attaques ardentes des économistes contre les impôts indirects, lorsque l'on constate jusqu'à quel degré d'oppression l'application de ces impôts était poussée sous l'ancien régime ? Comment s'étonner de cette idée répandue dans la foule, que c'était à l'autorité municipale et aux riches, qui la détenaient, de lui procurer des vivres à meilleur marché, lorsque l'autorité municipale s'était en quelque sorte emparée des vivres, spéculant sur leur nécessité ? Comment l'esprit populaire surexcité pouvait-il faire la distinction entre l'abaissement de prix qui correspondait seulement à la suppression de la taxe municipale, et celui qui atteignait en outre les fournisseurs dans leurs intérêts particuliers, en les obligeant de céder leurs denrées au-dessous de la valeur réelle ? S'il doit y avoir une perte à supporter, qu'importe ! c'est à la municipalité d'y pourvoir de ses ressources, dût-elle se ruiner. Les propriétaires aisés seront mis à contribution, à quelque ordre qu'ils appartiennent ; on les menace, on assiège leurs maisons, quand on n'y pénètre pas pour s'y livrer au pillage. « La populace, écrit M. de La Tour, attaque indistinctement l'ecclésiastique, le noble, le bourgeois. Le paysan annonce sans cesse que la destruction et le pillage qu'il fait sont conformes à la volonté du roi...

Lorsqu'on pillait la caisse du receveur des droits sur les cuirs (une imposition royale pourtant) à Brignolles, c'était aux cris de *Vive le Roi*. » — « Les dernières classes du peuple, écrit un autre magistrat, avocat général au Parlement, M. de Montmeyan, sont persuadées que l'époque des États généraux, convoqués pour la régénération du royaume, devait être celle d'un changement entier et absolu, non seulement dans les formes actuelles, mais dans les conditions et dans les fortunes... C'est ici une espèce de guerre déclarée aux propriétaires et à la propriété... Se peut-il que les noms sacrés de Louis XVI et de son Sully soient devenus le cri de ralliement d'une multitude de séditieux, mais ne blasphème-t-on pas quelquefois, jusqu'au nom de Dieu et de la vertu ! »

Dans les villages soumis à l'autorité des seigneurs, c'est contre ceux-ci naturellement que l'insurrection se tourne. On exige d'eux ou de leurs représentants l'abandon en forme des droits seigneuriaux, voire même la remise des fermages qui leur sont dus. Pour donner plus d'authenticité à ces renonciations arrachées, on en fait prendre acte par des notaires ou des officiers municipaux amenés de force. En plusieurs endroits, on reconnaît les mêmes figures d'agitateurs. Il y a beaucoup de vagabonds, de gens sans aveu, parmi les bandes qui parcourent les campagnes, terrorisant ceux qu'elles n'entraînent pas à leur suite. Néanmoins, suivant l'observation du commandant militaire en Provence, M. de Caraman, il ne s'agit plus cette fois « d'émeutes isolées, comme elles le sont ordinairement. Ici la partie est liée et dirigée par des principes uniformes. Les mêmes erreurs sont répandues dans tous les esprits... Jamais le peuple n'a été si inflammatoire et si facile à se lier ».

Il n'entre pas dans le cadre de notre sujet de présenter ici le tableau complet des quarante ou cinquante insurrections qu'on peut compter en Provence du 23 mars au 15 avril 1789, car le désordre se continua et se propagea à peu près jusqu'à cette date pour s'apaiser momentanément, une fois les élections aux États généraux terminées. M. Taine, d'ailleurs, dans ses *Origines de la France contemporaine* (1), a fait le relevé de ces insurrections ; il les a racontées d'une manière à la fois concise et circonstanciée qui ne laisse rien à désirer. Renvoyant donc nos lecteurs à son ouvrage, nous ne ferons que mentionner les faits les plus caratéristiques de cette première jacquerie, hors des villes d'Aix et de Marseille : par exemple, le meurtre, à Aups, de M. de Brouilhony de Montferrat. Ce gentilhomme s'était défendu dans sa maison contre une troupe qui voulait lui faire signer une délibération du corps municipal supprimant des droits, ou abaissant des prix de denrées ; il avait eu le malheur de

(1) *La Révolution*, t. Ier, liv. Ier.

tuer l'un des assaillants d'un coup de fusil; sa porte fut forcée, on le poursuivit, on le « hacha en petits morceaux », écrit M. de Caraman, et on massacra avec lui deux paysans qui avaient pris son parti. Comment ne pas citer aussi le pillage réglé de plus de quarante maisons dans la ville de Brignolles; les exploits, dans la ville de Barjols, de quarante ou soixante paysans ou vagabonds qui, pour citer une relation émanant du Parlement de Provence, « se rendirent maîtres de cette bourgade, firent des consuls et des juges *leurs valets de ville*, annonçant qu'ils étaient les maîtres, qu'ils rendraient eux-mêmes la justice », et commencèrent ensuite de maison en maison la plus étrange tournée, « obligeant les particuliers à qui il était dû des sommes importantes à les quittancer à leurs débiteurs, et même souvent à donner de l'argent, ... forçant les uns à se départir d'une procédure criminelle, d'autres à renoncer à un décret qu'ils avaient obtenu, ou à rembourser les frais d'un procès qu'ils avaient gagné depuis plusieurs années », exigeant même d'un père son consentement pour le mariage de son fils, faisant racheter par des religieuses ursulines le pillage de leur couvent moyennant une composition de 1,800 livres. Comment, enfin, passer sous silence le siège du palais épiscopal de Riez, entouré de fascines auquelles on s'apprêtait à mettre le feu, lorsque l'évêque se rend aussi à composition, en promettant une somme de 50,000 livres; la mise à sac d'un autre palais épiscopal, celui de Toulon, sous les yeux d'une garnison de 4,000 hommes de troupes de terre et de mer; l'assaut, la destruction ou la dévastation des châteaux de Soleilhas, Solliès et Belle.

Les élections eurent lieu plus pacifiquement dans la petite communauté de Mirabeau, que nous avons des motifs particuliers de ne point oublier. La récente popularité de l'héritier du seigneur avait, semble-t-il, effacé dans cette communauté le souvenir de son arrogance passée. « Si la communauté de Mirabeau, était-il dit dans le long cahier de doléances qui y fut dressé, pouvait se flatter d'avoir toujours pour seigneurs des Riquetti tels que l'Ami des hommes, tels que M. le comte de Mirabeau, l'Ami du peuple, dont le nom sera toujours cher à la nation provençale, et en particulier à cette communauté, qui n'oubliera jamais qu'il a été le seul dans son ordre qui ait plaidé la cause du Tiers-État et qui ait eu le courage et la fermeté de le défendre contre les usurpations et la tyrannie des deux premiers ordres, elle n'élèverait pas sa voix pour obtenir des États généraux l'abolition des droits féodaux onéreux à ses habitants; elle l'attendrait de la bienfaisance seule de l'Ami des hommes et de l'Ami du peuple; mais il est question d'une régénération générale, la communauté y joint son vœu, et elle exposera les vexations auxquelles les droits seigneuriaux exposent les habitants des campagnes. » Du reste, le cahier de la communauté de Mirabeau était encore plus agressif contre le haut clergé que contre les possesseurs de fiefs. « De tous les abus qui existent en France, déclarait-il, le plus affligeant pour le peuple, le plus désespérant pour les pauvres, c'est la richesse immense, l'oisiveté, les exemptions, le luxe inouï du haut clergé (1). »

Mirabeau n'ayant pas paru parmi les vassaux de son père, durant son séjour en Provence en 1789, nous ne nous occuperons pas davantage de ceux-ci.

Nous parlerons, au contraire, avec détails des événements de Marseille et d'Aix, parce qu'ils appartiennent directement à l'histoire de l'élection de Mirabeau. « Marseille, écrivait M. de La Tour au mois de mai suivant, a été et continue d'être le foyer de toutes les insurrections qui ont éclaté dans les diverses communautés. » Ce danger était à redouter par cela seul que Marseille était, dès lors, une ville de 130,000 habitants, remplie d'ouvriers, remplie d'une population flottante d'étrangers. Pourtant il n'y avait pas à Marseille les mêmes divisions d'intérêt et d'amour-propre entre les ordres que dans le reste de la Provence. La question de l'égalité d'impôt ne s'y posait pas, puisque,

(1) Le cahier de la communauté de Mirabeau a été publié dans les *Archives parlementaires*, de MM. Mavidal, Laurent et Clavel, première partie. Nous ne nous serions pas avisés de l'y rechercher si M. Alfred Stern ne nous avait obligeamment donné cette indication.

à part la capitation qui ne comportait pas d'exemption pour la noblesse, on n'y payait que des impôts indirects proportionnels aux dépenses de chacun. L'administration, indépendante de celle de Provence, y était absolument démocratique; nobles et bourgeois y participaient sur le même pied, et dans une réelle union. Elle était placée, il est vrai, sous le contrôle de l'intendant d'Aix; cet administrateur royal avait même plus d'autorité dans les *terres adjacentes*, comme on appelait les municipalités indépendantes de Marseille et d'Arles, que dans les autres parties de son ressort. Quelles que fussent les qualités personnelles de M. de La Tour, il était, en raison de ses fonctions, détesté à Marseille. De plus, les taxes locales de consommation soulevaient encore plus de mécontentement, s'il est possible, à Marseille que partout ailleurs. On se plaignait des exactions du fermier de la ville. On ne se plaignait pas moins, d'ailleurs, des fermes générales royales, qui avaient détruit l'ancienne franchise du port de Marseille.

Marseille aurait voulu députer aux États généraux comme municipalité, c'est-à-dire sans aucune distinction d'ordre. C'était là, disait-on, ce qui s'était passé en 1614; ecclésiastiques, nobles et bourgeois avaient alors choisi ensemble des représentants qui, sans égard à la qualité personnelle de chacun, n'en n'étaient pas moins, au même titre, députés de la communauté. Les

Marseillais s'étaient donc vu avec beaucoup de déplaisir appliquer, en 1789, la loi générale de l'élection par sénéchaussée. Leur ville, à elle seule, avec quelques paroisses suburbaines en dépendant, formait bien une sénéchaussée, mais, en tant que sénéchaussée semblable aux autres, la distinction des ordres y reparaissait ; les magistrats municipaux n'y devaient plus présider à une élection commune (1), et le nombre des représentants appartenant à l'ordre du Tiers devait se trouver sensiblement réduit. « Depuis le moment, lisons-nous dans une lettre des échevins de Marseille à Necker, que l'on a connu à Marseille le règlement fait par Sa Majesté, le 2 mars, pour le comté de Provence relativement aux États généraux, le peuple, et surtout cette classe de citoyens qui ne tient à rien, s'est permis de déclamer ouvertement contre le régime des impositions de cette communauté. » Une adjudication des fermes municipales, de laquelle l'intendant avait écarté, disait-on, les concurrents pour favoriser l'ancien fermier, avait redoublé l'agitation. Dès le 20 mars, des placards, écrits à la main et affichés dans la ville, invitaient le peuple à se

(1) Il subsista cette particularité, pour l'élection de Marseille, que le suffrage y fut complètement *universel*, dans la ville du moins. Tous les habitants domiciliés, majeurs de vingt-cinq ans, réunis ou non en corporations d'arts et métiers, furent admis à voter sans condition de paiement de contribution directe, puisque les contributions directes principales étaient entièrement remplacées par des impôts de consommation.

rassembler pour réclamer l'abaissement du prix des vivres. Le 23, veille du jour fixé pour la réunion des électeurs choisis dans les assemblées primaires, des attroupements se formèrent dans les différents quartiers de la ville ; cinq cents hommes armés de pistolets et de bâtons vinrent attaquer la maison du fermier de la ville ; ils l'abandonnèrent tout d'un coup, pour se rendre à l'hôtel de ville où le maire et les échevins tenaient conseil. La foule tumultueuse grossissait de moment en moment. Elle environna bientôt l'hôtel de ville, exigeant que le prix du pain, qui était de 3 sous et demi la livre et sur le point d'augmenter, fût fixé d'autorité à 2 sous ; que la viande, qui se vendait 8 à 9 sous la livre, fût réduite à 6 sous. On commença à briser les vitres et à enfoncer les portes de l'hôtel de ville, et l'on ne laissa sortir les officiers municipaux que lorsqu'ils eurent promis satisfaction aux volontés dictées par la foule. Les trompettes de la ville durent publier immédiatement, dans tous les quartiers, la nouvelle des abaissements de prix accordés.

A la tombée de la nuit, le commandant militaire en Provence, M. de Caraman, arriva d'Aix. Comme il était assez populaire dans les pays soumis à son commandement, on l'accueillit par des cris de *Vive le Roi* et *Vive le comte de Caraman*. Il adressa à la foule une belle harangue. « Je leur ordonnai, de la part du Roi, raconte-t-il, de se séparer, MM. les officiers municipaux voulant bien faire le sacrifice de la somme nécessaire pour soutenir le pain et la viande au-dessous de leur valeur, ce qui ne laissait plus nulle raison de s'attrouper; je leur dis que lorsqu'ils auraient des demandes à faire à l'administration de la ville, ce devait être par mémoire ou par députés, et non par assemblées tumultueuses, et qu'ils obligeraient sans cela le Roi, qui ne cherchait que le bien de ses peuples, d'employer ses forces pour les remettre dans l'ordre. » Pendant ce temps, le maire de Marseille, M. de Gaillard (1), et l'assesseur Capus, séparés des autres officiers municipaux, tandis qu'ils se rendaient avec eux à la rencontre de M. de Caraman, étaient, sur un autre point de la ville, poursuivis par la populace, obligés de se sauver par le toit d'une maison où ils avaient cherché asile, et finalement de quitter Marseille déguisés. Un peu plus tard, le subdélégué de l'intendant, procureur du roi pour la police, Vitalis, menacé comme eux, dut suivre cet exemple. M. de Caraman jugea que ces Messieurs avaient « sagement disparu »; et, vers une heure après minuit, croyant voir le calme se rétablir un peu et confiant dans l'effet de son éloquence, il s'en revint à Aix, sans prendre aucune mesure de précaution ni de répression. Sa voiture était à peine sortie de Marseille que la maison apparte-

(1) On reprochait au marquis de Gaillard de n'avoir pas défendu les intérêts du Tiers-Etat et de la ville de Marseille dans l'assemblée des notables, où il avait siégé.

nant à l'intendant, M. de La Tour, était envahie et saccagée.

Ce même soir, un des jeunes gens de Marseille qui s'étaient épris pour Mirabeau d'une admiration enthousiaste, M. Brémond Julien, avocat, avait eu l'idée d'envoyer un exprès à celui-ci, à Aix, pour l'informer des événements et solliciter son intervention. « Tout est perdu, lui écrivait-il, s'il faut céder au peuple ; tout est détruit si l'on emploie la force. Votre présence peut-être calmerait les choses. Quand on n'attend plus rien des hommes, il faut bien recourir aux dieux, et s'il était possible que notre ville vous eût cette obligation... Trop flatteur espoir ! Vous n'ignorez pas jusqu'où va la licence des plébées, jusqu'où s'étend leur fureur, lorsqu'ils ont commencé de se rendre coupables, parce qu'alors, pour se dérober au châtiment du crime commencé, il ne leur reste que la ressource de le consommer. Je vous en prie, au nom de cette classe pauvre et malheureuse, au nom de tous les citoyens, qui, quoique d'un rang plus élevé, pleurent sur ces victimes abreuvées de rage et de malheur, communiquez-moi les lumières de vos sages conseils. Le sort de votre race est de nous être toujours utile. » Le matin venu, Mirabeau fit part à M. de Caraman, avec lequel il était resté en bons termes, bien qu'il ne se fût pas toujours conduit irréprochablement envers lui, depuis son arrivée en Provence (1),

(1) Il venait au même moment de publier, en tête d'une de ses

des nouvelles et de l'invitation qu'il avait reçues dans la nuit. Il lui demandait, disait-il, « ses conseils et même ses ordres ». — « Que vous conseiller, Monsieur le comte, répondit M. de Caraman ? De faire ce que votre cœur et votre pouvoir vous dicteront pour le bien public. C'est véritablement un moment décisif, et vos succès porteront le prix de leur importance. »

Ainsi encouragé, Mirabeau se mit en route pour Marseille. Il y arriva pour y trouver l'émeute aussi violente que la veille. La maison du fermier de la ville, Rebuffel, à laquelle on était revenu s'attaquer, avait été dévastée. On avait tenté de forcer des magasins à blé, bien que l'abaissement du prix des vivres eût été appliqué dès le matin. Dans la pensée de mettre un terme à cet état de désordre, de nombreux jeunes gens, de bonne famille pour la plupart, s'étaient réunis dans une taverne des allées de Meilhan, et avaient arrêté, avec le consentement des échevins, la constitution d'une milice bourgeoise. La situation de la ville de Marseille, à ce moment, est fort curieuse à étudier ; et nous renvoyons ceux de nos lecteurs, qui voudront la connaître plus en détail, au livre

brochures, la réponse assez vive qu'il avait faite à de courtoises observations de M. de Caraman, au sujet de son précédent voyage à Marseille. Dans cette lettre, il reprochait à M. de Caraman ses ménagements pour le parti des privilèges. « Gens à plumets, disait-il, en s'adressant à lui, quand saurez-vous que vos coteries et vos flatteurs ne sont pas le public ? »

récent et fort intéressant de M. Guibal : *Mirabeau et la Provence en* 1789 (1).

Le premier soin de Mirabeau, en arrivant à Marseille, fut de s'occuper, avec l'aide de ses jeunes amis et le concours de la corporation « vraiment respectable », dit-il, des portefaix, de l'organisation de cette milice bourgeoise pour la police de la ville (2). L'idée était toute nouvelle alors, et, plus tard, dans un discours à la Constituante, Mirabeau a pu revendiquer pour Marseille et pour lui-même « l'honneur d'avoir devancé l'établissement des milices nationales ». Cette garde qu'il fallait former à la hâte, sans avoir la liberté d'en choisir les éléments, finit par devenir à son tour un fléau, mais elle rendit d'abord des services. De temps immémorial, il n'y avait pas de troupes à Marseille même ; quelque graves que fussent les circonstances, le commandant militaire de la province n'osait prendre sur lui d'en faire pénétrer dans ses murs ; aussi bien le nombre d'hommes dont il pouvait disposer alors était-il très restreint (3). Le seul moyen à

(1) Paris, Thorin, 1887. — Tout le livre de M. Guibal contient un ensemble de renseignements fort précieux sur l'histoire de la Provence en 1789, renseignements recueillis à des sources locales et inexplorées.

(2) Une des premières compagnies formées reçut, nous apprend M. Guibal, le nom de Mirabeau avant même son arrivée.

(3) Il n'y avait guère, à portée d'Aix et de Marseille, que deux régiments d'infanterie et fort peu de cavalerie, et les émeutes éclataient de tous les côtés.

prendre pour préserver du pillage, dans cette grande ville abandonnée à elle-même, les magasins à blé, les boutiques de boulangers, le lazaret plein de marchandises précieuses, c'était celui qu'avaient employé Mirabeau et ses jeunes amis.

La sécurité s'étant de la sorte un peu rétablie, il n'y avait pas moindre nécessité de revenir sur les abaissements du prix des vivres arrachés aux officiers municipaux. Pour les réaliser, non seulement la ville devait renoncer aux taxes de consommation dont elle tirait toutes ses ressources, mais elle était obligée de payer une indemnité au moins aux boulangers, car la valeur réelle du pain, droit de *piquet* sur la farine déduit, était encore fort au-dessus du prix fixé. La perte qui en résultait pour les finances municipales n'était pas moindre de 10 à 12,000 livres par jour. « La baisse, écrit Mirabeau à M. de Caraman, au lieu de calmer le peuple, continue au contraire à l'agiter, car il voudrait la conserver, et il ne croit cependant pas lui-même que cela soit possible. Ce qui le prouve, c'est que plusieurs particuliers se sont présentés avec des sacs chez les boulangers, et demandaient du pain pour quinze jours. De plus, si le pain et la viande étaient maintenus à un prix au-dessous de leur valeur réelle à Marseille, tous les habitants des environs viendraient s'y pourvoir. » Cela était clair comme le jour ; mais, quand l'instinct bestial est déchaîné, la foule ne connaît plus l'évidence. A ce moment même, les habitants de la ville de Pertuis, par exemple, en se plaignant de la disette, n'allaient-ils pas détruire les moulins de la ville qui leur donnaient du pain? « J'ai fait prêcher la nécessité de la hausse partout où j'avais de l'influence », écrit encore Mirabeau, de Marseille. Le 26, trois jours après le commencement de l'émeute, le conseil municipal de Marseille, renforcé des électeurs des trois ordres pour la députation aux États généraux, est convoqué afin de délibérer sur le relèvement du prix du pain de 2 sous à 34 deniers, c'est-à-dire un peu moins de 3 sous. Le matin même on a affiché dans la ville un *Avis de Mirabeau au peuple de Marseille* (1) qui est un véritable petit chef-d'œuvre d'éloquence familière. Obliger à raisonner ceux qui s'y refusent, c'est un haut fait oratoire qui en vaut bien un autre. La décision prise, à huit heures et demie du soir, Mirabeau la fait publier par les chefs des patrouilles bourgeoises, qui « répondent de tout », après avoir pris du reste la précaution de « répandre partout des applaudisseurs pour donner l'impulsion à la joie publique ». Tout se passe le mieux possible, et le peuple calmé « se montre plus reconnaissant d'avoir obtenu un prix modéré, c'est-à-dire le prix réel de la chose, qu'il ne l'était d'une baisse sur laquelle il prévoyait qu'il ne pouvait pas compter ».

A la vérité, le relèvement, qui ne s'appliquait

(1) Il a été publié en appendice dans les *Mémoires de Mirabeau*, t. V.

pas d'ailleurs au prix de la viande, était encore trop faible pour permettre à la ville de reprendre ses anciennes perceptions de droits. Elle restait ruinée, et réduite à emprunter, en attendant de pouvoir suppléer par de nouveaux impôts d'un autre genre à la suppression de ses anciennes ressources. D'autre part, l'ordre n'était que très imparfaitement rétabli ; à la faveur de l'anéantissement de toute autorité, les « jeunes gens » de Mirabeau, comme il appelait sa garde bourgeoise, allaient s'ériger en dominateurs de Marseille, assujettir à leurs lois le conseil municipal, dans lequel ils prétendirent avoir un représentant, exercer leur pression sur les électeurs pour le choix des députés aux États généraux, faire insérer de force dans les cahiers un article demandant l'abolition de la place d'intendant, et flétrissant, bien à tort, les « malversations » de M. de La Tour, rendre des jugements en leur nom et les faire exécuter, enfin pousser leurs incursions jusqu'à la petite ville d'Aubagne pour interrompre le cours d'une instruction judiciaire, et soustraire les accusés aux magistrats. Les abus dont ils se rendirent coupables se multiplièrent à tel point qu'au mois de mai suivant M. de Caraman reçut ordre du ministère, vivement sollicité à cet effet par le Parlement et toute l'administration de Provence, de procéder à leur désarmement. Il avait alors obtenu des renforts de troupes, et put se présenter aux portes de Marseille, à la tête de huit mille hommes qu'il laissa, il est vrai, dans les faubourgs. Le désarmement s'opéra de bonne volonté ; une garde bourgeoise mieux organisée et mieux disciplinée fut substituée à l'ancienne. En Provence, durant cette singulière époque, les réjouissances étaient toujours à côté des émeutes. Ce fut sous des arcs de triomphe et aux cris répétés de *Vive le Roi ! Vive le comte de Caraman !* que le commandant en chef entra dans la ville rebelle. Il se laissa entraîner à faire de la conciliation sans grand succès, car l'état révolutionnaire ne cessa même pas momentanément à Marseille ; depuis le 23 mars, date à laquelle il avait été inauguré, il ne fit que se perpétuer et s'aggraver. Pendant les années qui suivirent, la grande ville demeura un des principaux foyers de désordre de notre pays (1).

Tout ceci n'empêche pas que Mirabeau ait rendu à Marseille les plus signalés services, lors de la crise primitive. Si beaucoup de mal fut alors évité, ce fut en grande partie grâce à lui. Ses adversaires de la noblesse n'en voulurent pas convenir,

(1) Necker, tout en déclarant un peu légèrement, dans l'ouvrage publié par lui, en 1791, sur son administration, qu'avant le mois de juillet 1789, « on ne peut citer que deux insurrections remarquables : l'une à Paris, dans le faubourg Saint-Antoine, l'autre à Marseille », reconnaît que cette dernière ne fut point une effervescence du moment. « Elle fut, dit-il, soutenue par la majeure partie des citoyens ; elle tenait à l'esprit du temps, et je crois qu'on aurait risqué beaucoup en usant inconsidérément des moyens de violence, et en les préférant à la marche mesurée qui rétablit le calme sans effusion de sang »

et cherchèrent, au contraire, à lui imputer la responsabilité des troubles qu'il s'était donné l'honneur de réprimer. Mais l'immense majorité des Provençaux lui rendit un hommage mérité. Deux mois plus tard, un auteur, Provençal d'origine, nommé Le Blanc, faisait représenter, sur un théâtre de Paris, une pièce intitulée: *Liberté ou Marseille sauvée ;* le héros était un Riqueti du XVIe siècle sauvant sa patrie d'une révolution populaire, au temps de la Ligue ; mais l'allusion aux exploits analogues d'un Riqueti contemporain était transparente. « Je fis, écrit, à ce propos, le marquis de Mirabeau, dire à Monsieur le comte, qui a de l'influence et accointance avec les lettrés, l'intérêt qu'il aurait à faire remettre à d'autres temps cette bizarre levée de boucliers. On m'a dit qu'il y avait fait ce qu'il avait pu, mais, outre que Le Blanc vit fort isolé, on ne fait pas reculer un auteur comme on veut. » Nous serions étonnés, d'ailleurs, qu'à ce moment où Mirabeau n'excitait pas du tout le même enthousiasme à Paris qu'en Provence, la pièce eût été favorablement accueillie.

Mirabeau n'avait pas achevé de remplir sa mission à Marseille qu'il était, le 25 mars, rappelé par un message de M. de Caraman à Aix que l'émeute venait de gagner. Ses succès à Marseille le faisaient considérer comme indispensable pour rétablir l'ordre dans la capitale de la province. « Je tirai parti assez habilement de la circonstance, raconte Mirabeau lui-même, pour piquer d'honneur mes jeunes Marseillais. J'allai voir à cheval tous leurs postes, reconnaître et renforcer toutes leurs dispositions, et quand je crus être parfaitement sûr de mon fait, je fis venir des chevaux de poste et partis à franc étrier pour Aix (1). »

Comme il fallait s'y attendre, le soulèvement du 23, à Marseille, avait eu, le surlendemain, son contre-coup dans la capitale de la province. Cela était d'autant plus inévitable que trois assemblées du premier degré pour les élections aux États généraux étaient convoquées, ce jour-là, à Aix, la sénéchaussée de cette ville se trouvant un peu en retard sur celle de Marseille dans les opérations électorales. Deux des assemblées dont il s'agit comprenaient les paysans du terroir de la communauté et les habitants des faubourgs ne tenant à aucune corporation d'arts et métiers, ou d'arts libéraux ; la troisième était composée des bourgeois de la ville ne faisant pas partie non plus d'une de ces corporations; elle devait se réunir à l'hôtel de ville, sous la présidence de deux consuls nobles, MM. de La Fare et de Duranti-Collongue. Il y avait donc une affluence inaccoutumée dans les rues d'Aix, et lorsque, vers deux heures, les bourgeois, convoqués à l'hôtel

(1) Lettre à Brémond Julien du 27 mars, citée par M. Lucas de Montigny, t. V, p: 303 des *Mémoires de Mirabeau*.

de ville, arrivèrent pour se rendre au lieu de leur séance, ils trouvèrent la place, qui s'étend aujourd'hui encore devant l'édifice municipal, remplie d'une foule mêlée, où des paysans et des ouvriers, appelés dans les deux autres assemblées, étaient confondus avec des misérables n'ayant aucun droit de suffrage, et un grand nombre de femmes. Tous ces gens huaient le premier consul M. de La Fare, lequel, arrivé d'avance, se tenait sur la porte de l'hôtel de ville, essayant de parlementer avec eux ; les huées n'étaient interrompues que par des demandes d'abaissement du prix du pain et de la viande, et de suppression du droit de *piquet,* comme à Marseille.

M. de La Fare, exaspéré, eut-il l'imprudence de braver cette foule menaçante; tint-il à une femme qui réclamait du pain ce propos qu'il a toujours nié et qui a une apparence légendaire, car, à quelques variantes près, il a été prêté à bien d'autres personnages de l'époque : *Vous n'êtes faite que pour manger la fiente de mes chevaux.* Les récits ne s'accordent pas sur ce point, et celui de M. de Caraman disculpe M. de La Fare. Toujours est-il qu'à un certain moment la foule commença à faire pleuvoir des pierres sur l'hôtel de ville. Le premier consul rentra précipitamment en criant : *Sauve qui peut;* la grande porte donnant sur la place fut fermée. M. de Caraman, auquel on avait fait appel, s'avança avec un détachement du régiment de Lyonnais-infanterie pour dégager la place. La foule, qui avait d'abord salué le commandant par des acclamations, se tourna avec fureur contre la troupe en armes, quand elle l'aperçut. Attaquée non soulement à coups de pierres, mais à coups de pistolets, cette petite troupe fit, sans commandement, une décharge générale, puis elle battit en retraite, car elle n'était pas en force. Deux soldats avaient été frappés mortellement, onze autres blessés. M. de Caraman lui-même avait reçu une forte contusion, son épée était brisée. Son fils avait été, à ses côtés, atteint à la tête par une pierre. Son aide de camp, M. de Félix, qui s'en allait chercher de nouvelles troupes, était renversé de cheval et sur le point d'être assassiné. Du côté du peuple, il y avait aussi deux morts et des blessés.

Laissons maintenant M. de Caraman raconter lui-même son étrange conduite :

Je m'occupai, dit-il, promptement de faire avancer le régiment, mais, au moment de porter dans le centre de cette ville des forces suffisantes pour chasser le peuple mutiné, je pensai que j'allais causer un massacre prodigieux par la fureur du soldat et la réunion de toutes les assemblées qui se portaient à l'hôtel de ville. J'écoutai les demandes des habitants qui me sollicitaient de ne pas faire marcher toutes les troupes, et je fis marcher seulement la compagnie de chasseurs, pour la porter à l'hôtel de ville, lorsqu'un peuple immense, amené par le gouverneur de mes enfants, vint à moi, chapeaux bas, criant : *Vive le Roi et Monsieur le comte de Caraman,* et me faisant des excuses de ce qui s'était passé, m'assurant qu'il allait se disperser, si les troupes se retiraient, et demandant seulement une réduction du pain blanc à 2 sous et demi, et du pain bis à 2 sous (le pain blanc coûtait alors 3 sous et demi, et le pain bis 3 sous la livre, à Aix comme à Marseille), et la viande à un moindre prix, ainsi que la suppression du *piquet* (nos lecteurs savent ce qu'était le droit de *piquet*). Je leur promis de solliciter ces demandes auprès des consuls ; des cris de joie succédèrent. Le peuple se retira... Bientôt après, on vint m'apprendre que la populace pillait des magasins à blé. Le même motif qui m'avait empêché de faire entrer tout le régiment de Lyonnais dans la ville m'empêcha aussi de le faire avancer dans cette occasion. La nuit approchait, et je n'aurais pu éviter, dans les petites rues d'Aix, un massacre et peut-être un pillage général.

Il est difficile d'imaginer un commandant en chef plus timoré. Tandis que M. de Caraman était à consulter les mouvements de sa sensibilité, à écouter les excuses du peuple, et ses propositions de paix, et ses *vivats* qui le flattaient beaucoup trop, une autre portion de ce bon peuple donnait à l'hôtel de ville un assaut enragé. Les consuls et les électeurs bourgeois, qui y restaient enfermés, durent, pour se délivrer, non seulement faire les mêmes promesses d'abaissement du prix des vivres que M. de Caraman, mais livrer les clefs des greniers publics. Encore M. de La Fare, à la personne duquel on en voulait, fut-il obligé de s'échapper furtivement.

Dès le moment où on lui eut procuré la facilité de piller, la foule se rua au pillage. « Comme elle enlevait tout, lisons-nous dans un des récits que nous avons utilisés (1), les paysans honnêtes, leurs femmes, leurs enfants, craignant une disette, pillèrent aussi, mais sans aucun bruit quelconque. En moins de trois heures, tout le grain fut enlevé ; et même, dans la nuit, quelques mutins pillèrent les magasins de deux négociants en blé. » L'autorité regardait faire. La seule précaution que prit M. de Caraman fut de fermer les portes de la ville, et de placer à chaque porte une garde de soldats et de bourgeois, afin que les grains ne fussent pas du moins emportés au dehors.

Les choses étaient en cet état, quand, dans la nuit, Mirabeau revint de Marseille. « Il eut, nous reprenons le récit que nous venons de citer, une entrevue avec M. de Caraman, pour se concerter sur les moyens à prendre. M. de Caraman, qui connaît tout le dévouement des Provençaux pour M. de Mirabeau, remit à ce gentilhomme la police intérieure, et le laissa maître absolu. M. de Mirabeau, convaincu, d'après le rapport unanime des faits, que cette émeute n'était pas l'ouvrage des habitants, encore moins du peuple, confia sur le champ la garde de la ville à une milice bourgeoise. Chacun s'empressa d'obéir à ses ordres, et, dans

(1) Il est signé de tous les bourgeois qui faisaient partie de la réunion de l'hôtel de ville.

Cette émeute d'Aix ne rappelle-t-elle pas les scènes de la famine de Milan, dans l'immortel ouvrage de Manzoni : *I promessi sposi*.

moins d'une heure, la troupe réglée eut remis à la milice bourgeoise tous les postes qui lui étaient confiés. M. le comte de Mirabeau monta à cheval pour les visiter, et pour donner aux capitaines de garde l'ordre de M. de Caraman. Il recommanda la paix et l'union; il assura le peuple que ses ennemis seuls pouvaient profiter de sa division et qu'il fallait tout attendre de la bonté du roi, ainsi que des intentions bienfaisantes de ses ministres. » Mirabeau raconte lui-même qu'il « fut obéi comme un père adoré », qu'il « prit la parole d'honneur du peuple d'être sage, d'inviter et forcer à être sage », que « les femmes, les hommes, les enfants baignaient de larmes ses mains, ses habits, ses pas, le proclamant leur sauveur, leur dieu » (1).

La noblesse qui, suivant lui, ne s'était pas montrée depuis trente-six heures, pouvait bien « reparaître armée, insolente et morguante, dit-il, réclamant les places d'officiers de la bourgoisie, surtout criant qu'il avait fait tout le mal ». Le beau rôle que les circonstances lui avaient ménagé était la meilleure vengeance qu'il pût tirer de ses ennemis. Pour conquérir sur le peuple cet ascendant qu'il exerçait au profit de tous dans le désar-

(1) « J'ai employé M. de Mirabeau, qui a le vœu du Tiers-Etat, et qui le connaît parfaitement, écrit M. de Caraman, dans une de ses lettres au gouvernement, pour empêcher un plus grand mal que celui qui est arrivé, et comme il n'est aimé ni du Parlement, ni de la noblesse, je sais qu'on ne m'a pas pardonné. Mais je les servais sans m'inquiéter de ce qu'ils pouvaient penser. »

roi général, il n'avait pas eu besoin de se rabaisser au-dessous de sa condition d'origine, d'ouvrir, suivant l'absurde légende, une boutique portant cette inscription : *Mirabeau marchand de drap.* Jamais de sa vie, il n'avait été plus homme de qualité que lorsqu'il parcourait les rues d'Aix, haranguant du haut de son cheval la foule encore frémissante, mais docile à sa voix. Il n'était plus du tout Gracchus alors, et s'il devançait La Fayette, il était un La Fayette plus énergique et mieux obéi.

Il y eut d'ailleurs, en cette occurrence, un autre homme qui, avec moins d'ostentation, fut aussi utile que Mirabeau, ce fut l'archevêque d'Aix, M. de Boisgelin. Depuis quelque temps déjà, ce prélat faisait distribuer aux pauvres du blé à prix réduit, soldant la perte de ses deniers. Le blé, amassé par lui à cet effet, se trouvait dans un des greniers publics ; il avait été pillé, comme le reste. Le lendemain de l'émeute était jour de marché à Aix; sous peine de s'exposer à de nouveaux mouvements populaires, il était impossible de laisser le marché vide de grains. L'archevêque y fit porter 60 charges de blé déposées dans les greniers particuliers du chapitre. Cela suffisait pour la journée, mais il fallait alimenter la ville pour plus longtemps, et, si l'on voulait y faire revenir du blé du dehors, dédommager les propriétaires qui avaient eu à souffrir du pillage de la veille, par suite de l'enlèvement de leurs dépôts dans les greniers publics. Le dédommagement ne pouvait se faire qu'au moyen d'un emprunt de la ville, et un emprunt précipité était difficile dans la circonstance. L'archevêque promit de cautionner, sur sa fortune personnelle, jusqu'à cent mille livres. Il fit mieux encore, et, par des voies de douceur, parvint à faire restituer une grande partie du blé volé.

Il avait été convenu, écrit-il lui-même au ministre, de faire publier par les consuls qu'on rachèterait le blé qui serait rapporté, sans rechercher les coupables. C'était un grand embarras d'en manquer, c'en était un autre non moins sensible de le payer. J'ai fait venir les curés et les religieux. Je leur ai proposé d'aller, et d'envoyer de bons prêtres dans toutes les maisons des honnêtes bourgeois pour s'informer de ceux qui avaient volé le blé et qu'ils pouvaient connaître, d'aller chez ces gens emportés par l'erreur d'un moment, de leur faire sentir le mal qu'ils avaient fait, et le mal plus grand de la famine, qui devait en être la suite. Ils en souffriraient, comme toute la ville. Ils seraient réduits les premiers à la misère avec toute leur famille. Ils pouvaient encore prévenir cette horrible calamité... Les prêtres, les gardes bourgeoises, les nobles et les bourgeois de tous rangs se sont répandus de tous les côtés dans les maisons où se trouvait le blé volé. Chacun a concouru à le demander, chacun de ceux qui l'avaient pris s'est empressé de le rendre. C'était un spectacle aussi doux et consolant à voir que celui de la veille était affreux. Les mêmes hommes revenaient par toutes les rues, rapportant les sacs sur les épaules. On voyait venir des ânes, des charrettes chargées de blé... Hier au soir 27, nous comptions sur une restitution des deux tiers. Les prédicateurs, les curés au prône, les confesseurs dans la quinzaine de Pâques emploieront tous les sentiments religieux pour multiplier les restitutions.

Le désordre avait été poussé encore plus loin à Aix qu'à Marseille, mais il y fut plus vite et plus complètement réprimé. Les administrateurs municipaux arrivèrent même à rétablir pour un temps, avec quelques améliorations, la perception importante du droit de *piquet* sur la farine.

Cinq jours après, du 3 au 9 avril, eut lieu, tant à Aix qu'à Marseille, la nomination des députés aux États généraux. A Aix, comme on s'y attendait, Mirabeau fut élu le premier des quatre députés à nommer par le Tiers-État, et à une très grande majorité (1). A Marseille, son élection souffrit plus de difficulté; il fut seulement le quatrième et dernier député choisi, après une suite assez laborieuse de tours de scrutin, et, s'il faut en croire une lettre de M. de Demandolx, lieutenant général de cette sénéchaussée au garde des sceaux, sous la pression exercée du dehors par la garde bourgeoise. « Il était près de minuit (2), écrit M. de Demandolx, et la salle, ainsi que le couvent des pères Carmes, dans lequel se tenaient les assemblées des trois ordres, étaient investis de cette jeunesse dont les désirs et les menaces éclataient fort hautement. » Il est probable, au contraire, que ce fut l'apparence de solidarité de Mirabeau avec cette troupe turbulente de jeunes gens, commise par lui à la sûreté de Marseille, qui lui

(1) 290 voix sur 344.
(2) C'était le 4 avril.

nuisit auprès d'un certain nombre de gros négociants de l'assemblée électorale.

Il opta pour celle des deux députations qui flattait le mieux son amour propre (1), mais il eut soin, pour ménager les susceptibilités des Marseillais, de venir leur exprimer sa reconnaissance avant de regagner Paris. Le soir où il prit congé d'eux, quatre cents jeunes gens à cheval, une torche à la main, environnèrent, pour lui faire la conduite, sa voiture qu'ils avaient ornée de chêne et de laurier.

En général, les choix faits par les électeurs de Provence, comme aussi les vœux exprimés par eux dans leurs cahiers, étaient plus sages que ne pouvait le faire craindre l'état de fièvre de tous les esprits depuis trois mois. Mais les émeutes du dernier mois avaient eu pour effet de rendre la noblesse plus accommodante, plus disposée aux sacrifices d'intérêt et d'amour propre, quoi qu'en dise Mirabeau, et de rapprocher d'elle, en même temps, les hommes éclairés du Tiers-État. « Il est résulté de nos malheurs un bien réel, écrit M. de Caraman le 23 avril, c'est la suppression des droits des villes les plus onéreux au peuple. On a reporté sur la classe aisée ce qui excédait les forces

(1) Comme député d'Aix, d'ailleurs, il était plus réellement représentant des intérêts généraux de la province, Marseille ayant toujours eu des intérêts particuliers. Tel fut le principal motif qu'il allégua pour expliquer son option, dans ses lettres aux commissaires du Tiers-Etat de Marseille.

du malheureux journalier; il est fâcheux que cette réforme ait été le fruit de la crainte, mais aussi le bien n'en est pas moins réel. On s'aperçoit encore d'un peu plus d'attention de la noblesse et des gens aisés pour les paysans; on s'est accoutumé à leur parler avec plus de douceur, lorsqu'ils étaient ameutés, et cette habitude restera... L'attaque des paysans s'étant dirigée sur tout ce qui paraissait les dominer, le haut Tiers, plus près d'eux, a été aussi le plus maltraité. Cela a rejeté cette classe, très opposée à la noblesse, vers ce corps auquel elle s'est liée contre l'ennemi commun, et cette liaison, qui subsistera, formera une masse de deux classes qui ne s'étaient pas encore rapprochées ». Les consuls d'Aix constatent, peu de temps auparavant, que, dans leur ville, « la noblesse, la bourgeoisie, les artisans se sont unis, confondus et armés de concert pour en imposer à la multitude, ou plutôt à ces gens sans aveu, avides de pillage, qui l'avaient émue ». Enfin, dans une lettre particulière à Necker, Portalis est plus optimiste encore. « La noblesse et le Parlement, dit-il, viennent de renoncer à toutes leurs franchises, et de reconnaître qu'ils doivent contribuer à tout. Nos inquiétudes vont se changer en fêtes publiques. *La paix et la justice se sont embrassées.* »

Bornons-nous à parler des sénéchaussées d'Aix et de Marseille. Le clergé d'Aix, dont le cahier ne présentait rien de très saillant, à part le vœu « de contribuer, sans aucun privilège ni exemption pécuniaire, à toutes les charges et impositions royales, communes et municipales du pays, à l'instar et à l'égal, dans la même forme et quotité que tous les citoyens », et un autre vœu demandant « qu'il fût fait un règlement concernant les ordres arbitraires, à l'effet de pourvoir à la conservation de la liberté individuelle et personnelle des citoyens », le clergé d'Aix, disons-nous, élut pour députés l'archevêque, M. de Boisgelin, et un curé animé des mêmes sentiments de modération, l'abbé Cousin, curé de Cucuron. Soixante gentilshommes seulement, presque tous non possédant-fiefs, avaient comparu devant le lieutenant général d'Aix pour former l'assemblée de la noblesse de la sénéchaussée. Nous avons dit que les gentilshommes possédant-fiefs, bien que revenus un peu tard de leur inflexibilité première, avaient persisté à former une assemblée à part pour toute la province; c'est là qu'ils avaient consenti à l'abandon de leurs exemptions d'impôts ; le même vœu ayant été formé par les assemblées rivales de sénéchaussées, et notamment celle d'Aix, ils se récrièrent contre ce procédé de « nobles sans propriétés féodales, se permettant de stipuler sur des intérêts qui leur étaient étrangers ». Au reste, le cahier des gentilshommes de la sénéchaussée d'Aix renfermait, outre le vœu dont il s'agit, beaucoup d'autres dispositions fort libérales. L'influence de Mirabeau semble s'y révéler, et, en effet, s'il ne fut pas au nombre des commissaires chargés de la rédaction du cahier, il prit au moins une part active à toutes les délibérations de l'assemblée de son ordre, parmi les membres de laquelle il s'était fait inscrire comme « gentilhomme possédant fief », repoussant jusqu'au bout l'exclusion dont on avait voulu le frapper aux États de la province. Le cahier de cette assemblée demandait le vote par tête aux États généraux (1), « la suppression des distinctions humiliantes qui avilirent le Tiers-Etat aux dernières tenues d'États généraux », la liberté de la presse « sous la *responsion* de l'auteur et de l'imprimeur », « l'entière suppression des lettres de cachet et ordres arbitraires », « la reconnaissance formelle des droits nationaux, consistant principalement dans le consentement libre des États généraux, périodiquement réunis, à toutes les lois générales, et à tous les impôts et emprunts », « la responsabilité des ministres », même « la suppression du concordat, et le rétablissement des élections pour le choix des évêques », c'est-à-dire le principe de la constitution civile du clergé, article d'une sagesse très douteuse entre beaucoup d'autres excellents. L'organisation judiciaire de l'époque était directement attaquée par une demande de suppression de la vénalité des charges, à laquelle on proposait de substituer le système suivant : Présentation, à

(1) « Il est permis aux députés, disait ce cahier, d'opiner par ordre ou par tête, ainsi que les États généraux le jugeront le plus utile, les chargeant cependant de faire leurs efforts pour qu'on opine par tête. »

chaque vacance, par les États provinciaux, qui devraient être établis dans tout le royaume, d'un certain nombre de sujets entre lesquels le roi choisirait ; maintien de l'inamovibilité, « sauf la faculté de pouvoir dénoncer les officiers de justice aux États généraux, s'il était possible qu'il y en eût qui prévariquassent, et que leur compagnie les laissât impunis ». La noblesse d'Aix demandait, d'ailleurs, la conservation de son ordre dans tous les droits et prérogatives dont il jouissait à part les exemptions d'impôts (1). Son cahier n'en était pas moins un des plus hardis qui eussent été rédigés, dans toute la France, par les représentants de cet ordre. Les députés nommés pour le porter furent M. d'André, conseiller au Parlement d'Aix, où il tenait une place marquante (2), âme du groupe des nobles non possédant fiefs ; avec lui M. d'Albertas, premier président de la Cour des comptes, l'un des rares possesseurs de fiefs qui eussent fait preuve d'esprit de conciliation aux États provinciaux. M. d'Albertas ne s'était pourtant pas rendu à l'assemblée de séné-

(1) Notons encore que les députés de la noblesse d'Aix étaient chargés de « proposer aux États généraux qu'il fût élevé un monument patriotique au souverain bienfaisant, restaurateur de sa fidèle nation ».

(2) M. d'André fut pareillement un des membres importants de Assemblée constituante. Il en fut plusieurs fois élu président. Très sincèrement dévoué à la monarchie, sans pourtant se séparer de la majorité constitutionnelle, il eût pu être pour Mirabeau un coopérateur précieux, s'il ne lui eût toujours inspiré quelque ombrage. Ministre de la police en 1814, il est mort en 1825, intendant des domaines de la couronne.

chaussée ; il refusa le mandat qui lui avait été conféré, et, par suite de son refus, le suppléant nommé, M. de Clapiers-Collongue, ancien consul d'Aix, devint député à sa place.

Le cahier du Tiers-État d'Aix se rapprochait à beaucoup d'égards de celui de la noblesse. Les mêmes principes constitutionnels sur la liberté de la presse et la liberté individuelle, l'établissement des lois, le vote des impôts, la responsabilité des ministres s'y trouvaient énoncés. Il n'y était pas question de l'élection des évêques, mais on y lisait « que le clergé ne devait pas former un ordre dans l'État ; qu'il y avait lieu de mettre dans le commerce ses biens », et notamment les biens de l'ordre de Malte, en accordant un revenu fixe aux ecclésiastiques. Plusieurs communautés avaient demandé l'abolition complète de la noblesse héréditaire. La majorité des électeurs n'avait pas été jusque-là. Elle se contentait d'exprimer le vœu que la noblesse ne pût jamais être acquise à prix d'argent, que les « droits seigneuriaux portant profit, tels que cens, champart, directe, dîmes féodales, etc., fussent déclarés rachetables par les redevables ou les communautés, à un taux équitable et uniforme », que « tous autres droits seigneuriaux imposant des servitudes personnelles contraires au droit naturel fussent supprimés sans indemnité ». C'est cette distinction même qui fut consacrée par l'Assemblée constituante. L'abolition de la vénalité des charges était visée, comme dans le cahier de la noblesse, le système indiqué pour la nomination aux offices royaux de judicature était le même. Toutefois, on réclamait de plus que chaque citoyen pût être jugé par ses pairs dans les tribunaux en dernier ressort, et qu'à cet effet la moitié des membres composant ces tribunaux fussent choisis dans le Tiers-État. Il y avait des articles relatifs à la rédaction des codes civil et criminel, à la réforme de l'instruction criminelle, à l'extension de la liberté accordée récemment aux non-catholiques, à la restitution des biens des religionnaires fugitifs à leurs légitimes héritiers, à l'amélioration de l'éducation publique pour les deux sexes. Mandat était donné aux députés de requérir pour la Provence « le maintien de sa constitution d'État principal, uni, et non subalterné ; » de « réclamer les bons offices des États généraux pour obtenir l'assemblée générale et intégrale des trois ordres de Provence, à l'effet de réformer les abus qui s'étaient glissés dans cette constitution ; » de protester contre la forme de convocation actuelle pour la députation aux États généraux. Cette clause était, en quelque sorte de rigueur ; nous verrons qu'elle ne pesa pas d'un grand poids au moment de l'organisation uniforme de la France par départements. En dernier lieu, les députés étaient invités à « entretenir correspondance avec les communautés qui leur feraient passer des instructions pour le soutien de leurs doléances ». Furent élus par le Tiers, avec Mirabeau, le lieutenant général de la sénéchaussée Audier, et les avocats Bouche (1) et Pochet, celui-ci ancien assesseur, tous deux au premier rang du barreau d'Aix. Pascalis, nommé avant Pochet, refusa la députation ; il en fut de même de l'avocat général au Parlement de Grenoble Servan, auquel on avait songé parce qu'il avait jadis adressé aux communautés de Provence plusieurs écrits, les engageant à adopter comme modèle la constitution dauphinoise. En résumé, cahier raisonnable, bien que l'esprit d'innovation s'y fût très librement donné carrière, et députation qui ne pouvait passer pour factieuse, bien que représentant une des sénéchaussées les plus *avancées* de France, pour employer une expression moderne.

Le cahier du Tiers-État de Marseille était, s'il est possible, moins révolutionnaire encore. Les questions politiques n'y tenaient que la moindre place. Sur ces questions, le Tiers déclarait « donner son adhésion aux sages et généreux principes qui ont dicté l'instruction envoyée par S. A. S. Mgr le duc d'Orléans à ses procureurs fondés, et s'y référer avec cette respectueuse confiance que toujours la Nation française mit en l'opinion des princes du sang royal ». Mais on sait que l'instruction du duc d'Orléans, prise pour modèle dans beaucoup de sénéchaussées et de bailliages, ne faisait en rien pressentir la conduite que tint par

(1) Bouche est mort en 1795, membre du tribunal de cassation. A l'Assemblée constituante, il a en général agi et voté avec Barnave et ses amis.

la suite son auteur. « Ces principes vont être retracés dans presque toute leur étendue, ajoutaient les représentants du Tiers, et si l'assemblée se permet d'en séparer un article relatif aux mœurs, c'est qu'elle aime à se persuader que la contagion n'est point arrivée jusqu'à nous au point de nécessiter le divorce. » Le cahier traitait surtout des intérêts commerciaux et des franchises de Marseille. Il demandait avec la plus pressante énergie que les douanes fussent placées aux frontières et que les bureaux des fermes fussent éloignés du territoire de Marseille, « laquelle ne doit aucune place sur son sol libre à ces établissements ». Il faut, y disait-on encore, « extirper pour toujours le bureau de régie générale des droits réunis qui, toléré dans son institution à Marseille par la facilité du négociant, engourdit et corrode tout ce qu'il touche, harcèle, sans relâche et sans exception de moment, le fabricant actif, le réduit à la plus triste extrémité, et le force à porter son industrie chez l'étranger s'il ne l'anéantit ». Les trois députés choisis avant Mirabeau étaient des négociants « d'une probité, d'une intelligence et d'une capacité distinguée », écrit au garde des sceaux le lieutenant général de la sénéchaussée. Ces trois députés, Michel Roussier, Lejeans et Delabat, étaient avant tout des hommes d'affaires.

La noblesse de Marseille s'était aussi attachée principalement, dans son cahier, aux questions locales. Elle demandait, comme celle d'Aix, le vote par tête aux États généraux, et avait offert de rédiger son cahier et de nommer ses députés en commun avec les autres ordres de la sénéchaussée.

Ce fut dans le clergé, entre l'évêque et ses clients, d'une part, et les représentants des nombreux chapitres séculiers de la ville, d'autre part, que la division la plus marquée se produisit à Marseille. Il y eut des protestations contre le cahier rédigé, disait-on, sous l'influence de l'évêque, et dans lequel les intérêts du bas clergé étaient sacrifiés ou négligés (1).

Il faut conclure ce long récit d'histoire locale. On ne nous saura pas mauvais gré, nous l'espérons, de lui avoir donné quelque développement, car il forme un des épisodes les plus importants de la vie de Mirabeau, et, au surplus, c'est sur l'étude de chaque province de France en particulier que repose l'appréciation exacte de la situation générale de notre pays, lors de la réunion des Etats généraux. Durant l'époque qui précède cette grande date, la Provence fut une des régions de France les plus agitées ; mais les dissensions et les émeutes auxquelles elle fut livrée se retrouvent partout ailleurs, sinon avec la même intensité, au moins avec les mêmes caractères.

L'*anarchie spontanée*, suivant l'expression heu-

(1) Les députés de la noblesse de Marseille furent MM. de Sinety et de Cipières, l'un marin, l'autre militaire; les députés du clergé, MM. de Villeneuve-Bargemon et Davin, chanoines.

reuse imaginée par M. Taine, et qui mérite d'être consacrée, l'*anarchie spontanée* a commencé bien avant le mouvement du mois de juillet 1789. Ce mouvement n'a fait que jeter bas les dernières assises d'un édifice déjà effondré. De l'ancienne charpente de la société française, s'il nous est permis de parler ainsi, il restait, dès lors, bien peu de chose; depuis quelque temps les différentes pièces qui la composaient s'étaient disjointes, sans que le gouvernement ait pu l'empêcher, car de lui-même, ou sous les coups portés, depuis plus de temps encore, par ses soutiens naturels, le gouvernement avait presque cessé de fonctionner. Le plus remarquable dans les luttes politiques que nous venons de raconter, ce n'est pas le choc violent des intérêts opposés, ce n'est pas l'aveuglement et la fureur d'une populace soumise à toutes les excitations, c'est l'impuissance de l'autorité, l'effacement complet de cette administration jadis si forte et si bien armée en apparence.

Que la victoire sur l'ancien régime fût ainsi gagnée d'avance, nul ne pouvait le croire parmi les contemporains, et l'illusion était entretenue par le parti bruyant et arrogant, qui, l'ancien régime mort, a rêvé longtemps de le faire revivre. Là est le principe de toutes les erreurs d'une assemblée aussi bien intentionnée et aussi bien composée dans son ensemble qu'elle pouvait l'être, comme le reconnaît le plus judicieux de ses membres, Mounier, dans un livre où il juge pourtant son œuvre avec une extrême sévérité (1). S'il n'est pas juste de réduire toute l'œuvre de l'Assemblée constituante à une vaste destruction, suivant un mot célèbre de Mirabeau, de dire, avec Joseph de Maistre, que l'épithète de *Constituante* sera toujours pour cette assemblée une épigramme, il n'en est pas moins certain qu'elle a trop songé au passé pour le combattre, et pas assez à l'avenir pour le sauvegarder. Malgré toutes les bonnes lois, toutes les expositions de principes sages qu'elle a laissées, elle s'est montrée complètement impuissante à faire sortir l'ordre du chaos. Mais ce n'est pas à elle que le chaos est imputable ; on y marchait avant elle, on y est arrivé avant même qu'elle ait réellement commencé ses travaux, et aucune des vieilles institutions dont elle a proclamé l'abolition n'était plus apte à le prévenir ou à le faire cesser.

(1) Voir : *Considérations sur les causes qui ont empêché les Français de devenir libres*, chapitre XXII.

XV

LES DÉBUTS DE MIRABEAU AUX ÉTATS GÉNÉRAUX. — LA SÉANCE ROYALE DU 23 JUIN ET L'INSURRECTION DE JUILLET 1789. — LES RELATIONS DE MIRABEAU AVEC LES ASSEMBLÉES DE DISTRICTS PARISIENNES.

§ 2. — Les débuts de Mirabeau aux États généraux

On sait quel accueil fut fait à Mirabeau à la séance d'ouverture des États généraux par les deux mille spectateurs pressés dans les tribunes ou sous les travées de la salle des Menus-Plaisirs de Versailles, transformée en salle des États. Les députés étaient successivement introduits, suivant l'ordre de leurs bailliages, par le grand maître des cérémonies qui les plaçait. Cette opération ne dura pas moins de deux heures. Chaque députation faisait ainsi son entrée particulière. Le duc d'Orléans, qui avait paru au milieu de celle de Crépy-en-Valois, s'effaçant pour laisser passer devant lui un curé, avait été salué des plus vifs applaudissements. On avait beaucoup applaudi aussi les députations de Bretagne et de Dauphiné. Quand vint le tour de la députation d'Aix en Provence, « quelques mains, raconte Grimm dans sa *Correspondance*, se disposaient à lui rendre le même hommage, mais elles furent arrêtées par un murmure désapprobateur dont l'application personnelle ne peut échapper à la sagacité de M. le comte de Mirabeau ».

Quelques jours plus tard, durant cette période d'attente qui précéda la décision adoptée par les représentants du Tiers de se constituer assemblée nationale ; durant cette période où leurs discussions n'étaient que des conversations, où le public pénétrait dans le lieu de leurs séances comme sur la place d'Armes, et se mêlait à leurs délibérations qu'il faisait ressembler à celles d'un club, Dumont de Genève nous dépeint Mirabeau isolé, blessé de l'état de disgrâce dans lequel il était tenu par l'Assemblée, « prodiguant, en parlant de ses membres, toutes les expressions du dédain, et prévoyant déjà que tout serait perdu par leur vanité et leur jalousie contre tout ce qui s'annonçait d'une manière distinguée ; croyant ou affectant de croire qu'il était repoussé par une espèce d'ostracisme contre ses talents » ; —mais, au milieu de ses éclats de colère et de ses promesses de vengeance, ne déguisant point un accent de douleur, et roulant des larmes de dépit dans ses yeux enflammés.

Nos lecteurs connaissent maintenant les causes

de la déconsidération contre laquelle Mirabeau avait à réagir. Nous avons montré que, au nombre de ces causes, il en était de fort récentes et de fort justifiées. Certainement M. Victor Hugo s'est laissé entraîner par l'amour de l'antithèse, lorsqu'il écrit à la fin de sa brillante étude sur Mirabeau : « Jusqu'au 1er avril 1791, Mirabeau est *un orateur de second ordre, un monstrueux bavard, hué, sifflé encore plus qu'applaudi*. Il meurt le 2 avril; le 3 on invente pour lui le Panthéon. Grands hommes, voulez-vous avoir raison demain, mourez aujourd'hui. » En réalité, les talents de Mirabeau n'ont jamais été méconnus par ses collègues et ses contemporains ; son éloquence, tous les témoignages le prouvent, a été vite appréciée comme elle le méritait; mais il lui a fallu néanmoins beaucoup de temps et d'efforts pour obtenir dans l'Assemblée l'autorité qui devait appartenir à un orateur tel que lui. Sans renoncer à lutter, dans l'Assemblée même, contre les préventions de ses membres, il a dû, en même temps, chercher en dehors d'elle des points d'appui. Il n'a tenu qu'au gouvernement, nous le verrons, d'acquérir en lui, dès la première partie de sa vie politique, l'auxiliaire qu'il a été plus tard. Plus suspect encore au gouvernement qu'à l'Assemblée, il a bien été obligé de s'attacher d'abord à gagner la faveur populaire, afin de s'imposer par elle au gouvernement et à l'Assemblée. Il s'était exercé en Provence, avec le grand succès que nous savons, au rôle de tribun ; il va continuer ce rôle à Paris, dans la même pensée qui l'inspirait jadis, comme écrivain polémiste. Et maintenant encore qu'il a à sa disposition l'arme de la parole, il va recommencer à se servir de sa plume dont le public est habitué à subir, malgré tout, l'influence. Le jour même de l'ouverture des États généraux, il inaugure la publication d'un journal politique indépendant, absolument comme si la presse périodique était déjà affranchie de ses anciennes entraves.

Mais, avant de parler de ce journal célèbre, il nous faut mentionner une particularité assez peu connue de l'histoire de Mirabeau, particularité se rattachant à la séance royale du 5 mai. Il paraît que Mirabeau était venu avec l'intention de prendre la parole à la fin de la séance, contrairement à l'étiquette qui n'autorisait pas une pareille liberté devant le roi sans sa permission, afin de demander à Louis XVI de faire délibérer, en sa présence, par les trois ordres encore réunis, sur le point de savoir s'ils devaient se séparer. Mirabeau avait même préparé le discours qu'il devait lire. Cette pièce intéressante avait été conservée par Frochot, devenu par la suite l'un des meilleurs et des plus sages amis du grand orateur à l'Assemblée. Elle a été publiée par M. Louis Passy dans l'ouvrage excellent qu'il a consacré à Frochot. Nous croyons devoir la reproduire ici :

Sire,

Vos fidèles communes supplient Votre Majesté de faire

délibérer, préalablement à toute séparation de cette assemblée, si les membres qui la composent doivent se diviser. Réunis par votre autorité, Sire, nous offrons la représentation nationale, autant du moins qu'une convocation provisoire peut la donner. Présidés par Votre Majesté, nous avons, et avons seuls le droit de régler la forme des délibérations ; mais, Sire, vous avez incontestablement celui d'empêcher que cette grande question : *Les ordres doivent-ils se séparer ou rester unis ?* soit résolue avant d'être jugée. Elle le serait, Sire, si vous souffriez que nous commençassions par nous séparer. L'état naturel de toute assemblée est évidemment la réunion de tous ses membres : ils sont essentiellement unis tant qu'ils ne se séparent pas. Pour décider s'ils se sépareront, il fallait certainement les réunir ; mais, certainement aussi, il serait plus qu'étrange de les séparer pour savoir s'ils resteront unis.

Sire, les communes vous doivent la loi solennelle de bienfaisance et d'équité qui a placé enfin la Nation dans les États généraux et mis du moins en balance les privilèges de quelques classes avec les droits de tous les Français. Achevez votre ouvrage, ô prince magnanime! vous avez eu la haute pensée, le sentiment vertueux de soumettre votre prérogative même à la discussion de ce peuple, de qui tout pouvoir émane sans doute, mais dont les acclamations vous donneraient le sceptre, si déjà vous ne le possédiez. Pourriez-vous hésiter à faire examiner par ce même peuple les réclamations hautaines de certains privilégiés qui voudraient préjuger une question sur laquelle la volonté générale peut seule prononcer ? Ne confiez pas aux préjugés des ordres ce qui doit être réglé par la raison de tous. Ne hasardez pas le fruit de la plus belle action de votre règne. Ne rejetez pas le seul moyen que vous avez de connaître l'opinion, le vœu vraiment national. Il est digne de Votre Majesté de craindre d'influer par sa présence sur nos délibérations ; mais, si l'on est parvenu à élever dans son esprit quelques doutes sur la justice de nos demandes, les communes supplient Votre Majesté de permettre que cette grande discussion, qui va décider du sort de cette assemblée et peut-être de la monarchie, soit débattue devant vous. Vous discernerez bientôt de quel côté sont la justice, la vérité, les bonnes intentions, le zèle pour le trône et l'amour pour votre personne sacrée.

Je laisse ma supplication par écrit aux pieds du roi, et je demande acte de la réquisition que je fais qu'elle soit insérée dans le procès-verbal de l'Assemblée.

Aux États généraux, le 5 mai 1789 (1).

Signé : Le comte de MIRABEAU.

Il résulte d'une note de Frochot que Mirabeau, les discours des ministres achevés, se leva pour exécuter son projet, mais que le roi, qui s'y attendait, se leva en même temps et mit fin à la séance.

Les cris de *Vive le roi*, qui éclatèrent alors, empêchèrent Mirabeau de se faire entendre, et sa tentative d'être aperçue ou comprise. Son audace était déjouée pour cette fois, et il était réduit à prendre sa revanche dans le journal qu'il venait de fonder.

Le premier numéro de ce journal, qu'il avait intitulé tout simplement : *États généraux*, avec cette épigraphe : *Novus rerum nascitur ordo*, avait paru, nous l'avons dit, le 5 mai même. Mirabeau

(1) Voir *Frochot, préfet de la Seine*, par M. Louis Passy. Paris, Durand et Pedone-Sauriell et Guillaumin, 1867.

y avait attaqué déjà et l'étiquette qu'on avait fait subir aux députés du Tiers pour leur présentation au roi, et la distinction des costumes imposés aux trois ordres, et le sermon prononcé, le 4 mai, après la procession à Versailles, par l'évêque de Nancy, M. de La Fare. Il y avait dénoncé les prétentions des députés des possédants-fiefs provençaux, lesquels s'étaient présentés en compétition avec les députations élues dans les sénéchaussées. Le second numéro, paru le 6 mai, fut presque entièrement consacré à la critique du long discours de Necker, qui avait rempli la plus grande partie de la séance de la veille. « Il y a certainement, écrivait Mirabeau, quelques beaux détails dans ce discours. Mais des longueurs insupportables, des répétitions sans nombre, des trivialités dites avec pompe, des choses inintelligibles, pas un principe, pas une assertion inattaquable, pas une ressource d'homme d'État, pas même un grand expédient de financier, aucun plan de restauration, quoiqu'on l'eût annoncé ; aucune *base de stabilité*, bien que ce fût une des divisions du discours ; et comment créerait-il et consoliderait-il un autre ordre de choses, celui qui n'ose pas parler de constitution ? On était ivre du désir d'applaudir, et l'on a applaudi jusqu'à la satiété. » Mirabeau insiste sur l'incertitude, étrange en effet, exprimée par le ministre relativement à la question capitale et urgente du moment, celle de la délibération séparée ou commune des trois ordres ; il insère, à ce propos, un passage du discours qu'il voulait lire la veille, sans parler d'ailleurs de son projet inexécuté, et il termine en gourmandant tout à la fois et le ministre qui est encore l'idole du public, et les députés qui l'ont trop applaudi. « Espérons, dit-il, que les représentants de la nation sentiront mieux désormais la dignité de leurs fonctions, de leur mission, de leur caractère ; qu'ils ne consentiront plus à se montrer enthousiastes à tout prix et sans condition ; qu'enfin, au lieu de donner à l'Europe le spectacle de jeunes écoliers échappés à la férule et ivres de joie parce qu'on leur promet un jour de congé de plus par semaine, ils se montreront des hommes, et les hommes d'élite d'une nation qui, pour être la première du monde, n'a besoin que d'une constitution. »

Pour comprendre toute la portée de l'initiative que Mirabeau avait prise en s'expliquant avec cette liberté sur toutes choses, dans un journal imprimé sans aucune espèce de permission, il faut se rappeler qu'il n'existait alors, en fait de journaux politiques, que des feuilles privilégiées et censurées, comme le *Mercure de France* ou le *Journal de Paris*, lesquelles ne donnaient guère que des nouvelles.

Le gouvernement crut devoir, par un arrêt du conseil, daté du 6 mai, rappeler qu'il entendait maintenir l'exécution des règlements de la librairie « jusqu'à ce que, d'après les observations qui lui seraient présentées par les États généraux, le roi eût fait connaître ses intentions sur les modifications dont ces règlements pouraient être susceptibles ». Un autre arrêt du 7 supprima le premier numéro du journal de Mirabeau, et en défendit la continuation. Ces arrêts furent dénoncés par Target à l'assemblée des électeurs du Tiers-État de la ville de Paris ; l'assemblée prit une délibération pour protester contre l'acte arbitraire commis envers Mirabeau (1), et réclamer la liberté provisoire de la presse, en attendant sa liberté définitive ; et, le 19 mai, le garde des sceaux, cédant à la pression de l'opinion, fit écrire aux journalistes « que le roi trouvait bon que les feuilles périodiques et journaux rendissent compte de ce qui se passait aux États-généraux, mais en s'abstenant de tout commentaire ».

Ce n'était pas d'une semblable tolérance que voulait Mirabeau. Sans se laisser intimider, il avait, dès le 10 mai, recommencé la publication de son journal sous le titre nouveau de : *Lettres du comte de Mirabeau à ses commettants.* Il se retranchait ainsi derrière sa qualité de député, et mettait le gouvernement au défi de l'empêcher de communiquer avec ses mandants. Loin de mettre plus de précaution dans son langage, il s'exprimait, au contraire, comme si la liberté de la presse eût été établie en France depuis trois cents ans.

(1) Les électeurs de la noblesse de Paris s'associèrent à cette protestation, tout en reconnaissant que les premiers articles du journal de Mirabeau étaient de nature à fomenter la division entre les ordres.

Il est donc vrai, disait-il, que, loin d'affranchir la nation, on ne cherche qu'à river ses fers ! que c'est en face de la nation assemblée qu'on ose produire ces décrets auliques où l'on attente à ses droits les plus sacrés, et que, joignant l'insulte à la dérision, on a l'incroyable impéritie de lui faire envisager cet acte de despotisme et d'iniquité comme un provisoire utile à ses intérêts ! Il est heureux qu'on ne puisse imputer au monarque ces prescriptions que les circonstances rendent encore plus criminelles. Personne n'ignore aujourd'hui que les arrêts du conseil sont des faux éternels, où les ministres se permettent d'apposer le nom du roi : on ne prend pas même la peine de déguiser cette étrange malversation, tant il est vrai que nous en sommes au point où les formes les plus despotiques marchent aussi rondement qu'une administration égale !

Vingt-cinq millions de voix réclament la liberté de la presse ; la nation et le roi demandent unanimement le concours de toutes les lumières. Eh bien ! c'est alors qu'on nous présente un *veto* ministériel ; c'est alors qu'après nous avoir leurrés d'une tolérance illusoire et perfide, un ministère, soi-disant populaire, ose effrontément mettre le scellé sur nos pensées, privilégier le trafic du mensonge, et traiter comme un objet de contrebande l'indispensable exportation de la vérité...

Quels sont les papiers publics qu'on autorise ? Tous ceux avec esquels on se flatte d'égarer l'opinion ; coupables lorsqu'ils parlent, plus coupables lorsqu'ils se taisent, on sait que tout en eux est l'effet de la complaisance la plus servile et la plus criminelle : s'il était nécessaire de citer des faits, je ne serais embarrassé que du choix...

Je regarde, messieurs, comme le devoir le plus essentiel de l'honorable mission dont vous m'avez chargé, celui de vous prémunir contre ces coupables manœuvres : on doit voir que leur règne est fini ; qu'il est temps de prendre une autre allure ; ou, s'il est vrai que l'on n'ait assemblé la nation que pour consommer avec plus de facilité le crime de sa mort politique et morale, que ce ne soit pas du moins en affectant de vouloir la régénérer. Que la tyrannie se montre avec franchise, et nous verrons alors si nous devons nous raidir ou nous envelopper la tête !

Ne croirait-on pas, à lire ces premières communications de Mirabeau député avec le public, qu'il est le révolutionnaire le plus violent des États généraux ? Ce serait pourtant pénétrer bien peu le fond de ses sentiments, même à cette époque. Nous verrons tout à l'heure que le désir de faire mieux apprécier du gouvernement la nécessité d'acquérir son concours n'était peut-être pas étranger aux bravades qu'il lui adressait. En tous cas, nul ne sentait mieux que lui les difficultés de la crise où la monarchie et la France étaient engagées, et les dangers qui pouvaient faire dévier la révolution vers l'anarchie. « Il est peut-être le seul dans l'Assemblée, écrit Malouet dans ses *Mémoires*, qui ait vu, dès le commencement, la Révolution dans son véritable esprit, celui d'une subversion totale, et, comme il était loin de la désirer, on ne peut expliquer que par une éclipse de sens moral qu'il ait concouru à des mesures violentes dont il sentait le péril et l'iniquité. »

L'esprit de Mirabeau était trop ondoyant pour s'arrêter, autant que le dit Malouet, à des prévisions d'avenir pessimistes, quelque énergie qu'il ait mise, à plusieurs reprises, à formuler ces prévisions dans ses conversations avec les personnages les plus divers, comme Malouet, La Marck ou Dumont (de Genève). Il y avait aussi chez lui des alternatives de confiance ; ses lettres à Mauvillon le prouvent. Nous le voyons pourtant, dès le 16 juin, dans une lettre où il rend compte à Mauvillon de sa conduite pendant le débat au sujet de la réunion des ordres, indiquer, sans aucune illusion, les obligations de prudence que commande la situation.

L'effervescence est prodigieuse, dit-il, et l'on est irrité de ce que je suis toujours aux partis modérés. Mais je suis si convaincu qu'il y a une différence énorme entre voyager sur la mappemonde, ou en réalité sur la terre(1); je le suis tellement que nos commettants s'intéressent extrêmement peu à nos discussions métaphysiques, toutes importantes qu'elles puissent être, et que nous ne pourrons compter vraiment sur leur appui qu'alors que nous toucherons directement un pot-au-feu ; je le suis tellement que le meilleur moyen de faire avorter la révolution c'est de trop demander, que je mériterai longtemps cet honorable reproche... Il est certain que la nation n'est pas mûre. L'excessive impéritie, l'épouvantable désordre du gouvernement ont mis en serre chaude la révolution ; elle a devancé notre aptitude et notre instruction. Je me conduis en conséquence.

D'ailleurs, Mirabeau ne met point en doute la force morale que le gouvernement pourrait retrouver, s'il le voulait. Et, en effet, tandis que l'ancienne

(1) Cette image a été reproduite par Mirabeau dans un de ses discours à la séance du 15 juin suivant.

société et l'ancienne administration se décomposaient pour ainsi dire, le roi lui-même et son premier ministre n'avaient rien perdu de leur popularité. « La lecture du discours du roi à l'ouverture des Etats généraux, écrit dans son *Mémorial* l'Américain Gouverneur Morris, le plus flegmatique des hommes, a été interrompue par des acclamations telles que, malgré moi, j'ai versé des larmes. » — « Vos fidèles communes, est-il dit, un peu plus tard, dans une des nombreuses adresses au roi adoptées par le Tiers-Etat, celle du 30 mai, vos fidèles communes n'oublieront jamais ce qu'elles doivent à leur roi; jamais elles n'oublieront cette alliance naturelle du trône et du peuple contre les diverses aristocraties, dont le pouvoir ne saurait s'établir que sur les ruines de l'autorité royale et de la félicité publique. » Il n'était plus temps d'arrêter la lutte ouverte, avant même la réunion des Etats généraux, entre les deux premiers ordres et celui qui apparaissait comme formant à lui seul la nation; mais pour éviter de se trouver compromise dans cette lutte, peut-être même pour la faire tourner à son profit, il suffisait à la royauté de mesurer les forces respectives des deux partis en présence, et de ne point se rendre solidaire de celui qui était voué à une défaite certaine. Tel était du moins le sentiment de Mirabeau.

De quel côté est la cour, lisons-nous dans une autre de ses lettres à Mauvillon, laquelle est de mai 1789? Cela n'est que trop clair. L'homme qui veut régénérer le royaume avec du tabac en poudre (c'est-à-dire Necker), depuis son résultat au conseil, s'est constamment rapproché des privilégiés, avec lesquels il ne se raccommodera certainement pas, tandis qu'une fois les Etats généraux ouverts, sa puissance était invincible, s'il n'eût pas déserté la cause populaire. Quant au maître, il est tout aux magnats, et peut-être est-ce un bien, sous un certain rapport. Car aux dispositions que je vois aux communes, à la toute-puissance du mot : *Roi*, il n'est presque pas douteux que nous n'eussions joué le second tome du Danemark. Je ne dis rien de plus : à bon entendeur salut.

On sait que le roi Frédéric III de Danemark conquit, en 1660, l'hérédité du trône dans sa famille et le pouvoir absolu, en s'appuyant sur les intérêts populaires pour secouer le joug d'une représentation nationale dominée par les influences aristocratiques. Le stathouder Guillaume IV, en 1747, et, plus récemment encore, le roi Gustave III de Suède avaient fourni des exemples semblables.

En 1789, il est vrai, la France, ou tout au moins l'élite des esprits en France aspirait à la liberté politique, comme à l'égalité civile. C'est du concours de ces deux tendances qu'est sortie la Révolution. Mais l'autorité royale, entre les mains d'un souverain tel que Louis XVI et d'un ministre tel que Necker, ne pouvait apparaître à personne comme un obstacle à l'établissement de la liberté politique. Et, surtout, il y avait quelque chose de plus impossible que le maintien d'un pouvoir absolu, qui n'avait plus rien d'absolu que l'étiquette et les formes, c'était l'organisation d'un régime représentatif fondé sur la division de la nation en trois ordres, les distinctions entre ces trois ordres n'eussent-elle plus consisté même que dans des prérogatives honorifiques, dans l'intérêt de corps et le mode d'exercice des droits politiques.

Les défenseurs de l'ancien régime ont souvent fait ressortir que, des deux ordres privilégiés, l'un, le clergé, était un corps ouvert; l'autre, la noblesse, un corps qui se renouvelait constamment par les anoblissements; que, par conséquent, il n'y avait pas, à proprement parler, de barrières entre ces ordres et l'ordre populaire. On ne saurait, en effet, sans quelque injustice, assimiler, comme le fait l'abbé Sieyès (1), les distinctions d'ordres sous l'ancien régime aux distinctions de castes de certains pays orientaux. Il y avait pourtant, avant 1789, des délimitations non infranchissables, mais bien marquées entre les trois grandes classes de Français; la tendance de l'époque était de les faire disparaître; la pratique du système de représentation par ordre devait, au contraire, les rendre plus sensibles, les perpétuer, alors qu'elles s'effaçaient. Voilà pourquoi ce système de représentation était essentiellement vicieux.

Se figure-t-on d'ailleurs le pouvoir législatif régulièrement exercé par trois chambres dont cha-

(1) Dans sa brochure : *Qu'est-ce que le Tiers-État ?*

cune, à elle seule, pourrait arrêter les décisions des deux autres ; par trois chambres entre lesquelles il y aurait non pas seulement, comme en Angleterre, entre la Chambre des lords et la Chambre des communes, différence d'origine et de composition, mais encore antagonisme d'intérêt et en quelque sorte de mandat ? Dès l'année précédente, Mirabeau constatait cette impossibilité dans une de ses lettres les plus remarquables à Mauvillon, et il ajoutait ces mots que nous avons déjà cités : « Si nous eussïons conservé nos Etats généraux comme une nation voisine qui est partie du même point pour s'élever à sa constitution actuelle, ils se seraient nécessairement réformés par les mêmes besoins et suivant les mêmes principes. » La suspension de fait des Etats généraux pendant plus d'un siècle et demi, la rareté et la brièveté de leurs sessions aux époques antérieures avaient empêché cette réforme naturelle de s'accomplir. Reprendre à la fin du XVIIIe siècle, pour être appliquée, non plus d'une manière intermittente et passagère, mais avec continuité, la vieille organisation des États généraux d'autrefois, c'eût été réellement, selon la très juste expression de Necker, « commander le chaos (1) ».

Et pourtant, la distinction des ordres, dans toute son intégrité, était le premier principe de cette

(1) *De la Révolution française*, t. Ier.

prétendue constitution traditionnelle que le parti aristocratique s'était avisé depuis quelque temps d'exhumer, que le Parlement de Paris, dans sa déclaration du 3 mai 1788, avait essayé de définir, et qui avait servi d'arme d'opposition aux mesures beaucoup plus malhabiles que vraiment despotiques du ministère Brienne, comme elle allait servir, après la réunion des États, d'arme de résistance aux exigences du Tiers-Etat. Nous nous sommes déjà expliqué, nous nous expliquerons encore sur la réalité de cette constitution ignorée de Bossuet aussi bien que de Turgot. Nous verrons ceux qui prétendaient la connaître le mieux, en 1789, avouer qu'elle était incompatible avec la périodicité des États généraux. La transaction proposée dès l'ouverture des États dans une brochure de l'évêque de Langres, M. de La Luzerne, et qui consistait à réunir en deux chambres le haut clergé à la noblesse, le bas clergé au Tiers-État, n'était réellement un expédient, quels que fussent, d'ailleurs, ces inconvénients particuliers, qu'à la condition d'être acceptée par les deux premiers ordres. « Or, dit Malouet, dans ses *Mémoires*, le plan de Mgr de Langres n'eut peut-être que moi pour approbateur. » En fait, aucune organisation durable du régime représentatif, aucune constitution véritable, dût-elle, comme cela eût été très heureux, consacrer l'institution d'une chambre haute, et le maintien à la noblesse de la plus grande somme de prérogatives possible ne pouvait sortir que de la réunion préalable des trois ordres en une même assemblée (1).

La question de la délibération commune ou séparée était la première qui se fût posée dans toutes les assemblées de bailliages ; elle devait être la première qui se poserait à l'ouverture des Etats généraux, et dès qu'ils auraient à se constituer. « Semblable à un champ de bataille, où l'on se dispute la position dominante, écrit Alexandre de Lameth, dans son *Histoire de l'Assemblée constituante*, la vérification des pouvoirs devait décider la question entre le vote par ordre et le vote par tète. L'un était l'ancien régime, l'autre le triomphe des intérêts généraux. On ne doit donc pas s'étonner qu'il y ait eu tant d'acharnement dans le combat entre les partisans des deux systèmes opposés. »

L'idée de Necker, autant qu'on peut la dégager du prolixe discours préparé par lui pour être lu à l'ouverture des Etats généraux, et si justement critiqué par Mirabeau dans le premier numéro de son journal, l'idée de Necker était que la réunion s'opérerait d'elle-même, d'un commun accord, obtenu d'abord à propos de questions particulières, généralisé ensuite peu à peu. Pour conserver une pareille illusion, il fallait s'aveugler étrangement

(1) Voir la démonstration la plus éloquente et la plus complète de cette vérité dans le beau livre de Mounier : *Considérations sur les causes qui ont empêché les Français de devenir libres.* 1792.

sur l'état des esprits dans toute la France, sur la portée de toutes les émeutes, de toutes les violences, de tous les signes de discorde qui avaient partout éclaté pendant la période des élections.

Nous n'irons pas jusqu'à reprocher à Necker, avec Mirabeau, d'avoir laissé la question du mode de délibération aux Etats généraux ouverte, lorsqu'il avait réglé les formes des élections. Il avait assuré au Tiers-Etat la prépondérance, au cas où la réunion s'opérerait. C'était tout ce qu'il pouvait faire à un moment où les influences aristocratiques et parlementaires qui avaient commencé la Révolution, et même dirigé l'opinion dans la guerre contre le ministère Brienne, étaient encore à ménager pour arriver, sans secousse trop violente, à la réunion même des États. Mais le premier ministre aurait dû dès lors, suivant l'expression de Mounier, « faire entrer le mode de délibération par tête dans tous ses plans, dans toutes les précautions qu'il avait à prendre pour l'avenir (1) ». Dans son discours à l'ouverture des Etats généraux, au lieu de mettre en balance, comme il l'avait fait, les avantages du vote par ordre dans certains cas avec ceux du vote par tête dans d'autres cas, donnant à entendre que les deux systèmes pouvaient être employés alternativement et concurremment, il aurait dû indiquer sans ambages la nécessité de la réunion des ordres, telle

(1) *Considérations sur les causes qui ont empêché les Français de devenir libres*, t. Ier, chap. xx.

qu'elle résultait de l'unanimité des vœux consignés dans les cahiers du Tiers-Etat, du partage de sentiments dans le clergé et même dans la noblesse, des précédents fournis par l'organisation de certains États provinciaux et par celle de toutes les assemblées provinciales récemment créées, et enfin des circonstances générales (1). Une invitation ainsi motivée, adressée aux premiers ordres dans l'intérêt de la paix publique et au nom de leur fidélité au souverain, eût rendu leur résistance impossible à soutenir, tout en calmant les impatiences du Tiers-Etat, tout en affermissant la popularité du roi et de son ministre.

Le roi lui-même, ses conseillers intimes, certains des membres attitrés de son conseil eussent-ils laissé faire? Non pas à coup sûr sans combat; mais puisque ce combat dans les conseils du roi devait être livré, il valait mieux qu'il le fût deux mois plus tôt, de manière à prévenir le combat au

(1) « Tout ce qu'on peut obtenir des hommes en leur imprimant le respect et la crainte, écrit Malouet dans un des meilleurs passages de ses Mémoires, il fallait le demander à la raison, et lui créer une force qui l'assistât. Ces deux conditions se trouvaient dans la réunion des volontés et des intérêts: la grande pluralité de ces volontés, de ces intérêts, étaient l'équivalent de l'unanimité; on ne devait tenir aucun compte des oppositions, à moins qu'elles ne fussent produites par un intérêt puissant et national. Or, cela n'était pas. Les meilleurs citoyens, les plus éclairés disaient comme le peuple : que l'existence des trois ordres et leur vote respectif ne permettaient ni la réforme des abus, ni la fixité des principes législatifs. Voilà ce que j'appelle l'opinion publique; en lui obéissant à l'ouverture des États, en lui donnant l'appui de l'autorité royale, celle-ci en recevait à son tour une force irrésistible. »

dehors, avant d'ailleurs que l'audace des députés du Tiers-État eût inspiré au roi un effroi d'abord fort loin de son esprit, que la passion et l'amour-propre surexcités de part et d'autre aux États par une discussion opiniâtre eussent rendu la conciliation plus difficile. Quand on lit les ouvrages de Mounier, ou les mémoires de Malouet, bien moins engagé même que Mounier dans le parti de la Révolution, on voit que les modérés attendaient du premier ministre beaucoup plus d'initiative encore. Ils eussent voulu que Necker réservât au roi en son Conseil la vérification des pouvoirs des députés de tous les ordres, afin d'empêcher la question qui devait être le premier sujet de guerre entre les ordres de se présenter, à propos de cette vérification, dès le lendemain de l'ouverture des États. Et un peu plus tard, lorsque les différents ordres eurent affirmé leurs prétentions contraires, ils estimaient qu'entre des adversaires se déclarant également liés par la volonté de leurs commettants, il appartenait au roi de prononcer. C'était lui qui avait convoqué l'assemblée; suivant Mounier et Malouet, c'était lui qui devait, provisoirement au moins, régler la forme de ses délibérations, annuler les mandats contraires à la décision qu'il aurait rendue, et renvoyer les députés qui les avaient acceptés dans leurs bailliages, pour y prendre de nouvelles instructions.

En tous cas, l'expectative de Necker et de ses collègues, les moyens de conciliation qu'ils mirent ensuite en œuvre ne pouvaient satisfaire ni ramener personne, et n'empêchaient pas Mirabeau, malgré ses prétentions à la modération, de continuer dans ses *Lettres à ses commettants*, la neuvième par exemple, à dénoncer « la conduite oblique » du ministère, son projet « d'anéantir l'influence des Etats généraux en les divisant » et même « d'établir le despotisme le plus absolu sur la totalité des citoyens ».

L'histoire des événements qui se succèdent à Versailles, depuis l'ouverture des États généraux jusqu'à la séance royale du 23 juin, peut se résumer de la manière suivante. Le 6 mai au matin, le lendemain de l'ouverture solennelle des États, il paraît un ordre du roi ainsi conçu : « Sa Majesté ayant fait connaître aux députés des trois ordres l'intention où elle était qu'ils s'assemblassent dès aujourd'hui 6 mai, les députés sont avertis que le *local* destiné à les recevoir sera prêt à neuf heures du matin. » Profitant avec empressement de l'équivoque à laquelle les termes ambigus de cette communication pouvaient donner lieu, les députés du Tiers se rendent dans la salle commune des États généraux, qui, d'ailleurs, était aussi affectée à leurs réunions particulières (1), et

(1) Le gouvernement s'aperçut un peu tard de l'avantage que cette disposition donnait au Tiers-État, et il chercha vainement un moyen déguisé de la faire disparaître. Necker ne songea-t-il pas un moment, raconte Malouet, « à supposer un accident d'éboulement de terre pour faire écrouler pendant la nuit la grande salle de l'hôtel des Menus ».

ils y attendent les députés des deux autres ordres, comme si le roi avait voulu parler d'une réunion de tous les membres des États dans la même salle. Trois jours de suite encore, ils reviennent les attendre, sans prendre aucune délibération en forme, sans même se constituer provisoirement. Pendant ce temps, chacun des deux premiers ordres se réunissait à part. Tous deux se prononçaient pour la vérification des pouvoirs de leurs membres dans l'ordre, la noblesse, à la majorité de 188 voix contre 47, le clergé à la majorité de 133 voix seulement contre 114. Mais le clergé adoptait, presque en même temps, la proposition de former une commission de membres des différents ordres pour conférer à l'amiable et travailler à une entente au sujet du mode de vérification des pouvoirs.

Cet arrêté de la chambre du clergé ayant été notifié aux membres du Tiers-État, qui se qualifiaient, dès lors, l'ordre des communes, ceux-ci établissent, le 12 mai, un ordre provisoire pour leurs délibérations; discutent, du 13 au 18, la proposition du clergé; y adhèrent, et nomment, le 19, les seize commissaires de leur ordre qui devront prendre part aux conférences conciliatoires.

Les conférences ont lieu du 23 au 26 (1). Leur résultat négatif est communiqué aux communes

(1) Ces conférences, dont les procès-verbaux furent publiés ont été résumées aussi complètement que possible par M. Chérest. *La Chute de l'ancien régime*, t. III.

le 27, en même temps qu'un arrêté pris par la chambre de la noblesse dès la veille au soir, le rapport de ses commissaires entendu, arrêté renouvelant la décision antérieure de cet ordre en faveur de la vérification séparée des pouvoirs, et remettant « l'examen des avantages ou inconvénients qui pourraient exister dans la forme actuelle à l'époque où les trois ordres s'occuperont des formes à observer pour l'organisation des prochains États généraux ». Sur la proposition de Mirabeau, une députation des communes va « inviter MM. du clergé, au nom du Dieu de paix et de l'intérêt national, à se réunir aux communes, dans la salle de l'assemblée générale pour y opérer de concert l'union et la concorde ».

Le 28, une lettre du roi adressée aux trois ordres demande que les conférences soient reprises en présence du garde des sceaux et d'un certain nombre de commissaires du Conseil. La noblesse venait de prendre, le jour même, un arrêté qui fermait les voies à toute conciliation. « La Chambre de la noblesse, y était-il dit, considérant que, dans le moment actuel, il est de son devoir de se rallier à la Constitution et de donner l'exemple de la fermeté comme elle a donné la preuve de son désintéressement (elle avait voté à une grande majorité l'abandon de ses privilèges pécuniaires en matière d'impôt, mais cette question-là était noyée dans la question bien plus vaste qui se débattait), déclare que la délibération par ordre et la faculté *d'empêcher* que les ordres ont tous divisément sont constitutifs de la monarchie, et qu'elle persévérera constamment dans ces principes conservateurs du trône et de la liberté. » Dans les conférences qui suivirent, ce ne fut plus le mode de vérification des pouvoirs, mais le mode général de délibération qui, malgré les efforts des commissaires des communes pour limiter le débat, fut mis en question. Les représentants de la noblesse refusaient même au Tiers-État le droit de s'appeler l'ordre des communes. On ne s'entendait que pour écarter l'expédient proposé par le ministère, et qui consistait à faire renvoyer, après une vérification sommaire dans chaque ordre, et des communications d'ordre à ordre, l'examen des pouvoirs contestés au Conseil du roi. La noblesse ne consentit jamais à laisser juger par le Conseil que les difficultés survenues à propos de députations entières (1).

Le 10 juin, les communes décident, « attendu que MM. de la noblesse ne se sont même pas désistés de leurs précédentes délibérations contraires à tout projet de réunion, et qu'il devient absolument inutile de s'occuper davantage d'un

(1) Telle fut la concession qu'elle fit notifier aux deux autres ordres, dans un arrêté pris le 6 juin et où elle parlait solennellement de « son désir d'une conciliation prompte et durable ». Parmi les membres de la députation envoyée au Tiers-État pour lui porter cet arrêté figurait le vicomte de Mirabeau. « C'est la première fois, dit un témoin, que je vis les deux frères en présence ».

moyen qui ne peut plus être dit conciliatoire, dès qu'il a été rejeté par une des parties à concilier » de procéder, après en avoir averti les deux premiers ordres, à l'appel général des bailliages pour la vérification des pouvoirs. Le 12, une adresse au roi, expliquant la conduite des communes et rédigée par Barnave, est adoptée. Le 17, à la suite d'une longue discussion, les députés des communes, augmentés de quelques curés qui étaient venus isolément se joindre à eux, se constituent *assemblée nationale*. Ils déclarent à l'unanimité des suffrages « consentir provisoirement, pour la Nation, que les impôts et contributions, quoique illégalement établis et perçus, continuent d'être levés de la même manière qu'ils l'avaient été précédemment, et ce jusqu'au jour seulement de la première séparation de l'Assemblée, de quelque cause qu'elle puisse provenir ». — Le 19, la majorité du clergé se rallie à la vérification des pouvoirs en commun, « sous réserve de la distinction des ordres ». Le 20 est le jour de la fameuse séance du Jeu de paume, et le 22 celui où la majorité de l'ordre du clergé vient se réunir aux députés des communes, assemblés dans l'église Saint-Louis.

La lutte avait duré six semaines, six semaines précieuses, et qui auraient pu être employées bien plus utilement pour la France et pour la monarchie. Mais cette lutte était réellement celle de l'ancien et du nouveau régime, et l'on ne peut reprocher au Tiers-État de l'avoir soutenue avec opiniâtreté. Pendant toute la période dont il s'agit, Mirabeau fut constamment sur la brèche, bien que malade alors, et encore peu écouté de l'Assemblée. Dès les premières séances de son ordre, il parle à plusieurs reprises pour recommander le parti de l'inaction systématique et de l'attente. Quand se produit la proposition de conférences, émanée du clergé, il préconise un moyen terme entre l'opinion de Le Chapelier, qui voulait écarter la proposition, et celle de Rabaud de Saint-Étienne, qui concluait à l'accepter purement et simplement. Il repousse toute conciliation avec les membres de la noblesse, « qui ne daignent laisser entrevoir qu'ils pourront s'y prêter qu'après avoir dicté des lois exclusives de toute conciliation, qui font précéder leur consentement à nommer des commissaires pour *se concerter avec les autres ordres*, de la fière déclaration qu'ils sont légalement constitués ». Mais il consent à négocier avec le clergé seul, « avec le clergé, trop habile pour s'exposer au premier coup de tempête, qui aura toujours une grande part de la confiance des peuples, et auquel il nous importera encore longtemps de la conserver ». C'est dans son discours à cette occasion qu'il appelle, pour la première fois, les ministres du culte « des officiers de morale et d'instruction ». Comme nous l'avons dit plus haut, l'Assemblée donna la préférence à la motion de Rabaud de Saint-Étienne, qui était la plus modérée.

Après la première rupture des conférences, c'est Mirabeau, nous l'avons dit aussi, qui provoque l'envoi de la députation solennelle, chargée d'inviter le clergé à se réunir aux communes. Ce jour-là le langage de Mirabeau devient moins pacifique que les jours précédents :

Est-il certain, dit-il, qu'une plus longue persévérance dans notre immobilité, et surtout dans l'uniformité de notre tolérance, ne compromette pas les droits nationaux en propageant l'idée que le monarque doit prononcer, si les ordres ne peuvent s'accorder, qu'au lieu de n'être que l'organe du jugement national, il peut en être l'auteur ? Ces maximes très odieuses, mais autorisées par des exemples, si la déraison et l'injustice pouvaient l'être, et que la mauvaise foi parvînt à confondre les temps et les circonstances, ces maximes acquièrent tous les jours beaucoup de partisans. Il me semble, Messieurs, qu'il est temps, sinon d'entrer en pleine activité, du moins de nous préparer de manière à ne pas laisser le plus léger doute sur notre résolution, sur nos principes, sur la nécessité où nous sommes de les mettre incessamment en pratique. Les arguments de la noblesse se réduisent à ce peu de mots : *Nous ne voulons pas nous réunir pour juger des pouvoirs communs.* Notre réponse est très simple : *Nous voulons vérifier les pouvoirs en commun.* Je ne vois pas, Messieurs, pourquoi le noble exemple de l'obstination, étayé de la déraison et de l'injustice, ne serait point à l'usage de la fermeté qui plaide pour la raison et la justice. Le clergé persévère dans le rôle de conciliateur qu'il a choisi et que nous lui avons confirmé. Adressons-nous à lui, mais d'une manière qui ne laisse pas le plus léger prétexte à une évasion.

A la séance du 23 mai, lecture ayant été faite

d'une lettre du grand-maître des cérémonies, le marquis de Dreux-Brézé, au doyen des communes, qui se terminait par cette formule de salutation : « J'ai l'honneur d'être avec un sincère attachement, Monsieur, votre, etc. », c'est Mirabeau qui proteste contre la familiarité du représentant de la cour (1), et s'écrie : « Il ne convient à personne dans le royaume d'écrire ainsi au doyen des communes. » Ce serait à la même séance que, sur l'observation d'un des députés qu'il ne fallait pas rappeler sans cesse les titres établissant des distinctions entre les membres égaux d'une même assemblée, Mirabeau aurait dit : « Pour moi, je donne mon titre de comte à qui le voudra » ; répartie qui courut dans les gazettes et dont le vieux marquis de Mirabeau parle dans une de ses dernières lettres, en la jugeant naturellement fort inconvenante.

Le 29, lorsque le roi demande la reprise des conférences entre les commissaires des ordres en présence du garde des sceaux et de commissaires du Conseil, Mirabeau intervient dans le débat confus ouvert à ce sujet. Ses observations sont résumées dans sa septième lettre à ses commettants. Il exprime sa crainte de voir « une commission donner des lois aux parties intégrantes de la sou-

(1) Bailly n'était pas encore représentant attitré d'un corps constitué. Cet évidemment pour ce motif que M. de Dreux-Brézé, exact interprète de l'étiquette, ne lui donnait pas encore du respect, comme il le fit par la suite.

veraineté ». — « Qu'est-ce donc que tout cela, dit-il? Un effort de courage, de patience et de bonté de la part du roi. Mais en même temps un piège dressé par la main de ceux qui lui ont rendu un compte inexact de la situation des esprits et des choses, un piège en tout sens, *un piège ourdi de la main des druides.* — Piège si l'on défère au désir du roi. — Piège si l'on s'y refuse. » Il conclut à accepter la reprise des conférences, en faisant précéder cette reprise d'une députation solennelle au roi. Cette motion est adoptée. Le roi, dont le fils aîné, mort quelques jours plus tard, était déjà gravement malade, ajourne la réception de la députation. C'est le 6 juin seulement qu'elle est admise auprès de lui, et lui donne lecture d'une adresse remarquable, à laquelle nous avons déjà emprunté une citation.

Mirabeau faisait partie de la députation. Il commençait dès lors à se relever un peu du discrédit qui l'avait environné à son entrée à l'Assemblée. Le 1er juin il avait été élu au nombre des vingt adjoints qui constituaient, avec le doyen, le bureau provisoire renouvelé chaque semaine. On s'occupait alors de dresser un règlement provisoire. Il s'agissait d'établir quelque ordre « dans cette réunion de plus de cinq cents individus jetés dans une salle sans se reconnaître, comme dit Mirabeau..., sans chef, sans hiérarchie, tous libres, tous égaux, nul n'ayant le droit de commander, nul ne se croyant contraint d'obéir, et tous voulant, à la française, être entendus avant d'écouter ». Mirabeau déposa sur le bureau de l'Assemblée un travail de son ancien ami Romilly, traduit et arrangé par lui (1) et contenant le résumé des règlements observés par la Chambres des communes en Angleterre. « Nous ne sommes pas Anglais, et nous n'avons pas besoin des Anglais. » Voilà, rapporte Étienne Dumont, la réponse qui lui fut faite.

C'est surtout dans la discussion relative à la forme sous laquelle les représentants des communes se constitueront définitivement que Mirabeau est intéressant à suivre. Il rentre tout à fait à ce moment-là dans la voie de la modération, qu'il se vante, écrivant à son ami Mauvillon, d'avoir suivie durant toute la période que nous étudions. La discussion en était arrivée à ne plus porter par elle-même que sur une question de mots. Tous les membres des communes voulaient également *forcer* cette réunion des ordres qu'ils n'avaient pu obtenir par la conciliation, trouver une solution qui permît de *considérer les députés non réunis à eux comme des députés absents* (2).

(1) Mirabeau a ensuite publié ce travail.

(2) Sieyès, dans sa brochure : *Qu'est-ce que le Tiers-État*, avait soutenu cette thèse, que, si la noblesse et le clergé refusaient, lors des futurs États généraux, de se réunir aux députés du Tiers, ceux-ci n'avaient qu'une chose à faire : « S'assembler à part, ne point concourir avec la noblesse et le clergé, ne voter avec eux ni par ordres, ni par têtes, les deux premiers ordres n'ayant de pouvoirs que de deux cent mille individus, tandis que les députés du troisième en représentaient vingt-cinq millions. » — « Le Tiers seul, dit-on, ne peut former les États

Tel était le but poursuivi aussi bien par Mirabeau proposant de se constituer en *assemblée des représentants du peuple francais*, par Mounier défendant, avec l'appui de Rabaud de Saint-Étienne, la dénomination un peu compliquée d'*assemblée légitime de la majeure partie de la nation, agissant en l'absence de la mineure partie;* que par Sieyès, avec son expression de *représentants connus et vérifiés de la nation française;* que par les deux obscurs députés Legrand et Pison du Galand, qui eurent l'honneur d'attacher leurs noms à la motion définitivement adoptée, celle par laquelle les députés du Tiers se déclarèrent *assemblée nationale.* Cependant la durée même de cette discussion, qui ne consuma pas moins de trois jours, et l'importance qui y était attachée dans l'assemblée et hors de l'assemblée, à la cour comme dans les clubs en plein vent du Palais-Royal, à Paris, prouvent qu'il y avait autre chose en jeu qu'une simple question de mots. Il s'agissait de savoir si l'on conserverait quelques ménagements, ne fût-ce que des ménagements de forme, pour les deux premiers ordres. A ce point de vue, la dénomination de Mirabeau, plus simple et plus facile à employer que celle de

généraux, s'écrie Sieyès dans cette brochure. Eh! tant mieux, il composera une assemblée nationale. » Dans la discussion dont nous nous occupons, Sieyès n'allait pas jusqu'au bout de ses théories; supprimer d'emblée la représentation des deux premiers ordres n'étant pas possible, il fallait bien, en se constituant assemblée nationale, les absorber et non pas les exclure.

Mounier, avait aussi sur les autres l'avantage d'être plus vague dans sa signification. Il est évident, comme on l'objectait à Mirabeau, que le mot *peuple* signifiait nécessairement ou trop ou trop peu, suivant qu'on le prenait dans l'acception de *populus* ou de *plebs*. Mais, disait Mirabeau, « à cet argument je n'ai que ceci à répondre: c'est qu'il est infiniment heureux que notre langue, dans sa stérilité, nous ait fourni un mot que les autres langues n'auraient pas donné dans leur abondance ; un mot qui présente tant d'acceptions différentes ; un mot qui, dans ce moment où il s'agit de nous constituer sans hasarder le bien public, nous qualifie sans nous avilir, nous désigne sans nous rendre terribles ; un mot qui ne puisse nous être contesté, et qui, dans son exquise simplicité, nous rende chers à nos commettants sans effrayer ceux dont nous avons à combattre la hauteur et les prétentions ; un mot qui se prête à tout, qui, modeste aujourd'hui, puisse agrandir notre existence à mesure que les circonstances le rendront nécessaire, à mesure que, par leur obstination, par leurs fautes, les classes privilégiées nous forceront à prendre en main la défense des droits nationaux, de la liberté du peuple. »

Ajoutons que Malouet, qui avait été jusqu'au dernier moment, au sein des communes, le défenseur de toutes les mesures de conciliation, avait fini par accepter, à peu de différences près, la proposition de Mirabeau. Ajoutons aussi que Mirabeau avait introduit, dans les trois discours prononcés par lui sur la question, de fermes déclarations de principes en faveur de la sanction royale. « Aurez-vous la sanction du roi, et pouvez-vous vous en passer aussi bien pour votre décision présente que pour celles que vous prendrez une fois constitués, » tel est l'argument sur lequel il revient sans cesse. Le droit de sanction du roi est, dit-il, tellement nécessaire « qu'il aimerait mieux vivre à Constantinople qu'à Paris, si le roi ne l'avait pas ». — « Je ne connaîtrais rien de plus terrible, dit-il encore, que l'aristocratie souveraine de 600 personnes qui, demain, pourraient se rendre inamovibles, après-demain héréditaires, et finiraient, comme tous les aristocrates de tous les pays, par tout envahir. » Prévoyant dès lors, bien mieux qu'aucun de ses collègues, les conséquences prochaines de la lutte engagée entre les ordres, il fait entrevoir, au bout de cette lutte « des pillages, des boucheries », et il ajoute cette phrase souvent répétée par lui depuis : « Vous n'aurez pas même l'exécrable honneur de la guerre civile, car on ne s'est jamais battu dans nos contrées pour les choses, mais pour tel individu ». En un mot, Mirabeau élargit beaucoup un débat auquel il a toujours, d'ailleurs, attaché une importance peut-être excessive (1). Revoyant son ancien collabora-

(1) Dans une de ses lettres à Mauvillon, il appelle la proposition de se déclarer assemblée nationale une *motion usurpatrice*. De son côté, le garde des sceaux, M. de Barentin, dans

teur, Dumont (de Genève), à la fin de 1790, après une séparation de plusieurs mois, et lui dépeignant les progrès du désordre de France, il lui dira, dès les premiers mots : « Ah! mon ami, comme nous avions raison de vouloir les empêcher de se déclarer assemblée nationale! » Il y avait assurément, à la fin de 1790, bien d'autres mesures à regretter que celle-là.

Tout le monde connaît la péroraison du dernier discours par lequel Mirabeau s'efforça en vain de détruire, en échauffant l'assemblée, l'effet des arguments de l'abé Sieyès: « Représentants du peuple, daignez me répondre : irez-vous dire à vos commettants que vous avez repoussé ce nom de peuple? Que si vous n'avez pas rougi d'eux, vous avez pourtant cherché à éluder cette dénomination qui ne vous paraît pas assez brillante? Qu'il vous faut un titre plus fastueux que celui qu'il vous ont conféré? ; » puis l'allusion de la fin « aux héros bataves, fondateurs de la liberté de leur pays, qui prirent le nom de *gueux* », aux *pâtres* de Suisse, aux *remontrants* d'Amérique, « à tous les amis de la liberté qui se sont parés des injures de leurs ennemis, et leur ont ôté le pouvoir de les humilier avec des expressions dont ils ont su s'honorer ». Ce morceau, débité d'une voix tonnante, eut bien pour résultat d'échauffer l'assemblée, mais non pas en faveur

les comptes rendus fort courts des séances des États qu'il adressait au roi (Voy. *Archives nationales*) parle avec éloges de la déclaration de Mirabeau en faveur de la sanction royale.

de la thèse de l'orateur. Il la mit en fureur. « Ce ne furent pas des cris, raconte Dumont (de Genève), mais des convulsions de rage; l'agitation fut générale, une tempête d'injures fondit de toutes parts sur l'orateur. Lorsque le tumulte fut un peu calmé, Mirabeau, reprenant la parole d'une voix grave et solennelle, dit : Monsieur le président, je consigne sur votre bureau le morceau qui a excité tant de murmures, et qui a été si mal compris. (Il est aujourd'hui écrit de sa main au Musée des Archives nationales.) Je consens a être jugé sur son contenu par tous les amis de la liberté (1). » Là-dessus Mirabeau sort de l'assemblée, au milieu des menaces et des imprécations, furieux lui-même; il court chez lui où Dumont (de Genève) le retrouve une heure après lisant triomphalement son discours à quelques Marseillais qui se pâmaient d'admiration, et s'interrompant pour comparer les membres de l'assemblée à des ânes sauvages qui n'ont reçu de la nature que la faculté de ruer et de mordre. « Ces imbéciles, que je méprise trop pour les haïr, disait-il, je les sauverai malgré eux. « Il ne parut pas à l'appel nominal du lendemain, sur la motion de l'abbé Sieyès, amendée conformément aux propositions de Legrand et Pison du Galand. Son nom ne se trouva pas porté sur la liste des 90 députés qui votèrent contre cette mo-

(1) *Souvenirs sur Mirabeau et sur les deux premières Assemblées législatives*, par Étienne Dumont (de Genève). Paris, Gosselin 1832.

tion, et furent signalés au Palais-Royal comme vendus à l'aristocratie et au ministère. Dans cette circonstance donc son indépendance ne nuisit pas à sa popularité hors de l'assemblée.

Ses discours, on l'a vu, étaient alors écrits, et Dumont se vante même d'avoir eu une grande part dans leur composition, ainsi qu'un autre Genevois, collaborateur comme lui de Mirabeau, Duroveray. Depuis quelque temps, Mirabeau avait su retenir auprès de lui ces deux hommes d'un réel mérite; nous examinerons dans un chapitre spécial quelle assistance eux et d'autres encore ont prêté à Mirabeau pour la préparation de ses discours, pendant sa vie parlementaire. Bornons-nons à constater, quant à présent, que non content de les employer hors de l'Assemblée, il se faisait suivre par eux à l'Assemblée, dans ces premiers temps où il était si facile d'y pénétrer, et même remettre par eux des notes durant les discussions. Le fait avait été dénoncé par un des députés à la séance du 11 juin; ce député s'était plaint de la présence dans l'assemblée « d'un étranger, proscrit de son pays, réfugié en Angleterre, pensionnaire du roi d'Angleterre ». C'était de Duroveray qu'il s'agissait. Mirabeau s'était levé alors, et improvisant contre la coutume dont il ne s'était pas encore écarté, il avait défendu son ami en des termes qui avaient obtenu un vif succès, le plus vif que le grand orateur eût remporté jusqu'à ce jour.

Dumont et Duroveray avaient connu à Genève Malouet qui passait parmi les députés des communes pour le plus dévoué au ministre principal, et c'était par eux que, dès la fin de mai, Mirabeau avait fait demander à Malouet, avec lequel il n'avait point encore de relations personnelles, une conférence en vue d'amener un rapprochement entre lui-même et Necker. La tentative de rapprochement et l'entrevue infructueuse entre Mirabaeu et Necker qui s'ensuivit ont été racontées par Dumont dans ses *Souvenirs sur Mirabeau*, et par Malouet dans ses *Mémoires*. Les deux récits diffèrent un peu; celui de Malouet, qui est le plus circonstancié, nous paraît aussi le plus exact dans son ensemble. Le sage député de Riom avait alors des préventions contre son bouillant collègue; il manifesta quelque répugnance à le recevoir, ou à aller le chercher chez lui; c'est chez Dumont et Duroveray que rendez-vous fut pris pour la conférence demandée par Mirabeau, et dont on n'avait pas fait clairement connaître d'avance l'objet à Malouet. « Monsieur, dit Mirabeau en abordant Malouet, nous citons ses propres paroles telles qu'elles sont rapportées par ce dernier, je viens à vous sur votre réputation; et vos opinions, qui se rapprochent plus des miennes que vous ne pensez, déterminent ma démarche. Vous êtes, je le sais, un des amis sages de la liberté, et moi aussi; vous êtes effrayé des orages qui s'amoncellent, je ne le suis pas moins; il y a parmi nous plus d'une tête ardente, plus d'un homme dangereux; dans les deux premiers ordres, dans l'aristocratie, tout ce qui a de l'esprit n'a pas le sens commun; et, parmi les sots, j'en connais plus d'un capable de mettre le feu aux poudres. Il s'agit donc de savoir si la monarchie et le monarque survivront à la tempête qui se prépare, ou si les fautes faites, et celles qu'on ne manquera pas de faire encore, nous engloutiront tous. »

« Il s'arrêta là, comme pour me laisser le temps de dire quelque chose, observe Malouet... Soit qu'il fût ou non de bonne foi dans l'ouverture qu'il me faisait, je n'eus garde de la repousser, et je lui dis : Monsieur, j'ai une telle opinion de vos lumières que je ne balance pas à croire ce que vous me dites; et je suis très impatient d'entendre ce que nous allez y ajouter.—Ce que j'ai à ajouter est fort simple, me dit M. de Mirabeau; je sais que vous êtes l'ami de M. Necker et de M. de Montmorin, qui forment à peu près tout le conseil du roi; je ne les aime ni l'un ni l'autre, et je ne suppose pas qu'ils aient du goût pour moi; peu importe que nous nous aimions, si nous pouvons nous entendre. Je désire donc connaître leurs intentions. Je m'adresse à vous pour obtenir une conférence. Ils seraient bien coupables ou bien bornés, le roi lui-même ne serait pas excusable s'il prétendait réduire ces États généraux au même terme et aux mêmes résultats qu'ont eu tous les autres. Cela ne se passera pas ainsi; ils doivent avoir un plan d'adhésion ou d'opposition à certains principes. Si ce plan est raisonnable dans le système monarchique, je m'engage à le soutenir et à employer tous mes moyens, toute mon influence pour empêcher l'invasion de la démocratie. »

Malouet avoue que ces paroles lui allaient au cœur. Il se mit immédiatement en quête de Necker, qu'il trouva chez M. de Montmorin. Les deux ministres restèrent froids à son récit. M. de Montmorin objecta l'indélicatesse de Mirabeau, à propos de la publication de la correspondance de Berlin, aggravant même, comme nous l'avons dit au chapitre précédent, les torts dont celui-ci était réellement coupable. Necker, les yeux fixés au plafond, suivant son habitude, exprima la conviction que Mirabeau n'avait et ne pouvait avoir aucun crédit. Sur les instances de Malouet, Necker finit pourtant par accorder une entrevue le lendemain à huit heures du matin. M. de Montmorin prétendit qu'il ne pouvait y venir, pour ne pas embarrasser Mirabeau à cause des lettres de Berlin ; il ajouta que la présence de Malouet gênerait aussi Mirabeau, s'il avait quelque proposition à faire pour son propre intérêt. Malouet eut le tort, dit-il lui-même, de céder à cette misérable observation, « comme si M. de Mirabeau eût été homme à se vendre bêtement et lâchement », et mal lui en prit, car le lendemain, tandis qu'il était à l'Assemblée, attendant le résultat de l'entrevue, il vit arriver le tribun tout rouge de colère, qui passa rapidement auprès de lui, et lui dit en enjambant un des bancs des députés : « Votre homme est un sot, il aura de mes nouvelles. » Il paraît que Necker avait répondu froidement à la première phrase de Mirabeau : « Monsieur, M. Malouet m'a dit que vous aviez des propositions à me faire, quelles sont-elles ? » Sur quoi Mirabeau, blessé du ton du ministre et du sens qu'il attachait au mot *propositions*, s'était levé brusquement en disant : « Ma proposition est de vous souhaiter le bonjour, » et s'en était allé (1).

Cet insuccès aurait pu rejeter Mirabeau d'emblée vers le parti révolutionnaire extrême. Et pourtant ce fut peu de temps après qu'il se fit, à l'Assemblée, le défenseur de la modération dans le débat sur le titre que prendraient les députés des communes en se constituant. Vers la fin de juin, dînant tête-à-tête avec le comte de La Marck, après avoir vivement attaqué Necker et les autres ministres, il lui dit, en propres termes, comme un mois auparavant à Malouet : « Le jour où les ministres du roi consentiront à raisonner avec moi, on me trouvera dévoué à la cause royale et au salut

(1) Il est possible que Mirabeau ne se soit pas vanté de sa déconvenue à Dumont et à Duroveray, et, en effet, Dumont raconte qu'au retour de son entrevue avec le ministre, il leur parla de celui-ci « comme d'un bon homme à qui l'on aurait bien fait tort en lui supposant de la malice et de la profondeur ». Dumont prétend aussi qu'il aurait été question, dès cette entrevue, de l'ambassade de Constantinople pour Mirabeau, après la clôture des travaux de l'Assemblée. Mais, nous le répétons, le récit de Malouet est trop précis pour qu'on ne s'en rapporte pas à lui de préférence.

de la monarchie. » Et, quelques jours plus tard, il répétait encore à La Marck : « Faites donc qu'au château on me sache plus disposé pour eux que contre eux (1). »

Si, pendant quelques mois, Mirabeau a paru se détourner du but qu'il avait poursuivi dès son entrée aux États généraux, auquel il est revenu plus tard : faire apprécier et rechercher ses services par le gouvernement, c'est qu'il a été emporté par les circonstances et par les nécessités de sa situation; c'est qu'un mouvement révolutionnaire nouveau et irrésistible a été déterminé par la séance royale du 23 juin, et les mesures qui ont suivi ; c'est qu'il était obligé de se placer en tête de ce mouvement pour conserver la seule force dont il pût encore, comme nous l'avons dit, étayer sa fortune politique, celle de la faveur populaire.

§ 2. — La séance royale du 23 juin et l'insurrection de juillet 1789. — Les relations de Mirabeau avec les assemblées de districts parisiennes.

Il n'est pas, dans l'histoire de la première partie de la Révolution, d'événement plus difficile et en même temps plus nécessaire à apprécier avec exactitude que la séance royale du 23 juin 1789. Séparant trop, peut-être, les déclarations lues dans cette séance des circonstances qui les ont immédia-

(1) Voir en tête de la *Correspondance de Mirabeau et La Marck*, les fragments des souvenirs du comte de La Marck, publiés par M. de Bacourt.

tement précédées et amenées, les adversaires éclairés de la Révolution française, comme Burke, ou ses juges un peu rigoureux, comme M. Taine, y ont trouvé la promesse d'un ensemble de réformes pouvant suffire pour bien des années à un peuple à peine sorti du régime politique de la monarchie absolue, du régime civil des institutions féodales. Rapprochant ensuite de leurs premiers effets toutes les destructions, toutes les transformations dans le gouvernement et la société opérées par l'Assemblée constituante, et qui ont dépassé le programme des réformes ainsi offertes par le roi, ils ont conclu que ces destructions et ces transformations étaient au moins prématurées, et que, en tous cas, la lutte tournée à dater du 23 juin 1789 par les représentants de l'ordre populaire contre la royauté a été dans la vie de la nation française une crise bien plus funeste que salutaire, puisque la rupture brusque et complète avec les anciennes traditions qu'elle a déterminée, le désordre violent de dix années, suivi de retour au despotisme qu'elle a occasionné, ont à certains égards ramené momentanément la France bien en arrière des déclarations du 23 juin 1789.

Un certain nombre de contemporains des événements accomplis en juin et juillet 1789, et parmi eux quelques-uns des acteurs principaux dans ces événements, avaient retenu de la journée dont nous parlons le souvenir d'un grand et déplorable malentendu entre la royauté et l'opinion publique.

N'est-ce pas l'auteur de l'apostrophe à M. de Brézé, Mirabeau, qui a dit, dès 1790, dans un écrit célèbre où il était certainement sincère, sa 47e note pour la cour : « Les dispositions de la séance du 23 juin, proposées comme un simple vœu du monarque, auraient mis le royaume à ses pieds (1).

Necker, dans l'ouvrage publié par lui en 1796 sous ce titre : *De la Révolution française*, s'attache surtout à indiquer les modifications apportées malgré lui aux projets de déclarations royales qu'il avait rédigés, et qui devaient, selon lui, mettre un terme aux dissensions entre les trois ordres formant les États généraux, rétablir le prestige et la force de l'autorité royale amoindrie, tout apaiser, tout concilier, tout raffermir. Il présente ces modifications de fond ou de forme comme à une véritable surprise faite au dernier moment et d'une manière irréfléchie, non seulement à lui-même, mais aussi à d'autres ministres ses collègues, par l'entourage immédiat du roi. Ses explications ont été accueillies et reproduites par presque tous les historiens que nous pourrions appeler la première génération d'historiens de la Révolution française.

(1) Mirabeau ajoute, il est vrai : « D'où vient qu'elles n'excitèrent que la terreur? C'est qu'elles furent proposées comme une loi. C'est que l'idée d'un roi législateur dans une assemblée de représentants du peuple était inconciliable avec les droits d'une grande nation. » Pourtant, dès le lendemain de la séance du 23 juin, dans le projet d'adresse qu'il avait préparé pour être soumis à l'Assemblée et qu'il a inséré dans sa quatorzième lettre à ses commettants, Mirabeau a pris la défense des intentions du roi en cette circonstance.

Le hasard nous ayant fait découvrir les minutes inédites de deux lettres de Necker, écrites au roi ou pour le roi avant et après la séance du 23 juin, lettres fort courtes d'ailleurs, mais qui nous ont paru contredire l'opinion accréditée ensuite par leur auteur, nous avons été amenés à examiner avec quelque attention les préliminaires de la séance royale du 23 juin, non pas à l'assemblée des Communes dont les débats sont parfaitement connus, mais au sein du Conseil du roi. Bien peu nombreux sont les documents qui peuvent servir à percer le secret des délibérations de ce Conseil. Celui qui nous a été le plus utile est un écrit du garde des sceaux d'alors, M. de Barentin. Quoiqu'il ait été imprimé déjà (1) cet écrit paraît avoir passé inaperçu des historiens de la Révolution, à l'exception de M. Chérest, qui le cite dans son remarquable ouvrage sur la *Chute de l'ancien régime* (tome III), mais sans lui donner toute l'attention qu'il mérite à notre avis. Il a été composé en 1797 environ, en réponse à l'ouvrage de Necker sur la Révolution française, et contient un récit très circonstancié, portant tous les caractères de la véracité, des trois séances du Conseil dans lesquelles les déclarations proposées

(1) Le manuscrit de M. de Barentin, intitulé par l'auteur : *Réfutation des erreurs et des faits inexacts ou faux répandus dans l'ouvrage publié par M. Necker*, a été acquis en 1830 par la Bibliothèque nationale. M. Maurice Champion l'a publié à peu d'exemplaires en 1844 sous cet autre titre : *Mémoire autographe de M. de Barentin, chancelier et garde des sceaux, sur les derniers conseils du roi Louis XVI.*

par Necker ont été discutées, modifiées et enfin arrêtées. Il permet d'établir, sur le témoignage d'un serviteur dévoué de la monarchie, que, si le 23 juin 1789 il n'y a pas eu surprise comme le prétend Necker, les décisions adoptées par le roi ayant été l'objet de discussions suivies et contradictoires au Conseil, il n'y a pas eu non plus méprise de la part de l'opinion publique; que les fautes de langage ou de forme commises par Louis XVI dans cette circonstance, « l'odieux appareil des lits de justice », comme dit un écrivain très royaliste, Ferrières, en parlant de l'étiquette de la séance, « ces *je veux* répétés dans la bouche du roi qui, dit encore le même écrivain, choquèrent jusqu'à la noblesse », ont été encore néanmoins les moindres erreurs que la royauté ait eu à se reprocher alors. Si, en effet, le roi Louis XVI a annoncé solennellement ce jour-là les réformes qu'il était disposé à sanctionner et à réaliser, il a surtout voulu annoncer avec la même solennité celles auxquelles il refusait son adhésion, et parmi ces dernières se trouvaient à la fois la suppression de la distinction politique de la nation en trois ordres, et la périodicité des États généraux, c'est-à-dire l'organisation d'un véritable régime représentatif.

Après le vote du 17 juin à l'assemblée des Communes, une même pensée s'était présentée à presque tous les esprits, aussi bien dans le parti du Tiers-État que dans celui des deux premiers ordres : C'est maintenant au roi de parler. Dumont (de Genève), dans ses *Souvenirs sur Mirabeau*, prétend que la séance royale avait été imaginée d'abord par son ami et compatriote Duroveray, qui communiqua l'idée à Malouet, lequel la fit adopter par Necker. Quoi qu'il faille penser de ce récit, non confirmé d'ailleurs par les Mémoires de Malouet, d'autres que Duroveray avaient eu, en même temps que lui, et dans des vues diverses, une inspiration identique. Et pourtant l'on était arrivé au moment où l'intervention solennelle du roi, ainsi réclamée, présentait le plus de difficultés et de dangers. Quelle serait la forme de cette intervention, message, séance royale analogue aux anciens lits de justice, dans lesquels le roi faisait connaître ses volontés sans admettre les corps judiciaires auxquels il s'adressait à délibérer en sa présence, ou semblable aux séances dites privées, dans lesquelles le roi recueillait les opinions avant de prononcer, comme cela était bien plus facile au sein des parlements qu'en face d'une assemblée de douze cents députés ? Cette question qui préoccupait fort les vieux légistes n'était ni la plus importante, ni la plus délicate qu'il y eût à résoudre. A coup sûr, la forme d'une séance royale était la plus fâcheuse que l'on pût choisir. Mais avant tout il s'agissait de savoir quel serait le sens de l'intervention du roi (1).

(1) Mirabeau du moins ne se méprenait pas, après le vote du 17, sur les dangers de l'intervention du roi, quelle qu'elle fût, et les

Comment échapper à l'alternative de se prononcer en faveur de l'un ou l'autre des deux systèmes entre lesquels les opinions se partageaient? Comment éviter les inconvénients que présentaient les deux termes de cette alternative? Soutenir, ainsi qu'on s'y détermina en définitive, les prétentions du clergé et de la noblesse, c'était pour l'autorité royale se lier à une cause perdue, à laquelle elle ne pouvait même plus apporter, pour l'appuyer contre le sentiment public et l'intérêt général, la force matérielle qu'elle-même n'avait plus. Se ranger au contraire du côté du Tiers-État, ce n'était déjà plus prendre une initiative dont la royauté eût recueilli le bénéfice; c'était céder à l'audace passée du Tiers-État et encourager ses audaces futures, c'était accabler le clergé et la noblesse, après n'avoir rien fait pour les dé-

inconvénients d'une séance royale. « Informé par Clavière, qui ne savait pas garder un secret, raconte Dumont, de la véritable origine de la séance royale (c'est-à-dire du conseil donné par Duroveray, qui était, avec Clavière et Dumont, un des collaborateurs de Mirabeau), il m'en parla dans un accès de fureur: Duroveray, me dit-il, ne m'a pas cru digne d'être consulté. Je sais bien qu'il me regarde comme un fou qui a des intervalles lucides. Mais je lui aurais dit d'avance le parti qu'on aurait tiré de sa mesure. Ce n'est pas avec un caractère élastique comme celui des Français qu'il faut se jouer de ces formes brutales. Quel homme que M. Necker pour lui confier de pareils moyens! Autant vaudrait appliquer un cautère à une jambe de bois que de lui donner des conseils qu'il n'est pas en état de suivre. « — Et s'échauffant de plus en plus sur le danger de cette séance, il ajouta positivement : « C'est ainsi qu'on mène les rois à l'échafaud... » Quelques jours auparavant, il disait déjà à propos du vote du 17 : « Je ne serais pas surpris que la guerre civile fût le fruit de leur beau décret. »

tourner d'un conflit où leur honneur était maintenant engagé, c'était enfin, pour le roi personnellement, heurter de front les sentiments de tous les siens, blesser et écarter de lui tout un entourage qui faisait en quelque sorte partie de son existence. En demandant à un souverain aussi irrésolu de caractère que Louis XVI de prendre un pareil parti, alors surtout qu'il avait commencé de s'effrayer, « découvert pour la première fois, comme dit M. de Barentin, la profondeur de l'abîme sur le bord duquel l'avait placé M. Necker », on lui eût véritablement demandé l'impossible. Mieux valait encore l'entretenir pour cette fois dans sa difficulté à agir, et l'exhorter à attendre dans l'abstention la fin de la bataille qu'on n'avait pas su empêcher. Au point où en étaient les choses, cette issue naturelle n'était point éloignée ; on put la prévoir avant même la séance royale, dès le 19 juin, lorsque 149 membres du clergé, formant dans cet ordre la majorité absolue, eurent adopté un arrêté en faveur de la vérification des pouvoirs en commun, et surtout dès le 22, lorsqu'un nombre au moins égal de députés de cet ordre fût venu se réunir aux députés des communes à la séance tenue par ceux-ci dans l'église Saint-Louis. Certains annalistes, adversaires de la Révolution, comme Bertrand de Moleville, ont vainement essayé d'obscurcir ce point important. La réserve faite par les 149 membres du clergé ayant signé l'arrêté, au sujet du maintien de la distinction des ordres, était même assez vague pour ne pas exclure la délibération en commun comme mode ordinaire de délibération. En fait, la majorité du clergé renonçait dès lors à la lutte ; comment la majorité de la noblesse eût-elle pu la continuer plus longtemps?

Le jeudi 18, Louis XVI donna ordre à M. de Barentin de convoquer le Conseil des dépêches à Marly où le roi se trouvait alors. Les quatre conseillers d'État de la commission spéciale des États généraux, MM. de La Michodière, Vidaud de La Tour, d'Ormesson et de Chaumont de La Galaisière, qui avaient assisté aux conférences contradictoires entre les commissaires des trois ordres, furent appelés à ce conseil, avec le maître des requêtes rapporteur de la commission, M. Valdec de Lessart. En revanche, deux ou trois membres ordinaires du Conseil des dépêches, et notamment le duc de Nivernois, ne paraissent pas avoir assisté à cette première réunion ni à celles qui suivirent.

Jusqu'au dernier moment Necker avait gardé l'espoir du rejet de la motion de Sieyès. Non moins brusquement réveillé de ses illusions que le roi, il avait à la hâte arrêté un plan qui lui paraissait très habile. Il a raconté que ce plan avait été d'abord soumis par lui « aux ministres dont les suffrages étaient les plus éclairés », c'est-à-dire à ceux qui étaient en union de tendances avec lui, et sur lesquels il pouvait compter, MM. de Montmorin et de Saint-Priest, ministre des affaires étrangères et ministre d'État, et peut-être M. de La Luzerne, ministre de la marine, que « ceux-ci y donnèrent un assentiment qui tenait de l'enthousiasme ».

Ce plan était tout à fait conforme à la nature d'esprit de Necker et à la politique de balancier qu'il avait jusque-là suivie. Chercher un moyen terme apparent entre les prétentions des deux partis, donner à chacun d'eux une part de satisfactions; réprouver la délibération par laquelle le Tiers-État s'était déclaré Assemblée nationale, mais inviter les trois ordres à se réunir « pour cette tenue d'États généraux et sans tirer à conséquence à l'effet de délibérer en commun sur les affaires d'une utilité générale » ; faire une sorte de classement entre les divers objets sur lesquels devaient porter les délibérations des États généraux; réserver, comme devant être traitées par ordre, certaines affaires touchant plus directement aux intérêts particuliers des deux premiers ordres; mais introduire habilement parmi les questions à traiter en commun celle de « la forme à donner aux prochains États généraux », de manière que tout ce qui avait été jusque-là laissé aux deux premiers ordres pût leur être alors repris; ajouter comme restriction que jamais le roi ne donnerait sa sanction à une organisation des États généraux qui ne comporterait pas au moins l'existence de deux Chambres; dresser en même temps, sous le titre de *Déclaration des intentions du roi*, le premier document portant celui de *Déclaration concernant la présente tenue d'États généraux*, une liste de réformes dores et déjà garanties par le roi, liste forcément trop étendue pour les uns, et trop restreinte pour les autres (1) ; faire prescrire par le roi, aux États généraux rassemblés en sa présence, les solutions ainsi adoptées par lui comme médiateur entre les ordres divisés, telle était l'économie générale du projet de Necker ; il a rétabli ce projet d'après ses souvenirs, « ayant été, dit-il, privé de son manuscrit, jeté au feu, pendant la Révolution par l'effet de la terreur de la personne à laquelle il l'avait confié. »

Nos lecteurs trouveront aux pièces justificatives un récit en quelques parties nouveau des discussions que ces projets soulevèrent dans les trois séances du Conseil consacrées les 19, 20 et 21 à leur examen. Les dispositions principales de ces projets furent ouvertement attaquées par les légistes du Conseil, M. de Barentin en tête, comme « portant atteinte aux lois fondamentales du royaume ». Toute l'argumentation des adversaires de Necker partait du principe ainsi exprimé par M. de Barentin : « La stabilité des empires veut que leurs bases soient inébranlables, et c'est un crime d'État de proposer de les subordonner aux hasards du

(1) La question des droits féodaux, par exemple, et celle des propriétés ecclésiastiques se trouvaient exclues des délibérations en commun, et les réformes à opérer sur ces deux points ne figuraient pas dans la *Déclaration des intentions du roi*.

sort, ou aux caprices de l'opinion des hommes ». Ils ne se faisaient nullement illusion sur l'impossibilité de rendre périodique une représentation nationale formée de trois ordres rivaux. « M. Necker, écrit encore M. de Barentin, tenait fortement à des États généraux périodiques ; nous tenions aussi fortement à ce qu'ils ne le fussent pas (1). » Enfin, quant aux dangers résultant de l'excitation des esprits, ils les envisageaient avec le mépris propre aux hommes qui se croient en possession de la vérité absolue, et la manifestation du 20 au Jeu de paume ne leur apparaissait que comme « un acte de rébellion » à réprimer. A la séance du Conseil du 21, qui fut tenue à Versailles, les frères du roi vinrent apporter aux adversaires de Necker le secours de leur intervention.

Necker a atténué le caractère de ces résistances, quand il les a racontées, afin d'éviter le reproche d'imprévoyance dans la préparation des moyens de réussite de son plan, d'hésitation et de faiblesse dans la défense de ce plan. Il eût volontiers laissé croire qu'il avait été, en juin 1789, la victime d'une intrigue de palais, tandis qu'il

(1) « D'accord, ajoute M. de Barentin, sur le principe que le consentement des représentants de la nation devait intervenir, soit pour l'établissement de l'impôt, soit pour sa prorogation au delà du terme assigné à sa perception, nous pensions que, hors ces cas, toute assemblée des États n'était pas nécessaire, ou ne devait avoir lieu que lorsque le roi la croyait utile, ou qu'à raison des objets à traiter elle était commandée par les lois fondamentales. »

s'est, pour ainsi dire, pris lui-même dans ses propres filets.

Ce qui reste une particularité historique extrêment curieuse et peut-être unique en son genre, c'est que, pour faire des projets de Necker l'expression d'un système politique absolument différent de celui auquel leur auteur se rattachait, il suffit de fort peu d'additions ou de corrections.

On ajouta dans la première déclaration un article premier nouveau, celui par lequel le roi déclare *vouloir* que l'ancienne distinction des ordres de l'État soit conservée en son entier comme essentiellement liée à l'ancienne constitution du royaume, etc., et qui finit en déclarant nulles les délibérations prises par les députés du Tiers-État le 17 juin, ainsi que celles qui pourront s'ensuivre. L'article 7 de la même déclaration par lequel le roi exhorte les ordres à se réunir, au lieu de le leur prescrire, comme le voulait Necker, fut également un article nouveau. L'article 8 réservant les affaires qui ne pourraient être traitées en commun, et rangeant désormais parmi celles-ci le mode d'organisation des futurs États généraux, fut complètement remanié. Dans la seconde déclaration on ne modifia que deux articles : l'un relatif à l'admissibilité de tous les citoyens à tous les emplois civils et militaires, article remplacé par un autre, tout à la fin de la déclaration, dans lequel le roi « déclare de la manière la plus expresse vouloir conserver en son entier et sans la moindre atteinte l'institution de l'armée, ainsi que toute autorité, police et pouvoir sur le militaire, ainsi que les monarques francais en ont constamment joui » ; l'autre concernant l'abolition des privilèges pécuniaires du clergé et de la noblesse, qu'on subordonnait aux renonciations annoncées par ces deux ordres.

A part cela et quelques autres détails peut-être, le cadre des deux déclarations demeura exactement celui que Necker avait fourni. Les discours qui les accompagnaient avaient été préparés par lui; le roi n'y apporta que des corrections sans la moindre importance. Necker et Barentin sont d'accord à cet égard. C'est Necker, par exemple, qui avait rédigé cette phrase, laquelle s'était trouvée répondre à merveille aux sentiments de ses adversaires : « Si par une fatalité loin de ma pensée vous m'abandonniez seul dans une si belle entreprise, seul je ferai le bien de mes peuples; seul je me considérerai comme leur véritable représentant ; et, connaissant vos cahiers, connaissant l'accord qui existe entre le vœu le plus général de la nation et mes intentions bienfaisantes, j'aurai toute la confiance que doit inspirer une si rare harmonie, et je marcherai vers le but auquel je veux atteindre avec tout le courage et toute la fermeté qu'il doit m'inspirer. »

Necker n'en jugea pas moins avec raison que les changements apportés à ses deux déclarations les « dénaturaient ». On sait comment il s'abstint de paraître à la séance royale.

Les incidents survenus à la fin de cette séance fameuse pour laquelle on reproduisit le cérémonial et les dispositions de la séance d'ouverture des États généraux, mais qui ne fut pas publique, semblent très connus. Tels qu'on les présente en général, ils sont pourtant un peu ornés par la légende.

Les sources ordinaires auxquelles il faut recourir pour l'histoire des premiers débats aux États généraux sont ici absolument insuffisantes (1). Le *Journal des États généraux* de Le Hodey de Saultchevreuil, si complet relativement, et si utile en général à rapprocher des *Lettres de Mirabeau à ses commettants*, le *Point du Jour* et le *Journal de Versailles*, rédigés par deux députés aux États, Barrère et Regnault de Saint-Jean-d'Angely, c'est-à-dire les seules feuilles politiques indépendantes, avec le journal de Mirabeau, qui se fussent encore fondées, racontent la séance sans même faire mention de l'intervention de ce dernier, ou en parlant

(1) Il ne faut pas oublier que le *Moniteur* n'a réellement commencé à paraître que le 24 novembre 1789, que tout ce qui est antérieur en date, dans les réimpressions de ce journal, a été écrit rétrospectivement; que d'ailleurs c'est à partir de 1790 seulement que le *Moniteur* a publié un compte rendu très détaillé des séances de l'Assemblée. Voir, dans l'introduction de l'ouvrage de M. Aulard : *les Orateurs de l'Assemblée constituante*. Paris, Thorin, 1882, une excellente étude critique des sources pour l'histoire des premiers débats de l'Assemblée constituante.

seulement de sa motion concernant l'inviolabilité des députés.

Il est certain que cette intervention de Mirabeau n'a pas produit sur le moment l'important effet que lui ont attribué les relations écrites après coup; il est certain aussi que les paroles qui ont été prêtées à Mirabeau, ou qu'il s'est prêtées à lui-même, ne sont pas exactement celles qu'il a prononcées. Et d'abord, au moment où la noblesse et la plus grande partie du clergé, obéissant à l'ordre qui terminait le discours du roi, venaient de quitter la grande salle des Menus, tandis que les députés du Tiers, demeurés à leurs places, semblaient se consulter sur le parti à prendre, Mirabeau s'est-il levé le premier pour exhorter ses collègues à la résistance et s'est-il exprimé réellement en ces termes : « J'avoue que ce que vous venez d'entendre pourrait être le salut de la patrie, si les présents du despotisme n'étaient toujours dangereux. Quelle est cette insultante dictature? L'appareil des armes, la violation du temple national pour vous commander d'être heureux! Qui vous fait ce commandement? Votre mandataire. Qui vous donne des lois impérieuses? Votre mandataire. Lui qui doit les recevoir de nous qui sommes revêtus d'un sacerdoce politique inviolable; de nous, enfin, de qui seuls vingt-cinq millions d'hommes attendent un bonheur certain, parce qu'il doit être consenti, donné et reçu par tous. Mais la liberté de nos délibérations est enchaînée. Une force militaire environne les États! Où sont les ennemis de la nation? Catilina est-il à nos portes? Je demande qu'en vous couvrant de votre dignité, de votre puissance législative, vous vous renfermiez dans la religion de votre serment: il ne nous permet de nous séparer qu'après avoir fait la constitution. » Mirabeau, dans sa treizième lettre à ses commettants, ne rapporte absolument rien de cette harangue. M. Droz, dans son *Histoire du règne de Louis XVI*, a déjà indiqué que l'authenticité n'en repose sur aucun témoignage, à l'exception de celui de Bertrand de Moleville, sans valeur ici; que d'ailleurs un langage aussi violent, aussi contraire aux idées que Mirabeau avait professées huit jours avant sur le pouvoir royal, bien que mélangé de phrases qui se retrouvent dans des discours ultérieurs de lui, ne présente aucune vraisemblance.

Nous arrivons à la fameuse apostrophe à M. de Dreux-Brézé. Le beau bas-relief du sculpteur Dalou, si supérieur à la plupart des œuvres artistiques contemporaines inspirées de l'histoire de la Révolution, nous montre Mirabeau s'avançant devant l'envoyé de la cour, au pied d'un petit bureau de président où siège Bailly, et jetant en quelque sorte à la face du grand maître des cérémonies les paroles que l'on a si souvent répétées. Il faut reconstituer la scène autrement, si l'on se reporte à la fois aux *Mémoires* de Bailly et aux souvenirs conservés avec beaucoup de précision par la famille de Dreux-Brézé, souvenirs que le propre fils du grand maître des cérémonies de 1789 a retracés dans un discours à la Chambre des pairs le 9 mai 1833 (1). Il n'y avait pas de bureau de président dans la grande salle des Menus, telle qu'elle avait été disposée pour la séance royale ; Bailly était assis en avant des députés du Tiers, pressés sur des banquettes, mais parmi eux, et Mirabeau n'est point sorti de leurs rangs pour venir interpeller M. de Dreux-Brézé. Le grand maître des cérémonies, agissant selon l'étiquette de ses fonctions, était entré dans la salle le chapeau sur la tête, ce qui avait excité les murmures des députés, et s'était adressé à Bailly ; Mirabeau a fait alors entendre de sa place des paroles qui se sont détachées des rumeurs générales. Prenons maintenant le récit de Mirabeau lui-même dans sa treizième lettre à ses commettants : « Les députés de la noblesse et une partie de ceux du clergé se sont retirés, raconte Mirabeau; les autres sont restés constamment à leurs places. Bientôt M. le marquis de Brézé est venu leur dire : Messieurs, vous connaissez les intentions du roi. Sur quoi l'un des membres des Com-

(1) Le compte rendu de la séance constate que pour confirmer l'exactitude des détails par lui fournis, l'orateur fit appel à M. de Montlosier, membre comme lui de la Chambre des pairs à cette époque, et ancien constituant, et que ni lui, ni M. de Barbé-Marbois, autre membre de la Chambre des pairs, qui avait appartenu aux États généraux de 1789 et même à l'ordre du Tiers, ne le démentirent.

munes, lui adressant la parole, a dit : Oui, Monsieur, nous avons entendu les intentions qu'on a suggérées au roi; et vous qui ne sauriez être son organe auprès des États généraux, vous qui n'avez ici ni place, ni voix, ni droit de parler, vous n'êtes pas fait pour nous rappeler son discours. Cependant, pour éviter toute équivoque et tout délai, je vous déclare que si l'on vous a chargé de nous faire sortir d'ici, vous devez demander des ordres pour employer la force, car nous ne quitterons nos places que par la puissance de la baïonnette. » C'est là un véritable petit discours qui a une allure trop étudiée pour n'avoir pas été arrangé après coup, et qui est trop long pour une scène qui n'a duré qu'un instant. Le marquis de Dreux-Brézé, fils du grand maître des cérémonies de 1789, et Bailly, dans ses *Mémoires*, prêtent à Mirabeau des paroles qui ont mieux l'apparence de l'improvisation au milieu du trouble d'un pareil moment. Mirabeau aurait dit tout simplement à l'envoyé de la Cour, selon le fils de celui-ci : « Nous sommes assemblés par la volonté nationale et nous ne sortirons que par la force », à quoi M. de Dreux-Brézé aurait répliqué, non sans présence d'esprit : « Je ne puis reconnaître dans M. de Mirabeau que le député du bailliage d'Aix, et non l'organe de l'Assemblée. » Suivant Bailly, dont le témoignage est fort important, Mirabeau se serait exprimé en ces termes : « Allez dire à ceux qui vous envoient que la force des baïonnettes ne peut rien contre la volonté de la Nation. » — « On a beaucoup loué, observe Bailly, cette réponse qui n'en est pas une, mais une apostrophe que Mirabeau ne devait pas faire, qu'il n'avait pas le droit de faire, puisque le président était là, et qui, en même temps que déplacée, était hors de toute mesure... Qui donc avait parlé d'employer la force des baïonnettes ? »

Quoi qu'il en soit, la phrase qui a été en quelque sorte consacrée est celle que la Société des Jacobins, sur la proposition de Barnave, fit graver en 1791, après la mort de Mirabeau, sur le buste du grand orateur commandé au sculpteur Houdon : « Allez dire à ceux qui vous envoient que nous sommes ici par la volonté nationale, et que nous n'en sortirons que par la puissance des baïonnettes. » Sauf que l'expression inconvenante de *votre maître*, à propos du roi, ne s'y trouve pas, ce sont les paroles que la tradition populaire a recueillies. Les mots ont leur fortune, et ceux-ci, exacts ou non (1), ont peut-être plus fait pour la renommée de Mirabeau que de longs discours.

(1) Aux témoignages qui précèdent, on peut, il est vrai, opposer celui d'Arnault qui, en raison de l'office qu'il remplissait auprès de Monsieur, avait eu le privilège d'assister à la séance royale : « J'entends encore, écrit-il dans ses *Souvenirs d'un sexagénaire*, la réponse que Mirabeau, de *sa voix argentine*, mais avec une grande solennité, fit à la sommation de M. de Dreux-Brézé : *Allez dire à ceux qui vous ont envoyé que nous sommes ici par la volonté du peuple, et que nous n'en sortirons que par la puissance des baïonnettes.* » Mais Arnault a écrit ses *Souvenirs* bien longtemps après la séance du 23 juin, et l'on peut se demander s'il n'avait pas dans la mémoire les récits faits dans l'intervalle encore plus que les propres paroles de Mirabeau. Nous

Ceux qu'il adressait à Dumont (de Genève) au lendemain de la séance : *C'est ainsi qu'on mène les rois à l'échafaud*, méritent bien aussi d'être retenus. Et enfin, en regard de l'apostrophe à M. de Brézé, ne convient-il pas de placer cette appréciation réfléchie de la séance du 23 juin, formulée par Mirabeau dans l'exposé des motifs du projet d'adresse aux Français, qui est inséré au cours de sa quatorzième lettre à ses commettants :

La journée du 23 juin, lisons-nous dans cet exposé de motifs, a fait sur ce peuple inquiet et malheureux une

pourrions encore citer Le Hodey de Saultchevreuil qui, dans son journal, écrit sur le moment même, raconte, sans parler de Mirabeau, que « l'Assemblée a crié presque à l'unanimité : Non, non, il n'y a que la force qui puisse nous faire sortir. » Mais il s'agit en somme d'une question de détail sur laquelle il serait fastidieux d'insister. La seule conclusion à retenir, c'est que l'action personnelle de Mirabeau en cette circonstance a été exagérée. Suivant Le Hodey, Buzot se serait écrié, à propos de sa motion relative à l'inviolabilité des députés, conçue en effet en termes un peu déclamatoires, et qui fut pourtant adoptée par l'Assemblée : « L'indignation n'est pas verbeuse. »

Cette motion, d'après une curieuse relation du temps retrouvée par M. le marquis de Saporta, qui nous l'a fait connaître, fut présentée par Mirabeau comme une addition à la motion de Le Camus relative au maintien des précédents arrêtés de l'Assemblée. Elle fut d'abord combattue par Bailly lui-même, sous le prétexte assez spécieux que « tous les citoyens avaient droit à la même sûreté ». Mirabeau répondit à Bailly, d'après les Mémoires de ce dernier : « Si ma motion n'est pas adoptée, soixante députés, et vous à leur tête, seront arrêtés cette nuit. » L'affirmation de Mirabeau, aussi bien que le fait avancé dans les Mémoires de Larevellière-Lepeaux, à savoir que deux ou trois escadrons de gardes du corps se préparaient à disperser les députés restés en séance, et n'en furent empêchés que par l'intervention de certains députés de la noblesse, est démentie par la relation de M. de Barentin déjà mentionnée.

impression dont je crains les suites. Où les représentants de la nation n'ont vu qu'une erreur de l'autorité, le peuple a cru voir un dessein formel d'attaquer leurs droits et leurs pouvoirs. Il n'a pas encore eu l'occasion de connaître toute la fermeté de ses mandataires. Sa confiance en eux n'a point encore des racines assez profondes. Qui ne sait d'ailleurs comment les alarmes se propagent, comment la vérité même, dénaturée par des craintes, exagérée par les échos d'une grande ville, empoisonnée par toutes les passions, peut occasionner une fermentation violente qui, dans les circonstances actuelles et les crises de la misère publique, serait une calamité ajoutée à une calamité? Le mouvement de Versailles est bientôt le mouvement de Paris; l'agitation de la capitale se communique aux provinces voisines, et chaque commotion s'étendant à un cercle plus vaste, de proche en proche, produit enfin une agitation universelle. Telle est l'image faible, mais vraie, des mouvements populaires, et je n'ai pas besoin de prouver que les derniers événements, dénaturés par la crainte, interprétés par la défiance, accompagnés de toutes les rumeurs publiques, risquent d'égarer l'imagination du peuple déjà préparée aux impressions sinistres par une situation vraiment déplorable.... Quand on se rappelle les désastres occasionnés dans la capitale par une cause infiniment disproportionnée à ses suites cruelles, tant de scènes déplorables dans différentes provinces où le sang des citoyens a coulé par le fer des soldats et le glaive des bourreaux, on sent la nécessité de prévenir de nouveaux accès de frénésie et de vengeance; car les agitations, les tumultes, les excès ne servent que les ennemis de la liberté... Je considère tous les bons effets d'une marche ferme, sage et tranquille; c'est par elle seule qu'on peut se rendre les événements favorables, qu'on profite des fautes de ses adversaires pour le triomphe du bon droit; au lieu que, jetés peut-être hors de mesures sages, les représentants de la nation ne seraient plus les maîtres de leurs mouvements; ils verraient d'un jour à l'autre les progrès d'un mal qu'ils ne pourraient plus arrêter, et ils seraient réduits au plus grand des malheurs, celui de n'avoir plus que le choix des fautes. Les délégués de la nation ont pour eux la souveraine des événements, la nécessité; elle les pousse au but salutaire qu'ils se sont proposé, elle soumettra tout par sa propre force; mais sa force est dans la raison : rien ne lui est plus étranger que les tumultes, les cris du désordre, les agitations sans objet et sans règle. La raison veut vaincre par ses propres armes; tous ces auxiliaires séditieux sont ses plus grands ennemis. A qui, dans ce moment, convient-il mieux qu'aux députés de France d'éclairer, de calmer, de sauver le peuple des excès que pourrait produire l'ivresse d'un zèle furieux ?

Dans l'adresse même qu'il voulait faire adopter, Mirabeau développe longuement l'éloge du roi; il va jusqu'à prendre la défense de ses intentions à la séance du 23 juin.

Dans cette journée, dit-il, où un appareil, plutôt menaçant qu'imposant, vous montrait un monarque absolu et sévère, quand l'Assemblée nationale n'aurait voulu voir que le chef suprême, escorté seulement de ses vertus, dans cette même journée, nous avons entendu de sa bouche les déclarations les plus pures de ses grandes vues, de ses intentions vraiment généreuses, vraiment magnanimes Non, les formes les moins propres à concilier les cœurs ne nous déguiseront point les sentiments de notre Roi; nous pourrions gémir d'être mal connus de ce prince; mais nous n'aurons jamais à nous reprocher d'être injustes... Et comment les sentiments de notre Roi pourraient-ils causer quelques alarmes? Si nous connaissions moins ses vues, n'avons-nous pas la garantie de ses lumières et de son intérêt? L'aristocratie cessa-t-elle jamais d'être l'ennemie du trône? Toute son ambition n'est-elle pas de fractionner l'autorité?...

On exagère beaucoup, continue d'ailleurs Mirabeau, le nombre de nos ennemis. Plusieurs de ceux qui ne pensent pas comme nous sont loin de mériter pour cela ce titre odieux... Des concitoyens qui ne cherchent, comme nous, que le bien public, mais qui le cherchent dans une autre route; des hommes qui, entraînés par les préjugés de l'éducation et les habitudes de l'enfance, n'ont pas la force de remonter le torrent; des hommes qui, en nous voyant dans une position toute nouvelle, ont redouté de notre part des prétentions exagérées, se sont alarmés pour leurs propriétés, ont craint que la liberté ne fût un prétexte pour arriver à la licence; tous ces hommes méritent de notre part des ménagements : il faut plaindre les uns, donner aux autres le temps de revenir, les éclairer tous, et ne point faire dégénérer en querelles d'amour-propre, en guerre de factions, des différences d'opinion qui sont inséparables de la faiblesse de l'esprit humain, de la multitude des aspects que représentent ces objets si compliqués, et dont la diversité même est utile à la chose publique sous les vastes rapports de la discussion et de l'examen.

Citons encore cette conclusion d'une vérité saisissante : « Notre sort est dans notre sagesse. La violence seule pourrait rendre douteuse ou même anéantir cette liberté que la raison nous assure, » et laissons le lecteur juger de lui-même si des idées de ce genre, exprimées si éloquemment, ne font pas beaucoup plus d'honneur à Mirabeau que la fameuse apostrophe léguée par ses admirateurs à la postérité.

Au reste, nous croyons que le sentiment de sagesse auquel Mirabeau faisait ainsi appel était encore, au lendemain de la réunion des ordres, opérée malgré la séance royale, le sentiment général des députés des Communes. Il est bien vrai que le projet d'adresse de Mirabeau ne fut pas adopté, lorsque, saisissant comme prétexte l'émeute qui avait enlevé de la prison de l'Abbaye des gardes françaises punies par leur colonel, il en donna lecture à la séance du 1er juillet. « Il était malade, raconte-t-il lui-même, dans sa quinzième lettre à ses commettants, sa voix était faible ; l'adresse a été mal entendue. » Cependant, en cette circonstance même, l'Assemblée prit une résolution qui concordait parfaitement avec les vues de Mirabeau. Elle se défendit de tout empiétement sur le domaine de l'autorité royale ; éludant les sollicitations dangereuses dont elle était l'objet, elle « invoqua seulement la clémence du roi pour les personnes qui pourraient être coupables », et « conjura les habitants de la capitale de rentrer sur-le-champ dans l'ordre, et de se pénétrer des sentiments de paix pouvant seuls assurer les biens infinis que la France était près de recueillir de la réunion volontaire de tous les représentants de la Nation ». Le roi rendit justement hommage à la sagesse de cet arrêté.

A ce moment, la fermeté des députés des Communes semblait avoir surmonté sans violence toutes les résistances opposées à leurs vœux, même par le roi. Bien qu'ils eussent maintenu, contrairement à la déclaration du 23 juin, toutes celles de leurs décisions antérieures que cette déclaration annulait, la majorité du clergé était revenue, dès le lendemain de la séance royale, se réunir à eux, suivie presque immédiatement par la minorité de la noblesse. Le roi lui-même avait agi ensuite pour hâter la réunion des dissidents des deux premiers ordres. Il l'avait fait sans doute en se référant aux termes de sa déclaration; et les dissidents, en se présentant dans la salle commune, avaient invoqué aussi cette déclaration comme loi, formulé des réserves et des protestations. Mais de ces réserves et de ces protestations, on n'avait tenu nul compte; on avait répondu à leurs auteurs qu'on ne pouvait les considérer que comme des députés non réunis, c'est Mirabeau qui paraît avoir le premier employé ce mot; on avait continué à prendre, même dans les communications avec le roi, le titre non reconnu par lui d'*Assemblée nationale*, et le roi avait laissé faire. Le peuple de Paris et de Versailles avait raison d'illuminer et d'allumer des feux de joie; une grande et pacifique victoire venait d'être remportée. Mais la modération dans le triomphe était commandée à la majorité victorieuse des États par l'état de désordre du pays, et tout particulièrement de Paris. Nous avons dit que cet état de désordre remontait loin, qu'il avait commencé avant même la réunion des États généraux, qu'il s'était produit partout à la fois, à l'époque des élections. Les nouvelles qui, depuis la réunion des États, s'étaient répandues de Versailles dans toute la France n'avaient pu que l'aggraver singulièrement. Rien de plus inquiétant que ces alternatives de tumulte et de joie convulsive, que ces réunions politiques en plein vent, que ces festoiements des soldats (1) avec la populace, dont Paris en particulier était le théâtre, tandis que la disette dont on souffrait depuis six mois arrivait à sa période la plus aiguë, tandis que, malgré tous les efforts de Necker et ses inutiles achats de blé à l'étranger (2), la menace de famine, si facile à exploiter pour entretenir l'affolement, restait suspendue au-dessus de la grande ville. On ne peut rien ajouter,

(1) Parmi les officiers aussi, il régnait un souffle d'indiscipline. Voir la *Lettre à M. le comte de Mirabeau* (en date du 25 juin) *sur les dispositions naturelles, nécessaires et indubitables des officiers et des soldats français et étrangers*, mentionnée par M. Chérest, tome III de son ouvrage, et attribuée par lui à Louis de Chénier.

(2) Le 6 juillet, à l'occasion d'un rapport du comité des subsistances nommé par l'Assemblée, Mirabeau, dont le ressentiment contre Necker ne s'était pas refroidi, accusa ce ministre d'avoir refusé des propositions du ministre des États-Unis, Jefferson, pour une importation de blé à très bas prix. Cette dénonciation n'avait aucun fondement : « M. Necker, écrit La Fayette dans ses *Mémoires*, la fit démentir par une lettre de M. Jefferson à La Fayette, que les amis du ministre pressèrent de signaler le mauvais procédé de Mirabeau, déjà très suspect aux communes par sa réputation d'immoralité. La Fayette, qui mettait beaucoup plus d'importance à la motion du jour (la motion relative au renvoi des troupes dont nous parlerons tout à l'heure) qu'à la querelle de M. Necker, proposa à Mirabeau de se rétracter lui-même. Celui-ci le remercia vivement, et sa franche rétractation (à la séance du 8 juillet) lui donna de la faveur. »

semble-t-il, sur cette situation étrange et redoutable à ce qui a été dit par M. Taine dans ses *Origines de la France contemporaine*. Il est malheureusement très difficile de reconstituer l'histoire de ces assemblées électorales primaires, restées permanentes et actives après les élections, et qui furent les premiers éléments d'organisation révolutionnaire, avant de devenir, sous le nom de districts et de sections, maîtresses de l'administration de Paris et même du gouvernement de la France.

La réunion des ordres obtenue, et les réformes nécessaires devant s'ensuivre tout naturellement, le rétablissement de l'ordre était le premier et le plus pressant de tous les intérêts, et le roi ne s'était pas assez compromis en faveur d'une cause qui n'était pas la sienne pour que la majorité de l'Assemblée ne fût encore disposée à s'unir à lui, à soutenir et à fortifier son autorité dans cet intérêt. Nous analyserons ailleurs la composition de l'Assemblée, au point de vue des tendances et des passions de ses membres. A ce moment on n'aurait pu y découvrir des subdivisions compliquées; elle comprenait, d'une part, huit cents députés préoccupés avant tout de maintenir les résultats acquis antérieurement à la séance du 23 juin, et, d'autre part, deux à trois cents défenseurs à peine des anciennes prérogatives d'ordres. Les factieux, s'il existait déjà dans son sein des députés auxquels on pût appliquer ce nom, étaient en bien petit nombre, et n'osaient encore afficher leurs sentiments ; les plus sages observateurs, Mounier et Malouet, le constatent. Dans le comité de Constitution qu'on se disposait à nommer, c'étaient les idées de Mounier qui allaient se trouver le plus largement représentées ; Mounier lui-même devait être le rapporteur de ce premier comité de Constitution. On pouvait le considérer alors comme un des chefs de l'Assemblée ; plût à Dieu que son influence eût duré plus longtemps ; mais le seul fait qu'il l'ait exercée quelque temps montre quel était alors l'esprit de ses collègues.

Comment une Assemblée animée de semblables dispositions a-t-elle pu arriver à se ranger du côté de l'émeute, accepter la terrible explosion révolutionnaire des 12, 13 et 14 juillet 1789, et le commencement de la domination de la foule, comme le point de départ d'un régime de liberté ? Il a fallu pour cela que les protestations réitérées des dissidents des deux premiers ordres, que les assemblées particulières que la noblesse continuait de tenir et les délibérations prises dans ces assemblées (1), que les fausses mesures de la Cour enfin, couronnées par le renvoi de Necker, fissent naître et grandir l'équivoque et l'inquiétude au sujet de la sincérité,

(1) Le 3 juillet, une assemblée de ce genre, formée, il est vrai, de cent trente-huit gentilshommes seulement, et à la majorité de quatre-vingt-neuf d'entre eux, adoptait un arrêté dont nous extrayons les passages suivants : « L'ordre de la noblesse aux États généraux, dont les membres sont comptables à leurs commettants, à la nation entière et à la postérité des pouvoirs qui

de l'immuabilité de cette réunion des ordres saluée d'abord avec une si grande joie. Il a fallu même que l'Assemblée se sentît menacée dans son existence par un coup d'État, et que les insurgés lui apparussent sous l'aspect de défenseurs nécessaires qu'elle devait accepter comme tels, sans leur demander compte de leurs actes. Qu'il y ait eu réellement un plan de coup d'État formé à la cour avant le 12 juillet, aucun document produit jusqu'à ce jour ne l'a démontré; aucune charge sérieuse ne ressort du procès intenté devant le Châtelet de

leur ont été confiés, et du dépôt des principes qui leur ont été transmis d'âge en âge dans la monarchie française,

Déclare qu'il n'a pas cessé de regarder comme des maximes inviolables et constitutionnelles,

La distinction des ordres, l'indépendance des ordres, la forme de voter par ordre, la nécessité de la sanction royale pour l'établissement des lois...

Annonce que son intention n'a jamais été de se départir de ces principes, lorsqu'il a adopté pour la présente tenue d'États seulement, et sans tirer à conséquence pour l'avenir, la déclaration du roi du 23 juin dernier, puisque l'article premier de cette déclaration énonce et conserve les principes essentiels de la distinction, de l'indépendance et du vote séparé des ordres; que rassuré par cette reconnaissance formelle, entraîné par l'amour de la paix et par le désir de rendre aux États généraux leur activité suspendue, empressé de couvrir l'erreur d'une des parties intégrantes des États généraux qui s'était attribué un nom et des pouvoirs qui ne peuvent appartenir qu'à la réunion des trois ordres; voulant donner au roi des preuves de déférence respectueuse aux invitations réitérées par sa lettre du 27 juin dernier, il s'est cru permis d'accéder aux dérogations partielles et momentanées que ladite déclaration apportait aux principes constitutifs... Fait au surplus la présente déclaration des principes de la Monarchie et des droits des ordres pour les conserver dans leur plénitude, et sous toutes les réserves qui peuvent les garantir et les assurer. »

Paris, en 1790, par le Comité des recherches de l'Assemblée nationale au garde des sceaux Barentin, qui avait été regardé, avec le maréchal de Broglie (1), comme l'âme du complot. Il n'est pas aisé de démêler les différentes influences qui ont pu s'exercer et se combattre autour du roi pendant la première quinzaine de juillet; l'état de la Cour, alors, était un état complet de désarroi (2). Si, dans l'entourage du comte d'Artois, et peut-être même de la reine, on parlait ouvertement d'une dissolution de l'Assemblée, accompagnée d'une série d'actes d'autorité, il est probable que le roi lui-même et ses conseillers les plus familiers ne s'étaient arrêtés qu'à une seule pensée : se défaire d'un ministre, bien mal servi par les tergiversations dans lesquelles il s'était complu, que la Cour entière, depuis le 23 juin surtout, s'accordait à rendre responsable de tout le mal, que le roi, d'ailleurs, n'avait jamais aimé et n'avait retenu, après la séance du 23 juin, qu'en prenant sa parole de se prêter à une retraite sans éclat le

(1) Le prince Victor de Broglie, fils du maréchal et appartenant au parti constitutionnel de l'Assemblée, a plus tard, à l'Assemblée, disculpé éloquemment son père, malgré la rigueur que celui-ci lui tenait, de toute pensée de coup d'État en cette circonstance. Quant à M. de Barentin, dans l'écrit dont nous avons déjà plus d'une fois parlé, il se défend même d'avoir conseillé le renvoi immédiat de Necker. Ce renvoi « ne pouvait, dit-il, que rendre Necker intéressant à l'Assemblée qui commençait à s'en dégoûter ».

(2) Voir sur cet état de désarroi de la cour les *Deux relations inédites de la prise de la Bastille*, dont une du comte de Mercy-Argenteau, publiées en 1887 par M. Flammermont.

jour où elle lui serait demandée ; préparer le renvoi de ce ministre, en se prémunissant par des rassemblements de troupes contre les mouvements populaires qui en devaient être très évidemment la suite. Au reste, il est à remarquer que celui des ministres qui avait dû faire exécuter les rassemblements de troupes, le ministre de la guerre, fut, le 11 juillet, sacrifié en même temps que Necker.

Quoi qu'il en soit, constituer à Versailles une armée de troupes étrangères, « faire, selon l'expression d'un des hommes qui commandaient cette armée, le baron de Besenval, du château un quartier général et du jardin un camp », donner aux forces ainsi réunies « un ordre de bataille » ; relativement à l'Assemblée, ne pas se contenter d'écarter du lieu de ses séances les attroupements populaires ; placer, ce qu'aucune Assemblée n'a jamais toléré, des gardes non soumises à son autorité aux accès du bâtiment qui lui était affecté, dans l'intérieur même de ce bâtiment et jusque dans la salle de ses séances, c'était éveiller toutes les inquiétudes, et prendre une voie directement opposée au but qu'il s'agissait d'atteindre, à savoir : l'apaisement des esprits et la restauration entre les mains du gouvernement d'une autorité qui ne s'exerçait plus.

Enfin, ce que Chateaubriand a dit dans ses *Mémoires* du ministère Polignac, on pouvait le dire, avec autant de raison, des hommes que

Louis XVI allait donner pour successeurs au ministre favori de l'opinion, et à ceux de ses collègues qui lui étaient plus ou moins dévoués, particulièrement des deux chefs du ministère nouveau, le maréchal de Broglie, organisateur de l'appareil militaire dont nous venons de parler, et le baron de Breteuil, notoirement investi de toute la confiance de la reine : quels que fussent leurs projets, « ils portaient le coup d'État inscrit sur leurs fronts », par la force des choses, par l'opposition entre leurs tendances personnelles et les tendances de l'opinion qui dominait dans l'Assemblée comme dans le pays.

Alexandre de Lameth dépeint, dans son *Histoire de l'Assemblée constituante*, en termes saisissants, l'entrée des troupes de renfort à Versailles, « ces dix mille hommes de régiments étrangers (1), suisses ou allemands, défilant, vers minuit, sur la place d'Armes, sous les fenêtres du roi, dont on voulait soutenir la confiance dans les projets qu'on lui avait fait adopter, se rendant à différents postes, et particulièrement à l'Orangerie, dont on ne laissait approcher aucun citoyen... ; le plus profond silence régnant partout, point de tambours, pas un commandement de la part des officiers, pas un

(1) « Trente-cinq mille hommes sont déjà répartis entre Paris et Versailles, » dit Mirabeau dans son discours du 8 juillet sur le renvoi des troupes. Même en tenant compte des troupes qui se trouvaient là avant l'appel des renforts, le chiffre est certainement fort exagéré.

mot de la part des spectateurs, et seulement le bruit monotone du pas ordinaire, qui, d'après les idées dont tous les esprits étaient préoccupés, avait quelque chose de sinistre et semblait présager de tragiques événements. » C'était déjà une opinion générale que la Cour se proposait d'effrayer l'Assemblée par l'arrestation d'un certain nombre de députés. On faisait circuler la liste des députés menacés. « A un grand dîner chez le duc de Liancourt, avec plusieurs députés qui, comme moi, devaient être arrêtés, raconte encore Alexandre de Lameth, le vicomte Mathieu de Montmorency nous dit : Messieurs, je n'aurai pas l'honneur d'être de la première fournée, mais je puis répondre que je mériterai d'être de la seconde. » Mirabeau tout naturellement devait être arrêté, disait-on, l'un des premiers, et, s'il faut en croire les souvenirs personnels d'une dame qu'il voyait beaucoup à cette époque, il s'attendait chaque nuit à être enlevé du petit logement qu'il occupait alors à Versailles, rue de l'Orangerie.

Quand même cette inquiétude pour sa propre sûreté ne fût pas venue l'aiguillonner, son attention à se faire toujours l'organe du sentiment public devait le porter à dénoncer le premier les menées suspectes de la Cour, faisant succéder tout à coup des paroles agressives au langage conciliant qu'il avait parlé d'abord après la victoire des Communes, au lendemain de la séance du 23 juin. C'est le 6 juillet qu'on avait appris la nomination du maréchal de Broglie au commandement de l'armée réunie entre Versailles et Paris. Le 8, dès que la question des mandats impératifs, soulevée par les députés protestataires du clergé et de la noblesse, a été vidée, Mirabeau prononce l'énergique discours tendant à faire rédiger « une très humble adresse au roi pour peindre à Sa Majesté les vives alarmes qu'inspire à l'Assemblée nationale l'abus qu'on s'est permis quelque temps du nom d'un bon roi pour faire approcher de la capitale et de cette ville de Versailles un train d'artillerie et des corps nombreux de troupes, tant étrangères que nationales, et pour la formation annoncée de divers camps aux environs de ces deux villes ». Dès le 24 juin précédent, Mounier, si modéré pourtant, avait proposé une adresse pour demander que les troupes fussent tout au moins éloignées des environs de la salle des États. Sa motion avait été ajournée. On sait que celle de Mirabeau fut adoptée d'enthousiasme, sauf la dernière partie, qui réclamait déjà l'organisation de milices bourgeoises (1). On sait aussi que Mirabeau fut le rédacteur de l'adresse qu'il avait proposée, et que cette adresse, répandue et admirée dans toute la France, posa la première base de sa grande réputation oratoire.

(1) Cette idée ne fut reprise par l'Assemblée que le 13, après le commencement de l'insurrection. Le même jour, la députation de l'Assemblée au roi demandait l'établissement d'une garde bourgeoise à Paris, tandis que celle-ci s'y constituait spontanément.

Rivarol a dit spirituellement de ce morceau fameux, dans son *Journal politique national*, que « c'était trop d'amour pour tant de menaces, et trop de menaces pour tant d'amour ». En réalité, le ton général était plutôt un ton d'avertissement ferme, mais respectueux, sur les conséquences périlleuses du recours à la force, qu'un ton de menace. Ce passage souvent cité : « De grandes révolutions ont eu des causes moins éclatantes ; plus d'une entreprise fatale aux nations et aux rois s'est annoncée d'une manière moins sinistre et moins formidable, » ne doit pas être séparé de la phrase parfaitement raisonnable qui le précède : « Le danger, Sire, menace les travaux qui sont notre premier devoir et qui n'auront un plein succès, une véritable permanence qu'autant que les peuples les regarderont comme entièrement libres. Il est d'ailleurs une contagion dans les mouvements passionnés ; nous ne sommes que des hommes; la défiance de nous-mêmes, la crainte de paraître faibles peuvent nous entraîner au delà du but; nous sommes obsédés de conseils violents, démesurés, et la raison calme, la tranquille sagesse ne rendent pas leurs oracles au milieu du tumulte, des désordres et des scènes factieuses. »

Dumont (de Genève) s'est vanté d'avoir été le véritable rédacteur de l'adresse au roi pour le renvoi des troupes, comme aussi, avec l'aide de Duroveray, du discours qui l'avait proposée, et l'on a opposé à son témoignage celui d'Alexandre de Lameth, qui, sans nier les secours étrangers que Mirabeau a pu utiliser à cette occasion, déclare que le mérite de l'adresse, dans son ensemble, doit lui être maintenu, ayant vu, dit-il, rédiger presque sous ses yeux, en sa qualité de membre du comité de rédaction, ce fameux document. Les deux témoignages ne se contredisent point absolument. Mirabeau a dû, selon son procédé ordinaire, retoucher un projet fourni par son collaborateur genevois. Pour déterminer ce qui revient à chacun, il faudrait pouvoir rapprocher, comme des publications récentes permettent de le faire à propos de certains discours de date postérieure, le texte primitif du texte remanié. En tous cas, dans le manuscrit de l'adresse, de la main de Mirabeau, qui se trouve au musée des Archives nationales, il y a des corrections et additions de diverses écritures étrangères, parmi lesquelles M. Alfred Stern a retrouvé l'écriture de Dumont.

Mirabeau figura dans la députation, formée de six membres du clergé, six de la noblesse et douze du Tiers, qui porta son adresse au roi, et Barrère raconte, dans ses *Mémoires*, que, tandis que M. de Clermont-Tonnerre donnait lecture de l'adresse, les yeux de Louis XVI se tenaient obstinément fixés sur le tribun confondu parmi ses collègues. A la séance du 11, lorsqu'il fut rendu compte à l'Assemblée de la mission accomplie par la députation, et de cette réponse évasive du roi qui se terminait par l'offre de transférer les États à Noyon ou à Soissons, sur leur demande, « si la présence nécessaire des troupes dans les environs de Paris leur causait encore de l'ombrage », Mirabeau reprit encore la parole pour exhorter l'Assemblée à l'énergie.

La parole du roi, dit-il, digne en effet de la plus grande confiance, n'en est pas moins un mauvais garant de la conduite d'un ministre qui n'a cessé de surprendre sa religion (1) ; cette confiance illimitée, dont on se targue comme d'une vertu, a toujours été le vice de la nation ; notre aveugle et mobile inconsidération nous a conduits de siècle en siècle et de fautes en fautes à la crise qui doit enfin dessiller nos yeux, à moins que nous n'ayons résolu d'être des enfants toujours mutins et toujours esclaves (2). Nous n'avons pas demandé à fuir les troupes, mais seulement que les troupes s'éloignassent de la capitale, non pas pour nous, mais parce qu'elles troublaient l'ordre et pouvaient occasionner les plus grands malheurs. Notre translation n'obvierait pas à ces malheurs, elle les aggraverait au contraire. Nous n'avons qu'une conduite à tenir

(1) Comme on le voit, Mirabeau est fort loin de dégager la responsabilité même du premier ministre dans la concentration de troupes qui inquiète l'Assemblée. Il a bien soin, au contraire, dans sa motion primitive, comme dans ses discours ultérieurs, de lui faire supporter toute cette responsabilité. Il ne le sépare pas des autres ministres, pas même de M. de Barentin, à propos duquel il aurait dit, dès le 24 juin, selon Le Hodey de Saultchevreuil « qu'il dénoncerait dès aujourd'hui *son cher cousin* (nous n'avons pu retrouver exactement cette parenté), M. le garde des sceaux, s'il n'avait la certitude excessivement fondée qu'il donnerait ce soir sa démission. »

(2) Cette expression, déjà employée par Mirabeau dans des écrits antérieurs, notamment dans le second numéro de son journal de mai 1789, a été reproduite très souvent par lui.

pour être conséquents, c'est d'insister sans relâche sur le renvoi des troupes, seul moyen infaillible de l'obtenir.

Le 12 et le 13, tandis que l'insurrection de Paris éclate et se développe, Mirabeau ne paraît pas à l'Assemblée. La mort de son père, survenue le 11 au soir, est une explication très naturelle et très suffisante de cette absence, très courte d'ailleurs, car, dès la séance du 14 au soir, l'auteur de l'adresse pour le renvoi des troupes est revenu à son poste dans l'Assemblée, et réclame de nouveau l'éloignement de ces soldats dont on n'a même pas tenté de se servir pour résister à l'émeute.

Nous ne concevons pas quels auraient pu être les motifs machiavéliques prêtés à Mirabeau par certains annalistes hostiles à sa personne si, comme ils le prétendent, la mort de son père n'avait été que le prétexte de cette absence toute momentanée. Mirabeau lui-même laissait échapper une de ces rodomontades qui lui étaient familières lorsqu'il disait, un peu plus tard, au comte de La Marck : « Si la décence ne m'avait pas empêché de me montrer à cause de la mort de mon père, je suis sûr que j'aurais été nommé maire à la place de Bailly. » Mirabeau n'était pas en situation de jouer à Paris, pendant la grande insurrection de juillet, ce rôle de médiateur entre la foule soulevée et l'autorité qui lui avait si bien réussi à Aix et à Marseille quelques mois auparavant ; il n'appartenait même pas à l'assemblée des électeurs parisiens, qui allait se trouver, par le fait des circonstances, investie d'un rôle de ce genre. Il ne pouvait se montrer à Paris que pour se mettre à la tête de l'émeute, et certainement une telle pensée, encore plus qu'un scrupule de décence, a dû l'arrêter non seulement pendant les deux jours qu'il passa à Argenteuil ou sur la route d'Argenteuil, mais pendant les jours suivants (1).

Nous le verrons, à la vérité, une fois la victoire populaire gagnée, convoiter ces fonctions de maire de Paris, que le hasard, tout autant que le prestige de son caractère et de ses services rendus comme président de l'ordre du Tiers, ont valu à l'honnête Bailly, envier, en même temps, l'influence de l'homme qui, bien plus que Bailly, est alors l'idole éphémère du peuple de Paris, de La Fayette, commencer dès lors à fréquenter les assemblées de districts, les réunions politiques de la capitale, et s'y livrer pendant quelque temps à des manœuvres souterraines qui l'aideront à devenir à son tour le favori du parti populaire. C'est évidemment à partir du 14 juillet que, sous l'empire de son ambition, il se produit dans sa ligne de conduite politique une déviation très marquée, n'atteignant pas d'ailleurs le fond de ses idées de gouvernement. Mais, pendant la crise même qui a déterminé cette évolution, crise qu'il avait prévue et qui pourtant l'a surpris, comme tous les autres, par sa soudaineté et sa violence, sa véritable place était bien au

(1) « Ma popularité, disait-il quelquefois, n'est pas populacière. » (*Souvenirs de Dumont.*)

sein de cette Assemblée inquiète, frémissante, surexcitée, telle qu'il l'a dépeinte lui-même dans ses *Lettres à ses commettants*, et plus disposée qu'auparavant, en raison de la fermentation à laquelle elle était en proie, à subir l'ascendant de sa parole passionnée.

Le lendemain de la prise de la Bastille, le 15 juillet, au moment où une nouvelle députation s'apprête à se rendre auprès du roi, Mirabeau lance cette tirade, la plus violente qui se soit encore trouvée sur ses lèvres, et que nous trouvons reproduite, avec plus ou moins d'arrangement, dans une de ses *Lettres à ses commettants :*

Dites au roi que les hordes étrangères dont nous sommes investis ont reçu hier la visite des princes, des princesses, des favoris, des favorites, et leurs caresses, et leurs exhortations, et leurs présents ; dites-lui que toute la nuit ces satellites étrangers, gorgés d'or et de vin, ont prédit dans leur chants impies l'asservissement de la France, et que leurs vœux brutaux invoquaient la destruction de l'Assemblée nationale ; dites-lui que dans son palais même les courtisans ont mêlé leurs danses au son de cette musique barbare, et que telle fut l'avant-scène de la Saint-Barthélemy. Dites-lui que ce Henri dont l'univers bénit la mémoire, et qu'il voulait prendre pour modèle, faisait passer des vivres dans Paris révolté qu'il assiégeait en personne, et que ses conseillers féroces font rebrousser les farines que le commerce apporte dans Paris affamé et fidèle.

Quelques jours auparavant, il s'était contenté de « jurer l'honneur et la patrie de dénoncer un jour les conseillers perfides des attentats portés à la liberté publique ». Il est manifeste que les événements survenus dans l'intervalle lui ont paru nécessiter un redoublement d'audace, et que la violence même de son langage, dans la tirade que nous venons de rappeler, est une violence plutôt calculée que spontanée. Lorsque la venue du roi au sein de l'Assemblée est annoncée par le duc de Liancourt, c'est encore Mirabeau qui réprime les marques d'enthousiasme et de fidélité prêtes à éclater dans toute l'Assemblée, demandant « qu'un morne respect soit le premier accueil fait au monarque dans un moment de douleur ». Quant à la phrase célèbre empruntée à un sermon de M. de Beauvais, évêque de Senez, et que Mirabeau paraît s'approprier dans sa XIXe lettre à ses commettants : « Le silence des peuples est la leçon des rois, » Ferrières, dans ses Mémoires, prétend qu'elle fut prononcée en réalité par l'évêque de Chartres.

Ce n'est pas que, en présence de la révolution à laquelle Mirabeau venait d'assister, ses impressions intimes n'aient dû être assez diverses, et même assez contradictoires. Le conflit de ces impressions se révèle encore dans sa XIXe lettre à ses commettants, celle qui rend compte des événements arrivés du 9 au 24 juillet. « Je composai de mon mieux, écrit Dumont dans ses *Souvenirs*, la XIXe lettre de Mirabeau, où il fit quelques changements, et fit disparaître quelques traits de doute, parce que la conspiration de la Cour était plus manifeste à ses yeux qu'aux miens. » On trouve dans cette lettre une assez longue apologie des fureurs de la populace, apologie à froid qu'Alexis de Tocqueville, dans ses notes inédites utilisées par nous, qualifie « d'abominable », et qui est à coup sûr moins excusable que la fameuse phrase échappée à Barnave dans l'ardeur de l'improvisation : *Le sang qui coule est-il donc si pur?* Mais on y trouve aussi, à la suite de cette apologie, les sages réflexions que voici, et qui en sont un peu la contre-partie : « Nous nous hâtons de dire que toute l'Assemblée nationale a bien senti que la continuation de cette formidable dictature (la dictature de la foule) exposait la liberté publique autant que les complots de ses ennemis. *La Société serait bientôt dissoute* si la multitude s'accoutumait au sang et au désordre, se mettait au-dessus des magistrats et bravait l'autorité des lois ; au lieu de courir à la liberté, le peuple se jetterait bientôt dans l'abîme de la servitude, car trop souvent le danger rallie à la domination absolue, et, dans le sein de l'anarchie, un despote même paraît un sauveur. »

Il est impossible d'indiquer avec plus de clairvoyance les conséquences prochaines et éloignées de l'état de choses créé par la révolution de Paris. Lorsque ensuite nous lisons, dans les *Souvenirs* de Dumont (de Genève), cette autre phrase adressée à l'auteur des *Souvenirs* par Mirabeau, à propos du voyage du roi à Paris : « Celui qui a conseillé cette démarche est un hardi mortel, sans cela Paris était perdu pour le roi. Deux ou trois jours plus tard, il n'aurait peut-être pas été le maître d'y rentrer, » nous pouvons ne pas adopter entièrement l'avis de Mirabeau tel qu'il est ainsi exprimé, car le voyage de Louis XVI à Paris fut une première et cruelle humiliation dont la majesté royale ne se releva pas ; mais nous sommes bien obligés de reconnaître encore que personne peut-être, même parmi les députés les plus dévoués à l'ancien régime, ne mesurait mieux que le député d'Aix la portée redoutable du triomphe de l'émeute. Et pourtant, loin de songer à réagir contre la *dictature populaire* qui tend à s'établir, suivant sa propre expression, c'est lui qui va devenir, pendant quelque temps, le serviteur zélé de cette dictature dont il connaît si bien tous les inconvénients ; c'est lui qui se charge, suivant l'expression d'Alexis de Tocqueville, dans les notes inédites que nous avons déjà citées, de dégager, avec un art consommé de la guerre parlementaire, toutes les conséquences de l'insurrection victorieuse.

La dispersion des troupes obtenue, il propose, dans la séance du 16, un nouveau projet d'adresse au roi pour demander le renvoi des ministres. L'Assemblée l'avait déjà demandé, dès la séance du 11, mais sous une forme moins impérative, en déclarant que Necker et les autres ministres renvoyés « emportaient son estime et ses regrets », et que leurs successeurs « étaient personnellement responsables des malheurs présents et de ceux qui pouvaient suivre ». Mounier, qui n'était encore nullement suspect de compromission avec les partisans de l'ancien régime, fit observer avec raison que l'Assemblée ne pouvait avoir en général le droit de demander le retour ou l'éloignement d'un ministre, que ce serait un empiétement sur le domaine du pouvoir exécutif. « M. de Mirabeau, écrit-il lui-même à ce propos, a fait dans sa XIXe lettre à ses commettants le récit de cette controverse, mais il s'est trompé dans l'extrait qu'il a donné de mon discours. Il m'a fait dire que l'Angleterre était perdue. Je n'ai jamais rien dit de semblable. M. de Mirabeau a bien pensé que je ne pourrais lui savoir mauvais gré de cette supposition sans doute involontaire, puisqu'elle lui a procuré l'occasion de dire dans sa lettre : *Quelle convulsion de la nature a englouti cette île fameuse, cet inépuisable foyer de si grands exemples, cette terre classique des amis de la liberté*, etc. M. de Mirabeau a encore ajouté dans cette lettre beaucoup de choses qu'il n'avait pas prononcées. Quand il a préparé ses discours, on les retrouve dans son journal tels qu'on les a entendus ; mais quand il lui arrive d'improviser dans l'Assemblée, il retravaille à loisir dans son journal, et alors on ne doit pas être surpris que ce qu'il dit et ce qu'il écrit ne se ressemble pas toujours exactement. »

Brissot était resté l'un de collaborateurs de Mirabeau, ou au moins de ses familiers, et, quand il parlait de constitution, il paraît que sa phrase favorite était celle-ci : *Voilà ce qui a perdu l'Angleterre.* Un jour, Duroveray, l'entendant répéter cette phrase chez Mirabeau, s'était écrié, en feignant le sérieux et l'étonnement : « Comment l'Angleterre est perdue ! Depuis quand avez-vous cette nouvelle, et par quelle latitude s'est-elle perdue ? » Mirabeau, raconte Dumont, de qui nous tenons l'anecdote, transcrivait alors un de ses discours contre Mounier ; il s'empara de la repartie de Duroveray, et « prêta ainsi à Mounier une sottise que celui-ci n'avait pas dite pour avoir le plaisir de lui appliquer ce petit bon mot volé ».

Observons, du reste, que le projet d'adresse proposé par Mirabeau était cette fois assez violent dans la forme pour soulever, à ce titre, toutes les répugnances de Mounier. « Ils ont trompé Votre Majesté, y était-il dit en parlant des ministres du 11 juillet ; une détestable politique s'est flattée de vous compromettre avec vos fidèles sujets... ; ils auraient surpris à votre religion, à votre amour pour l'ordre des commandements qui, pouvant être exécutés à l'instant même, auraient créé dans toute la France un déplorable état de choses,... et fait avorter toutes vos intentions généreuses ; parce que, heureux dans le prolongement du désordre et de l'anarchie, ces hommes hautains et indépendants redoutent une constitution et des lois dont ils ne pourront pas s'affranchir. Sire, où prétendaient-ils vous conduire, où aboutissait le plan funeste qu'ils avaient osé méditer? Il n'est douteux pour aucun de nous qu'ils se proposaient de disperser l'Assemblée nationale, et même de porter des mains sacrilèges sur les représentants de la nation ; ils auraient voulu effacer, anéantir ces nobles, ces touchantes déclarations de votre bouche connues, admirées de l'univers entier;... ils auraient enfin, par impuissance et après une longue suite de malheurs, violé la foi publique et déshonoré votre règne. » Chacun des trois principaux ministres était spécialement l'objet d'attaques personnelles, et enfin le projet d'adresse se terminait ainsi : « Nous ne prétendons point dicter le choix de vos ministres. Ils doivent vous plaire: être agréable à votre cœur est une condition nécessaire pour vous servir; mais, Sire, quand vous considérerez la route funeste où vos conseillers voulaient vous entraîner, quand vous songerez au mécontentement de la capitale qu'ils ont assiégée et voulu affamer, au sang qu'ils y ont fait couler, aux horreurs qu'on ne peut imputer qu'à eux seuls, toute l'Europe vous trouvera clément si vous daignez leur pardonner. »

Observons aussi que Mirabeau, fidèle à son ancienne antipathie et à sa rancune personnelle de fraîche date contre Necker, s'était abstenu de parler du rappel de ce ministre, tout en demandant le renvoi de ses successeurs. Le projet d'adresse ne fut pas mis aux voix, l'annonce de la démission de MM. de Broglie, de Barentin, de Villedeuil et de Breteuil, et du retour de Necker ayant été faite à l'Assemblée avant la fin de la discussion. Le retour triomphal de Necker allait devenir le point de départ du rapide évanouissement de sa popularité et de son influence, et l'un des premiers coups qui devaient gravement atteindre l'une et l'autre allait être porté par Mirabeau dans les circonstances que nous rapporterons plus loin.

Que Mirabeau se soit peu inquiété d'empiéter sur le pouvoir royal, en faisant réclamer par l'Assemblée le renvoi des ministres odieux à l'opinion, on le conçoit encore. Il s'agissait d'une mesure commandée par la nécessité, et plutôt favorable au rétablissement de l'ordre public. Ce qui est plus difficile à concilier avec la sagacité et la clairvoyance que nous avons trouvées à louer chez lui, c'est la thèse qu'il a développée pour la première fois dans la séance du 23 juillet, et qu'il a maintenue ensuite avec persévérance au sujet de l'organisation municipale de Paris.

La prise de la Bastille n'est qu'un épisode dans l'insurrection parisienne de juillet 1789. Le trait distinctif de cette insurrection, celui qui se retrouve dans toutes les insurrections à son image qui éclatent à la suite de celle-ci sur tout le territoire de la France, c'est le renversement de l'ancien ordre administratif, c'est la constitution de municipalités formées plus ou moins sous l'influence de l'émeute, mais sans coopération du pouvoir central, sans aucune subordination à ce pouvoir, et, en revanche, sans aucune protection de sa part contre la pression des foules qui les ont créées. Nous avons dit que les différentes autorités établies ne fonctionnaient plus que bien imparfaitement avant le 14 juillet; mais du moins ces autorités étaient encore debout. Considérons la ville de Paris. Le ministre spécialement chargé de son administration, limité seulement dans les pouvoirs qu'il exerçait par le droit de réglementation que s'était arrogé le Parlement, y avait pour agents trois fonctionnaires principaux: d'abord et surtout le lieutenant de police, qui avait entre ses mains toute la police de la grande ville, puis le prévôt des marchands qui depuis longtemps n'était plus électif que de nom, et qui se rapprochait à beaucoup d'égards par ses attributions de notre préfet de la Seine actuel, comme le lieutenant de police de notre préfet de police, car cette partie de l'organisation consulaire, de même que beaucoup d'autres, n'a guère fait que reproduire l'organisation de l'ancien régime; enfin le commandant militaire. L'intendant de Paris était préposé à l'administration des pays circonvoisins, beaucoup plus qu'à celle de Paris même. Au lendemain du 14 juillet, tous ces fonctionnaires disparaissent d'un seul coup; le prévôt des marchands, M. de Flesselles, qui avait eu la précaution, dès le début de l'émeute, de s'entourer des électeurs nommés pour procéder au choix des députés aux États généraux et de se faire confirmer par eux dans son autorité, est massacré le 14 même, fort peu après la prise de la Bastille; le lieutenant de police, M. Thiroux de Crosne, vient, le 16, résigner ses fonctions entre les mains de l'assemblée des électeurs ; le commandant militaire, M. de Besenval, fugitif, après avoir été contraint de faire retirer de Paris toutes les troupes placées sous ses ordres, est mis en état d'arrestation par les paysans révoltés d'un petit village près de Provins ; quant au malheureux intendant de Paris, Bertier de Sauvigny, on sait comment, fugitif aussi, il est amené à Paris pour y être mis à mort avec les plus affreux raffinements de cruauté, le 22. Le Parlement s'efface et se contente d'envoyer des adresses de remerciements au roi pour le renvoi des troupes et le rappel de Necker, et de félicitations à l'Assemblée nationale. Il ne reste plus à Paris qu'une autorité toute provisoire, toute précaire, celle de l'assemblée des électeurs groupée autour de l'ancien corps municipal, échevins et conseillers de ville. Cette assemblée arrive à rétablir un semblant d'ordre dans Paris ; elle forme un comité permanent, organise un premier noyau de garde bourgeoise, seule force qui puisse veiller à la sûreté des personnes et des propriétés dans un centre de près d'un million d'âmes, où les troupes anciennement chargées de la police, les gardes françaises, viennent de passer presque entièrement à l'émeute; elle nomme un maire, un chef de l'administration municipale, Bailly, et un commandant de la nouvelle garde nationale, La Fayette; mais bientôt, devenue suspecte au peuple rassemblé dans les assemblées de districts, elle est obligée de céder la place aux délégués nommés par celles-ci, et ainsi se constitue une administration toute nouvelle et tout irrégulière, dictant des lois au gouvernement et en recevant de la multitude, et faisant mouvoir, au gré des impulsions qui lui sont communiquées à elle-même, le maire et le commandant de la garde nationale.

Ce qui se passe à Paris est imité dans toutes les grandes villes, et dans beaucoup de petites villes. De plusieurs points on vient demander à l'Hôtel de Ville de Paris des instructions pour constituer des municipalités à l'instar de celle de la capitale. La main du gouvernement cessant partout de se faire sentir et l'agitation sociale se compliquant de cette terrible crainte de famine qui n'a cessé de planer sur toute la France depuis le commencement de l'année, les foules arrêtent et pillent les convois de grains et de farines. La seconde quinzaine du mois de juillet n'est, sur tout le territoire de la France, qu'une suite ininterrompue de paniques, de soulèvements et de prises d'armes avec l'accompagnement obligé de pillages de châteaux et de poursuites de personnages suspects (1). Toute province, toute ville a sa *journée des brigands*, non pas, il est vrai, le même jour, comme certains historiens le prétendent, mais à peu de jours de distance ; et à Paris même, la garde nationale part en expédition contre les bandes de brigands qui, dit-on, coupent les blés en vert dans la plaine Saint-Denis et la vallée de Montmorency (2).

Dès le 20 juillet, alors que le désordre commençait à se propager, le comte de Lally-Tolendal avait proposé a l'Assemblée nationale de rédiger une adresse au peuple pour l'inviter au rétablissement de l'ordre, au respect des lois, à la répression des troubles et des arrestations ou exécutions arbitraires, tout en autorisant la formation de milices bourgeoises sous la surveillance des municipalités. Le 23, à la suite du meurtre de Foulon et de Bertier, il renouvela cette proposition. Qui se leva le premier pour la combattre ? L'homme même qui quinze jours auparavant avait fait une proposition toute semblable, Mirabeau. Selon lui « l'emploi de petits moyens compromettrait inutilement la dignité de l'As-

(1) Le livre de M. Bord, *Paris et les provinces en juillet 1789*, livre dont nous n'adoptons pas d'ailleurs toutes les idées, présente un tableau d'ensemble fort saisissant de cette situation.

(2) Voir, à cet égard, les mémoires de Bailly. La lettre, en date du 17 juillet, par laquelle les chanoines de l'abbaye de Saint Denis réclament à cette occasion le secours de la garde nationale parisienne se trouve aux Archives nationales.

semblée » (1) ; la première et la principale cause du désordre de Paris tenait « à ce qu'aucune autorité reconnue n'y existait, à ce que les électeurs, confondant un zèle officieux avec un pouvoir légal, avaient formé un comité permanent et des assemblées dont l'objet incontestable avait été le bien public, dont la continuation avait été nécessitée par des circonstances urgentes, mais dont le fruit devenait nul parce qu'ils étaient de simples particuliers sans délégation, sans confiance ». Il fallait au plus tôt réunir les districts ; on le ferait aisément par l'intervention de quelques députés conciliateurs choisis dans l'Assemblée nationale, d'autant plus aisément qu'en fait les districts n'avaient jamais cessé de se réunir ; la commune, ainsi constituée, nommerait, à raison d'un député au moins par district, un conseil provisoire, « et ce conseil s'occuperait d'un plan de municipalité dont l'établissement assurerait la subordination et la paix ». Mounier se récria contre cette proposition, disant « qu'il ne croyait pas que le préopinant voulût autoriser toutes les villes à se municipaliser à leur manière, que cet objet ressortait de l'Assemblée nationale, qu'il était trop dangereux de créer des États dans l'État et de mul-

(1) C'est à cette phrase que Lally, assez mal inspiré ce jour-là comme orateur, répliqua par l'interruption suivante : « On peut avoir de grandes idées et cependant être un tyran. » C'est également à la même séance que Barnave, impatienté par l'éloquence gémissante de Lally, laissa échapper ces fameuses paroles : « Le sang qui coule est-il donc si pur ? »

tiplier les souverainetés ». Mirabeau reprit alors la parole et ne craignit pas d'affirmer hautement la thèse qu'on l'invitait à répudier. « Le préopinant se trompe sur mes intentions, déclara-t-il ; nous citons les termes mêmes qui sont rapportés dans sa XIXe lettre à ses commettants. Ma pensée est précisément que l'Assemblée nationale ne doit pas organiser les municipalités. Nous sommes chargés d'empêcher qu'aucune classe de citoyens, qu'aucun individu n'attente à la liberté. Toute municipalité peut avoir besoin de notre sanction, ne fût-ce que pour lui servir de garant et de sauvegarde ; toute municipalité doit être subordonnée au grand principe de la représentation nationale : mélange des trois ordres, liberté d'élection, amovibilité d'offices, voilà ce que nous pouvons exiger ; mais quant aux détails ils dépendent des localités, et nous ne devons point prétendre à les ordonner. Voyez les Américains. Ils ont partagé leurs territoires inhabités en plusieurs États qu'ils offrent à la population, et ils laissent à tous ces États le choix du gouvernement qu'il leur plaira d'adopter, pourvu qu'ils soient républicains et qu'ils fassent partie de la confédération. »

Il est difficile d'imaginer des principes plus anarchiques, appuyés de sophismes plus caractérisés. « Que devient, dans ce système, fait remarquer Mounier dans son *Exposé de sa conduite à l'Assemblée nationale et des motifs de son retour en Dauphiné*, l'unité de corps politique tant vantée par M. de Mirabeau ? » Quel moyen, pour arriver à fonder un régime constitutionnel solide et protecteur de tous les droits que d'autoriser les particuliers à s'affranchir complètement de l'observation des lois anciennes, avant même l'établissement des lois nouvelles qui devaient remplacer celles-ci ? Et quelle organisation que celle qui devait résulter des délibérations isolées et souveraines de toutes les assemblées de clubs ou de carrefours formées sur tout le territoire de la France ?

Faut-il donc ne voir dans les paroles de Mirabeau qu'une simple boutade, dépassant sa véritable pensée ? Nous voudrions le croire ; mais nous sommes obligés de constater que ces paroles se rapportent parfaitement à une thèse développée longuement et de sang-froid par les journalistes révolutionnaires, qui commençaient, depuis le 14 juillet, à répandre leurs feuilles en toute liberté (1), et entre autres par Brissot, dans son *Patriote français*. Il suffit de lire les numéros de ce journal datés du commencement d'août, par exemple, pour y trouver exprimée à diverses reprises cette idée, que le plan de municipalité alors élaboré par les députés des districts, et que l'on

1) Le comité permanent des électeurs avait seulement interdit le colportage de tous les imprimés qui ne porteraient pas de nom d'imprimeurs, et au sujet desquels les imprimeurs ne seraient pas en mesure de justifier des pouvoirs d'auteurs ayant une existence connue, et cette restriction si naturelle avait été dénoncée comme un acte de tyrannie inouïe.

avait daigné soumettre à trois commissaire de l'Assemblée, MM. de Castellane, Mathieu de Montmorency et Sieyès, n'a pas nécessairement besoin de l'approbation du roi et de l'Assemblée, car « aucune sanction n'est nécessaire quand le peuple a donné la sienne (1) ».

Toute opinion soutenue par Mirabeau répond chez lui, nous l'avons déjà montré, à une préoccupation personnelle du moment. Or la grande préoccupation de Mirabeau, durant la période qui suit immédiatement l'insurrection parisienne de juillet, c'est d'affermir et d'accroître sa popularité à Paris. Peu de temps après l'insurrection, il va visiter avec apparat la Bastille démantelée (2). Les Mémoires de Bailly nous parlent à plusieurs

(1) « Les habitants d'une même cité, écrit encore le dogmatique Brissot, ont le droit de se constituer par eux-mêmes en municipalité, c'est-à-dire d'établir une administration, une police pour tout ce qui pourrait être commun entre eux comme habitants de la cité. Les cités d'une même province ont le droit inaliénable d'établir une administration provinciale pour tout ce qui peut être commun entre les cités. Les assemblées municipales et provinciales doivent être, quant à leur objet et à leurs pouvoirs, bien distinctes et séparées de l'Assemblée nationale. qui *ne doit embrasser que les objets communs à la généralité du royaume;* néanmoins les principes sur lesquels doivent être appuyées ces administrations municipales et provinciales, ainsi que leurs règlements, doivent être entièrement conformes aux principes de la constitution nationale; cette conformité est le lien fédéral qui unit toutes les parties d'un vaste empire. » C'est en cousant ensemble des morceaux de ce genre, échappés à la plume hâtive et prodigue de Brissot, que les Jacobins de la Convention ont pu, plus tard, constituer contre le parti dont ce médiocre gazetier était considéré comme le chef l'accusation de fédéralisme.

(2) « Cette visite, raconte Dumont, fut pour Mirabeau une

reprises de « ses courses fréquentes et nocturnes parmi les assemblées de districts parisiennes ». « Le dimanche 26 juillet, écrit, par exemple, Bailly, M. D. L. G. me dit : Savez-vous qu'on en veut à votre place? — Déjà. — C'est Mirabeau. — Et par quel moyen? — Je l'ignore, mais vous connaissez son ambition. — En effet, cela me fut confirmé par la suite. On m'assura que Mirabeau faisait quelquefois deux voyages à Paris dans la journée. On me dit qu'il allait la nuit dans les districts. Je compris alors sa proposition à l'Assemblée. Il voulait s'emparer des districts par la chaîne de leurs députés. Il voulait y proposer un plan de municipalité suivant ses vues, et il entrait sans doute dans ses vues de faire procéder de nouveau à l'élection du maire, lors de l'admission de ce plan. »

Quand Necker, rappelé par le roi et sollicité par l'Assemblée de reprendre le pouvoir, revint de Bâle où les nouvelles l'avaient arrêté dans son voyage de ministre congédié, il eut soin, comme on sait, de repasser par Paris, moins encore pour se donner la satisfaction d'une réception triomphale que pour affirmer son influence sur la multitude soulevée, en obtenant d'elle ce qu'il appelait « un grand acte de clémence ». Il entendait par là un

marche triomphale ; la foule qui couvrait les environs se rangeait à son approche ; on lui jetait des vers et des fleurs ; on remplissait sa voiture des livres et des manuscrits qui avaient été enlevés dans les premiers jours. »

pardon général pour tous ceux que la population parisienne pouvait considérer comme ses ennemis, pardon qui mît fin non seulement aux exécutions et arrestations arbitraires, mais aussi à toutes poursuites soit devant les tribunaux ordinaires, soit devant le tribunal spécial destiné à juger les crimes de lèse-nation, première ébauche du tribunal révolutionnaire, dont l'assemblée des électeurs elle-même réclamait la création « pour prévenir les justices atroces auxquelles on pousse un peuple égaré ». Necker donc se rendit solennellement le 29 juillet à l'Hôtel de Ville, où l'assemblée des électeurs tenait encore ses séances, où la nouvelle assemblée des députés des districts, constituée le 25, avait commencé à tenir les siennes, toutes deux dans des salles envahies par la foule du dehors. C'est à cette foule que le premier ministre fit un discours bien pathétique, implorant d'elle l'amnistie générale qu'il voulait obtenir « en reconnaissance de son dernier sacrifice, c'est-à-dire de son consentement à reprendre le pouvoir, au nom de l'intérêt qu'il inspirait à ce moment ». « C'est devant le plus inconnu, le plus obscur des citoyens de Paris, dit-il en propres termes, que je me mets à genoux ». Les auditeurs parurent touchés de cette éloquence suppliante ; il y eut une grande explosion de sensibilité, car la sensibilité en ce temps-là ne perdait jamais ses droits. L'amnistie demandée par Necker fut proclamée par l'assemblée des électeurs.

« Heureuse et grande journée pour moi, s'écrie Necker en revenant sur cette circonstance, dans le livre où il a raconté lui-même son administration, belle et mémorable époque de ma vie... Peuple français, que vous fûtes grand ce jour-là! Combien les sentiments de magnanimité que vous fîtes paraître vous rendaient dignes de liberté et vous élevaient à sa hauteur! »

Malheureusement l'effet des paroles de Necker avait été limité à ceux qui avaient entendu ces paroles. Dès que l'arrêté des électeurs fut connu dans les districts, il y excita de vives réclamations. On savait M. de Besenval arrêté près de Provins; c'était lui qui avait le commandement des troupes dans Paris lors des 12, 13 et 14 juillet; c'était lui en particulier que Necker voulait sauver, et c'était lui aussi que la rancune populaire ne voulait pas laisser échapper. On ne préméditait pas sans doute de le traiter comme Foulon et Bertier venaient de l'être, mais on voulait le faire revenir à Paris pour commencer son procès. Le district de l'Oratoire fut le premier à prendre une délibération tendant : 1° à déclarer que l'arrêté des électeurs constituait un abus de pouvoir; 2° à envoyer sur-le-champ deux députés des districts avec ordre de se saisir de la personne de Besenval.

Mirabeau passait pour exercer une influence toute particulière dans le district de l'Oratoire. C'était à ce district qu'il appartenait par son dernier domicile à Paris, autant qu'il pouvait être considéré comme ayant un domicile dans cette ville. Lorsque le 30 juillet, le lendemain de la visite de Necker à l'Hôtel de Ville, un autre district, celui des Blancs-Manteaux, envoya une députation à l'Assemblée pour lui porter une réclamation semblable, ce fut encore Mirabeau qui prit la parole afin d'appuyer cette réclamation.

Il a, écrit Bailly, vivement censuré les électeurs qui, sans pouvoirs, n'étaient qu'un club d'individus dont le zèle surabondant n'a pas même un prétexte, et qui ont cependant pris un arrêté d'amnistie. En blâmant l'arrêté de liberté de M. de Besenval, il a été plus indulgent pour les représentants de la commune (c'est-à-dire pour la députation récemment nommée par les districts). Il a beaucoup appuyé sur le mécontentement des districts, il a dit que tout Paris retentissait de plaintes et de menaces. Je dois dire, pour éclairer l'histoire, que je me rappelle très bien que Mirabeau était alors fort soupçonné d'être l'auteur de la réclamation élevée contre l'Hôtel de Ville, de la fermentation des districts, et particulièrement de celle du district de l'Oratoire. J'ignore ce qu'il en était, je n'ai pas eu sur ce point une preuve d'ailleurs fort difficile à acquérir. Mirabeau ajouta que les différends élevés entre les électeurs et les districts étaient la cause de la fermentation de la capitale; qu'il fallait que l'Assemblée prononçât la séparation de ces électeurs, s'ils ne se retiraient d'eux-mêmes. Il était mal instruit ou de mauvaise foi, car, au moment où il parlait ainsi, l'assemblée des électeurs n'existait plus.

Cette assemblée s'était définivement séparée la veille au soir, après avoir pris un arrêté soi-disant explicatif de son arrêté d'amnistie du même jour, mais qui, en réalité, retirait celui-ci. Les électeurs déclaraient « qu'en exprimant sur le discours et sur la demande de M. Necker un sentiment de pardon et d'indulgence envers leurs ennemis, ils n'avaient point entendu prononcer la grâce de ceux qui seraient prévenus, accusés ou convaincus de crimes de lèse-nation, mais annoncer seulement que les citoyens ne voulaient désormais agir et punir que par les lois, et qu'ils proscrivaient en conséquence, comme le porte l'arrêté, tout acte de violence et d'excès qui troublerait la tranquillité publique, que cet arrêté pouvait d'autant moins recevoir une autre interprétation, que l'assemblée n'avait jamais cru ou pu croire avoir le droit de rémission ».

Avant même de connaitre le second arrêté des électeurs, l'Assemblée nationale donna raison à Mirabeau et aux réclamations des districts, et ordonna le renvoi de Besenval par-devant le Châtelet de Paris, malgré les observations de Mounier. « Je sais, disait celui-ci, qu'il est des circonstances qui légitiment l'insurrection, et je mets de ce nombre celles qui ont causé le siège de la Bastille, mais je ne savais pas encore que les agents de l'autorité, les officiers militaires fussent criminels pour avoir entrepris de repousser la force par la force, et de garder les postes qui ont été confiés à leur vigilance. J'avais cru qu'une insurrection pouvait être tout au plus considérée comme un état de guerre, et que ce n'était pas la faire très humainement que de proscrire les vaincus. »

Le rôle que Mirabeau avait joué dans toute cette affaire peut être attribué à un double mobile : d'abord le désir de faire échec à la popularité de Necker, désir que Necker lui-même et Mme de Staël, dans ses *Considérations sur la Révolution*, ont raison de lui prêter, et ensuite cette préoccupation de conquérir la faveur des assemblées de districts, et en général de la multitude parisienne, préoccupation à laquelle nous avons déjà fait allusion.

Le travail auquel il se livrait dans ce but n'était point ignoré de ses collègues de l'Assemblée nationale ; mais son attitude, à propos de l'affaire de l'amnistie proclamée à l'Hôtel de Ville, avait rendu ce travail plus apparent encore. Si l'Assemblée avait subi l'ascendant de son éloquence, elle n'avait point renoncé pour cela aux préventions que lui inspiraient son caractère et son ambition. C'est contre lui avant tout que fut dirigée la motion présentée à la séance du 1er août par Regnault (de Saint-Jean-d'Angely), et tendant à interdire à tout membre de l'Assemblée de se rendre dans aucun des districts de Paris, à moins d'avoir reçu une mission spéciale à cet effet. « Mirabeau, raconte Bailly, qui d'ailleurs n'était pas présent à la séance, fut étourdi de l'emportement de l'apostrophe ; mais, avec le sentiment de sa force et de sa rage concentrée, un de mes collègues lui entendit adresser ces paroles à Regnault : *Je te ferai pleurer des larmes de sang.* » Il ne nous est pas possible de vérifier si la phrase prêtée à Mirabeau par Bailly est exacte. Le journal de Mirabeau, qui, depuis la fin de juillet, avait reparu ouvertement comme tel, sous le nom de *Courrier de Provence* (1), au lieu de celui de *Lettres du comte de Mirabeau à ses commettants*, le journal de Mirabean rend compte de la séance en termes fort modérés. Il constate que la proposition de Regnault fut accueillie par des battements de mains, et il présente l'analyse d'un véritable discours prononcé par Mirabeau contre cette proposition (2).

M. de Mirabeau, lisons-nous dans le *Courrier de Provence*, s'est levé et a dit qu'il n'aurait pas cru nécessaire de combattre la proposition de l'honorable membre si, en dépit de la raison et du règlement, elle n'avait pas été accueillie de quelques applaudissements tumultueux, et, sur ces mots, des cris : *A l'ordre! à l'ordre!* s'étant fait entendre dans l'Assemblée : je suis à l'ordre, a continué M. de Mirabeau, puisque je réclame le règlement. Il défend

(1) Dans le premier numéro du *Courrier de Provence*, Mirabeau annonce lui-même au public qu'il abandonnera la rédaction de son journal à des collaborateurs. Ces collaborateurs furent d'abord Dumont (de Genève) et Duroveray, dont il utilisait d'ailleurs les services depuis quelque temps comme nous l'avons vu pour des travaux de toute nature. « Depuis la XIe lettre de Mirabeau à ses commettants, écrit Dumont, c'était toujours Duroveray et moi qui les avions rédigées. » Nous ne suivrons plus désormais Dumont dans le détail de ses revendications pour lui-même ou ses amis sur les écrits ou discours de Mirabeau.

(2) Regnault de son côté, dans son *Journal de Versailles*, raconte la séance assez brièvement et sans aucune parole d'animosité contre Mirabeau.

de donner des signes bruyants d'approbation ou d'improbation (en effet, cette prohibition, toujours demandée par Mirabeau, depuis les premiers jours de la réunion des États, avait passé dans le règlement récemment adopté), et certes nous prouvons chaque jour que la règle est sage, puisque les contradictoires sont applaudis, et que la méthode des improbations inarticulées établit un véritable ostracisme et nuit à la liberté de la tribune. Je demande lequel de nous, en recevant l'honneur d'être nommé représentant de la nation, a pensé abdiquer les droits et les devoirs de citoyen ? Je demande si, parce que nous sommes évidemment surveillants de la chose publique, nous pouvons être privés du droit de concourir individuellement à l'organisation de ses détails dans les municipalités ? Je demande comment on pourrait interdire à ceux de nous qui ont leur domicile à Paris de porter leurs lumières et leurs vœux dans les districts, de remplir les devoirs de simples citoyens, s'il leur est possible, en même temps que les fonctions d'hommes publics ? Je demande enfin quelle œuvre est plus digne d'un membre de cette Assemblée que de chercher, de concert avec ses concitoyens, une forme municipale qui facilite la perfection de tous les détails, soulage le roi, ses serviteurs, l'Assemblée nationale, et promette à Paris des avantages si grands, si importants, si multipliés, que je ne puis y livrer mon imagination sans une espèce de ravissement? Certes, l'Assemblée nationale ne peut qu'applaudir à de tels travaux; il serait aussi coupable de craindre que peu prudent de provoquer de sa part des ordres qui leur fussent contraires; d'ailleurs, elle saurait bientôt qu'aux bornes de la raison se trouvent les bornes de son empire, et que le véritable ami de la liberté n'obéit jamais aux décrets qui la blessent, de quelque autorité qu'ils émanent.

C'est toujours la même théorie sur le droit par

les municipalités de se constituer elles-mêmes comme elles l'entendent, et sans ingérence du pouvoir central, et si réellement Mirabeau, parlant à l'Assemblée, a été jusqu'à la menacer, cette fois, de la révolte du peuple de Paris contre ses décisions, il n'a pas eu à regretter cette audace, car la proposition de Regnault « malgré l'apparente faveur qui lui avait été témoignée d'abord », dit le *Courrier de Provence*, fut abandonnée même de son auteur. Dans la même séance, Mirabeau fut de ceux qui protestèrent contre une autre sage proposition émanant aussi de Regnault, et portant qu'à l'avenir l'Assemblée ne recevrait plus de députations, mais que les villes, bourgs et communes seraient invités à lui donner connaissance de leurs affaires par des mémoires. Cette proposition fut néanmoins adoptée d'abord à une grande majorité; mais plusieurs membres réclamèrent alors l'application de l'article du nouveau règlement, aux termes duquel toute motion devait être présentée trois fois à son examen, et l'Assemblée n'eut malheureusement pas, par la suite, le courage de persister dans sa décision. Déjà la majorité modérée et bien intentionnée qu'elle comptait dans son sein, cette majorité qui venait de donner l'avantage de quelques voix pour la présidence à Thouret sur Sieyès, favorisé par le Palais-Royal, commençait à se laisser intimider ou entraîner par la pression du dehors. Mirabeau lui-même le constate, dans son *Courrier de Provence*, à l'occasion de l'élection de Thouret, suivie du refus par celui-ci d'accepter les fonctions de président : « Ce serait peut-être, dit-il, un chapitre curieux, pour ceux qui étudient l'esprit des grandes assemblées, que le détail des raisons, ou, si l'on veut, des anecdotes et des intrigues qui, contre le vœu bien énoncé de M. Thouret, l'ont déterminé à refuser l'honneur que lui avait fait l'Assemblée, et qui ont fait accepter si facilement cette démission à la même Assemblée, où il avait trouvé plus de suffrages qu'aucun de ses collègues. »

Et pourtant Mirabeau est à ce moment, à l'Assemblée, l'organe le plus éloquent des passions du dehors. A la séance du 3 août, M. de Clermont-Tonnerre ayant demandé à l'Assemblée des passeports pour des parents ou amis arrêtés ou menacés d'arrestation par le peuple, c'est lui qui s'oppose à ce que l'Assemblée, en déférant à cette demande, « excède les bornes de sa juridiction naturelle ». Il parle avec une ironie dédaigneuse des « quelques contrariétés, des quelques calamités particulières tenant inévitablement aux calamités publiques auxquelles seules l'Assemblée est chargée de remédier ». — « Quelques particuliers, dit-il, ont été arrêtés dans leurs voyages, quelques-uns même sont détenus jusqu'à ce qu'on ait pris des éclaircissements sur eux. Ne voilà-t-il pas un majestueux sujet de distractions pour l'Assemblée nationale! C'est une aimable qualité que la facilité aux émotions, mais elle exclut souvent les vertus et même la sagesse de l'homme public. » Il est vrai que trois jours après, le 6, Mirabeau, ayant apparemment changé d'avis dans l'intervalle, sollicitera lui-même un passeport pour le duc de La Vauguyon, auquel il s'intéresse. Lui, qui a revendiqué pour les municipalités le droit de s'organiser à leur manière, réfutera cette même thèse avec la plus grande force dans une réponse à Robespierre, en mai 1790, et, sans attendre jusque-là, à la séance du 18 août 1789, protestera contre une proposition du vicomte de Noailles, tendant à leur donner le droit de requérir la force armée (1), proposition qu'il est destiné, du reste, à reprendre, un peu plus tard encore, pour son compte, et à faire adopter par l'Assemblée sous le nom de loi martiale.

En définitive, nous ne pourrons pas nous étonner lorsque nous verrons le vieux député breton Gleizen parler « de la supériorité avec laquelle Mirabeau sait guider l'Assemblée vers des buts

(1) Des journaux prêtent à Mirabeau, à cette occasion, le langage suivant : « J'ai bien entendu parler de l'aristocratie militaire, judiciaire, de l'aristocratie de l'église, mais je n'ai jamais connu une plus cruelle, plus tyrannique autorité que celle usurpée par les officiers municipaux, et ce serait la porter à son comble que de mettre encore dans leurs mains le dernier moyen de l'oppression. » Voilà encore des paroles dont l'authenticité est très difficile à constater. Elles ne se trouvent pas relatées dans le *Courrier de Provence*. Mais, enfin, il est certain que Mirabeau parla dans ce sens à la séance du 13. Il songeait surtout aux anciennes municipalités demeurées en fonction malgré es soulèvements populaires, à celle d'Aix notamment, à laquelle il avait gardé rancune de l'opposition faite par elle à son élection.

contraires ». A l'époque où nous sommes, toutes les réunions populaires de Paris, tous les journaux appartenant au parti victorieux retentissent de ses louanges. Il est en relations avec les chefs d'émeute, tels que Camille Desmoulins. Il laisse échapper, dans des entretiens particuliers, au sujet de changements politiques pouvant atteindre jusqu'à la personne du roi, des paroles compromettantes sur lesquelles nous reviendrons. Il est véritablement, suivant l'expression de Joseph de Maistre (1), le *roi des Halles*. Viennent les premières discussions constitutionnelles de l'Assemblée, et le fougueux tribun va nous apparaître de nouveau sous l'aspect d'un homme de gouvernement, pouvant être induit en erreur par son inexpérience politique et ses passions, mais craignant moins que d'autres peut-être d'opposer l'autorité du bons sens à la violence des courants d'opinion populaire.

(1) Dans ses *Considérations sur la Révolution française*.

XVI

LA PART DE MIRABEAU DANS L'ŒUVRE CONSTITUTIONNELLE DE L'ASSEMBLÉE DE 1789. — DÉCLARATION DES DROITS DE L'HOMME, ABOLITION DU RÉGIME FÉODAL, QUESTIONS DE LA SECONDE CHAMBRE ET DU VETO ROYAL.

Dès le commencement de juillet 1789, l'Assemblée nationale, une fois complétée par la réunion des dissidents des deux premiers ordres, s'était occupée de jeter les bases d'une *Constitution*. Un comité de trente membres avait été formé à cet effet le 7 juillet, et, le 9, Mounier fit un premier rapport au nom de ce comité. « Sans doute, disait-il, au début de son rapport, la France n'est point absolument dépourvue de lois fondamentales; mais ces lois, depuis l'origine de la monarchie, ont été mobiles, variables, et en dernier lieu soumises à la volonté d'un seul : des pouvoirs incertains, confondus, dont aucun ne connaît ni le commencement ni le terme de son droit, une autorité éparse, douteuse, flottante, voilà la Constitution de la France. N'est-il pas temps de mettre fin à cette anarchie, et peut-on le faire sans distribuer à nouveau tous les pouvoirs et sans régler tous les droits ? »

Le vœu que Mounier exprimait là, vœu dont nous avons constaté déjà la parfaite justice, était bien réellement, quoi qu'on ait pu dire, inscrit dans le presque totalité des cahiers du Tiers-État, dans la majorité des cahiers du clergé et même de la noblesse. En demandant qu'une déclaration des droits de l'homme fût placée en tête de la future Constitution, Mounier s'inspirait de même, non seulement de la presque totalité des cahiers du Tiers-État, mais encore de plusieurs cahiers de la noblesse et du clergé (1). On sait que la noblesse de Paris, notamment, avait rédigé dans son cahier un projet complet de déclaration des droits. Au reste, M. de Clermont-Tonnerre, présentant à l'Assemblée, dans la séance du 27 juillet, un dépouillement des principaux articles des cahiers, touchant les questions constitutionnelles, fit observer que « la demande d'une déclaration des droits était, pour ainsi dire, la seule différence entre les cahiers qui formulaient le désir d'une constitution nouvelle, et ceux qui ne demandaient

(1) Les premiers volumes des *Archives parlementaires* de MM. Laurent, Mavidal et Clavel contiennent la collection la plus complète qui ait été encore publiée des cahiers de 1789.

que le rétablissement de ce qu'ils regardaient comme la constitution existante ».

Tout en décidant que les cahiers ne pouvaient avoir un caractère impératif et lier les députés qui en étaient porteurs, l'Assemblée constituante ne mettait donc nullement ces cahiers à l'écart, comme on le lui a reproché. Les cahiers malheureusement, sur beaucoup de points, et en particulier sur l'organisation du pouvoir législatif, sur les relations de ce pouvoir avec le pouvoir exécutif, ne fournissaient que des indications insuffisantes. Dans l'état de confusion et d'inexpérience politique des esprits, il était difficile que des idées bien nettes de gouvernement se fussent fait jour dès le moment des élections. Mais il est certain que la nation, dans son ensemble, réclamait la proclamation d'un certain nombre de principes devant servir de base à l'édifice constitutionnel qu'elle attendait de ses députés. C'était bien la tendance d'une époque où l'on s'imaginait volontiers qu'il suffit de décréter des principes pour en assurer le triomphe et l'application, d'une époque qui, comme l'a dit M. Michelet, « se distinguait surtout par une foi singulière en la puissance des idées, et croyait fermement que la vérité devenait invincible aussitôt qu'elle était formulée en loi ».

Mounier, dans ses *Considérations sur les causes qui ont empêché les Français de devenir libres*, écrites en 1792, a exprimé le regret d'avoir collaboré à la Déclaration des droits, comme il avait exprimé aussi celui d'avoir proposé le Serment du Jeu de paume (1). « J'eusse mieux fait sans doute écrit-il, de soutenir, comme quelques députés, que toute idée abstraite sur les droits des hommes, admise en législation, peut être mal interprétée et produire de funestes conséquences. » Mounier a éprouvé ainsi, sous l'impression de découragement qui l'avait saisi après les journées des 5 et 6 octobre, des scrupules qui sont parfois excessifs. « Ce n'est qu'après le commencement de l'ère américaine, écrit au contraire avec orgueil La Fayette dans ses *Mémoires*, qu'il a été question de définir, indépendamment de tout ordre préexistant, les droits que la nature a départis à chaque homme, droits tellement inhérents à son existence que la Société entière n'a pas le droit de l'en priver, tels, par exemple, que celui de rendre à la divinité le culte qu'on croit lui être agréable. » La Fayette indique bien là le caractère philosophique qui a été si souvent reproché à la Déclaration des droits de l'homme, qui la distingue du *Bill des droits* anglais de 1688, ou du préambule de la Charte de 1814, par exemple, qui la rapproche au contraire des préambules de la plupart des constitutions d'États américains (2), et qui en fait, suivant

(1) Il explique d'ailleurs sa motion du 20 juin par le désir de prévenir des résolutions extrêmes, et beaucoup plus séditieuses, qui devaient à sa connaissance être proposées dans la séance du Jeu de paume.

(2) La déclaration d'indépendance de juillet 1776 contient déjà l'exposition d'une série de maximes de droit naturel. Mais cette

l'expression de Duport, une œuvre applicable *aux hommes de tous les temps et de tous les pays*. Mais il indique en même temps le but auquel ses auteurs la destinaient, et ce but était par lui-même utile.

Placer par une proclamation solennelle certaines maximes primordiales de droit public, plus ou moins méconnues et violées dans le passé, au-dessus des variations de gouvernement, voilà ce que le Parlement anglais de 1688 avait voulu faire, tout aussi bien que les législateurs français de 1789. Seulement le premier a encore pu s'appuyer sur une tradition nationale assez certaine, assez précise. Pareille tradition n'existait plus dans notre pays en 1789, et si l'Assemblée constituante, en prenant la raison comme base de sa Déclaration, s'est fait des illusions sur la solidité de cette base, elle n'a pas eu du moins le tort de la préférer à une autre meilleure.

Ne jugeons pas trop rigoureusement d'ailleurs

exposition sert de base à une énumération de tous les abus d'autorité commis par le gouvernement britannique, et à une solennelle protestation contre ces abus. La constitution fédérale rédigée ensuite n'est précédée d'aucune exposition de principes. Au contraire, la plupart des constitutions des états confédérés, constitutions rédigées en 1776 et 1777, ont en tête de leurs articles organiques des exposés tout à fait semblables à notre Déclaration des droits de 1789. — On peut citer en exemple celle de l'État de Virginie qui eut pour principal auteur l'auteur même de la déclaration d'indépendance, Jefferson. — L'état de New-York s'était contenté primitivement de reproduire, comme préambule de sa constitution, la déclaration d'indépendance; mais lors de la revision de cette constitution, dans le milieu de ce siècle, il y a été ajouté un préambule philosophique sur le modèle de la plupart des autres constitutions d'États.

l'idéalisme de cette époque. Il a suscité trop d'enthousiasmes généreux dans les meilleurs esprits, fait germer trop de vertus guerrières, réalisé au travers de tant de convulsions, de déchirements, de luttes sanglantes, des conquêtes morales trop générales dans toute l'Europe pour n'avoir été qu'un principe d'erreur, ou qu'une sorte d'ivresse intellectuelle, produite par l'abus des abstractions philosophiques et, comme on l'a dit, de la culture classique. « Qu'il le veuille ou non..., écrit M. Sorel dans l'introduction de son bel ouvrage sur *l'Europe et la Révolution française*, l'homme subit l'influence des données acquises et des passions régnantes en lui et dans son milieu. C'est avec ces éléments qu'il conçoit les idées nouvelles et tente de les réaliser. » C'est ainsi que le véritable esprit de 1789 s'est trouvé si vite altéré dans ses applications immédiates. La Déclaration des droits nous en fournit du moins la pure et primitive expression; et malgré la forme abstraite qu'on peut lui reprocher, malgré les autres critiques qu'on lui adresse trop souvent sans se reporter à son texte, elle traduit les principales aspirations légitimes et positives de la société au milieu de laquelle elle est apparue, mieux que tout autre document, mieux que les cahiers même, trop souvent empreints de passions ou d'intérêts de corps et de localité.

Comment ne pas y apercevoir d'abord avec évidence la négation complète de l'esprit révolutionnaire qui s'est propagé si vite après 1789? Le propre de cet esprit révolutionnaire, c'est la mise en œuvre brutale des doctrines de Rousseau sur la toute-puissance de la volonté commune, ou pour mieux dire de la volonté du plus grand nombre par rapport aux volontés particulières. Ce qui tient le plus de place au contraire dans la Déclaration des droits c'est la définition des libertés individuelles. C'est en vue de l'oppression possible des individus, non pas seulement par un souverain, mais aussi par la majorité tyrannique d'une assemblée issue du suffrage populaire, que ses auteurs cherchaient à mettre ces libertés au-dessus de toute atteinte. « Si un homme doué de génie et d'audace, a dit Barnave, dans un des premiers discours prononcés à propos de la Déclaration des droits, habitué à produire l'enthousiasme et à enlever les délibérations, montait à la tribune, et que, abusant de l'influence que ses talents, ses services lui auraient acquise sur la législature, il proposât le morcellement des fortunes par l'adoption d'une loi agraire, la Déclaration des droits serait là, Messieurs, qui détruirait l'effet de sa funeste éloquence. » L'article V de la déclaration, celui qui débute par cette phrase malheureuse : « La loi *n'a le droit* de défendre que les actions nuisibles à la société, » exprime mal une pensée beaucoup mieux rendue par Turgot, dans sa lettre au docteur Price, en ces termes : « L'individu a aussi des droits que la nation ne peut lui ôter que par un usage illégitime de la force générale » ; il n'en est pas moins vrai que cet article constitue la condamnation anticipée la plus formelle de toutes les lois d'oppression et de terreur édictées plus tard par la Convention, sous la pression d une minorité factieuse, s'arrogeant le droit de parler au nom de la majorité des Français.

Il y a sans doute dans la Déclaration des droits, comme dans le premier titre de la Constitution de 1791 qui en est en quelque sorte l'annexe, des défauts, des lacunes. L'Assemblée constituante, toujours trop préoccupée des souvenirs de l'ancien régime, n'a point envisagé le droit d'association, par exemple, sous son véritable jour, c'est-à-dire comme la meilleure sauvegarde, et le moyen d'action le plus efficace à donner à ces droits individuels dont elle portait si loin l'idée. D'autre part, quand, après avoir défini la loi, dans l'article IV de la Déclaration des droits, « l'expression de la volonté générale », elle a ajouté : « Tous les citoyens ont le droit de concourir personnellement ou par leurs représentants à sa formation, » elle a émis une affirmation imprudente et trop absolue en droit naturel. Mais enfin, lacunes et défauts à part, il n'y a pas d'article de la Déclaration des droits dont l'ensemble puisse être reconnu déplacé dans l'abrégé des doctrines politiques d'une démocratie libérale. Égalité des citoyens devant la loi, liberté de conscience, liberté de culte et de presse, liberté de la personne, principes de la souveraineté nationale et de la séparation des pouvoirs, toutes ces bases de notre droit public, si familières à tout

Français aujourd'hui, s'y trouvent pour la première fois établies d'une manière assez générale pour que les divers gouvernements qui se sont succédé en France depuis 1789 aient pu se les approprier, assez nette cependant pour indiquer les limites assignées à l'exagération de chaque système de gouvernement (1). L'œuvre constitutionnelle organique de l'Assemblée de 1789 a été tout éphémère ; mais la Déclaration des droits survit.

Il fallait vraiment qu'elle répondît à des sentiments généraux bien arrêtés pour que sa rédaction n'ait pas souffert encore davantage des conditions dans lesquelles elle a été élaborée. Nous avons vu que le premier rapport de Mounier avait été présenté le 9 juillet. C'est le 14, le jour même de la prise de la Bastille, qu'on donna suite à ce rapport en formant un comité de rédaction de la constitu-

(1) On retrouve les maximes de la Déclaration des droits de 1789, implicitement ou explicitement, dans toutes les Constitutions qui ont été appliquées en France depuis la Révolution. Nous ne parlons pas de la Constitution de 1793 où la Déclaration de 1789 est entièrement refondue, et qui n'a d'ailleurs jamais été appliquée. Celle de toutes les autres Constitutions qui se présente comme la plus hostile à l'esprit de 1789, la charte de 1814, écarte, il est vrai, le principe de la souveraineté nationale, mais accepte presque tous les autres principes de la Déclaration des droits, et les énumère dans sa première section sous le titre de *Droit public des Français*.

Dans l'introduction de son *Histoire de la Science politique*, M. Paul Janet a étudié la déclaration des droits d'une manière très remarquable. Nous nous sommes d'ailleurs inspiré pour cette partie de notre travail d'un article de M. Louis de Loménie, intitulé *les Principes de* 1789 et publié dans la *Revue nationale de* 1860, première livraison.

tion, comprenant seulement huit membres qui furent Mounier, Talleyrand, Sieyès, Clermont-Tonnerre, Lally-Tollendal, Le Chapelier, Bergasse et l'archevêque de Bordeaux, Champion de Cicé, devenu peu de temps après garde des sceaux. C'est le 1er août, au lendemain du triomphe de l'émeute dans toute la France, que la discussion commença sur la question suivante : *Mettra-t-on ou ne mettra-t-on pas une déclaration des droits à la tête de la Constitution?* Malouet fut presque seul à se prononcer nettement pour la négative. Il voulait, au lieu d'une déclaration des droits de l'homme, un premier titre constitutionnel consacrant des droits et des principes de gouvernement fondamentaux pour les Français, ce qui eût peut-être mieux valu sans différer beaucoup par le sens de la déclaration projetée. Malouet insistait sur l'inconvénient de transporter les hommes au sommet d'une montagne pour leur faire embrasser de là tous leurs droits naturels, et les faire redescendre ensuite dans le domaine du droit positif où ces droits sont forcément limités de toutes parts ; argument plus frappant que juste si la déclaration des droits ne devait être que ce qu'elle est en effet, c'est-à-dire l'exposé des droits naturels certains auxquels le droit positif ne peut sans injustice porter atteinte. Un homme qui, après avoir composé, en 1788, un des pamphlets les plus révolutionnaires de l'époque, venait de se déclarer depuis peu partisan zélé de la séparation des ordres, un ancien ami de Mirabeau, le comte d'Antraïgues parla chaleureusement en faveur de la Déclaration des droits, et trouva moyen de placer dans son discours un hommage à J.-J. Rousseau, dont « l'expression partait du cœur » dit le *Courrier de Provence.*

Mirabeau, lui aussi, invoquait alors le nom de Rousseau. « Avant l'indépendance de l'Amérique anglaise, écrivait le *Courrier de Provence*, son journal, en racontant la séance du 27 juillet, le *Contrat social* avait paru. Le républicain philosophe a éclairé les héros de la liberté; jusqu'à lui la plupart des publicistes avaient raisonné comme des esclaves entendus de leurs maîtres, ou avaient employé tout leur esprit, comme Montesquieu, pour justifier ce qui est, et farder nos institutions d'un vernis trompeur ; lui seul défendait les droits naturels de l'homme. » C'est à peu près à ce moment que le *Courrier de Provence*, par la plume ou sous l'inspiration de Mirabeau, appelle Montesquieu « le coryphée des aristocrates », et, relevant une phrase de Garat qui avait qualifié Machiavel le Montesquieu du XVIe siècle, déclare que c'est là « dégrader » Machiavel, *un des plus grands hommes et des plus utiles amis de la liberté qui aient jamais existé.* Depuis sa onzième lettre à ses commettants, Mirabeau, nous l'avons dit, avait presque complètement abandonné la rédaction de son journal, continué sous le nom de *Courrier de Provence*, à Duroveray et à Dumont, qui le raconte dans ses *Souvenirs*. Mais il continuait à être l'inspirateur de ce journal, et il est évident que, dans les passages précédemment cités par exemple, Dumont et Duroveray traduisaient ses idées beaucoup plutôt que les leurs.

Rien de moins précis d'ailleurs que cette discussion. D'Antraigues conciliait l'admiration de Rousseau et du *Contrat social* (1) avec son récent mais énergique attachement aux prérogatives de l'ordre de la noblesse. Et Mirabeau, dans l'exposé des motifs de son projet de déclaration des droits, allait tenir le langage suivant qui ne lui a certainement pas été inspiré par Rousseau : « Les hommes en se réunissant en société politique n'ont

(1) D'Antraigues, de plus en plus adversaire de la Révolution, à mesure qu'elle devenait plus violente, mais toujours admirateur de Rousseau, a flétri, dans un petit écrit imprimé à Lausanne en 1790, ceux qui, « dédaignant d'étudier les écrits de ce grand homme, ont dénaturé et avili ses principes; ceux qui n'ont pas vu que le *Contrat social*, ouvrage isolé et abstrait, n'était applicable à aucun peuple de l'univers; ceux qui n'ont pas vu que ce même J.-J. Rousseau, forcé d'appliquer ces préceptes à un peuple existant en corps de nation depuis des siècles, pliait aussitôt ses principes aux anciennes institutions de ce peuple, ménageait tous les préjugés trop enracinés pour être détruits sans déchirements; qu'il disait, après avoir tracé le tableau le plus déplorable de la Constitution dégénérée de la Pologne : *Corrigez, s'il se peut, les abus de votre Constitution, mais ne méprisez pas celle qui vous a faits ce que vous êtes.* » Il est certain que Rousseau lui-même eût désavoué ses disciples de la Convention; ceux-là pourtant étaient les vrais représentants de sa doctrine; leurs prédécesseurs de 1789 ont admiré l'écrivain politique de confiance, et de manière à augmenter fâcheusement l'autorité qu'il pouvait exercer, sans appliquer réellement ses préceptes; mais, dès 1789, les théories de Rousseau étaient invoquées et mises en pratique par les assemblées primaires et les clubs.

renoncé à aucune partie de leur liberté naturelle, puisque, dans l'état de la plus grande indépendance, nul n'a jamais eu le droit de nuire à la liberté, à la sûreté, ni à la propriété d'autrui; qu'ils n'auraient pu aliéner les droits qu'ils tiennent de Dieu et de leur nature, et qui sont inaliénables; qu'ils ont, au contraire, voulu et dû étendre par des secours réciproques leur sûreté, l'usage de leur liberté, la faculté d'acquérir et de conserver des propriétés... Tout est dans ce principe si élevé, si libéral, si fécond que mon père et son illustre ami (Quesnay) ont consacré, il y a trente ans, que M. Sieyès a démontré peut-être mieux qu'un autre, et tous les droits, tous les devoirs des hommes en dérivent. »

Le 4 août, Mirabeau vota avec la majorité de l'Assemblée pour qu'une déclaration des droits fût placée en tête de la Constitution. Cette majorité, observons-le en passant, fut presque l'unanimité des votants, comme celle qui s'était prononcée en faveur de toutes les graves résolutions prises depuis la réunion des ordres, comme celle qui avait adopté l'*Adresse pour le renvoi des troupes*, comme celle qui avait protesté contre le renvoi de Necker. Membre du comité spécial de cinq membres qui fut nommé, à la suite de ce vote, pour la rédaction de la Déclaration (1), il fut chargé même des fonc-

(1) Il était composé, avec Mirabeau, de l'évêque de Langres, M. de la Luzerne (on a oublié en général qu'un des pères de la Déclaration des droits fut un prélat parfaitement orthodoxe), de

tions de rapporteur du comité. C'était la plus grande marque de confiance qu'il eût encore reçue d'une assemblée où il avait rencontré d'abord des dispositions si défavorables pour lui.

La tâche qu'il avait à remplir, à ce titre, était peu aisée. Il lui fallait à la hâte choisir entre près de cinquante projets soumis au comité, ou bien composer le sien d'une mosaïque d'emprunts à ces cinquante projets. C'est à ce dernier parti qu'il s'arrêta. « Il avait eu, raconte Dumont de Genève, la générosité qui lui était ordinaire de prendre sur lui le travail, et de le donner à ses amis. Nous voilà donc, avec Duroveray, Clavière et lui-même, rédigeant, disputant, ajoutant un mot, en effaçant quatre, nous épuisant sur cette tâche ridicule, et produisant enfin notre pièce de marqueterie, notre mosaïque de prétendus droits naturels qui n'avaient jamais existé. »

Mirabeau était peu satisfait de son œuvre, et l'ensemble de l'Assemblée, lorsqu'il la lui présenta, dans la séance du 17 août, la goûta moins encore. Ce fut surtout, peut-on croire, à cause de ce froid accueil fait à son projet qu'à l'étonnement général, il vint, dans la séance suivante, proposer à l'Assemblée d'ajourner la rédaction de la Déclaration des droits au temps où les autres parties de la Constitution seraient sinon achevées, « du moins

Desmeuniers, Tronchet et Redon. Rappelons aussi que, plus d'un an avant la Révolution, Mirabeau, dans son *Adresse aux Bataves*, avait tracé un plan de déclaration des droits.

entièrement convenues et fixées, en sorte que le tout fût connu du public en même temps ». Cette proposition excita de violents murmures ; c'est alors que Gleizen, le vieux Breton prompt aux boutades mordantes, parla de « cette supériorité de talents avec laquelle M. de Mirabeau savait guider l'Assemblée vers des buts contraires ». Aujourd'hui, à l'inverse, nous sommes portés à faire honneur à la sagacité de Mirabeau de ses scrupules en cette circonstance. Et, en effet, tout disciple de Rousseau qu'il prétendit être, Mirabeau, par la nature même de son esprit, était, comme nous l'avons indiqué déjà, un des hommes de son temps les moins enclins à se complaire dans les abstractions. Le travail de philosophie politique qu'il avait assumé un peu à la légère l'avait vite rebuté. D'ailleurs, il s'était assez familiarisé avec la multitude pour connaître les passions qui peuvent s'emparer d'elle, et sentir le danger de lui livrer sans préparation ni commentaire préalable, alors qu'elle était partout agitée et presque abandonnée à elle-même, une sorte de catéchisme forcément susceptible de fausses interprétations, et ne parlant à cette multitude que de ses droits. « L'homme d'État, dit avec beaucoup de bon sens le numéro 28 du *Courrier de Provence*, ne livre des armes au peuple qu'en lui apprenant à s'en servir, de peur que, dans un premier accès d'ivresse, il ne les tourne contre lui même, et ne les rejette aussitôt avec autant d'horreur que d'effroi. » Dans la discussion soulevée par sa proposition d'ajournement de la Déclaration, après avoir repoussé fièrement les personnalités de Gleizen, non sans avouer avec une bonne grâce noble les torts de sa jeunesse « orageuse par la faute des autres et surtout par la sienne », Mirabeau exprima plus énergiquement encore ce même scrupule de prudence : « Rien, dit-il, ne peut consoler des maux de l'anarchie que la certitude qu'elle ne peut durer, et certainement vous ne ferez jamais la Constitution française, ou vous aurez trouvé un moyen de rendre quelque force au pouvoir exécutif et à l'opinion, avant que votre constitution soit fixée. »

De telles paroles suffiraient à justifier la réputation de sagacité politique de Mirabeau, malgré les variations et même les contradictions de sa conduite et de son langage. Nous qui ne considérons nullement la Déclaration des droits comme « ce programme séditieux dont parle Dumont de Genève dans ses *Souvenirs*, suffisant à lui seul pour détruire la constitution dont il faisait partie, semblable à un magasin à poudre placé sous un édifice pour le renverser par une explosion à la première étincelle »; nous qui voyons en elle, au contraire, la meilleure partie de l'œuvre constitutionnelle de l'Assemblée de 1789, nous admettons volontiers pourtant que toutes les précautions inspirées par un sentiment exact de l'état de la France devaient être prises avant de la mettre au jour. L'effet qu'elle devait produire ne dépendait pas seulement de la valeur intrinsèque des maximes qu'elle renfermerait; il dépendait surtout des circonstances au milieu desquelles elle ferait son apparition dans le public. Il fallait que le rétablissement du lien de subordination au gouvernement précédât ou du moins accompagnât son élaboration. Rendre quelque force au pouvoir exécutif, c'était bien, comme l'indiquait Mirabeau, la première de toutes les nécessités; il était vraiment prophète, comme cela lui est arrivé plus d'une fois, en montrant que, faute de commencer par là, aucune partie de la Constitution ne pouvait se fonder d'une manière durable.

Malheureusement, ainsi que nous l'avons montré dans le précédent chapitre, il avait été trop souvent depuis un mois, à l'Assemblée et hors de l'Assemblée, l'auxiliaire du travail de désorganisation dont l'insurrection de Paris était le point de départ; et, relativement à la Déclaration des droits elle-même, il ne s'était avisé des inconvénients que pouvait causer sa rédaction hâtive qu'après avoir présenté à l'Assemblée un projet beaucoup plus susceptible d'interprétations dangereuses que le texte qui fut, en définitive, adopté.

Ceci est un point que les historiens de la Révolution n'ont pas en général fait ressortir. Parmi les nombreux projets dont la commission nommée le 14 août se trouvait saisie, il y en avait trois principaux : celui de La Fayette, qui avait été présenté le premier de tous et dès la séance du

11 juillet ; c'était le plus court, le plus simple, le plus semblable aux préambules des constitutions américaines ; celui de Mounier, peu différent du précédent par le fond, plus développé et plus méthodique dans la forme et se reliant à un premier titre de la constitution qui devait être intitulé : *Principes du Gouvernement francais* ; celui de Sieyès enfin, beaucoup plus métaphysique que les deux autres, mais renfermant, au milieu d'idées contestables, une réfutation très nette des théories fondamentales du *Contrat social*, et une distinction ingénieuse entre les droits civils qui appartiennent à tous et les droits politiques conférés par la Société à ceux-là seuls qui ont intérêt et capacité pour les exercer.

« Si un peuple vieilli au milieu d'institutions antisociales, disait Mirabeau dans son rapport du 16 août, pouvait s'accommoder des principes philosophiques dans toute leur pureté, je n'aurais pas hésité d'adopter la déclaration de M. Sieyès. » Et, pourtant, tout en cherchant, comme nous l'avons vu, à se rattacher aux idées de son père et de Quesnay, qu'il prétendait retrouver dans le projet de Sieyès, Mirabeau présentait en tête de son propre travail un article 2 emprunté mot pour mot à Rousseau, et ainsi conçu : « Tout corps politique reçoit l'existence du contrat social exprès ou tacite par lequel chaque individu met en commun sa personne et ses facultés sous la suprême direction de la volonté générale, et en même temps le corps reçoit chaque individu comme portion du tout et leur promet également à tous sûreté et protection. » C'était en apparence accepter comme principe fondamental cette idée de l'absorption des droits individuels dans la volonté générale que Mirabeau venait pourtant de réfuter dans son rapport.

L'article 10 du projet de Mirabeau n'était pas moins fâcheux. Il était ainsi conçu : « On ne saurait, sans attenter aux droits des citoyens, les priver de la faculté de s'assembler dans la forme légale pour consulter sur la chose publique, pour *donner des instructions* à leurs mandataires ou pour demander le rétablissement de leurs griefs. » Si Mirabeau ne songeait pas à donner une consécration solennelle au régime de la domination des assemblées de districts et des clubs sur les représentants de la nation, telle n'en était pas moins la portée naturelle d'une semblable disposition.

Dans ce projet de Mirabeau, « le droit pour tout citoyen d'avoir chez lui des armes et de s'en servir, soit pour la défense commune, soit pour sa propre défense contre toute agression illégale qui mettrait en péril la vie, les membres ou la liberté d'un ou plusieurs citoyens », était expressément rangé parmi les droits imprescriptibles de l'homme ; le passage dont il s'agit ne fut supprimé que sur les observations des autres membres du comité ; il y avait un article 14, inspiré évidemment par des idées physiocratiques, mais pouvant être pris dans un tout autre sens, lequel déclarait que « toute contribution blesse les droits des hommes, si elle décourage le travail et l'industrie, si elle tend à exciter la cupidité, à corrompre les mœurs et à ravir au peuple ses moyens de subsistance (1) ».

Tout ceci a été enveloppé heureusement dans la défaveur que rencontra le projet du grand orateur. L'Assemblée fit alors ce qui ne s'est jamais vu, croyons-nous, dans aucune assemblée parlementaire. Elle mit en quelque sorte au concours entre ses différents bureaux le projet de Déclaration des droits de l'homme, et après avoir adopté en principe la rédaction du sixième bureau, elle finit par la modifier presque complètement, à la réserve de quatre articles, dans un débat des plus confus, et revenir à une suite d'articles inspirés pour la plupart du travail de La Fayette et de celui de Mounier. Du projet présenté par Mirabeau il ne subsista que la phrase du préambule. Mirabeau, qui invoquait des motifs de prudence pour faire ajourner la délibération, trouva l'Assemblée trop timide dans la rédaction à laquelle elle s'était ainsi arrêtée.

A mesure que l'Assemblée avance dans son travail, lisons-nous dans le *Courrier de Provence* (n° XXXI, 22-23 août), elle semble forcée de s'écarter de la marche

(1) Un peu plus tard, Mirabeau s'opposa avec raison à ce qu'on définît l'impôt « une portion retranchée de la propriété de chaque citoyen ». Comment ne s'était-il pas aperçu que sa propre définition des impôts contraires aux droits de l'homme était aussi vague et aussi dangereuse ?

qu'elle avait d'abord adoptée. Une déclaration des droits de l'homme applicable à tous les âges, à tous les peuples, à toutes les latitudes morales et géographiques du globe était sans doute une grande et belle idée ; mais il semble qu'avant de penser si généreusement aux autres nations, il eût été bon que les bases de la nôtre fussent sinon, posées, du moins convenues. Pour avoir suivi la marche inverse, l'Assemblée, malgré tout son empressement d'arriver au grand but d'une constitution nationale, malgré ses longues, pénibles et nombreuses séances, malgré un travail dont aucune histoire, depuis les lois de Moïse jusqu'au code russe (ne s'agit-il pas plutôt du nouveau code prussien en plusieurs milliers d'articles?), n'offre d'exemple, l'Assemblée se trouve aujourd'hui très peu avancée. Chaque pas qu'elle va faire dans l'exposition des droits de l'homme, on la verra frappée de l'abus que le citoyen peut en faire, souvent même la prudence le lui exagérera. De là ces restrictions multipliées, ces précautions minutieuses, ces conditions laborieusement appliquées à tous les articles qui vont suivre : restrictions, précautions, conditions qui substituent presque partout des devoirs aux droits, des entraves à la liberté, et qui, empiétant à plus d'un égard sur les détails les plus gênants de la législation, présentent l'homme lié par l'état civil, et non l'homme *libre dans la nature*.

Dans un de ses discours, le grand orateur s'indigne contre ceux qui voudraient faire de la Déclaration des droits l'*almanach d'une année*. Il critique assez justement une rédaction de l'article relatif à la liberté de la presse où le mot *restreindre* se trouvait mal à propos à la place du mot *réprimer*, et à laquelle fut substituée d'ailleurs une très bonne rédaction du duc de La Rochefoucauld (1). Celle-ci ne paraît même pas satisfaire complètement Mirabeau. Il blâme une autre fois, et avec beaucoup moins de raison, l'Assemblée de ne pas vouloir consacrer sans réserve le droit de revision de la Constitution. Mais c'est surtout à l'article concernant la liberté des cultes qu'il adresse les plus vifs reproches, lui qui trouve, dit-il, « le mot même de tolérance *en quelque sorte tyrannique* ». « Nous ne pouvons dissimuler notre douleur, écrit-il à ce propos dans le *Courrier de Provence*, que l'Assemblée, au lieu d'étouffer le germe de l'intolérance, l'ait placé au contraire comme en réserve dans une déclaration des droits. Au lieu de prononcer sans équivoque la liberté religieuse, elle a déclaré que la manifestation des opinions religieuses pouvait même être gênée ; qu'un ordre public pouvait s'opposer à cette liberté, que la loi pouvait la restreindre. Autant de principes faux, dangereux, intolérants, dont les Dominique et les Torquemada ont appuyé leurs doctrines sanguinaires. » Pourquoi ce souvenir de Torquemada ? Tout simplement parce que l'Assemblée, après avoir déclaré que « nul ne peut être inquiété pour ses opinions même religieuses (2) », a ajouté :

(1) « La libre communication des pensées et des opinions est un des droits les plus précieux de l'homme : tout citoyen peut donc parler, écrire, imprimer librement, sauf à répondre de l'abus de cette liberté dans les cas déterminés par la loi. »

(2) *Même religieuses* est, il est vrai, pris dans un tout autre sens que celui des vers bien connus de Béranger :

« Qu'on puisse aller même à la messe
« Ainsi le veut la liberté. »

Pourvu que leur manifestation ne trouble point l'ordre public établi par la loi.

Mirabeau intervient fréquemment dans tout le cours de cette discussion, mais souvent sans succès, et c'est lors d'une de ces interventions mal accueillies par ses collègues qu'il s'écrie : « Messieurs, en refusant la parole à un de vos collègues qui la porte au nom d'un bailliage de plus de deux cent mille âmes, vous finiriez par lui donner beaucoup d'orgueil. » Lorsque la Déclaration des droits est achevée, Mirabeau manifeste, dans son journal, une impression de soulagement. « L'Assemblée nationale, dit-il, est enfin sortie de la vaste région des abstractions du monde intellectuel dont elle traçait si péniblement la législation métaphysique ; elle est revenue au monde réel et s'est mise à régler tout simplement la législation de la France (1). »

Depuis trois mois et demi que les États généraux s'étaient ouverts, depuis un mois et demi que les trois ordres s'étaient réunis en une même assemblée, on ne s'était encore occupé de législation positive que pour opérer la vaste destruction de privilèges commencée dans la nuit du 4 août et continuée les jours suivants.

Mirabeau n'assistait pas, non plus que La

(1) Au commencement d'octobre suivant, lorsqu'on pressait le roi de sanctionner la Déclaration des droits avec les articles constitutionnels, Mirabeau persistait à déclarer que « la Déclaration votée était un ouvrage incomplet et très vicieux dans quelques-une de ses parties, et qui devait être revisé ».

Fayette, à la fameuse séance du 4 août. On a souvent cité, à propos de la séance dont il s'agit, cette phrase de lui, qui, rapportée par Dumont (de Genève), a tous les caractères de l'authenticité : « Voilà bien nos Français ; ils sont un mois entier à disputer sur des syllabes, et dans une nuit ils renversent tout l'ancien ordre de la monarchie. » Le commentaire éloquent de cette phrase se trouve dans une belle lettre du 25 octobre 1789, adressée par Mirabeau en octobre à son oncle le bailli et publiée en partie au tome VI des *Mémoires* de M. Lucas de Montigny. « Ce que vous me faites l'honneur de me dire sur la précipitation des arrêtés du 4 août, écrit notamment Mirabeau à son oncle, est encore entièrement conforme à mes principes ; mais je ne puis croire, quand même la plus grande partie du royaume n'aurait pas adhéré à ces arrêtés, que l'Assemblée ait excédé ses mandats. Au lieu d'une renonciation bien moins solennelle qu'un décret, j'aurais voulu que toutes les questions de privilèges et de fiefs, de propriétés acquises à titre onéreux, eussent été discutées ; on aurait moins détruit, mais on aurait excité moins de préventions ; chaque parti aurait regagné par la confusion des esprits ce qu'il aurait perdu par des sacrifices ; on aurait du moins évité le danger d'écraser sous un monceau de ruines l'édifice naissant de la liberté. » Après avoir exprimé ainsi un sentiment qu'il avait déjà marqué dans un de ses discours à l'Assemblée, celui qu'il prononça à la séance du 29 août, Mirabeau ajoute qu'il n'a pas d'ailleurs le moindre regret à l'abolition de ce qui restait du régime féodal, car les seigneurs ressemblant à son oncle sont excessivement rares. « C'est par l'ensemble de la révolution, conclut-il, qu'il faudra juger des biens ou des maux qu'elle préparait, non par l'anarchie et par la licence régnant en ce moment, et qui forment un état trop violent pour être durable. »

Le n° XXIV du *Courrier de Provence*, enfin, tout en indiquant que, dans les mesures d'abolition du régime féodal, « on aurait pu procéder avec des formes plus méthodiques », reconnaît cependant que « les résultats n'auraient pas été plus avantageux ». — « L'espèce de défi des différents ordres, qui se provoquaient à des concessions réciproques, tournait tout entier au bien général; il semblait qu'on mît à l'enchère tous les vieux effets, tous les titres poudreux de la féodalité, de la fiscalité, et que le prix demandé pour la destruction de l'un fût la destruction de l'autre. »

On peut, en effet, critiquer les arrêtés du 4 août, comme la Déclaration des droits, dans la forme. On peut regretter que l'Assemblée nationale, en décidant une grande transformation dans l'état des propriétés, n'ait point pris toutes les précautions nécessaires pour que cette transformation s'accomplît paisiblement, sans léser aucun droit légitime; qu'elle ait placé en tête de ses arrêtés, sur la proposition de Duport, cette formule trop absolue : « Le régime féodal est aboli », lorsqu'elle laissait subsister toute une catégorie de droits féodaux, les déclarant seulement rachetables. Mais il est impossible de ne pas admirer l'élan de générosité auquel les membres des deux premiers ordres ont presque tous obéi ce jour-là ; de ne pas sentir que cet élan fait honneur au caractère français et au mouvement de 1789, et qu'entre toutes les grandes dates de la Révolution, c'est encore celle du 4 août qui mérite le mieux de demeurer chère à tous les Français sans exception, parce qu'elle rappelle aux uns d'indiscutables avantages matériels acquis, aux autres des sacrifices désintéressés spontanément offerts (1). Au demeurant, Mirabeau, bien qu'il trouvât à redire à la précipitation de l'Assemblée, n'en fut pas moins de ceux qui, sur une des rares questions discutées lors de cette *Sainte-Barthélemy de privilèges*, la question du rachat des dîmes ecclésiastiques, se prononcèrent avec le plus d'énergie pour la solution la plus radicale, celle de l'abolition sans rachat, contre l'avis de l'abbé Sieyès lui-même (2).

(1) Parmi les gentilshommes qui prirent l'initiative des renonciations du 4 août, tous n'étaient pas des cadets de famille. Le duc d'Aiguillon, premier auteur de la motion que le vicomte de Noailles s'appropria, était « après le roi, dit Alexandre de Lameth, le seigneur de France le plus riche en propriétés féodales ; il jouissait de tous les droits régaliens dans les provinces de l'Agénois et du Condomois, droits que la faiblesse de Louis XIII avait concédés au neveu du cardinal de Richelieu, et il se privait volontairement de plus de cent mille livres de rente ».

(2) Sieyès, on le sait, fut très froissé de n'avoir pu faire pré-

Nous ne nous étendrons pas davantage sur l'abolition des droits féodaux, ce sujet ayant été déjà traité dans la première partie du présent ouvrage. Nous avons hâte d'arriver aux débats sur l'organisation constitutionnelle, débats qui suivirent immédiatement l'adoption de la Déclaration des droits. Les décisions auxquelles ces débats aboutirent ont été les premières fautes graves de l'Assemblée de 1789; elles marquent une étape dans l'histoire de la Révolution, et l'on peut, comme M. Droz dans son ouvrage sur le règne de Louis XVI, faire remonter jusqu'à elles l'époque où l'établissement d'une monarchie constitutionnelle durable, possible encore peut-être, malgré les fautes des deux premiers ordres, l'éclipse de l'autorité royale, le désordre matériel et le désarroi des esprits, a commencé à être compromis d'une manière presque irrémédiable par l'inconsciente complicité de la grande majorité des représentants de la nation.

M. Taine, dans ses *Origines de la France contemporaine*, compare assez fréquemment les organisations constitutionnelles à des édifices devant

valoir son influence auprès de l'Assemblée dans cette circonstance. « Ils veulent être libres et ils ne savent pas être justes », écrivit-il dans un article adressé au *Courrier de Provence*, et ensuite en épigraphe d'une brochure imprimée par lui sur la question. « Après avoir déchaîné le taureau, vous vous plaignez qu'il frappe de la corne », lui répondit spirituellement Mirabeau dans un de leurs entretiens particuliers. (*Souvenirs de Dumont de Genève*.)

être appropriés à toutes les habitudes, à toutes les nécessités de vie des peuples qu'ils sont destinés à abriter. En rédigeant la Déclaration des droits de l'homme, l'Assemblée constituante avait élevé tout d'abord un portique majestueux, sans avoir encore arrêté le plan de l'édifice habitable qu'elle entendait construire à sa suite. Quand elle est arrivée à la partie la plus importante de sa tâche, elle a formé une constitution tout à fait impropre à l'objet auquel elle la destinait, c'est-à-dire à la fondation d'un régime monarchique représentatif.

Est-il nécessaire de revenir encore sur l'accusation principale dont nous avons plus d'une fois déjà essayé de la défendre, d'établir encore que son tort n'est pas d'avoir voulu construire un édifice nouveau à la place d'un édifice ancien déjà écroulé de lui-même? Nous ne pourrions rien ajouter aux démonstrations décisives qui ont été données à ce sujet par Mounier, dont nous avons déjà invoqué l'autorité, par Mallet du Pan, par Mme de Staël, par le féodal M. de Montlosier lui-même dans ses *Mémoires*, et plus récemment par Alexis de Tocqueville et M. Duvergier de Hauranne. Qu'il nous soit permis seulement d'emprunter les citations suivantes aux pages vraiment magistrales, écrites par ce dernier dans l'introduction de son *Histoire du gouvernement parlementaire*. « Il n'est pas besoin d'un grand effort de génie pour découvrir que la paix vaut mieux que la guerre, que les réformes sont préférables aux révolutions, que les institutions lentement élaborées, selon les procédés ordinaires de la nature, sont plus vivaces et plus durables que des institutions improvisées et nées soudainement d'une pure conception de l'esprit, enfin qu'on construit plus solidement sur un terrain affermi par le temps, avec des matériaux éprouvés, que sur un terrain fraîchement remué, avec des matériaux sans consistance. Tout cela est évident de soi-même, et peut se passer d'une longue démonstration. Quand donc, dans son éloquent pamphlet contre la Révolution française, Burke établit que chaque génération reçoit des générations précédentes un fonds d'idées, de règles, d'habitudes qui constituent une véritable richesse nationale, et quand il compare les législateurs qui répudient volontairement cette richesse à un négociant prétendant *ouvrir une maison de commerce sans capital*, Burke dit spirituellement une chose parfaitement vraie. Mais Burke, compatriote et contemporain de Hume et de Smith, ne pouvait pas ignorer que, pour aider réellement le travail, le capital doit être réel et non fictif. Or, quel capital les législateurs de 1789 avaient-ils à leur disposition et ont-ils volontairement répudié?... A ceux qui lui enjoignaient de respecter la constitution de la vieille France, l'Assemblée constituante pouvait répondre par un seul mot : Laquelle? »

Le caractère exceptionnel dans l'histoire des

peuples de l'œuvre tentée par l'Assemblée constituante, bien loin de pouvoir être reproché à celle-ci, doit être considéré, au contraire, comme la plus grande excuse de ses erreurs. Il convient toutefois d'ajouter que, par suite de cette inexpérience politique et administrative de presque tous ses membres, qui était un des legs les plus certains de l'ancien régime, elle a entamé l'entreprise dont il s'agit sans en apprécier assez l'immense difficulté, et avec toutes les illusions inséparables d'une confiance illimitée dans les lumières de la raison.

Elle a écarté le concours du roi et de son conseil, c'est-à-dire de ceux qui représentaient l'expérience des choses du gouvernement; rappeler que le roi et son conseil, renouvelé d'ailleurs depuis lors, avaient débuté par se mettre en opposition avec la plus nombreuse partie de ses membres, par se prononcer avec tout l'appareil de l'autorité qu'ils n'avaient plus, en faveur d'une organisation qui n'avait même plus le mérite d'être appliquée depuis plusieurs générations, c'est expliquer plutôt que justifier cette regrettable détermination. Elle avait d'ailleurs sous les yeux l'exemple d'un gouvernement monarchique représentatif plein de vie, le seul au monde encore qui méritât ce nom, le seul qui conciliât avec le maintien d'anciennes traditions la pratique d'une liberté civile très étendue, et l'influence prépondérante d'une assemblée élue sans privilège de naissance ou de profession. Ce gouvernement était l'œuvre du temps; « il s'était formé, comme l'a dit Barnave dans son discours du 2 septembre 1789, peu à peu, par le cours des événements, par une sorte de négociation entre les pouvoirs établis ». C'était le vrai secret de sa supériorité, et, par une étrange méprise, c'était là aussi ce qui détournait Barnave (1) et beaucoup de ses collègues d'y chercher des leçons.

Et pourtant, malgré le sentiment si répandu qui se résume dans cette phrase naïve, adressée, dit-on, après le 14 juillet, par le prince de Broglie, l'un des plus généreux représentants de l'ordre de la noblesse, à un Anglais : « Pour le coup, vous aussi vous allez devenir libres. » Les partisans notoires des institutions anglaises, tels que Mounier, Lally-Tolendal, Clermont-Tonnerre, l'évêque de Langres, M. de La Luzerne, avaient été d'abord fort en crédit auprès de l'Assemblée. Ils avaient dominé jusqu'au mois d'août, non seulement dans le comité de constitution où une grande majorité leur était acquise, mais dans les autres comités ou députations que l'Assemblée avait eu à nommer. Jusqu'aux 5 et 6 octobre, c'était encore sur eux que devaient se porter de préférence ses suffrages pour les élections au bureau. La Fayette, qui tournait plus volontiers ses regards vers l'Amérique que vers l'Angleterre, n'en était pas moins désireux, au mois d'août encore, comme on le voit

(1) Barnave lui-même, dans un de ses écrits de l'année précédente, s'était déclaré d'abord partisan des institutions anglaises.

par ses *Mémoires*, de trouver un terrain d'entente avec eux; il eût accepté, dit-il, même un Sénat électif formé de membres à vie, et disposé à n'attribuer au roi qu'un *veto* limité, mais « itératif », il déclare, dans une lettre, que « si le *veto* absolu passe, il n'en aura aucun chagrin (1). » Alexandre de Lameth, l'ami de Barnave, l'un des principaux membres du club de Jacobins primitif, n'écrit-il pas lui-même ce qui suit, dans son *Histoire de l'Assemblée constituante*, en parlant des chances d'institution, en 1789, d'un gouvernement imité de celui de l'Angleterre : « Cette forme de gouvernement eût été sans doute acceptée avec reconnaissance à l'époque des États généraux, peut-être même à l'époque de la séance royale ; mais, depuis ce moment, l'irritation n'avait pas cessé de s'accroître, et par la résistance inconsidérée des deux premiers ordres, et par la faute non moins grande qu'on avait fait commettre au roi, en lui faisant quitter le rôle de chef de la nation pour se montrer seulement le défenseur de l'aristocratie. La création d'une chambre haute semblait aux députés du Tiers-État devoir rétablir les privilèges contre lesquels avait été dirigée avec succès toute la puis-

(1) La Fayette est resté fidèle à son opinion première, en ce qui concerne notamment les deux Chambres, mais il s'est malheureusement désintéressé de la discussion constitutionnelle pour s'absorber dans le travail d'organisation de la garde nationale parisienne, et dans la jouissance de cette popularité qu'il ne s'est jamais lassé de savourer, malgré tous les dégoûts dont elle était accompagnée.

sance de l'opinion, et ce motif les détermina en faveur de l'unité de représentation nationale. »

En réalité, les idées philosophiques de l'Assemblée n'ont été que les complices d'un courant d'opinion violent et irraisonné, créé au dehors depuis la séance du 23 juin, mais surtout depuis le 14 juillet, et qui assimilait à une revanche de la cause vaincue de l'ancien régime la formation d'une seconde Chambre, quelle qu'elle fût, et le concours de l'autorité royale à l'exercice de la puissance lègislative, un des rares articles d'organisation constitutionnelle sur lesquels presque tous les cahiers, même ceux du Tiers-État, fussent très explicites. L'histoire de la Révolution tout entière, à partir du 14 juillet, est malheureusement l'histoire de la préssion de la multitude et de ses meneurs sur les assemblées délibérantes. L'Assemblée constituante a évité les extrêmes humiliations infligées à celles qui lui ont succédé ; même aux 5 et 6 octobre, elle a toujours sauvegardé, en présence de l'émeute, la liberté matérielle et la dignité de ses délibérations. Malouet va trop loin sans doute lorsqu'il écrit dans ses *Mémoires* que « le régime de la Terreur date du 14 juillet 1879 » ; mais il est dans le vrai lorsqu'il parle de l'état perpétuellement *convulsif* de l'Assemblée dont il faisait partie. Il est certain que l'Assemblée constituante n'a pas échappé à l'influence morale des émotions extérieures ; que ceux de ses membres qui étaient le plus inaccessibles, comme La Fayette, à un sentiment peu généreux de crainte pour leurs personnes, craignaient beaucoup trop du moins de compromettre leur popularité, cette popularité dont Lafayette a si bien décrit lui-même l'enivrement; que chez les personnages moins en vue, l'inquiétude de se laisser dépasser par l'opinion populaire et de perdre l'appui qu'ils s'étaient accoutumés à lui demander opérait une émulation presque aussi fâcheuse en temps de révolution que la basse terreur (1) ; qu'enfin, entre la royauté désarmée, mais encore redoutée, et la foule déchaînée, l'Assemblée devait forcément subir l'ascendant de celle-ci, surtout au lendemain de l'insurrection à laquelle elle s'était trouvée associée, et alors qu'elle n'avait même pu encore essayer de ressaisir pour elle la puissance de réaction perdue par la royauté. Durant les grands débats constitutionnels de septembre 1789, tandis que les vingt-cinq ou trente orateurs qui y prirent part venaient lire à la tribune leurs discours étudiés, de forme académique,

(1) « Il n'y avait point de lâches alors, écrit Alexandre de Lameth, dans l'introduction de son *Histoire de l'Assemblée constituante*. Chacun dans l'Assemblée marchait la visière levée et abordait franchement l'ennemi; on combattait à outrance, sans penser aux dangers qu'on pouvait courir. L'énergie était la même dans les deux partis. » Cet hommage rendu par Lameth à ses anciens compagnons d'armes est légitime; mais l'*enthousiasme contagieux*, comme dit Dumont (de Genève), peut avoir les mêmes effets que la peur. Il y a, comme l'a fait remarquer Mounier, un contraste assez frappant entre les nominations de président, vice-président et secrétaires, et les autres votes de l'Assemblée dans ses bureaux, et d'autre part les décisions prises par elle en séances.

l'attention de l'auditoire auquel ils s'adressaient était ailleurs ; elle était absorbée par les nouvelles du dehors, les dénonciations des journaux, les lettres anonymes reçues, les rassemblements du Palais-Royal qui, une fois déjà, le 30 août, avaient failli aboutir à une marche sur Versailles; les manifestations recueillies au passage, en se rendant à la séance, ou celles qui partaient encore des tribunes. Jusqu'au moment du vote, les esprits contenaient leur agitation ; mais, de toutes les paroles prononcées par les orateurs, celles-là surtout produisaient impression qui faisaient écho aux préventions, aux colères populaires, et surtout à ces appréhensions vagues de vainqueurs étourdis d'une victoire trop prompte. « Examinez l'état où vous êtes et celui où vous étiez, disait Sillery dans son discours prononcé le 8 septembre. Vous avez senti qu'il ne fallait qu'une seule Chambre, et à peine êtes-vous réunis que vous voudriez de nouveau vous séparer. Nous ne pouvons espérer que du temps l'oubli des antiques privilèges. Un Sénat réveillerait ces distinctions, et, dans un État libre, il ne doit y avoir que celles des talents et des mérites. » Voilà le genre d'arguments, bien peu solides pourtant, qui a fait le plus de tort à la cause de la seconde Chambre, parmi les anciens membres de la Chambre du Tiers-État. « Le droit d'empêcher une loi n'est rien autre chose que celui de faire la loi, disait Sieyès le 7 septembre; il n'y a pas de différence.

L'homme qui dit : Je ne veux pas que telle chose se fasse, dit formellement : Je veux que ce que vous voulez ne soit pas. » Voilà comment on alarmait des esprits hantés encore par le souvenir de la séance du 23 juin, au sujet de ce pouvoir royal de sanction, si malheureusement appelé *droit de veto*, selon l'expression employée pour la première fois par la Chambre de la noblesse, lors de la lutte des ordres, pour désigner la prérogative d'ordre à ordre qu'elle prétendait maintenir comme constitutionnelle (1).

Vainement les représentants des idées acceptées par le Comité de constitution s'efforcèrent-ils de montrer qu'en fait « le *veto* royal devait toujours être suspensif, à moins qu'il ne fût employé à défendre une prérogative constitutionnelle » ; qu'en ne le limitant pas expressément, il s'agissait seulement de sauvegarder la dignité du trône et l'action modératrice de l'autorité royale, laquelle se réduirait toujours à faire appel à la nation, en cas de dissentiment entre ses représentants temporaires et « son représentant perpétuel », le roi, suivant l'expression de Mirabeau, dans le grand discours

(1) Lorsqu'on s'adressait au peuple, on lui tenait ce langage : « Tu veux manger ta soupe, et le roi t'ordonne de renverser ton écuelle, voilà ce que c'est que le *veto*. » Le mot lui-même, par cela même qu'il n'était pas compris, prêtait aux plus absurdes et aux plus effrayantes interprétations. Un gentilhomme fort estimable du parti libéral, M. de Castellane, ne craignait pas de dire à la tribune de l'Assemblée que si le *veto* absolu prévalait, on ne verrait plus en France « qu'un sultan, des visirs, des pachas et des esclaves ».

prononcé par lui sur la sanction royale, sans qu'il fût nécessaire d'organiser contre l'autorité royale des moyens apparents de contrainte. Vainement ils renoncèrent à composer la seconde Chambre de pairs héréditaires, et s'en remirent à l'Assemblée du soin de régler sa formation, pourvu que cette formation fût différente de celle de la Chambre basse. « Tout au plus, disait l'un des rapporteurs, Lally-Tolendal, la Chambre haute sera-t-elle composée de sénateurs à vie. » Dans un écrit récemment publié, l'autre rapporteur, Mounier, faisant un pas de plus, avait admis une Chambre haute élective, nommée par chaque assemblée provinciale, augmentée d'un nombre d'électeurs spéciaux égal à celui de ses membres (1). Il allait, comme on le voit, chercher des inspirations jusque dans la jeune République des États-Unis, et avait raison de se défendre du grief d'imitation servile et sans discernement des institutions anglaises. Quelques-uns de ses amis s'avançaient plus loin encore dans la voie des concessions. Clermont-Tonnerre était disposé à n'attribuer à la Chambre haute que le droit de suspendre, non d'arrêter les décisions de l'autre Chambre. Malouet et Dupont (de Nemours)

(1) Dans ses *Recherches sur les causes qui ont empêché les Français de devenir libres*, Mounier indique qu'il a successivement imaginé toutes les formes possibles de secondes Chambres, sans pouvoir en trouver une seule qui triomphât du parti pris des divers groupes de l'Assemblée. Voir aussi sa brochure d'août 1789 : *Considérations sur les gouvernements et en particulier sur celui qui convient à la France.*

proposaient que les deux Chambres n'eussent point l'une sur l'autre droit de *veto* et fussent tenues seulement, en cas de dissentiment, de se réunir pour délibérer en commun. Tout le monde était d'accord pour ne pas donner au roi l'initiative législative concurremment avec les membres des Chambres (1).

Toutes les concessions raisonnables furent inutiles. Nous ne rangeons pas dans cette catégorie, en effet, celles qui furent demandées à Mounier par Barnave, et qui consistaient dans l'abandon du droit de dissolution de la Chambre basse par le roi, et dans l'acceptation d'assemblées souveraines périodiques, investies du pouvoir de reviser la Constitution (2). Le Comité de constitution vit se tourner contre lui ceux même dont il servait le plus directement les intérêts : la droite de l'Assemblée et notamment la plupart des nobles repoussèrent la seconde Chambre, « moins par une profonde combinaison, écrit Barnave, que par un certain instinct qui leur faisait entrevoir l'abolition de la noblesse et leur propre humiliation dans ces nouveaux supérieurs qu'ils se seraient donnés » (3).

(1) On lui donnait seulement le droit d'inviter la ou les Chambres à prendre un objet en considération.

(2) Voir sur les conférences qui eurent lieu entre Mounier et les représentants les plus marquants des opinions démocratiques, dans la maison de Jefferson, le principal auteur de la Constitution américaine, l'*Exposé de ma conduite à l'Assemblée nationale* de Mounier, d'une part, et les *Mémoires* de La Fayette, d'autre part.

(3) Barnave. *Introduction à l'Histoire de la Révolution fran-*

Le gouvernement lui-même, par l'organe du premier ministre Necker, dans un mémoire adressé à l'Assemblée, et que celle-ci, d'ailleurs, refusa de recevoir, se rallia au *veto* purement suspensif, manœuvre que Necker a vainement essayé de justifier dans ses écrits ultérieurs, mais qui fait peu d'honneur à son esprit politique.

Quant aux représentants du Tiers-État et du bas clergé dans leur ensemble, leurs dispositions d'esprit et les influences auxquelles ils étaient soumis, telles que nous les avons indiquées, devaient leur faire accueillir, en partie du moins, de préférence à celles de Mounier, les doctrines de Sieyès, doctrines tout en harmonie avec les passions du moment.

Sieyès, comme le dit M. Duvergier de Hauranne, a été le grand théoricien de l'Assemblée constituante, le véritable antagoniste de Mounier, en tant que penseur. Un faisceau d'idées politiques précises et logiquement enchaînées, une dialectique incisive, ennemie du vague et de l'emphase, où se complaisaient tant d'hommes du même temps; une absolue conviction de sa supériorité, cette conviction qui lui faisait dire à Dumont (de Genève) :

çaise, publiée par M. Bérenger. « Dans le Sénat qu'on proposait, écrit dans un de ses numéros de 1791 le journal royaliste *les Actes des Apôtres*, les membres de la noblesse ne virent que l'anéantissement de leurs titres et des places à donner à cette minorité qui les avait quittés au moment des Etats généraux... Leur haine et leur vanité se coalisèrent contre leur conscience. »

« La politique est un art que je crois avoir achevé, » le renom attaché à ses méditations solitaires, même l'apparence méditative de toute sa personne suppléant au don de la parole qui lui manquait, et pardessus tout l'immense succès d'écrits parus à point nommé pour traduire en formules le mouvement d'opinion qui a fait la plus grande révolution de l'histoire moderne, voilà les avantages qui assuraient, dans cette Assemblée si riche en talents de second ordre, une action toute particulière à celui que Mirabeau appelait avec une heureuse ironie *Mahomet* (1). Au demeurant, par le caractère, c'était un Talleyrand sorti des rangs du peuple, un Talleyrand moins raffiné et moins voluptueux dans son épicuréisme, moins homme de société et plus raisonneur, « ne dérogeant jamais, comme le dit Talleyrand lui-même dans ses *Mémoires* jusqu'à être aimable, » mais également ambitieux, également dépourvu de sensibilité, et, au fond, également souple. Il était destiné à être successivement, à dix ans de distance, le théoricien de la démocratie représentative pure et de la pure démocratie autoritaire.

Il a cherché depuis à concilier ses idées de 1789 et ses idées ultérieures, en prétendant que les premières avaient été *tronquées et mêlées d'un alliage*

(1) Pour caractériser l'esprit géométrique, au sens où l'entend Pascal, qui présidait aux conceptions de Sieyès, M. Mignet, dans son éloge académique de celui-ci, a dit expressivement qu'il considérait les hommes « comme les pierres animées d'un édifice vivant ».

plus ou moins hétérogène (1). Sans examiner ce qu'il peut y avoir de vrai dans cette prétention, bornons-nous à constater que lui seul a apporté, en 1789, un système de gouvernement complet à opposer au système de gouvernement de Mounier et de ses amis du Comité de constitution.

Ce système de gouvernement, il n'en avait emprunté les principes ni à Montesquieu, ni à Rousseau; c'est là ce qui en constitue l'originalité. Des idées de Montesquieu il ne s'était assimilé qu'une seule, le principe de la séparation des pouvoirs qu'il appliquait avec une extrême rigueur jusque dans ses dernières conséquences, sans le tempérer par ce correctif si profondément sage de Mounier : « Pour que les pouvoirs soient à jamais divisés, il ne faut pas qu'ils soient entièrement séparés. » Rousseau, on le sait, s'est élevé « contre les tours de gobelets des politiques, qui divisent la souveraineté en puissance législative, et en puissance exécutive », et il a condamné également tout système de représentation politique, comme « une aliénation des droits politiques de l'homme et une nouvelle espèce d'esclavage ». Sieyès, au contraire, notamment dans le chapitre V de la brochure : *Qu'est ce que le Tiers-État*, présente le gouvernement représentatif comme la forme perfectionnée d'organisation des sociétés politiques; mais le gouvernement représentatif qu'il préconise est un

(1) Notice sur la vie de Sieyès (an III) placée en tête d'un choix de ses Œuvres, et écrite par lui-même.

gouvernement où les représentants de la nation, dépositaires de la volonté commune, exercent le pouvoir souverain sans restriction, et où toute autre autorité, fût-ce celle d'un roi dans laquelle il voit pourtant certains avantages, n'est que l'exécutrice de cette volonté commune, ainsi dictée (1). D'ailleurs, s'il est partisan d'une égalité civile absolue, il n'est disposé à admettre au partage de la puissance politique par l'élection des représentants que ceux qui ont un certain intérêt de propriétaires. « Dans tous les pays du monde, écrit-il, la canaille appartient à l'aristocratie. » D'autre part, il laisse entrevoir, dans son discours du 9 septembre à l'Assemblée constituante, comme dans la brochure que nous avons citée, la possibilité d'organiser, non seulement deux, mais même trois Chambres, uniquement au point de vue de la maturité des délibérations à prendre, et à la condition que ces trois Chambres ne soient que trois fractions d'une représentation nationale de même origine. Dans une autre brochure publiée en juin 1790 et intitulée « Déclaration volontaire proposée aux patriotes des quatre-vingt-trois départements, » Sieyès exposant les quelques amendements qu'il croyait utile d'apporter à la Constitution reviendra à cette idée, et tout en maintenant l'unité du corps législatif proposera

(1) « Je définis la loi, la volonté des gouvernés ; donc les gouvernants ne peuvent avoir aucune part à sa formation. » (*Discours de Sieyès* à la séance du 7 septembre 1789.)

de le diviser non en trois, mais en deux sections, votant, il est vrai, finalement en commun, mais discutant et délibérant séparément. La proposition sera reprise sans succès à l'Assemblée, vers la fin de sa session, par un de ses membres les plus avancés Buzot. Les principes de Sieyès admis, elle n'en paraissait plus qu'une atténuation inutile.

Est-ce à dire que Sieyès soit l'inventeur véritable du système politique dont nous venons de parler ? En aucune façon. Il a puisé presque toutes ses idées générales dans les œuvres de Mably ; il n'est guère que le vulgarisateur des doctrines de cet écrivain qui devrait occuper une place plus importante dans l'histoire de la littérature politique du XVIIIe siècle, qui tient le milieu, comme novateur, entre Montesquieu et Rousseau, sans avoir fait d'ailleurs les mêmes réserves que ceux-ci au sujet de l'application de ses idées au gouvernement de la France (1). C'est Mably qui a écrit dans son ouvrage sur le Gouvernement de Pologne cette phrase dont l'Assemblée de 1789 paraît s'être pénétrée : « Tout législateur doit partir de ce principe que la puissance exécutive a été, est et sera éternellement l'ennemie de la puissance législative. » C'est lui également qui, dans ses *Doutes sur l'ordre naturel des sociétés*, ouvrage

(1) Voir l'ouvrage, déjà cité par nous, de M. W. Guerrier : *L'abbé de Mably, moraliste et politique*. Paris Vieweg, 1886. En septembre 1789, M. Bérenger a publié deux volumes intitulés : *Esprit de Mably et de Condillac*, et formés d'extraits des ouvrages des deux frères.

polémique contre le physiocrate Mercier de la Rivière, défie son adversaire « de lui citer un seul exemple où la liberté des assemblées nationales ait allumé la guerre civile ». L'exemple, hélas! n'allait pas tarder à se produire, et il devait être éclatant.

Mirabeau a tenu en quelque sorte la balance entre les doctrines de Mounier et celles de Sieyès. Il témoignait en toute occasion beaucoup d'estime pour les méditations de Sieyès; tous deux s'accordaient dans « la *chétive idée* qu'ils avaient de l'Assemblée, » comme dit Dumont; et un jour, dans la discussion sur le droit de paix et de guerre, Mirabeau parlera « des immenses services rendus par l'homme qui a révélé au monde les principes du gouvernement représentatif », appellera la Constitution « sa Constitution », et se plaindra de son silence comme d'une calamité publique (1) ». D'autre part, nous le voyons, en septembre 1789, protester à Mounier, lors d'une rencontre avec celui-ci chez le peintre Boze, rencontre dont nous aurons à re-

(1) Laissez faire, disait-il à ce propos à ceux qui s'étonnaient de le voir rendre un pareil hommage à un collègue sur les talents politiques duquel il se faisait moins illusion que d'autres, laissez faire, je lui ai donné une telle réputation qu'il aura peine à la traîner. » (*Mémoires de Barrère.*) « Ne me brouillez pas, je vous en conjure, avec cet homme-là, disait-il précédemment à Dumont, qui dans sa rédaction d'un numéro du *Courrier de Provence* avait critiqué quelques idées de Sieyès ; il a une vanité insupportable. » Et pourtant, dans son discours du 31 mars 1790 sur l'organisation judiciaire, Mirabeau appelle encore Sieyès « l'homme profond et sublime auquel on doit la Constitution de la France ».

parler, qu'il est « bien moins éloigné de lui par les idées » que Mounier ne peut le croire. Il avait déjà fait une déclaration semblable à Malouet dès le mois de juin précédent. M. Duvergier de Hauranne semble considérer Mirabeau comme arrivé, dès 1789, à une conception plus exacte du gouvernement parlementaire que Sieyès et que Mounier tout à la fois, et il insiste surtout sur ce fait que Mirabeau a mieux compris qu'aucun autre le rôle des ministres responsables dans un tel gouvernement. Nous ne disconvenons certainement pas que Mirabeau ait fait preuve d'un rare esprit politique, lors de la discussion qui eut lieu à ce sujet en novembre 1789; c'est alors, nous l'avons déjà fait observer, que, son intérêt personnel se trouvant d'ailleurs directement en jeu, il a livré la grande bataille de sa vie politique. Mais, dans cette circonstance, les représentants des idées du premier Comité de constitution, ceux du moins qui n'avaient pas encore quitté l'Assemblée, l'ont appuyé de leur vote et de leur parole. Mounier lui-même n'eût pas fait autrement s'il eût été présent encore parmi les collègues de Mirabeau. Nous examinerons, quand le moment en sera venu, s'il est réellement tombé, sur la question du rôle politique des ministres, dans les erreurs que lui reproche M. Duvergier de Hauranne. En tous cas, cette question avait été préjugée dans un sens contraire aux principes que défend M. Duvergier de Hauranne, par l'institution d'une assemblée unique et souveraine à l'état permanent, en face de l'autorité royale.

Pour éviter la concentration des pouvoirs dans une même assemblée, la division de la représentationale en deux Chambres n'était pas moins nécessaire que le concours du roi à l'exercice de la puissance législative, ayant pour conséquence le droit de dissoudre et de faire réélire les Chambres électives. Or, Mirabeau, s'il a défendu avec énergie l'intégrité de la prérogative royale, n'en a pas moins été l'un des adversaires les plus résolus du système des deux Chambres. Lorsqu'il disait au comte de La Marck au mois de juin précédent : « Le sort de la France est décidé; les mots de liberté, d'impôt consenti ont retenti dans tout le royaume; on ne sortira plus de là sans un gouvernement plus ou moins semblable à celui de l'Angleterre », il entendait seulement parler d'une forme représentative de gouvernement. Nous avons déjà vu que, dès la fin de 1788, dans sa brochure sur la *Liberté de la presse*, il se prononçait contre l'établissement d'une Chambre haute analogue à celle des Anglais. Nous avons indiqué aussi dans quel mélange de ressentiments personnels contre l'ordre auquel il appartenait par sa naissance, de réminiscences physiocratiques et de préjugés communs à presque tous ses contemporains, sa répugnance à l'égard de cette institution prenait origine. Au mois de mai 1789, dans plusieurs numéros consécutifs de son journal, il avait fait réfuter par un de ses collaborateurs, Salaville, la brochure de l'évêque de Langres, intitulée *Forme d'opiner aux États généraux*, et qui concluait à réunir dans une première Chambre la noblesse et le haut clergé, et dans une autre Chambre le Tiers-État et le bas clergé. Ce procédé pour arriver à la formation de deux Chambres, comme en Angleterre, était, nous l'avons reconnu, assez discutable par lui-même. Mais ce n'était pas seulement le procédé spécial imaginé par l'évêque de Langres, c'était l'idée même des deux Chambres que Mirabeau faisait dès ce moment combattre avec énergie. Il avait ainsi pris parti sur la question avant beaucoup d'autres députés des communes, et lorsqu'on ne songeait encore qu'à supprimer la division de la nation en ordres, avant de s'inquiéter si l'on diviserait d'une autre manière la représentation nationale. Au mois d'août seulement, cette question s'était posée directement devant le comité de Constitution; l'intérêt de transiger avec l'ancien état de choses avait alors disparu par suite des événements du mois précédent; l'esprit public se tournait de plus en plus vers les idées de démocratie sans contrepoids. Néanmoins l'issue réservée aux propositions connues par avance du Comité de constitution était encore assez douteuse, et Mirabeau était assez opposé à l'institution d'une seconde Chambre pour qu'il ne lui ait pas paru inutile de travailler sous main à coaliser contre cette institution les passions rétrogrades d'une bonne partie de la noblesse avec les passiens égalitaires d'un grand nombre de députés du Tiers-État, triste revanche des partisans de l'ancienne distinction des ordres contre la minorité de gentilshommes qui les avait abandonnés au mois de juin, des gentilshommes de province contre les nobles de cour.

M. le comte de Mirabeau, que j'avais beaucoup connu dès 1784, rapporte le comte d'Antraigues dans sa brochure publiée en 1792 sous le titre d'*Adresse à l'ordre de la noblesse*, M. le comte de Mirabeau m'écrivit, le mercredi 12 août 1789, un billet qui me fut remis dans la salle même pour me prier de passer dans le bureau 23, où il allait se rendre pour me communiquer quelque chose de fort essentiel. Je m'y rendis. La suite de notre conversation est inutile à connaître; elle se trouvera tout entière dans le compte que je dois rendre à mes *commettants* de ma conduite aux Etats généraux. Mais le résultat fut qu'en m'apprenant le projet du Comité de constitution, il me prouva, ce qui était aisé à prouver, que ce Sénat deviendrait bientôt une Chambre de pairs héréditaire, et m'ajouta ensuite toutes les raisons pour m'engager à m'opposer à ce projet, et à y faire opposer autant que je pourrais l'ordre de la noblesse... Ses instances furent les mêmes auprès de mes collègues. Elles étaient superflues ; la noblesse avait déjà senti qu'elle ne pouvait, sans trahir ses devoirs, consentir à la création d'un Sénat, et à tous les motifs qui la déterminaient se joignait sans doute l'horreur que lui inspiraient ceux qui, pour occuper des places, avaient trahi l'ordre même où ils étaient nés (1).

(1) On ne doutait pas que les places de la future Chambre haute fussent pour ceux-ci, et les nobles se refusaient, selon l'expres-

Les débats ouverts, Mirabeau garda sur la question de la seconde Chambre « un silence dédaigneux », dit M. Duvergier de Hauranne; le 9 seulement, au moment où l'on allait passer au vote sur cette question, il essaya de l'escamoter, si l'on nous permet cette expression, en prétendant démontrer que par l'adoption préalable d'un article ainsi conçu : l'*Assemblée nationale sera permanente*, l'unité de Chambre avait été préjugée (1). Ce subterfuge était inutile; il n'eut d'autre effet que de déterminer une scène tumultueuse qui obligea l'évêque de Langres à quitter le fauteuil de la présidence; pour toutes les raisons que nous avons dites, la cause de la seconde Chambre était perdue, et, au vote du 10 mai, elle ne fut plus soutenue que par quatre-vingt-neuf membres, abandonnés par cent vingt-deux de leurs collègues qui s'abstinrent, contre une majorité de quatre cent quatre-vingt-dix-neuf voix, comprenant deux cents voix environ de la noblesse et du haut clergé.

Sur la question de la sanction royale, Mirabeau avait également pris position avant la discussion. L'idée politique la plus arrêtée chez lui, depuis le

sion de Ferrières, dans ses Mémoires, à « élever aux dépens de leur ordre des traîtres et des défectionnaires ».

(1) Mirabeau a bien, dans un des petits discours prononcés par lui à cette séance, laissé entendre qu'il accepterait deux Chambres « si elles n'étaient que deux sections d'une seule ». « Mais, a-t-il dit aussi à la même séance, la division de l'Assemblée en sections égales, et pour quelques travaux particuliers, est un fait de police intérieure. » Il était donc fort éloigné de la vraie conception d'une seconde Chambre.

temps où il offrait ses services à M. de Montmorin, avant la convocation des États généraux, était que la rénovation de l'état social en France dans un sens démocratique pouvait et devait s'accomplir, non seulement sans affaiblir l'autorité royale, mais même en lui communiquant une nouvelle force; que d'ailleurs la démocratie nouvelle avait besoin d'être dirigée et contenue par la royauté. « Sans la sanction royale, disait-il dans son grand discours du 12 juin aux députés des communes, j'aimerais mieux vivre à Constantinople qu'à Paris. » — « Quand il sera question de la prérogative royale, répétait-il le 7 août, dans le courant de la discussion sur la rédaction des arrêtés du 4 août, de la prérogative royale, c'est-à-dire, comme je le démontrerai en son temps, du plus précieux domaine du peuple, on jugera si j'en conçois l'étendue, et je défie d'avance le plus royaliste de mes collègues d'en porter plus loin le respect religieux. » A propos de la seconde Chambre, il écartait l'exemple de l'Angleterre; au contraire, une fois la discussion concentrée presque entièrement sur le droit de *veto* royal, il se prévaudra de cet exemple, et en fera ressortir toute l'importance vis-à-vis de ceux de ses collègues qui, comme Barnave, la nient.

Un siècle de bonheur et de tranquillité, lisons-nous dans le *Courrier de Provence* (numéro du 2 au 5 septembre), constitue en faveur de l'Angleterre une autorité que la plus belle théorie ne saurait avoir. Refuser toute attention à la constitution britannique, parce qu'elle n'est pas l'ouvrage d'une société de philosophes, est une aussi grande absurdité que celle d'un marin qui refuserait de se servir de la boussole, parce qu'elle est due au hasard. — L'on ne saurait disconvenir, est-il écrit quelques lignes plus haut, dans le même journal, que la constitution anglaise, dans ses détails, n'ait pas des défauts très considérables; mais, si elle a résisté à tant de choses et surtout à l'action lente et continuelle de ses défauts, quelque graves qu'ils soient; si, loin de se corrompre, elle a toujours fait des pas vers une amélioration ; si la liberté particulière, objet final du vœu du peuple de tous les pays, y est plus respectée que partout ailleurs ; si elle a développé tant d'énergie, de ressources, de connaissances et de talents dans ses citoyens; s'il n'en est aucun, depuis le premier pair jusqu'au dernier sujet, qui ne soit prêt à verser son sang pour la défendre, où sont les dangers de ces *veto* successifs et réciproques dont on nous parle ?

Il est permis de croire, en lisant ces passages, que, si Mirabeau n'avait pas été personnellement un gentilhomme déclassé, il aurait eu moins de répugnance pour la création d'une Chambre haute, et se serait mieux rendu compte de la difficulté de faire coexister avec une autorité royale telle qu'il la désirait, et sans amoindrissement de celle-ci, une unique assemblée législative, joignant à la force de son origine élective le privilège exclusif de délibérer après discussion publique sur les intérêts généraux du pays. Pour croire que la Chambre des pairs fût dans les institutions anglaises une simple imperfection, comme le serment du Test, comme les vices de l'organisation électorale, il fallait tenir bien peu compte du développement historique de la constitution anglaise et de l'appréciation de tous les Anglais eux-mêmes. C'est cependant ce qu'avait découvert un homme que Mirabeau était alors disposé, seul en cela de son opinion, à prendre pour oracle dans les matières constitutionnelles. Nous voulons parler de ce marquis de Casaux, économiste indépendant, plus nuageux encore que les physiocrates, et dont le grand orateur de la Constituante citait déjà avant 1789 les obscurs ouvrages. Nous savons peu de chose de la personne du marquis de Casaux, sinon qu'originaire de l'île de la Grenade, aux Antilles, il était devenu sujet anglais par la cession qui fut faite de cette colonie à la Grande-Bretagne, qu'il publia, tant à Londres qu'à Paris, d'assez nombreux ouvrages agronomiques et économiques, et qu'il séjourna à Paris de 1788 au 10 août 1792, fréquentant beaucoup les cercles politiques dans lesquels, en sa qualité d'Anglo-Français, il était bien accueilli. Admis au club constitutionnel qui se tînt de 1788 à 1789, ce fut là sans doute qu'il fit la connaissance de Mirabeau et fut recruté par celui-ci au nombre de ses collaborateurs. Il contribua avec lui à la fondation du club de 1789, après avoir été du reste un des premiers membres étrangers à l'Assemblée nationale admis au club des Jacobins. Au moment de la réunion des États généraux, il avait publié un petit volume intitulé : *Simplicité de l'idée d'une con-*

stitution et de quelques autres qui s'y rapportent.

Mirabeau a placé en tête de son discours sur la sanction royale, tel qu'il l'a imprimé dans le *Courrier de Provence*, une note où il appelle cet ouvrage « l'ouvrage de génie qu'a produit la Révolution », et déclare y avoir trouvé « une mine inépuisable d'idées saines et profondes dont il a beaucoup profité ». Or la partie la plus originale des théories de Casaux se résume dans cette phrase : « On statue en Angleterre à la pluralité des têtes qui délibèrent, comme si le total des têtes qui délibèrent avec un seul *veto* était enfermé dans une seule Chambre, et le *veto* de la Chambre des pairs ne peut servir qu'à nécessiter la corruption aussi indispensablement que la peccabilité des ministres nécessite la liberté de la presse. » Le sophisme est assez ingénieux, comme on le voit, et tire quelque force des exemples assez nombreux de corruption politique en Angleterre à la fin du XVIIIe siècle. D'ailleurs Casaux se fait le défenseur de la sanction royale illimitée. « L'idée de monarchie, écrit-il, emporte nécessairement celle d'un gouvernement où le roi ne peut rien établir ni rien changer sans se concerter avec les représentants du peuple, où les représentants du peuple ne peuvent rien établir ni changer sans se concerter avec le roi. » Tous les inconvénients possibles de la prérogative royale ainsi comprise sont réduits à néant par la permanence de l'Assemblée nationale, l'annualité de ses réunions, l'annualité de l'impôt (1).

Dans son discours du 1er septembre sur la sanction royale, Mirabeau a emprunté presque littéralement des passages entiers de Casaux à l'appui de la thèse qu'il défend. M. Aulard a publié dans les *Annales de la Faculté des lettres de Bordeaux* un article où il fait ressortir tous ces emprunts (2). Le fait avait été signalé d'ailleurs par Dumont (de Genève) dans ses *Souvenirs*. « On avait eu, écrit Dumont, un si grand nombre de détestables discours que la présence de Mirabeau réjouit tout le monde ; mais à peine eut-il commencé que je reconnus phrase à phrase la doctrine et le style de Casaux. L'embarras des constructions, la singularité des mots, la longueur des périodes, l'obscurité du raisonnement refroidirent bientôt l'attention de l'Assemblée ; on découvrit qu'il soutenait le *veto* absolu ; nouvelle raison pour élever des murmures. Mirabeau, qui avait à peine lu ce galimatias chez lui, s'apercevant de tous ses défauts, se jeta bien vite dans les digressions, les lieux communs contre le despotisme, et, par quelques traits

(1) Celle-ci, comme on sait, n'a jamais existé en Angleterre. Les dépenses seules sont votées annuellement, à la réserve de celles de la dette publique, de la liste civile et de certains grands services publics intéressant la défense du territoire. A la séance du 7 octobre 1789, Mirabeau demanda inutilement à l'Assemblée constituante d'affecter aussi d'une manière immuable certains impôts aux service de la dette publique et de la liste civile.

(2) Un plagiat oratoire de Mirabeau (*Annales de la Faculté des lettres de Bordeaux*, décembre 1880).

saillants, obtenait le tribut ordinaire des battements de mains de la part des galeries ; mais, quand il revenait à son fatal écrit, le tumulte recommençait, et il eut beaucoup de peine à achever, malgré son courage qui ne l'abandonnait jamais dans un instant de crise. Je ne l'ai jamais vu, ajoute Dumont, déconcerté que cette fois. Il nous avoua qu'à mesure qu'il avançait dans sa lecture, il était couvert d'une sueur froide, et qu'il en avait supprimé la moitié sans pouvoir y suppléer, parce que, dans sa confiance, il avait négligé de méditer le sujet. »

Nous ne prétendons certainement pas que le discours dont il s'agit, même sous la forme retouchée pour le *Courrier de Provence* que seule nous connaissons, soit un des meilleurs discours de Mirabeau. Si l'on en excepte la péroraison un peu plus chaleureuse que le reste, il est presque d'un bout à l'autre laborieux et dogmatique, et quelquefois subtil. Quand bien même nous ne saurions que par des témoignages, par celui même de Mirabeau, qu'il a été lu à la tribune, il nous serait difficile de nous y tromper (1). Néanmoins, tout est affaire de comparaison, et le discours de Mirabeau par l'ordonnance, comme par le fond des idées, est encore supérieur à la plupart de ceux qui furent

(1) « Lorsque j'ai porté la parole sur la sanction royale, écrit Mirabeau en publiant son discours dans le *Courrier de Provence, j'ai autant parlé que lu.* » Ceci indique évidemment que l'ensemble du discours a été lu.

prononcés dans la même discussion (1). Il faut songer à ce que pouvait être cette suite de séances où chaque orateur venait à son tour, « armé de son cahier, lire une dissertation qui n'avait aucun rapport avec celle qui venait d'être prononcée » ; « où l'on se trouvait toujours au même point, chaque orateur reprenant la question, ou plutôt les questions, car toutes celles qui étaient à résoudre, sanction royale, dualité ou unité des Chambres, permanence des assemblées, durée des législatures, droit de dissolution, étaient traitées à la fois, reprenant, disons-nous, les questions comme si l'on n'avait rien dit jusqu'à lui (2) ». Il ne semble pas que, parmi toutes ces harangues, celle de Mirabeau, l'une des premières d'ailleurs, ait été aussi défavorablement accueillie que le dit Dumont (de Genève); car l'Assemblée, par une décision sur laquelle elle revint, il est vrai, le lendemain, en ordonna l'impression (3). On ne peut guère admettre que ce fût

(1) La question de la sanction royale est étudiée une dernière fois avec beaucoup d'élévation et même d'éloquence dans un écrit intitulé : *Nouveau coup d'œil sur la question de la sanction royale* que l'on trouve à la suite du nº 11 du *Courrier de Provence*. Nous ne savons quel est, parmi les collaborateurs de Mirabeau, l'auteur de cet écrit remarquable, dont la péroraison a un caractère prophétique. Le futur républicain Clavière était, on le sait, très partisan du droit absolu de sanction, mais le morceau dont nous parlons est trop éloquent pour être de lui. En tous cas, il n'est certainement pas de Mirabeau, à qui divers écrivains en ont fait honneur.

(2) Dumont, *Souvenirs*, chapitre VIII.

(3) Nous trouvons le fait mentionné dans le *Mercure de France*, journal peu favorable à Mirabeau.

là le fruit d'un calcul des ennemis de Mirabeau, désireux de nuire à sa popularité. D'après Dumont, « le côté gauche de l'Assemblée crut que Mirabeau avait affecté à dessein d'être obscur, afin de pouvoir tourner son opinion dans tous les sens, en sorte que le fatras de Casaux lui fût imputé à profonde politique ». Mirabeau qui, à dessein ou non, s'abstint de prendre part au vote sur la question qui faisait l'objet de son discours, comme cela lui était déjà arrivé lors de la constitution des députés des communes en Assemblée nationale, mit du moins quelque machiavélisme à laisser dire et à laisser croire, dans le public peu au courant des débats de l'Assemblée, qu'il n'avait pas défendu la cause du *veto* absolu. Et Camille Desmoulins, son familier à cette époque, dans le pamphlet intitulé la *Lanterne aux Parisiens*, après avoir requis, en sa qualité de *procureur général de la Lanterne*, contre Lally, Mounier, Clermont-Tonnerre, Bergasse, Thouret, Treilhard et nominativement contre tous ceux qui, comme eux, avaient défendu le *veto* absolu, à l'exception de Mirabeau, eut l'audace de déclarer que c'étaient les ennemis de celui-ci qui le rangeaient parmi les partisans de cet abominable *veto*, et qu'une telle accusation était une calomnie (1).

(1) De son côté, Loustalot, dans les *Révolutions de Paris*, place à la tête des adversaires du *veto* « notre invincible Mirabeau ». Il faut rapprocher de ces faits l'anecdote suivante racontée par Dumont : « Je n'oublierai jamais qu'allant à Paris avec Mirabeau, le jour même ou le lendemain de son discours sur le *veto*, il y avait

On sait qu'à la majorité de six cent soixante-treize voix contre trois cent vingt-huit l'Assemblée, le 11 septembre, refusa de reconnaître au roi un pouvoir illimité de sanction législative, et lui accorda seulement un droit de *veto* suspensif sur les décisions de l'Assemblée. A part les voix de droite, la minorité ne comprenait qu'un très petit nombre de députés en plus de ceux qui avaient voté pour les deux Chambres. Par la suite, on étendit le *veto* suspensif du roi à la durée de deux législatures après celle où la loi, non acceptée par lui, aurait été proposée. Ce système, indiqué à titre de transaction par un des esprits les plus modérés de l'Assemblée, Thouret, était celui auquel Necker, dans le mémoire dont nous avons déjà parlé, s'était rallié. On peut penser que le *veto* suspensif dans de pareilles conditions équivalait au *veto* absolu. C'est sur cette idée que Necker insiste dans le livre qu'il a écrit pour la justification de son administration ; il soutient même qu'un *veto* suspensif très étendu devra être plus utile qu'un *veto* illimité, parce qu'il sera plus facile de s'en servir. Mais il y a là une erreur complète dans la manière d'envisager la question (1). Le *veto*, quel qu'il soit,

des gens qui attendaient sa voiture devant la boutique de Le Jay et qui se jetèrent au-devant de lui, en le conjurant les larmes aux yeux de ne pas souffrir que le roi eût le *veto* absolu. »

(1) Le ministère dont Necker était le chef comprenait si peu la portée des décisions constitutionnelles de l'Assemblée qu'après le vote sur l'unité de Chambre, après les journées des 5 et 6 octobre, il se disposait encore à convoquer séparément la noblesse

est une arme dont il n'est possible de se servir qu'exceptionnellement sous un gouvernement vraiment représentatif, et seulement à la condition de pouvoir dissoudre et faire réélire l'Assemblée à laquelle il a été opposé. Faute de ce pouvoir, le *veto* est presque inapplicable, car il crée, sans moyen de le trancher, un état de conflit dans lequel l'autorité royale doit avoir forcément le dessous, avant même d'être arrivée au terme strict de son droit. Or, pour donner au roi la faculté de faire appel à la nation entre lui et l'Assemblée élective, il faut lui reconnaître un droit de participation à la puissance législative égal à celui de l'Assemblée, et par conséquent renverser la théorie absolue de séparation des pouvoirs formulée par Sieyès, et que l'Assemblée s'était contentée d'atténuer. En théorie comme en fait, le droit de dissolution pour le roi était lié à la reconnaissance sans réserve de son pouvoir de sanction. C'est ce que Mirabeau avait fait entrevoir, sans le développer suffisamment, dans son discours du 1er septembre. La question de la sanction royale une fois tranchée dans le sens du *veto* suspensif, Mounier et ses amis ayant donné leur démission de membres du Comité de constitution à la suite de ce vote, la proposition de conférer au roi le droit de dissoudre

d'un bailliage, celui de Guéret, pour pourvoir à une vacance de siège à l'Assemblée. Il fallut que l'Assemblée, par une décision spéciale, établît expressément que les élections par ordre, aussi bien que la représentation par ordre, étaient abolies.

l'Assemblée fut considérée comme écartée *ipso facto*. Cazalès, en 1790 et 1791, essaya en vain, à deux reprises différentes, de la remettre en discussion.

Il fallut que les Constituants eussent quitté la vie publique et que les événements de 1792 eussent fait la lumière dans leur esprit pour que l'un des plus sincères parmi eux, bien que des plus exaltés jadis, Barnave, entrant dans la voie des amendes honorables, écrivît dans son *Introduction à l'histoire de la Révolution* cet aveu précieux : « La ruine de la Constitution a été l'effet non de l'unité de Chambre, mais : 1° de la non-rééligibilité des députés, et 2° de *la négation du droit de dissolution... L'existence propre de l'Assemblée fut la base réellement républicaine de la Constitution.* »

Le vote du 11 septembre, indépendamment de son résultat direct, devait avoir encore indirectement une grande portée morale dans l'Assemblée et au dehors. Dans l'Assemblée, il détermina un nouveau classement des partis, tous ceux qui voulaient le *veto* indéfini ayant, lors de la mise aux voix de la question, passé à la droite du président, tous ceux qui le repoussaient s'étant massés à sa gauche. Les constitutionnels modérés se trouvèrent définitivement rejetés parmi ceux qu'on appelait les aristocrates, parmi les mécontents de cette Révolution à laquelle ils avaient prêté jusque-là le concours de leur droiture et de leur talent. Dans le pays, en raison même de l'agitation qui avait été provoquée sur la question, la cause du *veto* était devenue celle de l'esprit de gouvernement, de l'esprit d'ordre, et ce fut l'esprit d'anarchie qui triompha de sa défaite.

Un nouveau Comité de constitution fut formé. La minorité du précédent comité, c'est-à-dire Sieyès, Talleyrand et Le Chapelier, y rentra; Thouret, Target, Rabaud de Saint-Étienne et Tronchet en furent les nouveaux membres. Les principales bases de la Constitution étaient déjà posées; la durée de la législature de chaque Assemblée nationale avait été fixée à deux ans. « Il est difficile, disait à ce sujet le *Courrier de Provence*, de raisonner sur cette question isolée. Il en est deux autres qu'on aurait dû décider avant de poser celle de la durée de la législature. Le roi a-t-il le droit de dissoudre l'Assemblée? Les mêmes représentants pourront-ils être réélus? Si le roi n'a pas le droit de dissoudre l'Assemblée nationale, son existence doit être fort courte afin qu'elle n'ait pas le loisir de se corrompre... Si les mêmes représentants peuvent être réélus, les inconvénients d'un courte législature sont moins dangereux; elle se prolonge en quelque manière par le retour d'un grand nombre des mêmes individus, elle ne passe pas subitement d'un système à l'autre. « On voit que Mirabeau sentait parfaitement alors les avantages de cette faculté de réélection que plus tard les membres de l'Assemblée constituante se refusèrent à eux-mêmes, et à laquelle, lui aussi, dans le sentiment d'aversion contre l'Assemblée auquel il arrivera, aura le temps de devenir hostile. Vers la même époque, il s'opposait, en rappelant le serment du Jeu de paume, à la dissolution prématurée de l'Assemblée, proposée par Volney.

Le premier et principal travail du nouveau Comité de constitution fut le projet d'organisation électorale et administrative dont Thouret, comme rapporteur, vint, dans la séance du 29 septembre, donner connaissance à l'Assemblée. Nous traiterons dans un chapitre spécial des principes d'administration qui s'y trouvaient consacrés. Ce furent les dispositions relatives au droit de suffrage pour la formation tant de l'Assemblée nationale que des assemblées administratives qui vinrent les premières, et dès le 19 octobre, en discussion. Sieyès, dont l'influence dominait maintenant dans le comité, ne rangeait point alors au nombre de ses dogmes démocratiques l'universalité de suffrage. Nous avons déjà parlé de sa juste distinction entre les droits civils appartenant à tous, et les droits politiques conférés par la société à ceux-là seuls qui peuvent être considérés comme capables de les exercer. C'est sous l'empire d'idées de ce genre que le Comité de constitution proposa de n'attribuer les droits électoraux de *citoyen actif*, suivant son expression, qu'à tout Français majeur (1), remplis-

(1) Comme l'âge de la majorité civile variait suivant les législations différentes entre lesquelles la France était encore

sant certaines conditions de domicile et payant en contributions directes la valeur de trois journées de travail, qu'il mit à l'éligibilité des conditions encore plus restrictives. Ne devaient être éligibles aux assemblées communales et départementales que les citoyens actifs payant une somme de contributions directes de la valeur de dix journées de travail, à l'Assemblée nationale que les citoyens actifs payant, au même titre, la valeur d'un marc d'argent, soit environ cinquante francs. Sur ces différents points, le second Comité de constitution ne faisait que reproduire les propositions déjà arrêtées par le premier. A d'autres égards, il s'éloignait encore plus que celui-ci de la rigueur des principes démocratiques absolus. Ainsi, il organisait trois degrés d'élections pour le choix de l'Assemblée nationale, alors que le premier comité avait admis un système général d'élections à deux degrés, aussi bien pour la nomination de l'Assemblée nationale que pour celle des assemblées administratives. Ainsi, pour la répartition entre les différentes parties du territoire du nombre total des députés à l'Assemblée nationale à nommer, alors que le premier comité avait pris uniquement comme base la population, le second comité ajou-

partagée, il fallut fixer d'une manière uniforme l'âge de la majorité politique; on adopta par la suite vingt-cinq ans. Le prix de la journée de travail devait être déterminé d'après son taux local, par les assemblées provinciales. Les serviteurs attachés à la personne étaient comme tels exclus de la participation aux élections.

tait deux autres bases, l'étendue territoriale et le contingent de contributions.

Le cens de trois journées du travail exigé des citoyens actifs était minime, et l'on peut dire que, parmi les Français majeurs du sexe masculin, aux vagabonds et aux indigents seulement, sans parler des serviteurs à gages, était refusée la jouissance des droits électoraux (1). Or cette exclusion avait été approuvée à l'avance non seulement par des théoriciens comme Sieyès, mais, à l'instar de celui-ci, par certains des journalistes et des pamphétaires les plus activement mêlés à l'action révolutionnaire, par l'orateur du Palais-Royal au 12 juillet, Camille Desmoulins lui-même. « Les hommes, écrivait celui-ci dans sa brochure *la France libre*, à la veille précisément de la prise de la Bastille, les hommes qui se sont réunis les premiers en société ont vu d'abord que l'égalité primitive ne subsisterait pas longtemps; que, dans les assemblées qui suivraient la première, tous les associés n'auraient plus le même intérêt à la conservation du pacte social, garant des propriétés, et ils se sont occupés de mettre la dernière classe

(1) Le nombre des électeurs devait s'élever dans ces conditions, d'après l'évaluation du comité, à environ quatre millions quatre cent mille, soit le sixième de la population totale, femmes, enfants et étrangers compris. Il est assez curieux de constater, que, par la suite, entre tous les torts reprochés à l'Assemblée constituante, celui que ses anciens membres constitutionnels, Alexandre de Lameth notamment, confessaient le plus volontiers, était d'avoir trop étendu le droit de suffrage.

des citoyens hors d'état de le rompre. Dans cet esprit, les législateurs ont retranché du corps politique cette classe de gens qu'on appelait à Rome prolétaires, comme n'étant bons qu'à faire des enfants et à recruter la société. »

La presse, qui commençait à se faire l'organe des passions révolutionnaires, se rabattit donc principalement dans ses attaques contre le projet d'organisation électorale du Comité de constitution, sur le cens d'éligibilité, sur le marc d'argent de contribution exigé des candidats aux fonctions législatives. Il en fut de même dans la discussion au sein de l'Assemblée, bien que l'abbé Grégoire, Duport et Robespierre aient combattu même la distinction entre les citoyens actifs seuls électeurs, et les citoyens non électeurs, au nom de ce principe de la Déclaration des droits que tout citoyen a le droit de concourir personnellement ou par ses représentants à la formation des lois. Mirabeau, comme son ancien ami Dupont de Nemours, soutint que, s'il y avait des garanties légales à exiger de l'électeur, ces garanties une fois déterminées, il ne pouvait être imposé de restrictions à son choix; que par conséquent il ne devait y avoir d'autres conditions d'éligibilité que la confiance de l'électeur dans l'élu. Au reste Mirabeau, comme Dupont de Nemours, aurait été disposé, d'accord avec les principes physiocratiques, à n'attribuer la qualité d'électeur qu'aux possesseurs d'une propriété territoriale quelconque. Il n'obtint que l'addition de cette condition pour l'éligibilité à celle du payement d'une contribution de la valeur d'un marc d'argent, et se plaignit à cette occasion que le président Fréteau « eût fait passer une mauvaise loi par sa manière de poser la question », lorsqu'elle fut mise aux voix. On sait d'ailleurs que par la suite, lors de la revision des décrets constitutionnels, l'Assemblée revint sur cette question de *cens* à des idées plus conformes à celles de Mirabeau (1).

Mirabeau se prononça également contre les trois degrés d'élection pour la nomination de l'Assemblée nationale; ces trois degrés furent sans difficulté réduits à deux. Quant aux trois bases

(1) La condition du paiement d'une contribution d'un marc d'argent pour l'éligibilité fut supprimée. En revanche, les conditions pécuniaires à remplir pour être non pas citoyen actif, mais électeur au second degré furent relevées : « Nul ne pourra être nommé électeur, dit l'article 7 (titre III) de la Constitution de 1791, s'il ne réunit aux conditions nécessaires pour être citoyen actif, savoir : dans les villes au-dessus de six mille âmes, celle d'être propriétaire ou usufruitier d'un bien évalué sur les rôles des contributions à un revenu égal à la valeur de deux cents journées de travail, ou d'être locataire d'une habitation évaluée sur les mêmes rôles à cent cinquante journées de travail; dans les villes au-dessous de six mille âmes, celle d'être propriétaire ou usufruitier d'un bien évalué sur les rôles des contributions à un revenu égal à la valeur de cent cinquante journées de travail ou d'être locataire d'une habitation évaluée sur les mêmes rôles à cent journées de travail; et dans les campagnes, celle d'être propriétaire ou usufruitier d'un bien évalué sur les rôles des contributions à un revenu égal à la valeur de cent cinquante journées de travail, ou d'être fermier ou métayer de biens évalués de même à la valeur de quatre cent journées de travail. »

établies par le comité pour la répartition des députés entre les différentes parties de la France, la population, l'étendue du sol, les contributions, Mirabeau n'en admettait que les deux premières. D'autres de ses collègues soutenaient que les hommes seuls, non la terre ou l'argent, devant être représentés à l'Assemblée nationale, la représentation devait être proportionnelle seulement à la population, mais, à cet égard, le projet de comité l'emporta (1).

Incidemment Mirabeau fit une motion à laquelle il paraissait attacher une grande importance, et qui fut discutée plus longuement encore peut-être qu'aucune des propositions du comité. Il s'agissait d'exclure de l'électorat d'une part les faillis, les banqueroutiers, les débiteurs insolvables; d'autre part les fils qui n'auraient pas acquitté dans le terme de trois ans leur portion des dettes de leur père mort insolvable (2). Quand Mirabeau, qui était assurément lui-même un débiteur insolvable, prenait le rôle de défenseur de la morale, on voit qu'il n'y allait pas de main morte. La première

(1) En ce qui concerne les conditions de domicile pour l'éligibilité, Mirabeau considéra comme une « loi excellente » celle qui excluait des assemblées électorales les citoyens non domiciliés dans le ressort de celles-ci. Il ne fut pas, avec raison, d'avis d'étendre cette condition de domicile à l'éligibilité au second degré pour l'Assemblée nationale, mais son opinion à cet égard fut repoussée.

(2) Cette idée, comme celle de l'inscription civique, était venue d'abord, d'après Dumont (de Genève), à Sieyès qui, « selon son habitude, ne se donna aucune peine pour la faire adopter. »

partie de sa motion fut votée; elle devait d'ailleurs être modifiée lors de la revision des décrets constitutionnels; la seconde partie, relative aux fils de débiteurs insolvables, combattue par le duc de La Rochefoucauld notamment, fut renvoyée au Comité de constitution et par le fait écartée. Mirabeau enfin proposa et fit adopter « comme un grand moyen d'éducation civique » l'inscription solennelle par les assemblées primaires sur un tableau *ad hoc* de tous les citoyens atteignant l'âge de vingt et un ans, cette inscription devant d'ailleurs être précédée de la prestation par ceux-ci d'un serment de fidélité aux lois de l'État et au roi. C'est par l'institution de serments et de cérémonies civiques, sous toute espèce de prétextes, que l'influence de Rousseau devait s'affirmer dans tout le cours de la révolution (1).

Nous arrivons ainsi, dans l'ordre des débats

(1) « Si vous consacrez le projet que je vous propose, disait Mirabeau à ce sujet, vous pourrez vous en servir dans le Code pénal en déterminant qu'une des peines les plus graves pour les fautes de la jeunesse sera la suspension de son droit à l'inscription civique, et l'humiliation d'un retard pour deux, pour trois ou même cinq années. Une peine de cette nature est heureusement assortie aux erreurs de cet âge plutôt frivole que corrompu, qu'il ne faut ni flétrir, comme on l'a fait longtemps, par des punitions arbitraires ; ni laisser sans frein, comme il arrive lorsque les lois sont trop rigoureuses... Je n'ai pas besoin d'ajouter qu'il sera nécessaire de donner à cette adoption de la patrie la plus grande solennité ; mais je dirai : Voilà les fêtes qui conviennent désormais à un peuple libre ; voilà les cérémonies patriotiques, et par conséquent religieuses, qui doivent rappeler aux hommes d'une manière éclatante leurs droits et leurs devoirs. »

constitutionnels, à celui qui eut lieu sur la question de compatibilité ou d'incompatibilité des fonctions d'agent du gouvernement, des fonctions ministérielles en particulier, avec le mandat législatif. Mais il est impossible de séparer ce débat de la nouvelle secousse révolutionnaire qui l'a immédiatement précédé; nous avons à nous occuper maintenant de la crise des 5 et 6 octobre 1789, de la part de Mirabeau dans les préliminaires et les péripéties de cette crise, et des suites qu'elle a eues pour lui.

XVII

LES ÉVÉNEMENTS DES 5 ET 6 OCTOBRE 1789. — LES RELATIONS DE MIRABEAU AVEC LE DUC D'ORLÉANS.

Depuis la séance du 23 juin, depuis qu'à une époque un peu antérieure sa tentative pour se rapprocher du gouvernement par l'entremise de Malouet avait échoué, Mirabeau a certainement entretenu quelques relations avec le duc d'Orléans, formé quelques projets reposant sur l'élévation du prince à la première place de l'État, sinon comme roi, au moins comme lieutenant général du royaume. Les confidences qu'il a pu laisser échapper à ce sujet, vers l'époque de l'insurrection du mois de juillet, constituent un des griefs les plus graves dont on se soit servi contre lui pour essayer d'établir sa participation à un complot orléaniste.

Mounier et Bergasse ont tous deux raconté, l'un dans sa déposition à l'enquête ouverte par le Châtelet de Paris sur les événements des 5 et

6 octobre, l'autre dans son *Appel au tribunal de l'opinion publique*, véritable réquisitoire contre Mirabeau et le duc d'Orléans, au sujet de ces événements, certains propos imprudents tenus par Mirabeau pendant la période où l'on cherchait à obtenir du roi l'éloignement des troupes appelées par lui entre Paris et Versailles. Une première fois, Mirabeau, accompagné ce jour-là de son collaborateur genevois Duroveray, aurait emmené dans un des bureaux de l'Assemblée Mounier, Bergasse, La Fayette et Duport, et, après leur avoir fait part de son intention de demander le renvoi des troupes, laquelle fut approuvée par tous ses interlocuteurs, après avoir parlé de la nécessité de mettre obstacle aux projets que pouvait avoir la Cour, se serait exprimé en ces termes : « Messieurs, j'ai rencontré hier M. le duc d'Orléans, à qui j'ai dit : Monseigneur vous ne pouvez pas nier que nous ne puissions avoir bientôt Louis XVII au lieu de Louis XVI, et, si cela n'était pas ainsi, vous seriez au moins lieutenant général du royaume. Le duc d'Orléans m'a répondu, Messieurs, des choses fort aimables. »

L'adresse au roi pour le renvoi des troupes ayant été proposée par Mirabeau et adoptée par l'Assemblée, le roi fit à cette adresse la réponse que l'on sait. Mounier inclinait à penser que l'Assemblée devait se tenir pour satisfaite de cette réponse. Mirabeau, au contraire, voulait, selon l'expression de Mounier, rengager le combat.

Il me fit appeler, raconte Mounier, encore dans un des bureaux de l'Assemblée, où je le trouvai avec MM. Buzot et Robespierre. Il s'efforça de me faire abandonner l'opposition dont j'avais formé le projet. J'y persistai ; je lui dis que j'étais excessivement alarmé de toutes les manœuvres employées à Paris pour occasionner une rébellion dans les troupes ; que la première adresse paraissait suffire pour prouver au gouvernement qu'on avait les yeux ouverts sur ses desseins, et que plusieurs phrases qu'elle renfermait paraissaient infiniment propres à égarer les soldats ; qu'une seconde adresse accroîtrait le danger ; que, dans cette situation, un prince ambitieux paraissant au milieu de l'armée, après avoir fait distribuer de l'argent et des libelles, pourrait s'emparer du trône. Il me répondit : « Mais, bonhomme que vous êtes, je suis aussi attaché que vous à la royauté ; mais qu'importe que nous ayons Louis XVII au lieu de Louis XVI, et qu'avons-nous besoin d'un bambin pour nous gouverner ? » Je voulus alors prouver combien était criminel tout ce qui pourrait conduire à un pareil changement de dynastie ; qu'un pareil changement avait de si terribles conséquences qu'il fallait, pour le justifier, qu'un prince se fût baigné dans le sang de ses sujets. « Mais savez-vous, me dit-il, que la manière dont les députés des communes ont été repoussés du lieu de leurs séances, avant la déclaration du 23 juin, était un acte bien coupable, et qu'il y avait là un beau prétexte pour un manifeste. » Je répliquai que je reconnaissais dans cette mesure une imprudence très blâmable ; qu'avant d'ordonner les préparatifs pour la séance royale, on aurait dû prévenir les communes pendant que les membres étaient assemblés, et ne pas interrompre le cours de leurs délibérations sans ajournement ; mais qu'enfin, si je connaissais un homme qui eût le dessein de profiter des circonstances pour s'emparer du trône, et que je pusse entrevoir une probabilité de succès, je me ferais un devoir de le poignarder. Le comte de Mirabeau changea subitement de ton et de contenance et tâcha de me persuader qu'il ne fallait pas prendre littéralement tout ce qu'il m'avait dit. Je quittai M. de Mirabeau ; la séance venait de finir. Je rencontrai MM. de Maubourg et de La Coste qui se retiraient. Ils furent frappés de mon air rêveur et voulurent en savoir la cause. Je leur racontai ma dernière conversation avec le comte de Mirabeau, et même la précédente. MM. de La Fayette et Duport, qui survinrent, entendirent mon récit. Je compris par quelques mots de M. de La Fayette qu'il était encore plus instruit que moi.

Il n'y a guère de doute possible au sujet de l'exactitude de ces récits qui n'ont été démentis ni par les témoins que cite Mounier, ni par Mirabeau lui-même. Celui-ci, dans son discours du 2 octobre 1790, sur l'autorisation de poursuites contre lui demandée par le Châtelet de Paris, tout en déclarant ne pas se rappeler les propos qui lui étaient imputés, s'est efforcé seulement d'en atténuer la portée, et même de les justifier (1). Il s'est attaqué, au contraire, à une déposition de M. de Virieu, lequel prétendait avoir reçu de lui à l'époque de la discussion sur les droits des Bourbons d'Espagne au trône de France, en septembre 1789, des confidences rétrospectives, bien étranges, fait remarquer Mirabeau, à l'adresse d'un adversaire politique et dans

(1) Le rapporteur de l'Assemblée, Chabroud, avait mis en question leur authenticité, tout en déclarant « qu'il ne les avait pas lus sans indignation ».

la bouche d'un homme « dont on a tout dit, excepté qu'il fût une bête ». M. de Virieu aurait, à cette époque, eu l'occasion de dire à Mirabeau que, la question de l'exclusion ou de la non-exclusion des Bourbons d'Espagne n'étant pas près de s'ouvrir, il n'y avait pas grand intérêt à la trancher formellement. Mirabeau lui aurait répondu que l'ouverture de la difficulté n'était peut-être pas aussi éloignée dans le fait qu'elle pouvait le paraître au premier coup d'œil; que l'état pléthorique du roi et de Monsieur, qui pouvait abréger leurs jours, faisait à peu près dépendre la question de l'existence du Dauphin, et, comme M. de Virieu marquait à Mirabeau quelque étonnement de ce qu'il oubliât le comte d'Artois et ses enfants, Mirabeau aurait ajouté que l'émigration de ceux-ci devait entraîner la déchéance de leurs droits. Quelques jours après, la conversation aurait été reprise entre les deux mêmes personnages, et Mirabeau, étant venu à parler du caractère personnel du duc d'Orléans, se serait ainsi exprimé : « Sa timidité lui a fait manquer de grands succès; on voulait (lors de l'insurrection du mois de juillet) le faire lieutenant général du royaume; il n'a tenu qu'à lui; on lui avait fait son thème; on lui avait préparé ce qu'il avait à dire. » Suivaient quelques détails un peu trop précis en effet pour n'être pas sujets à caution sur le plan des amis du duc d'Orléans, plan consistant pour ce prince à se présenter comme médiateur entre le gouvernement et Paris soulevé, plan déjoué par la faiblesse du duc, aussi bien que par le voyage du roi à Paris. Détails à part, la déposition de M. de Virieu concorde très bien avec les récits de Mounier.

Un autre motif de suspicion contre Mirabeau a été fourni par ses relations non dissimulées, peu de temps avant les journées des 5 et 6 octobre, avec certains des agitateurs les plus audacieux de Paris. Vers la fin du mois de septembre 1789, se rendant à Versailles chez le peintre Boze, Mounier y trouva en compagnie de Mirabeau qui donnait séance à l'artiste pour l'exécution du grand portrait en pied souvent reproduit par la gravure (1), l'auteur du *Discours de la Lanterne aux Parisiens*, Camille Desmoulins (2). Il y avait ce jour-là nombreuse compagnie dans l'atelier de Boze; Mme Le Jay, Target et Dumont (de Genève) s'y trouvaient avec Mirabeau et Camille Desmoulins. Mirabeau et Mounier commencèrent une conversation au sujet du gouvernement monarchique. Mirabeau, fort prévenant pour son interlocuteur, chercha à lui persuader que, toujours d'accord sur les principes, ils ne différaient que par les moyens. Mounier, rendant hommage aux prin-

(1) Ce portrait a été acquis par M. Lucas de Montigny et placé par lui au château de Mirabeau.

(2) Cette curieuse rencontre est racontée par Mounier dans la brochure intitulée : *Exposé de ma conduite à l'Assemblée nationale et motifs de mon retour en Dauphiné*. Paris, Lesenne, 1789.

cipes de Mirabeau, lui fit observer qu'il lui arrivait quelquefois de les abandonner et de se contredire. Camille Desmoulins vint alors, en enfant terrible, se mêler à la conversation. « Il fit parade, écrit Mounier, de la doctrine la plus insensée; il avoua que lui et ses amis n'auraient pas voulu de monarque, mais que, n'osant pas encore le déclarer, ils tâchaient d'arriver par degrés à ce point de perfection. » Mirabeau gourmandait amicalement son compromettant compagnon. Sur ces entrefaites, deux Parisiens entrèrent ; ils s'informèrent de la santé de Camille Desmoulins et des motifs de sa présence à Versailles. Celui-ci leur répondit qu'il était venu passer quelques jours chez M. de Mirabeau. Quelques instants après, il sortit en même temps que Mirabeau, « tous deux ayant l'air de la meilleure intelligence ».

Les rapports affectueux, à ce moment, de Mirabeau avec Camille Desmoulins sont établis par la correspondance même de ce dernier.

Depuis huit jours, écrit notamment à son père, le 29 septembre 1789, le *procureur général de la Lanterne*, depuis huit jours, je suis à Versailles, chez Mirabeau. Nous sommes devenus de grands amis ; au moins m'appelle-t-il son cher ami. A chaque instant, il me prend les mains, il me donne des coups de poing ; il va ensuite à l'Assemblée, reprend sa dignité en entrant dans le vestibule, et fait des merveilles ; après quoi il revient dîner avec une excellente compagnie, et parfois sa maîtresse, et nous buvons d'excellents vins. Je sens que sa table, trop délicate et trop chargée, me corrompt. Ses vins de Bordeaux et son marasquin ont leur prix, que je cherche vainement à me dissimuler, et j'ai toutes les peines du monde à reprendre ensuite mon austérité républicaine et à détester les aristocrates, dont le crime est de tenir à ces excellents dîners. Je prépare des motions, et Mirabeau appelle cela m'initier aux grandes affaires (1).

Camille Desmoulins passe ainsi, comme il résulte d'une lettre suivante en date du 8 octobre 1789, « deux semaines charmantes chez Mirabeau », c'est-à-dire qu'il est encore chez lui à la veille du 5 octobre, sinon le 5 octobre même. Leur intimité est si publique qu'on l'appelle, suivant le rapport d'un des témoins entendus dans l'information sur les événements du 5 et 6 octobre, le « séide de Mirabeau ». « J'aimais Mirabeau, écrit-il, dans le numéro IV de son *Vieux Cordelier*, en faisant ressortir le mérite qu'il a eu ensuite de s'arracher à cette amitié, j'aimais Mirabeau avec idolâtrie, et comme une maîtresse. »

Il faut se rappeler que le 30 août, lors de la première marche manquée sur Versailles, c'était Camille Desmoulins qui, comme le 12 juillet précédent, avait harangué le peuple au Palais-Royal, disant que *la vie de Mirabeau était mise en danger par les aristocrates*, que l'*empereur venait de faire la paix avec les Turcs pour pouvoir attaquer la France*, que la *reine voudrait aller les joindre*, et que *le roi ne pouvait la*

(1) Voir les *Œuvres de Camille Desmoulins*. Paris, Ebrard, 1838.

quitter, proposant de députer 15,000 hommes en armes à Versailles pour emmener le roi et faire enfermer la reine à Saint-Cyr (1). Après l'arrestation de Saint-Huruge qui s'était mis à la tête de la petite troupe partie pour Versailles, c'était Desmoulins qui avait pris la défense du gentilhomme déclassé, précurseur de l'huissier Maillard, et qui avait publié pour cette défense une apologie ouverte du projet avorté. Enfin c'était le compère de Desmoulins, Danton, plus émérite encore que lui comme artisan d'émeute, et moins classique dans ses aspirations, qui avait appelé un jour La Fayette dans l'assemblée du district des Cordeliers, qu'il présidait, pour lui faire part du vœu de ce district en faveur d'une reconstitution des anciens régiments de gardes françaises, sous le commandement général du duc d'Orléans (2).

Si Mirabeau fréquentait en un pareil moment de pareils personnages, il était d'autre part lié de longue date avec le duc de Biron, l'un de ses anciens introducteurs auprès du ministre Calonne, et avec Laclos, son collaborateur dans la curieuse série de portraits intitulée *Galerie des Etats généraux* (3), parue à la fin de 1789. Le duc de

(1) Enquête sur les événements des 5 et 6 octobre.

(2) Voir les *Mémoires de Lafayette*, t. II, p. 272.

(3) La *Galerie des États généraux* avec cette épigraphe : *Nullo discrimine habebo, Tros Rutulusve fuat.* Virg. Elle est attribuée en général à Laclos, au marquis de Luchet et à Mirabeau. La part de collaboration de ce dernier ne doit pas être fort considérable. Voir à ce sujet quelques passages des Mémoires de Brissot. Necker est dépeint sous le nom de Narsès, car chaque

Biron et surtout Laclos étaient les conseillers intimes du duc d'Orléans. Lors de la discussion sur les droits de succession au trône des différentes branches de la maison royale, Mirabeau avait plaidé la cause de la branche d'Orléans, en cherchant à faire confirmer par l'Assemblée l'exclusion des Bourbons d'Espagne, fondée sur les renonciations des traités d'Utrecht. A la séance du 21 septembre, lorsqu'il avait été donné connaissance à l'Assemblée de la délibération de la municipalité de Versailles, relative à l'augmentation de la garnison de cette ville, délibération en conformité de laquelle le régiment de Flandre avait été mandé pour renforcer les éléments de résistance à une incursion parisienne, Mirabeau avait critiqué tout au moins la forme de cette délibération ; il avait prétendu qu'elle avait été annoncée dans Versailles avec trop d'ostentation, et demandé, sans l'obtenir, que l'Assemblée fût appelée à examiner les motifs de la réquisition de troupes faite par la municipalité. Sa vie passée, ses ambitions présentes rendaient vraisemblables toutes les suppositions provoquées par cette réunion de circonstances, accréditées surtout peut-être par les propos irréfléchis que son intempérance de

personnage faisant l'objet d'un portrait est désigné par un nom de convention rappelant vaguement le sien. Le portrait de Narsès est tracé par une main extrêmement hostile, et peut bien être de Mirabeau. Il y a d'ailleurs dans cette galerie un portrait très favorable de Mirabeau lui-même sous le nom d'*Iramba*.

langage continuait en quelque sorte à semer autour de lui. Pour beaucoup d'esprits déjà prévenus, son attitude à l'Assemblée durant les journées des 5 et 6 octobre, aux approches et en présence des bandes qui mêlaient à leurs menaces des acclamations à son adresse et à celle du duc d'Orléans, fut la confirmation de ces suppositions (1).

Le lundi 5 octobre, la séance de l'Assemblée avait commencé de bonne heure, entre neuf et dix heures du matin, suivant la coutume. On avait débuté par donner lecture d'une lettre du roi, en réponse à la demande d'acceptation des décrets constitutionnels et de la Déclaration des droits de l'homme qui lui avait été portée trois jours auparavant par le président, Mounier.

Dans sa lettre, le roi formulait certaines réserves au sujet des décrets constitutionnels qui lui étaient soumis. « Ce n'est pas, disait-il, qu'ils présentent tous indistinctement l'idée de la perfection. Mais je crois qu'il est louable en moi de ne pas différer d'avoir égard au vœu présent des repré-

(1) Quelques jours avant le 5 octobre, il disait au libraire Blaisot, mystérieusement et après avoir fait retirer les assistants, « qu'il croyait qu'il y aurait des événements malheureux à Versailles, mais que les honnêtes gens qui ressemblaient à ce libraire n'avaient rien à craindre ». A la maîtresse de l'hôtel de Varsovie, rue des Bons-Enfants, sa créancière depuis l'époque de son mariage, il confiait, pour lui faire prendre patience, qu'il allait être bientôt ministre (Enquête sur les événements des 5 et 6 octobre). En parlant ainsi, Mirabeau n'avait évidemment d'autre pensée que d'éblouir de son importance les gens simples auxquels il s'adressait, sans se douter que ses paroles pourraient un jour faire charge contre lui.

sentants de la nation, et aux circonstances alarmantes qui nous invitent à vouloir par-dessus tout le prompt rétablissement de la paix et de l'ordre. » En conséquence, le roi donnait son accession à ces décrets, mais à la condition que, « par le résultat général des délibérations de l'Assemblée, le pouvoir exécutif aurait son plein et entier effet entre les mains du monarque ». Quant à la Déclaration des droits de l'homme, comme elle renfermait, à côté de très bonnes maximes propres à guider les travaux de l'Assemblée, « des principes susceptibles d'explications et même d'interprétations différentes qui ne pouvaient être justement appréciés qu'au moment où leur véritable sens serait fixé par les lois auxquelles la déclaration servirait de base », le roi ajournait sa sanction.

Cette lettre, avec les conditions et les réserves qu'elle formulait, souleva la colère des députés qui commençaient à représenter à l'Assemblée le parti d'action révolutionnaire.

L'un d'eux, Muguet de Nanthou, qualifia la réponse du roi d'*ambiguë* et d'*insidieuse*; Robespierre dit qu'elle était *destructive non seulement de toute constitution*, mais encore du *droit national à avoir une constitution*, et Pétion de Villeneuve vint porter à la tribune une dénonciation contre le banquet des gardes du corps qui avait eu lieu le jeudi précédent 1er octobre. « Depuis longtemps, s'écria-t-il, la liberté est menacée. Je ne parle pas des cris de *Vive le roi* portés jusqu'aux nues dans cette orgie; ils ont retenti dans cette Assemblée, ils retentissent dans tous les cœurs; mais quelles imprécations n'y a-t-on pas proférées contre l'Assemblée nationale! Doit-elle être insultée dans son sanctuaire? ».

Mirabeau se leva, à son tour, plus calme. C'était lui qui avait quelque temps auparavant parlé du *voile religieux* qu'il convenait de jeter sur la question de savoir si les décrets constitutionnels, pour être valables, devaient, comme les autres, être sanctionnés par le roi. Ses premières paroles ne semblèrent pas démentir la sagesse du langage qu'il avait tenu alors. Il qualifia, il est vrai, lui aussi, au dire de Mounier (1), qui présidait la séance, le banquet des gardes du corps d'*orgie* « d'autant plus imprudente qu'on pouvait craindre qu'il ne s'en produisît d'autres en sens contraire », ajoutant qu'il laissait à dessein quelque ambiguïté sur ces paroles. Mais revenant bientôt au fond du débat, il montra « qu'il importait souverainement au monarque, pour le succès de la tranquillité publique, que les arrêtés de l'Assemblée fussent acceptés, et surtout parussent l'avoir été volontairement ». — « On pourrait, dit-il, faire au roi une adresse dans laquelle on lui parlerait avec cette franchise et cette vérité que le fou de Philippe II mettait dans ces paroles triviales : *Que ferais-tu, Philippe, si tout le monde disait non quand tu dis oui?* » Enfin il fit remarquer que la réponse du roi

(1) *Appel au tribunal de l'opinion publique.*

n'était pas contresignée par un ministre, et qu'elle aurait dû l'être, car sans cela la loi salutaire de la responsabilité serait toujours éludée. « La personne du roi est inviolable, la loi doit l'être aussi, conclut-il, et quand elle est violée, les victimes ne peuvent être que les ministres. » Il proposa un projet d'arrêté en quatre chefs, aux termes duquel le président serait député vers le roi pour lui demander de donner des ordres aux commandants de corps militaires, spécialement à ceux des corps en résidence à Versailles, à l'effet de maintenir les troupes dans la discipline et dans le respect dû au roi et à l'Assemblée nationale; d'interdire aux corps les festins prétendus patriotiques « qui insultent à la misère du peuple, et dont les suites peuvent être funestes » ; de faire revêtir tous les actes de l'autorité royale de la signature d'un secrétaire d'État, et enfin de donner à sa réponse au sujet des décrets constitutionnels (1) un éclaircissement « qui rassure les peuples sur l'effet d'une acceptation conditionnelle motivée seulement par les circonstances, et qui ne laisse aucun doute sur cette acceptation ».

Cette motion était accueillie avec beaucoup de faveur, lorsqu'un député de la droite, M. de Mons-

(1) Mirabeau, ainsi que le roi, faisait des réserves pour la Déclaration des droits qu'il déclarait « un ouvrage incomplet, très imparfait sur certains points, et nécessitant une revision ». Son échec comme rapporteur du premier projet de Déclaration des droits était bien, comme nous l'avons vu, pour quelque chose dans cette appréciation, relevée avec vivacité par Barnave.

pey, eut la malencontreuse idée de rappeler l'attention sur la dénonciation de Pétion, demandant que celui-ci fût tenu de la rédiger par écrit, de la signer et de la déposer sur le bureau.

Reprenant alors la parole et cédant à un de ces mouvements d'emportement qui lui étaient familiers, Mirabeau répondit sur un ton de défi : « Je commence par déclarer que je regarde comme souverainement impolitique la dénonciation qui vient d'être provoquée ; cependant, si l'on persiste à la demander, je suis prêt, moi, à fournir tous les détails et à la signer ; mais auparavant je demande que cette Assemblée déclare que la personne du roi est seule inviolable, et que tous les autres individus de l'État, quels qu'ils soient, sont également sujets et responsables devant la loi. »

La reine était clairement désignée dans cette apostrophe, et pour qu'il n'y eût pas de doute, Mirabeau, selon le rapport de plusieurs témoins ayant déposé dans l'enquête du Châtelet, dit, en venant se rasseoir à sa place, assez haut pour être entendu même des tribunes : « Je dénoncerais la reine et le duc de Guiche (l'un des capitaines des gardes) (1). »

(1) Il faut se représenter, pendant tout le débat, les tribunes intervenant, selon leur coutume, par des marques d'approbation ou d'improbation, par des interruptions même. Au moment où Mirabeau venait d'achever sa réponse virulente à M. de Monspey, une voix se fit entendre dans une tribune où se trouvait Mme de Genlis (appelée alors Mme de Sillery) : « Quoi, la reine! — La reine comme les autres, répondit une autre voix dans la même

Un instant après, tandis que l'Assemblée était encore en proie à l'agitation causée par cet incident, Mirabeau vint se placer derrière le fauteuil du président Mounier, qui faisait d'inutiles efforts pour ramener ses collègues au véritable objet de la discussion, c'est-à-dire à la lettre du roi. Il était alors entre onze heures et midi. Les paroles que Mirabeau et Mounier échangèrent rapidement et à voix basse ont été relatées par l'un dans son discours du 2 octobre 1790, par l'autre dans son *Appel au tribunal de l'opinion publique* ; les deux récits diffèrent un peu. « Mounier, dit brusquement Mirabeau, selon sa version, Paris marche sur nous. — Je n'en sais rien, répondit sèchement le président. — Croyez-moi ou ne me croyez pas, peu m'importe ; mais Paris, vous dis-je, marche sur nous. Trouvez-vous mal : montez au château, donnez-leur cet avis ; dites, si vous le voulez, que vous le tenez de moi ; j'y consens, mais faites cesser cette controverse scandaleuse, le temps presse, il n'y a pas un moment à perdre. » Mounier a dit ne pas se rappeler cette dernière phrase ; Mirabeau, suivant lui, l'aurait seulement invité à « presser la délibération et à lever la séance, en lui parlant de vingt mille

tribune. » — « On voit bien, s'était écrié quelques minutes auparavant le marquis de Barbentane, député suppléant de Paris, qui se trouvait dans une autre tribune avec le jeune duc de Chartres, que ces messieurs veulent encore des lanternes; eh bien ! ils en auront. » Et le duc de Chartres, depuis le roi Louis-Philippe, avait répété : « Oui, il faut encore des lanternes. » (Enquête du Châtelet. Déposition du marquis de Raigecourt).

hommes en marche sur Versailles», à quoi il lui aurait répondu qu'il ne pressait jamais les délibérations, qu'il trouvait qu'on ne les pressait que trop souvent, et enfin Mirabeau insistant sur l'approche des bandes parisiennes : « Tant mieux, se serait-il écrié (1), ils n'ont qu'à nous tuer tous, mais *tous*, entendez-vous bien, les affaires de la République en iront mieux. — Monsieur le président, répliqua Mirabeau, le mot est joli. »

Il est certain que Mounier, sous l'impression de l'audacieuse sortie que son interlocuteur venait de faire, peu prévenu du reste en sa faveur par ce qu'il savait déjà sur son compte, a dû prendre pour une tentative d'intimidation, pour une invitation à céder la place à l'émeute, ce qui pouvait être, au contraire, un avis donné à bonne intention.

Quoi qu'il en soit, Mounier, d'après le récit du *Courrier de Provence* (2), qu'il n'a pas démenti à cet égard, se rendit en effet au château, à la suite de l'avis de Mirabeau, ignorant sans doute que le roi était en ce moment à la chasse, et laissant la présidence à l'évêque de Langres, M. de La Luzerne. Ce fut tandis que ce dernier était au fauteuil que la discussion relative à la lettre du roi se ter-

(1) Mirabeau fait dire à Mounier : « Eh bien, tant mieux, nous en serons plus tôt république », et il ajoute : « Si l'on se rappelle les préventions et la bile noire qui agitaient Mounier, si l'on se souvient qu'il voyait en moi le boute-feu de Paris, on trouvera que ce mot, qui a plus de caractère que le pauvre fugitif n'en a montré depuis, lui fait honneur. »

(2) N° L.

mina par le vote d'une résolution portant qu'il serait envoyé une députation au roi pour lui demander l'acceptation pure et simple des décrets et de la Déclaration des droits. L'Assemblée reprit ensuite son ordre du jour d'affaires, si l'on peut employer cette expression moderne; elle passa à l'examen d'un projet de Code pénal nouveau, réforme qui, pour n'être pas d'un caractère politique, n'en présentait pas moins le plus important intérêt, et Mirabeau quitta la séance.

Pendant tout l'après-midi, il ne reparut pas. Nous verrons plus loin quel fut, dans cet intervalle, l'emploi de son temps. Vers quatre heures, lorsque la première troupe de femmes, sous la conduite de Maillard, arriva par l'avenue de Paris jusqu'à la place d'Armes, demandant à parler au roi, et, arrêtée par les troupes qui s'étaient massées sur la place, vint remplir les tribunes de l'Assemblée; lorsque Maillard lui-même, accompagné d'une quinzaine d'entre ces femmes, parut à la barre de l'Assemblée pour exposer, en termes violents, la disette dont se plaignaient les Parisiens, leurs griefs « contre les aristocrates qui voulaient les faire périr de faim » et « contre les gardes du corps qui avaient insulté la cocarde nationale »; lorsque la députation de l'Assemblée chargée d'exposer au roi la situation de Paris, en même temps que de solliciter de sa part la sanction pure et simple des décrets constitutionnels, se mit en marche à pied, dans la boue, sous la pluie d'un sombre jour d'automne, à travers la foule qui se grossissait à chaque instant de nouveaux arrivants à mine farouche, armés de piques et même de fusils, Mirabeau, que les femmes entrées dans la salle ou les tribunes de l'Assemblée réclamaient à grands cris, *notre petite mère* Mirabeau, comme elles disaient, était toujours absent aussi bien que le duc d'Orléans.

La nuit tomba. La foule qui se pressait dans les vastes avenues de la ville royale ne se contenta plus de poursuivre de ses huées les gardes du corps qui passaient au milieu d'elle au petit galop de leurs chevaux, cherchant à disperser les groupes, ou à s'emparer de deux ou trois canons amenés par les émeutiers. Bientôt elle s'attaqua à eux, et dès le premier abord la garde nationale de Versailles, qui avait été mise sur pied pour concourir au maintien de l'ordre avec les troupes régulières, prit le parti des émeutiers. Malgré les explications d'un des chefs de cette garde, le futur conventionnel Lecointre, il paraît bien démontré que les premiers coups de feu tirés le furent par elle contre les gardes du corps (1). Ceux-ci avaient reçu l'ordre de ne point se défendre ; il ne leur avait été donné pour toutes munitions qu'une seule cartouche. Ils se replièrent d'abord dans leurs quartiers, puis dans la cour du château dont les grilles avaient été

(1) On peut comparer avec la déposition de Lecointre, publiée dans les pièces annexes du rapport de Chabroud, la déposition si précise, si simple, si dénuée de toute amplification du comte de Saint-Aulaire, commandant d'escadron des gardes du corps, nº CLVIII de l'Enquête du Châtelet.

formées ; puis enfin ils furent obligés de se réfugier sur la terrasse de l'Orangerie, et de là, dans la nuit, ils gagnèrent comme ils purent Trianon et la route de Rambouillet. Ils laissaient seulement quelques-uns des leurs pour la sûreté personnelle du roi et de sa famille ; on sait avec quel héroïsme ceux-là firent leur devoir le lendemain matin, et au prix de quelle affreuse mort pour deux d'entre eux.

A part ces fidèles gardes du corps, dont la froide intrépidité, dans l'attitude passive qui leur était imposée, doit faire excuser toutes les imprudences antérieures, d'ailleurs fort exagérées, quels défenseurs restaient à la royauté contre le flot de ses agresseurs (1) ? Quelques détachements de dragons et de chasseurs, la compagnie des cent gardes suisses, et enfin les mille hommes de ce régiment de Flandre arrivé à Versailles depuis une dizaine de jours. Ceux-là seulement constituaient une force sérieuse à opposer à l'émeute. Mais, depuis leur arrivée à Versailles, tous les moyens de séduction avaient été mis en œuvre pour les gagner à ce que l'on appelait la cause populaire. L'enquête du Châtelet sur les événements des 5 et 6 octobre prouve qu'il leur avait été fait des distributions d'argent le 5 octobre ou les jours précédents. Le contact avec les bandes parisiennes, l'influence des femmes qui y étaient en grand nombre,

(1) Le soir du 5 octobre, ils étaient bien, comme le disait Mirabeau à Mounier, au nombre de vingt mille au moins.

l'exemple de la garde nationale de Versailles, sans parler de toutes les causes générales de ruine de la discipline militaire qui s'étaient produites depuis le mois de juillet précédent, devaient déterminer le lendemain matin la débandade complète des soldats du régiment de Flandre. Ils partirent pour Paris pêle-mêle avec les émeutiers ou les gardes nationaux parisiens qui escortaient les voitures royales, après avoir laissé la garde nationale parisienne se saisir de leurs drapeaux. On ne put, rapportent leurs officiers, reformer une partie du régiment, au nombre de trois cents hommes, qu'au Point-du-Jour, un peu avant d'entrer à Paris; et, dans le trajet du Point-du-Jour à la place de Grève, ces trois cents hommes recommencèrent à se débander, de telle sorte qu'en arrivant à la place de Grève ils n'étaient plus que quatre-vingts environ (1).

D'après quelques-uns des témoins entendus dans l'enquête du Châtelet, Mirabeau aurait été aperçu le 5, vers quatre heures et demie, passant avec un sabre nu à la main devant le front du régiment de Flandre, alors rangé en bataille sur la place d'Armes, et s'arrêtant pour causer d'une manière suspecte avec les soldats sur les rangs. Mais des divers témoins qui ont apporté cette allégation, plusieurs parlent par ouï-dire, deux seulement déclarent avoir vu Mirabeau. Ce sont :

(1) Voir la déposition de M. de Montmorin, major du régiment de Flandre, à l'Enquête du Châtelet, no CLXXXII.

MM. de Bouthillier, député du côté droit de l'Assemblée, et de Valfons, lieutenant-colonel commandant le régiment de Flandre. M. de Bouthillier déclare n'avoir rien entendu de ce que disait Mirabeau, mais seulement *que le lieutenant-colonel en avait entendu assez pour se porter à quelque extrémité, s'il eût été plus maître de sa troupe.* Le marquis de Valfons lui-même ne rapporte rien de pareil. « M. le comte de Mirabeau étant passé devant lui témoin avec un grand sabre nu sous le bras, lui témoin lui dit : *Vous avez l'air de Charles XII;* à quoi M. de Mirabeau répondit : *On ne sait ce qui peut arriver, il faut toujours être en état de défense.* » Voilà tout ce que contient cette déposition de M. de Valfons au sujet de Mirabeau. Le garde du corps Miomandre de Sainte-Marie, celui qui défendit si vaillamment la porte de la reine dans la matinée du 6 octobre, raconte, il est vrai, que tandis qu'il était à l'hôpital, malade des suites des blessures reçues à cette occasion, M. de Valfons, venu pour le voir, lui dit à lui et à son camarade La Goutte-Bernard que Mirabeau avait tenu aux soldats le langage suivant : « Mes amis, prenez garde à vous, vos officiers et les gardes du roi ont formé une conspiration contre vous; les gardes du roi viennent d'assommer deux de vos camarades devant leur hôtel, et un troisième dans la rue de Satory. Je suis ici pour vous défendre. » Mais si M. de Valfons n'a pas reproduit cette particularité importante dans sa déposition, c'est évidemment qu'à cet égard il n'était pas bien sûr de son fait. D'autre part, un homme de forte stature tenant un sabre nu a bien été vu encore sur le front du régiment par un troisième témoin, M. de Bessancourt, commandant une compagnie des gardes du corps; mais celui-ci n'a point reconnu dans cet homme Mirabeau; et enfin, suivant un autre témoignage encore, celui de Girin de La Morte, capitaine à la suite d'infanterie, n° XLVIII de l'enquête du Châtelet, il se pourrait bien que la personne répondant à ce signalement eût été non pas Mirabeau, mais le comte de Gamaches, qui présentait, en effet, quelque ressemblance avec le premier par la taille et par la stature (1).

Dans son discours du 2 octobre 1790, Mirabeau s'est borné, pour se défendre contre l'accusation dont nous venons de parler, à mettre en lumière le ridicule de la conduite et de l'attitude qu'on lui prêtait.

On m'accuse, dit-il, d'avoir parcouru les rangs du régiment de Flandre le sabre à la main, c'est-à-dire qu'on

(1) Un témoin, unique il est vrai, prétend avoir vu Mirabeau au milieu du régiment de Flandre, non plus le 5, mais le 6 au matin. « Une grande partie du régiment lui parut avoir l'air inquiet et occupé à cacher quelqu'un; effectivement, il vit dans les rangs plusieurs députés qu'il ne reconnut pas, excepté le comte de Mirabeau, qui était comme les autres fort mal mis, et qu'il reconnut parfaitement. » (Déposition de Calemand, commis au secrétariat de l'Assemblée nationale, n° CCCLXXIII de l'Enquête du Châtelet). Nous n'attachons pas d'importance à cette déposition isolée.

m'accuse d'un grand ridicule. Les témoins auraient pu le rendre d'autant plus piquant que, né parmi les patriciens, et cependant député par ce qu'on appelait alors le Tiers-État, je m'étais toujours fait un devoir religieux de porter le costume d'un tel choix. Or, certainement, l'allure d'un député en habit noir, en chapeau rond, en cravate et en manteau, se promenant à cinq heures du soir, un sabre nu à la main, dans un régiment, méritait de trouver une place dans les caricatures d'une telle procédure. J'observe néanmoins qu'on peut bien être ridicule sans cesser d'être innocent. J'observe que l'action de porter un sabre à la main ne serait ni un crime de lèse-majesté, ni un crime de lèse-nation. Ainsi, tout pesé, tout examiné, la déposition de M. de Valfons n'a rien de vraiment fâcheux que pour M. de Gamaches, qui se trouve légalement et véhémentement soupçonné d'être fort laid, puisqu'il me ressemble.

Indépendamment de cette réfutation spirituelle des assertions de certains témoins entendus dans l'enquête du Châtelet, Mirabeau s'en référait au témoignage de son collègue et ami, le comte de La Marck, au sujet de l'emploi de sa journée du 5, et des sentiments dont il était animé ce jour-là. Nous possédons maintenant le témoignage écrit du comte de La Marck, depuis la publication faite par M. de Bacourt; nous y reviendrons plus loin. Mais, abstraction faite même de ce témoignage, et quand bien même Mirabeau eût été l'homme au sabre aperçu le 5 par quelques personnes, les relations de celles-ci ne prouveraient pas qu'il eût réellement dans cette soirée excité les troupes à la révolte.

La soirée s'avançait; le peuple avait fini par envahir la salle même de l'Assemblée et prendre place à côté des députés sur leurs bancs. L'Assemblée attendait toujours, sous la présidence de l'évêque de Langres, le retour de la députation envoyée au roi. A huit heures, cette députation n'avait pas encore reparu. Un des membres qui la composaient vint seulement apporter une première réponse du roi relative aux mesures qui allaient être prises pour faciliter l'approvisionnement en grains de Paris. L'Assemblée adopta également un arrêté en ce sens, après quoi, comme la foule répandue dans la salle devenait tumultueuse, l'évêque de Langres prit le parti de lever la séance qui durait depuis près de douze heures (1).

Le roi, prévenu par exprès des événements et revenu en toute hâte de la chasse, avait reçu avec bonté la députation de l'Assemblée, et même quelques-unes des premières femmes arrivées de Paris que cette députation avait introduites avec elle. Mais il était resté longtemps sans se décider à donner l'acceptation pure et simple des décrets constitutionnels qui lui était demandée; ses ministres, et avec eux tout l'entourage en désarroi

(1) En l'absence du président, raconte Mounier, la foule s'était introduite dans la salle, avait causé du tumulte; le peuple délibérait avec les députés, les interrompait par des cris, et enfin avait voulu que l'Assemblée diminuât considérablement le prix du pain, de la viande, de la chandelle. L'Assemblée s'était alors retirée. » (Mounier, *Exposé de ma conduite dans l'Assemblée nationale et motifs de mon retour en Dauphiné.*)

des personnages de sa cour, étaient divisés d'opinion sur les résolutions à lui conseiller. Il était bien tard pour essayer de réprimer par la force l'émeute qu'on avait laissé se développer pendant une journée entière. M. de Saint-Priest, l'un des ministres, opinait énergiquement pour la retraite du roi à Rambouillet : « Sire, disait-il avec une parfaite clairvoyance, si vous êtes conduit demain à Paris, votre couronne est perdue (1). » Mais Necker, toujours mal inspiré dans les moments de crise, était d'un avis contraire ; il a donné ses motifs dans l'ouvrage qu'il a écrit sur son administration. Au milieu de ces incertitudes, le roi laissait couler les heures, ne s'arrêtant un instant qu'à une seule idée, celle de faire partir la reine et ses enfants, pour les mettre à l'abri de tout danger (2), idée bientôt abandonnée devant le refus formel de la reine de se séparer de son époux. Il était près de onze heures lorsque Mounier, qui « vingt fois, dit-il, avait fait prévenir qu'il allait se retirer », et qui était toujours retenu, fut appelé auprès de Louis XVI pour recevoir son acceptation des décrets constitutionnels. La nouvelle de l'approche de la garde nationale parisienne, sous le comman-

(1) Récit de M. de Saint-Priest, publié à la suite des *Mémoires de Madame Campan.*

(2) De maladroites dispositions prises en vue de ce départ de la reine accréditèrent le bruit déjà répandu de la retraite du roi. A neuf heures trois quarts, cinq voitures de la reine, attelées de six et huit chevaux, vinrent se ranger, à la vue de tous, devant la grille du Dragon.

dement de La Fayette, nouvelle qui avait causé d'abord beaucoup d'épouvante au château, avait probablement coupé court aux hésitations royales. Mounier revient immédiatement à la salle des séances de l'Assemblée qu'il trouve abandonnée au peuple, une femme assise au bureau du président ; et comme tout ce peuple, après s'être disputé les copies de l'acceptation écrite par le roi, se plaint de n'avoir rien mangé de la journée, le buvetier de l'Assemblée lui distribue non seulement du pain, selon l'ordre de Mounier, mais même du vin, des cervelas, des liqueurs. Un véritable repas populaire commence dans la salle même. Sur ces entrefaites, le bruit des tambours et la lueur des torches portées devant elle pour éclairer sa marche annoncent l'arrivée de l'armée parisienne. La Fayette s'en détache, vient rassurer le roi sur les intentions de ses troupes. Les députés, mandés d'abord auprès du roi, qui voulait être environné d'eux pour recevoir La Fayette, et qui, dans un petit discours, leur proteste qu'il n'a point eu l'intention de partir et ne s'éloignera jamais de l'Assemblée, se réunissent ensuite de nouveau dans la salle de leurs séances.

C'est alors seulement que Mirabeau reparaît. On avait essayé en vain de faire évacuer complètement la salle par le peuple qui la remplissait. Les cris : *Du pain, du pain, pas tant de longs discours*, recommençaient à interrompre le débat sur le Code de procédure pénale, repris pour la forme. Mirabeau se lève, et s'écrie d'une voix tonnante : *Je voudrais bien savoir pourquoi l'on s'avise de venir troubler nos séances.* Malgré ce langage, la foule applaudit en reconnaissant son favori.

A trois heures et demie, le calme paraissant complètement rétabli, La Fayette répondant de tout, dit Mounier, la séance est levée sur la proposition de Mirabeau et renvoyée au matin, à onze heures.

Il est inutile de rappeler ici à la suite de quelles circonstances et sous l'empire de quels sentiments La Fayette s'était déterminé, vers la fin de la journée du 5 et après s'être muni d'un ordre écrit de la municipalité de Paris, à partir pour Versailles à la tête de quelques-uns de ses bataillons. Son but, qui était, suivant son expression, de *s'emparer* d'un mouvement qu'il ne pouvait plus retenir (1), n'avait rien que d'honorable; et si l'intervention de la garde nationale parisienne ne fut pas aussi efficace qu'on aurait pu le souhaiter, si elle n'empêcha pas l'invasion du château par les émeutiers le lendemain matin (2), si elle

(1) On sait les paroles, très authentiques, qu'il adressa à Louis XVI en se présentant devant lui. « Sire je viens apporter ma vie pour sauver celle de Votre Majesté. Si mon sang doit couler, que ce soit pour le service de mon roi plutôt qu'à la lueur des flambeaux de la place de Grève. » On sait aussi le serment de fidélité à la nation, à la loi et au roi que La Fayette avait fait prêter deux fois à ses troupes, et notamment à l'entrée de Versailles.

(2) Les deux entrées par lesquelles l'irruption dans le château

ne garantit pas le roi contre les humiliations dont son retour à Paris fut entouré, du moins elle sauva la vie à beaucoup de gardes du corps poursuivis par la fureur populaire. Mounier n'a pas été tout à fait juste pour cette garde lorsqu'il lui a reproché « d'avoir traité les brigands comme des auxiliaires qui abusent de leur victoire ». Loin d'aggraver le mal, elle a plutôt fait quelque bien; et, commandée par des officiers tels que le duc d'Aumont, Gouvion-Saint-Cyr, Mathieu-Dumas, comptant au nombre de ses sous-officiers des hommes comme le futur général Hoche, qui se distingua particulièrement le matin du 6 octobre, elle a gardé plutôt plus de discipline en présence de l'émeute que les troupes régulières, comme le régiment de Flandre (1).

Il est inutile aussi de retracer une fois de plus les tragiques péripéties de la matinée du 6 octobre. Elles sont présentes à toutes les mémoires. Lorsque le château eut été évacué, grâce à la garde nationale parisienne, par les misérables qui l'avaient envahi ; lorsque le roi eut promis, du haut de son balcon, à la foule houleuse qui rem-

de Versailles se produisit, étaient-elles de celles qui avaient été confiées à la garde de la milice parisienne ? M. de Montmorin, major du régiment de Flandre, prétend que oui. (Enquête du Châtelet, déposition CLXXXII.) La Fayette soutient le contraire. (*Mémoires du général Lafayette*, t. II, p. 340.)

(1) Il est à remarquer que ce furent les compagnies soldées de cette garde, formées des anciennes gardes françaises défectionnaires au mois de juillet précédent, qui se distinguèrent particulièrement.

plissait encore la cour de marbre de partir pour Paris, à la condition que la vie de ses gardes fût épargnée, les membres de l'Assemblée nationale, vers l'heure fixée de onze heures du matin, se disposèrent à rentrer en séance. A ce moment deux députés nobles, MM. de Blacons et de Sérent, vinrent avertir le président Mounier que le roi désirait que les membres de l'Assemblée se rendissent auprès de lui; ils adressèrent individuellement cette invitation à plusieurs de leurs collègues qui étaient déjà dans la salle. Mirabeau s'y trouvait également des premiers venus; il déclara hautement que « le président ne pouvait faire aller les députés chez le roi sans délibération ». La séance ouverte, et Mounier, qui était allé au château s'assurer des intentions du roi, en ayant fait part officiellement à l'Assemblée, Mirabeau prit la parole pour soutenir « qu'il était contre la dignité de l'Assemblée de se rendre chez le roi; qu'on ne pouvait délibérer dans le palais des rois; que de telles délibérations seraient suspectes; et qu'il suffisait d'envoyer chez le roi une députation de trente personnes (1). »

Ce langage excita l'indignation de Mounier, dont l'âme loyale était tout entière au sentiment de révolte et de dégoût que lui avaient causé les événements de la veille et de la matinée. « Est-ce dans un pareil jour, dit-il après avoir prié l'As-

(1) Mounier, *Exposé de ma conduite dans l'Assemblée nationale et motifs de mon retour en Dauphiné.*

semblée de l'excuser s'il enfreignait le règlement qui interdisait au président de prendre part à la discussion, est-ce dans un pareil jour que l'on pourrait soupçonner l'autorité royale d'avoir influé sur nos délibérations? Le roi, dans la plus cruelle situation, a besoin de nos conseils. On veut le conduire à Paris. Il n'y a pas un moment à perdre pour lui faire connaître sur ce point l'opinion de l'Assemblée. Une députation de l'Assemblée ne saurait le conseiller, attendu qu'elle perdrait un temps précieux à parcourir la distance entre la salle et le château et à prendre les ordres de l'Assemblée... Notre dignité consiste à remplir nos devoirs; je considère comme un devoir sacré d'être, en cet instant de danger, auprès du roi, et nous aurions des reproches éternels à nous faire si nous négligions de le remplir. »

« Personne ne me réfuta, ajoute Mounier après avoir rapporté ses paroles dans la brochure que nous avons déjà plusieurs fois citée; je crus que tous les membres sentaient la justice de ces réflexions; je fis délibérer, et la majorité fut pour rester dans la salle. »

Il ne faut pas oublier que la promesse téméraire du roi était faite alors sans que La Fayette, qui l'approuvait, eût néanmoins exercé aucune pression pour la déterminer, sous la seule pression du vœu d'une populace menaçante; quand bien même l'Assemblée y eût été disposée, il est fort douteux qu'il eût été en son pouvoir d'en dégager Louis XVI. Nous nous sommes expliqué au précédent chapitre sur le rôle naturel des Assemblées délibérantes, qui est d'être protégées contre la foule, et non pas de protéger contre elle un pouvoir exécutif impuissant et suspect à la fois, et aussi sur cette facilité du plus grand nombre des membres de l'Assemblée constituante, comme de celles qui l'ont suivie, à subir l'influence des courants d'opinion extérieurs. Sans donc approuver l'Assemblée de 1789 dans son refus au 6 octobre d'un acte de déférence et d'un témoignage de fidélité envers le malheureux prince qui venait une première fois de se rendre à merci à l'émeute, nous devons reconnaître qu'elle ne pouvait plus guère alors lui prêter une aide réelle, ni surtout arrêter son départ pour Paris. Du moins, si Louis XVI se fût rendu en personne au sein de l'Assemblée, ainsi que le bruit en courut un instant après, n'y eût-il pas trouvé en face de lui, comme dans cette autre Assemblée où il eut pareillement la pensée malheureuse de chercher un refuge le 10 août 1792, un groupe d'ennemis de son trône conspirant avec l'émeute pour consommer sa perte.

Tandis qu'on préparait la liste des trente-six députés qui, selon la proposition de Mirabeau, devaient « tenir lieu au roi de la présence de l'Assemblée », on vint annoncer à celle-ci la résolution définitive prise par Louis XVI de partir pour

Paris. Mirabeau demanda à l'Assemblée de décider qu'elle ne se séparerait point du roi, et qu'en conséquence elle le suivrait à Paris. Cette décision adoptée sans observations, la députation de trente-six membres déjà nommée n'eut plus qu'à la présenter à Louis XVI, et l'on se disposa à nommer une seconde députation de cent membres pour accompagner la famille royale à Paris. « Le même Mirabeau, écrit Rivarol dans son *Journal politique national*, le même Mirabeau, qui avait opiné qu'il ne fallait au roi que trente-six députés dans le péril, proposa de lui en donner cent pour témoins de sa captivité ; et comme il s'était refusé à la première députation, qui pouvait craindre quelque danger en secourant le roi, il s'offrit pour la seconde, qui ne pouvait qu'avilir Sa Majesté en grossissant le cortège de ses vainqueurs. » Ceci n'est point tout à fait exact. Mirabeau n'avait point refusé de faire partie de la première députation de trente-six membres (1); mais il fit en effet tous ses efforts pour être désigné dans celle qui devait accompagner le roi à Paris. Il vint de nouveau trouver Mounier, qui, au contraire, le considérant comme l'instigateur de tout le mal accompli depuis vingt-quatre heures, cherchait à tout prix à l'en exclure, et il lui dit, « avec ce ton de patelinage qu'il prend quelquefois, » rapporte Mounier : « J'apprends, monsieur le

(1) Voir le récit de Mounier.

président, que vous ne voulez pas que je sois de la députation qui doit accompagner le roi à Paris. Vous avez raison si vous ne consultez que mon goût; mais si vous consultez l'intérêt du roi et de la reine, vous savez que j'ai quelque popularité à Paris : elle pourrait leur être utile. » Mounier ne céda point, et Mirabeau ne fut point désigné. Avant la levée de la séance, il proposa encore à l'Assemblée d'adopter un projet d'adresse au peuple français, projet dans lequel il présentait en beau tous les événements des deux journées, et disait notamment que « le vaisseau de l'État allait s'élancer vers le port plus rapide que jamais ». Mais on venait de voter déjà une adresse rédigée précisément par Mirabeau au sujet du paiement de la contribution patriotique du quart du revenu (cette contribution qui, acceptée d'enthousiasme, à la suite du discours de Mirabeau sur la banqueroute, avait été suspendue jusqu'à ce que le roi eût donné sa sanction aux décrets constitutionnels). Charles de Lameth, qui n'était pas suspect de tiédeur pour la cause populaire, fit observer, non sans raison, qu'on ne pouvait multiplier les adresses, et il ne fut pas donné suite à cette proposition de Mirabeau (1).

En résumé, la conduite de Mirabeau pendant

(1) Mounier prête encore à Mirabeau d'après la déposition de Peltier, premier témoin entendu dans l'Enquête du Châtelet, les paroles suivantes qui auraient été prononcées au sortir de la séance du 6 : « Ce peuple a besoin qu'on lui asse faire de temps en temps le saut du tremplin. » Dans cette circonstance, Mounier ne rapporte pas exactement la déposition de Peltier.

les journées des 5 et 6 octobre avait présenté au moins un caractère équivoque, même si l'on ne tient pas compte des témoignages qui l'accusent d'avoir, le 5 au soir, travaillé à répandre dans les troupes l'esprit d'indiscipline. Sa violente attaque contre la reine dans la matinée du 5, sa connaissance des mouvements de Paris et du projet de marche sur Versailles, alors que ce projet commençait à peine à s'exécuter, et que personne n'en était encore informé à Versailles, son invitation à Mounier de lever la séance de l'Assemblée, sa disparition pendant toute la journée et jusqu'au moment où l'émeute avait été en quelque sorte maîtresse du terrain, son intervention le 6 pour empêcher que l'Assemblée se rendît auprès du roi, comme celui-ci l'avait demandé, tout cela, joint aux particularités significatives de sa conduite et de son langage avant le 5 octobre, telles que nous les avons précédemment exposées, devait fournir matière à soupçons contre lui, même à des esprits équitables, bien que passionnés et portés au noir, comme celui de Mounier (1).

Le *Courrier de Provence*, numéro L, rendant compte des deux journées, glisse sur les désordres

Celui-ci, témoin partial s'il en fût, puisqu'il avait été, par son pamphlet *Domine salvum fac regem*, l'un des premiers dénonciateurs de Mirabeau, suppose que le propos qui vient d'être cité a été tenu non par lui, mais par un des Genevois qui lui étaient attachés.

(1) « Il est bien sûr, écrit Dumont dans ses *Souvenirs*, que s'il y avait eu un complot contre le roi, et si Mirabeau eût été l'un des complices, il n'aurait pas pû se conduire autrement. »

populaires qui les ont marquées. Il ne parle même pas de l'envahissement du château. Voici comment il raconte la matinée du 6 :

Vers le matin, quelques gardes du corps, détenus prisonniers, voulurent s'échapper et se livrèrent à des emportements qui occasionnèrent une scène d'horreurs. Deux d'entre eux furent massacrés, dans la cour de marbre, sur les marches même du château, et leurs têtes portées en triomphe... Peut-on imputer au peuple la férocité d'un petit nombre d'individus ivres de fureur ? La conduite de la milice nationale a été non seulement pure et irréprochable, mais, à la gloire de la rapidité et à la sagesse de la discipline, elle a réuni le mérite de la douceur et de la modération après la victoire. Lorsque les gardes du corps ont été désarmés et se sont rendus, elle les a consolés, encouragés, traités en frères.

Toute la responsabilité des événements est rejetée sur les imprudences ou même les machinations de certains courtisans, des « accessoires du palais », suivant l'expression du *Courrier de Provence*. « Le désir de conserver l'autorité du roi, une espèce d'attendrissement sur son sort, semblent avoir donné l'impulsion aux mouvements et aux scènes qui ont avec raison révolté le patriotisme. Rien de plus mal fondé cependant que la crainte des partisans domestiques de l'autorité royale, puisqu'elle ne courait aucun danger. Fixée par la constitution, elle sera sûrement plus invariable et plus sacrée que jamais... L'attendrissement sur le sort du roi n'avait pas une cause plus légitime, puisqu'il n'a jamais été plus cher à ses peuples, plus vraiment grand, plus digne d'être envié même des rois, si du moins ils pouvaient sentir que la véritable gloire d'un prince est de fixer à jamais le bonheur et les destinées de son empire. » Parlant du festin des gardes du corps « cette orgie, marquée par des familiarités peu communes, entre des personnages les plus considérables par leur rang et les derniers des soldats », le *Courrier de Provence* demande qu'on n'en fasse pas un grief aux gardes du corps eux-mêmes. « Que ceux, dit-il, qui n'ont pas craint de se jouer avec des tisons enflammés, ceux qui, flétrissant les lauriers des gardes du corps, ont tourné leur honneur et leur générosité contre leur patriotisme, portent seuls le blâme de ces festins scandaleux; mais qu'il nous soit permis de n'imputer à tant de braves militaires qu'un instant d'oubli, un égarement passager, acquitté d'avance par leur attachement à l'Assemblée nationale en péril (aux mois de juin et juillet précédents apparemment). » Enfin, tout en se défendant, dès le début de l'article, de partager la tendance « de ces esprits soupçonneux qui voient partout les mystéres de la perversité, qui font éclore les faits les plus simples d'intentions coupables et réfléchies, qui trouvent au gré de leur imagination des armées, des conspirateurs, et qui semblent avoir tout vu, tout pénétré avec la même facilité que les auteurs de nos romans »; tout en se refusant « à adopter témérairement des bruits menteurs ou égarés», le *Courrier de Provence* insinue avec une certaine perfidie ce qui suit : « On peut croire qu'un certain nombre d'hommes, désespérés de la révolution actuelle, ont réuni leurs efforts pour la faire échouer. Avec assez de vices pour tout espérer de l'intrigue et de la faveur, ils se connaissent trop pour ne pas sentir qu'ils seront anéantis quand la liberté sera établie. Leurs petites âmes, loin de s'élever jusqu'à la régénération du trône, ne sont pas au niveau d'une conspiration.»

Voilà la première expression de cette thèse dont se sont ensuite emparés les journalistes et écrivains du parti populaire, et qui consistait à retourner contre l'entourage du roi l'accusation de complot adressée à certains personnages du parti populaire. Le complot de la cour aurait consisté à préparer la fuite du roi à Metz, où il eût trouvé la protection des troupes de M. de Bouillé (1) ; et ce complot n'aurait été déjoué que par la salutaire

(1) Il avait couru à cet égard, vers la fin du mois de septembre, des bruits dont le comte d'Estaing, commandant en chef de la garde nationale de Versailles, s'était fait l'écho dans une lettre de remontrances adressée à la reine. Cette lettre, tombée entre les mains du comité des recherches de la municipalité de Paris, a été publiée, à la suite du rapport du député Chabroud, parmi les pièces justificatives de la procédure relative aux événements des 5 et 6 octobre. Si le projet de retraite à Metz a réellement existé à cette époque autrement qu'à l'état d'une idée vague, il est certain en tous cas que ni le roi, ni ses ministres n'y ont eu part, et d'ailleurs il était assez peu connu de la foule pour n'avoir pas été invoqué par elle comme un des motifs de sa marche sur Versailles. Maillard n'en a même pas parlé dans sa harangue à l'Assemblée. Dans un écrit adressé à

intervention du peuple. C'est par un procédé semblable qu'à la séance de l'Assemblée, le 10 octobre, Mirabeau dénonça ces paroles soi-disant adressées par M. de Saint-Priest, l'un des ministres, à une des femmes venues les premières de Paris, le 5, paroles catégoriquement démenties et par ce ministre, dans une lettre à l'Assemblée, et par la femme à laquelle il les aurait dites, dans l'enquête du Châtelet : « Quand vous n'aviez qu'un roi, vous ne manquiez pas de pain ; à présent que vous en avez douze cents, allez vous adresser à eux (1). » Non content de sa dénonciation verbale, Mirabeau rendit publique une lettre écrite dans le même but au comité des recherches de l'Assemblée, et dans laquelle il parlait assez malheureusement de la *délation* comme « devant être mise au rang de nos nouvelles vertus » (2). C'est alors que le comte de

la reine après les 5 et 6 octobre, son secrétaire des commandements, Augeard, lui traça par la suite un plan de fuite à Vienne pour elle et ses enfants seulement. L'écrit dont il s'agit fut découvert et amena contre son auteur une procédure devant le Châtelet de Paris, laquelle se termina par un acquittement. Mais il résulte des Mémoires d'Augeard lui-même, publiés par M Evariste Bavoux, que le plan faisant l'objet de cet écrit n'avait pas été conçu avant le retour de la famille royale à Paris. Malouet et ses amis avaient essayé sans succès de faire ordonner par le roi la translation de l'Assemblée à Soissons ou à Compiègne, ce qui était tout différent.

(1) Rivarol approuve fort un pareil langage, et regrette que M. de Saint-Priest l'ait démenti. Mais ce n'est pas une raison pour qu'il ait été effectivement tenu.

(2) Dans cette lettre, Mirabeau reconnaissait que le propos que nous venons de citer avait pu n'être pas exactement tenu par M. de Saint-Priest lui-même, mais il continuait à lui prêter un langage analogue.

Lally-Tolendal lui répondit par une autre lettre imprimée, dans laquelle il le dénonçait à son tour comme l'un des auteurs responsables des événements des 5 et 6 octobre. Quelques jours après, le 22 octobre, le jour même où l'on publiait avec un grand appareil dans Paris la loi martiale, due pourtant à l'initiative de Mirabeau, paraissait le *Domine salvum fac regem*, pamphlet royaliste dû au journaliste Peltier, et dans lequel on développait cette même accusation avec une bien autre âpreté, et contre Mirabeau et contre le duc d'Orléans. Comme il arrive toujours, les excès des 5 et 6 octobre avaient produit un mouvement de réaction dans l'opinion; elle réclama la punition des coupables, et, sous sa pression, la municipalité de Paris elle-même dut saisir le Châtelet d'une plainte qu'elle limitait, il est vrai, aux attentats commis dans la matinée du 6 octobre, c'est-à-dire à l'envahissement du château de Versailles et aux massacres de gardes du corps.

Il faut se tenir en garde contre cette tendance des contemporains des événements révolutionnaires à exagérer, dans l'origine qu'ils attribuent à ces événements, l'importance des ressorts particuliers et secrets, « les partis, selon l'expression de M. Thiers, mettant toujours les hommes à la place des circonstances, afin de pouvoir s'en prendre à quelqu'un des maux qui leur arrivent ». Mais il ne faudrait pas non plus tomber dans l'excès contraire qui conduit à supprimer la part des volontés individuelles dans les grandes convulsions sociales.

Il ne faudrait pas négliger de propos délibéré les excitations intéressées qui, dans la première période de la Révolution notamment, ont pu fomenter l'anarchie.

La crise des 5 et 6 octobre ne présente pas le même caractère de spontanéité que le soulèvement du 12 juillet précédent ; il est évident que le banquet des gardes du corps et les projets mystérieux prêtés à la Cour n'en ont été que l'occasion ; six semaines durant, à partir de la fin du mois d'août, on pourrait en suivre l'incubation. Les influences générales qui ont concouru à la produire ne présentent pas non plus, comme pour le soulèvement du mois de juillet, un rapport bien net de cause à effet. Cette disette, par exemple, qu'on a indiquée comme le grand mobile de la fureur populaire, ce n'est pas seulement La Fayette, dans sa droiture, qui la qualifie de « moitié factice, moitié réelle ». L'un des journalistes les plus avancés du temps, Brissot, dans le n° 54 de son *Patriote français*, déclare de même qu'elle était « plus apparente que réelle », cherchant, il est vrai, à en imputer l'apparence aux manœuvres du parti aristocratique. « On était persuadé généralement, écrit encore Alexandre de Lameth, dans son *Histoire de l'Assemblée constituante,* que le défaut de subsistances n'était pas réel... Avec 200,000 francs, on pourrait, dans Paris, en faisant des achats extraordinaires durant trois jours seulement, produire des alarmes dont les conséquences seraient incalculables. » En réalité, si, quelque temps auparavant, et surtout dans les premiers mois de 1789, la disette avait beaucoup contribué à produire l'émeute, c'était maintenant, par un phénomène inverse, l'émeute à l'état presque permanent qui engendrait la disette; c'était le défaut de confiance et de sécurité, la crainte du pillage qui arrêtaient la circulation et le commerce des grains et farines (1). Par une pente naturelle et fatale, le désordre, quand il n'est pas réprimé et contenu, quand il devient en quelque sorte chronique, amène à un désordre plus grand. Voilà, dans le domaine des causes générales, la meilleure explication des événements des 5 et 6 octobre.

Mais, si l'on étudie de près cette enquête du Châtelet, menée par des magistrats beaucoup plus préoccupés, quoi qu'il ait été dit, de ne pas se compromettre auprès de l'Assemblée que de servir les passions des partisans de l'ancien régime; si l'on prend à tâche de distinguer des assertions hasardées et suspectes de partialité qui y ont été produites celles auxquelles on peut assigner,

(1) Voir sur la question de la disette à Paris pendant la Révolution les *Tableaux de la Révolution* de M. Adolphe Schmidt, et son autre ouvrage *Paris pendant la Révolution*, traduit et remanié par M. Paul Viollet. Un peu plus tard, la guerre étrangère générale fut une autre cause très importante de disette. Mais on n'en était pas encore là en octobre 1789. Le *Bulletin des Halles* du samedi 3 octobre, lequel a été publié à l'époque même des événements dont nous parlons, constate qu'il y avait ce jour-là abondance de grains et farines sur le marché. Le dimanche 4, Paris commença à s'agiter, et le 5 au matin, les grains et farines parurent manquer.

au contraire, un caractère de vérité, en raison de leur source, de leur concordance et de leur précision, on se trouve en présence d'un certain nombre de faits qui sortent absolument de l'ordre des causes générales : l'argent distribué aux soldats (1), les sommes importantes montrées par quelques-uns de ces émeutiers qui se plaignaient de la faim (2), la composition même des bandes qui ont marché sur Versailles, bandes dans lesquelles on rencontrait non seulement, suivant l'expression de M. Louis Blanc (3), « les courtisanes à côté des mères », mais encore, pour citer toujours le même historien, « des personnes d'une classe plus habituée à fournir des recrues à l'intrigue qu'à l'émeute », et un grand nombre d'hommes déguisés en femmes. Il devient impossible de ne pas reconnaître que des influences se sont exercées, sinon pour déterminer à elles seules « l'émeute la plus violente et la plus générale que j'aie vue de ma vie », comme dit La Fayette, au moins pour soudoyer et embrigader cette émeute.

La provenance des secours et des encouragements ainsi donnés a bien pu être assez complexe.

(1) Voir les dépositions de tous les officiers du régiment de Flandre.

(2) Voir, entre quinze autres, la déposition de la supérieure de l'Infirmerie royale de Versailles, n° LVI de l'Enquête du Châtelet.

(3) M. Louis Blanc est un des historiens qui ont fait l'étude la plus approfondie des événements des 5 et 6 octobre. Un des chapitres qu'il a consacrés à cette étude est intitulé *la Semaine des complots*. Pour M. Louis Blanc il y a eu à la fois complot du côté de la cour et complot du côté du parti populaire, complot du duc d'Orléans et complot du comte de Provence.

A cette époque, grands et petits personnages du parti populaire, gentilshommes de la minorité de la noblesse, négociants comme le futur conventionnel Lecointre, hommes de lettres comme Chamfort, officiers subalternes comme cet ami des Chénier dont le continuateur de l'ouvrage de M. Chérest, M. Joly, rappelle le souvenir, s'épuisaient en faveur de leur cause en libéralités qui passaient on ne sait où. D'autre part, l'un des premiers membres du club breton, Coroller, ne disait-il pas dès le mois de juillet à Malouet, donnant à entendre que les Parisiens se seraient soulevés même si Necker n'eût pas été renvoyé : « C'est nous qui les faisons agir ? » Sieyès lui-même, sortant d'une des séances de ce club breton, ne qualifiait-il pas les projets qui s'y tramaient de « politique de caverne », ainsi que Dumont (de Genève) l'a raconté ? Si les clubs n'avaient pas encore acquis la puissance d'organisation à laquelle ils parvinrent par la suite, les assemblées de district ne constituaient-elles pas des éléments d'organisation insurrectionnelle tout préparés (1) ? Et ceux qui avaient fait capituler le roi en juillet ne pouvaient-ils pas chercher à se rendre maîtres de sa personne, uniquement pour assurer les résultats de leur victoire ?

(1) A Paris même, avant les 5 et 6 octobre, il y avait beaucoup plutôt des réunions en plein vent, des réunions de cafés, que de véritables clubs comme ceux qui se sont créés par la suite. A vrai dire, c'étaient les assemblées de districts elles-mêmes qui étaient alors les clubs; celle du district des Cordeliers, que dirigeait Danton, méritait dès lors tout à fait ce nom.

Il est pourtant un fait qui domine les autres. De même que le point central d'où partaient toutes les commotions qui allaient agiter Paris d'abord, puis la France, était cette enceinte du Palais-Royal où le duc d'Orléans avait laissé complaisamment l'émeute installer, suivant la piquante expression de Rivarol, ses *États généraux*, de même aussi le nom qui servait de ralliement à tous les agitateurs était celui de ce prince. Le duc d'Orléans nourrissait certainement des ambitions personnelles qui excédaient la faible mesure d'énergie de son caractère. La Fayette, auquel il s'en était ouvert, Brissot que ses relations avec Mme de Sillery et Laclos mettaient à même de les connaître, Mirabeau, dans ses épanchements imprudents, nous en fournissent d'irrécusables témoignages. Le duc d'Orléans était d'ailleurs animé contre la reine et son entourage de ressentiments qui l'aiguillonnaient beaucoup plus encore que l'ambition (1). Il avait auprès de lui un homme qui possédait tout l'esprit de suite et toute l'activité froide qui lui manquaient à lui-même, un homme qui ne l'a pas quitté un instant jusqu'en 1792, et qui a été d'ail-

(1) Voir la correspondance de Louis-Philippe-Joseph d'Orléans, publiée par L. C. D. R., Paris Lerouge, 1800. Cette correspondance, tombée, on ne sait comment, dans le domaine public, a tous les carctères de l'authenticité. Quelques-unes des lettres qui la composent se retrouvent aux Archives nationales. Voir aussi la curieuse lettre écrite en 1792 par la maîtresse du prince, Mme de Buffon, et publiée par M. de Lescure (le Dernier amour de Philippe-Egalité dans l'ouvrage intitulé : *l'Amour sous la Terreur*). Paris, Dentu, 1882.

leurs le secrétaire, l'agent d'affiliation et le rédacteur du journal du club des Jacobins de Paris. Nous voulons parler de Laclos. Louis-Philippe-Joseph d'Orléans n'était pas, comme nous le verrons, le seul prince de la famille royale qui rêvât alors de saisir à son profit le pouvoir échappé des mains hésitantes de Louis XVI, mais il était le seul qui pût faire servir les soulèvements populaires directement à ses fins. Il a eu à cet égard du 14 juillet au 5 octobre 1789 une situation exceptionnellement favorable qu'il n'a pas su conserver ensuite. Si donc, et il ne paraît pas possible d'en douter, des manœuvres comme celles dont nous venons de parler (1) ont contribué à l'insurrection du 5 octobre, il est difficile de ne pas faire remonter jusqu'au duc d'Orléans, pour une certaine part au moins, la responsabilité de ces manœuvres, en lui appliquant le vieil adage : *Is fecit cui prodest*. Au surplus, l'attitude publique du prince dans la matinée du 6 à Versailles est au moins louche (2);

(1) La procédure du Châtelet constate, par exemple, qu'il a été jeté plus d'une fois de l'argent au peuple des fenêtres du Palais-Royal.

(2) Nous rangeons, bien entendu, la déposition qui montre le duc d'Orléans, au haut de l'escalier de marbre, lors de l'irruption des émeutiers dans le château de Versailles, leur indiquant de la main l'appartement de la reine, parmi « ces faussetés de quelques témoignages, tournées par les Jacobins, suivant l'expression de La Fayette, en faveur du principal accusé ». Mais il paraît certain, en revanche, que le prince a été vu un peu plus tard, dans cette même matinée, alors que le château était à peine évacué par ses envahisseurs, et que la populace poursuivait encore les gardes du corps, à pied près du château, une grosse

et les explications que lui ou ses avocats ont données sur l'emploi de son temps pendant cette matinée et pendant la journée de la veille, où il n'est pas venu jusqu'à Versailles, ne sont pas très satisfaisantes. Sa place naturelle pendant la crise, s'il n'eût été un prétendant surveillant les événements pour en profiter le moment venu, était auprès du roi, ou au sein de l'Assemblée dont il faisait partie; et jusqu'au 6 octobre, vers onze heures, il ne s'est trouvé à aucun de ces deux postes.

Nous croyons qu'il y a lieu de séparer la cause de Mirabeau de celle de ce prince. Telle fut l'impression de la droite de l'Assemblée, dans la séance du 2 octobre 1790, lors du débat sur l'autorisation de poursuites demandée par le Châtelet; par l'organe de son orateur, l'abbé Maury, elle se montra disposée à abandonner les poursuites contre Mirabeau, tout en demandant qu'elles fussent continuées contre son coaccusé. Quant à la majorité, elle voulait étouffer toute la procédure; et au point de

cocarde à son chapeau, « souriant et jouant avec une petite badine qu'il tenait à la main », au milieu de la foule qui l'acclamait en criant : « Vive le roi d'Orléans ! » Pour détruire la portée des six ou sept témoignages qui attestent ce fait, le duc d'Orléans a d'abord soutenu qu'il n'était parti de Paris pour Versailles ce matin-là qu'à huit heures; puis il a produit une déclaration des gardes nationaux postés à la barrière du Point-du-Jour, lesquels disent l'avoir vu passer en voiture à sept heures et demie. Il a pu fort bien être à Versailles une heure après, c'est-à-dire au moment indiqué par la plupart des témoignages que nous venons de rappeler, et avant la réconciliation de la foule avec les gardes du corps.

vue politique elle avait peut-être raison; mais de ce côté aussi de l'Assemblée, le sentiment commun des esprits modérés était également plus favorable à Mirabeau qu'au duc d'Orléans (1). Il est vrai que Mirabeau s'était arrangé alors pour faire concevoir à son égard des espérances à tous les partis, tandis que le duc d'Orléans n'avait réussi qu'à inspirer à tous une égale défiance, devenant ainsi, suivant les paroles expressives de Talleyrand à Dumont (de Genève): *le vase dans lequel on a jeté toutes les ordures de la Révolution.* Mais dans cette circonstance l'équité, aussi bien que la politique, plaidait en faveur de Mirabeau.

Et d'abord, s'il lui eût paru à propos de présenter une justification complète de sa conduite, le grand orateur eût pu mettre en regard des paroles suspectes qu'on lui reprochait d'avoir prononcées, du 12 juillet au 5 octobre, ses déclarations explicites et réitérées, durant la même période, sur la nécessité « de rendre quelque force au pouvoir exécutif, avant même que la Constitution fût fixée », comme il disait dans un de ses discours, à l'époque de la rédaction de la Déclaration des Droits. Il eût pu rappeler que son journal, le *Courrier de Provence*, avait publié le 30 août 1789, lors de la première tentative d'expédition populaire sur Versailles, une protestation aussi nette qu'éloquente contre un tel projet :

(1) Ce sentiment se manifeste dans les *Mémoires de La Fayette*, mal disposé pourtant contre Mirabeau, qui le lui rendait bien.

Quand on réfléchit, lisons-nous dans le numéro du *Courrier de Provence* dont il s'agit, quand on réfléchit sur cet attentat, si propre à replonger la France dans les horreurs dont nous sommes à peine échappés, on ne peut s'expliquer à soi-même comment, dans cette même capitale si ardente pour la liberté de l'Assemblée nationale quand elle a été menacée, il s'est trouvé des sociétés de citoyens assez violents pour méditer un projet dont le résultat eût été mille fois plus affreux que la dissolution de l'Assemblée par un coup de despotisme... L'Assemblée dissoute par des citoyens ! dispersée par une faction ! Une guerre civile et des flots de sang en seraient la moins terrible des conséquences. La Constitution allait périr avant que de naître. Si, après la proscription de la moitié des représentants de la nation, l'autre avait la lâcheté de continuer ses travaux, qui aurait reconnu son ouvrage ?... Citoyens ! vous croyez que le parti des aristocrates va tenter un dernier effort dans l'Assemblée nationale pour rendre au despotisme ce qu'il a perdu ; vous vous alarmez, vous voulez secourir les patriotes, et vous excitez une fermentation dans la capitale ; vous parlez d'amener une armée, vous menacez d'incendier les châteaux de ceux que vous soupçonnez ; vous promettez à la fureur populaire des victimes, à la justice des outrages, à la patrie du sang et des cruautés. Pauvres frénétiques ! que feriez-vous de plus si vous étiez ses ennemis ?... Toute la force de l'Assemblée nationale est dans sa liberté : la liberté réside dans le combat des opinions. Quand les opinions y seront esclaves, la nation sera asservie... Votre société (l'auteur parle des assemblées du Palais-Royal) n'est pas la France, et la France aimerait mieux encore recevoir des lois de son roi que d'obéir à l'Assemblée nationale soumise à vos menaces, et docile instrument de vos aveugles volontés (1).

(1) *Courrier de Provence*, n° 34.

A la séance du 31 août, dans le compte rendu de laquelle se trouve le passage que nous venons de citer, le député Goupil de Préfeln avait lancé son apostrophe bien connue : « Catilina emploie toutes ses forces à fomenter des séditions. Catilina est à nos portes, et l'on écarterait les moyens d'arrêter ses fureurs par l'odieuse chicane d'une question préalable. » Toute l'Assemblée, ce jour-là, s'était indignée des troubles, des projets factieux, des lettres anonymes violentes dont il lui avait été donné connaissance, et Mirabeau avait eu à cœur de prouver qu'il n'était pas Catilina, ni le complice de Catilina.

Son langage étant toujours dicté par les circonstances du moment, au point d'avoir permis à Mounier, par exemple, de rassembler en très peu de lignes un curieux ensemble de contradictions à lui échappées à quelques semaines de distance, les extraits qui précèdent ne suffiraient pas peut-être à disculper sa mémoire de toute part aux accusations relatives aux 5 et 6 octobre. Mais nous avons en sa faveur le témoignage très précis du comte de La Marck, dans les *Souvenirs* placés en tête de la correspondance publiée par M. de Bacourt, ce témoignage auquel Mirabeau se référait déjà, comme nous l'avons vu, dans son discours du 2 octobre 1790 sur la procédure du Châtelet. Si M. de La Marck a pu être parfois un peu prévenu par le sentiment d'amitié si solide et si touchant que le grand tribun avait réussi à lui inspirer, la droiture de son caractère et la loyauté de sa parole ne peuvent néanmoins faire de doute pour personne. C'était M. de La Marck qui avait pour la première fois, à un dîner chez lui, vers la fin de l'année 1788, amené une rencontre de Mirabeau et du duc d'Orléans. Dès le mois d'octobre 1787, nous l'avons vu, Mirabeau, à la suite de la protestation formulée par le duc d'Orléans au lit de justice tenu par le roi, et de l'exil du prince à Villers-Cotterets, lui avait adressé une longue lettre où il ne ménageait pas l'expression de son admiration et de son dévouement. Mais de cette lettre il n'était pas résulté, paraît-il, de relations particulières. Un an après, lors du dîner de M. de La Marck, Mirabeau et le duc d'Orléans, malgré leurs amis communs, ne se connaissaient pas encore personnellement. « Le dîner, raconte M. de La Marck en parlant de la rencontre qu'il avait provoquée, ne fut point agréable; les convives en sortirent peu satisfaits les uns des autres, et, quelques jours après, Mirabeau, tout en remerciant son hôte de lui avoir fait connaître un monde auquel jusqu'alors il était à peu près étranger, ne lui cacha pas que le langage de M. le duc d'Orléans lui avait déplu; il répéta plusieurs fois que ce prince ne lui inspirait ni goût ni confiance. » Ajoutons que c'était le moment où Mirabeau, pour son élection, avait le plus pressant besoin d'argent; qu'il cherchait par le duc de Lauzun à en obtenir de l'un des ministres, M. de Montmorin; et que pas une fois dans sa correspondance avec Lauzun, qui était pourtant un familier du duc d'Orléans, il ne semble avoir l'idée de s'adresser à ce dernier.

Peu de temps avant les journées des 5 et 6 octobre, le duc d'Orléans et Mirabeau se trouvèrent encore réunis à dîner, à Versailles, chez M. de La Marck. « Je vis clairement, raconte ce dernier, qu'il existait entre eux une réserve qui excluait toute supposition d'une intelligence secrète; car ils n'avaient, ni l'un ni l'autre, à cette époque surtout, aucun intérêt à me tromper. D'ailleurs, à quelques jours de là, je fus bien confirmé dans mon opinion par une question du duc d'Orléans, qui me demanda tout à coup et assez brusquement : *Quand Mirabeau servira-t-il la Cour?* J'évitai de répondre d'une manière qui prolongeât la conversation sur ce sujet. Je dis seulement : *Il me semble que, jusqu'à présent, il n'en a pas pris le chemin.* »

A cette époque, c'est-à-dire vers la fin du mois de septembre 1789, Mirabeau tenait toujours à La Marck le langage d'un homme qui eût désiré se rapprocher de la Cour, et, s'il prédisait avec une éloquence quelquefois effrayante les dangers qui pourraient menacer le roi et la famille royale, il y avait chez lui plus de dépit que de colère d'avoir vu ses premières tentatives de rapprochement dédaignées et éludées. « Il me répétait toujours en parlant de la Cour, dit M. de La Marck : *A quoi donc pensent ces gens-là? Ne voient-ils pas les abîmes qui se creusent sous leurs pas?* — Une fois même, poussé à un état d'exaspération plus violent que de coutume, il s'écria : *Tout est perdu; le roi et la reine y périront et, vous le verrez, la populace battra leurs cadavres.* — Il remarqua l'horreur que me causait cette expression. *Oui, oui*, répéta-t-il, *on battra leurs cadavres; vous ne comprenez pas assez les dangers de leur position; il faudrait pourtant les leur faire connaître.* »

Tandis qu'on lui reprochait de s'être mis à la solde du duc d'Orléans, Mirabeau venait, un jour de ce mois de septembre, solliciter un prêt du comte de La Marck, déclarant « ne savoir où donner de la tête et manquer du premier écu », et, après ce premier emprunt, il continuait, sur l'invitation même de M. de La Marck, trop heureux, disait-il, « de contribuer à assurer l'indépendance de ses talents et de son caractère », à puiser dans la bourse délicatement mise à sa disposition par celui-ci.

Le 5 octobre, au sortir de la séance où il avait cédé à un mouvement fâcheux d'emportement, c'est chez M. de La Marck qu'il se rendit. « Mirabeau, rapporte encore M. de La Marck, passa avec moi la journée du 5 octobre jusqu'à six heures du soir. Nous dînâmes chez moi tête-à-tête ainsi qu'il l'a dit à la tribune, dans sa défense à l'occasion du rapport sur la procédure du Châtelet de Paris. Il fut question, en effet, entre nous deux (et comme Mirabeau l'a dit dans cette défense) des troubles du Brabant, et nous avions sous les yeux une carte de ce pays pour étudier la marche des troupes (de l'empereur contre ses sujets révoltés); mais, au vrai, cet objet ne nous prît guère plus d'une heure, et le reste du temps fut employé à parler des dangers qui devaient résulter du système de conduite de la Cour et de l'agitation qui régnait dans Paris. Nous ignorions encore cependant ce qui s'y préparait pour cette journée. Tout ce que le comte de Mirabeau dit à ce sujet portait sur l'habileté et l'énergie que les circonstances exigeaient, et il serait à désirer que cette motion eût été traitée dans le conseil du roi, comme elle le fut chez moi par le comte de Mirabeau. Dans toutes ses observations et dans tous les développements qu'il leur donnait, loin de se montrer un factieux, il parlait en grand citoyen... » M. de La Marck quitta Mirabeau ce jour-là, il est vrai, à six heures, et ne peut rendre compte de ce que son ami a fait plus tard dans la soirée. Et, d'autre part, il résulte des propos tenus par Mirabeau à Mounier, dans la séance du matin, qu'il était mieux informé peut-être de ce qui se préparait qu'il ne voulait le laisser voir à M. de La Marck. Il est un point sur lequel Mirabeau a, selon ses paroles même, attesté M. de La Marck, dans son discours du 2 octobre 1790, et qui n'est pas confirmé par celui-ci : « Ayant à peine employé trois minutes à dire quelques mots sur les circonstances du moment (on a vu par le récit de M. de La Marck que ce détail du moins n'est pas exact), sur le siège de Versailles qui devait être fait par les amazones si redoutables dont parle le Châtelet, et considérant la funeste probabilité que des conseillers pervers contraindraient le roi à se rendre à Metz, je dis à M. de La Marck, raconte Mirabeau : *La dynastie est perdue si Monsieur ne reste pas et ne prend pas les rênes du gouvernement.* Nous convînmes des moyens d'avoir sur-le-champ une audience du prince, si le départ du roi s'exécutait. C'est ainsi que je commençais mon rôle de complice, et que je me préparais à faire M. le duc d'Orléans lieutenant général du royaume. »

Les explications de M. de La Marck établissent, au contraire, que ce fut lui qui eût la première idée de mettre Mirabeau en rapport avec le comte de Provence; mais quelques jours plus tard seulement, lorsque Mirabeau lui eut remis un mémoire qu'il était venu, dès le lendemain du 6 octobre, lui proposer de rédiger, pour indiquer la manière de faire sortir de Paris Louis XVI avec sa famille sans compromettre sa couronne. M. de La Marck, qui n'était pas à la séance du 5 octobre au matin, avait fait de vifs reproches à son ami lorsqu'il avait appris à quelles attaques contre la reine celui-ci s'était livré dans cette séance. Il avait été jusqu'à dire à Mirabeau que sa conduite en cette circonstance l'avait dégoûté d'entretenir des rapports avec lui. Mirabeau, après avoir cherché d'abord à se justifier, en rejetant sa faute sur les entraînements de la discussion et les provocations du côté droit de l'Assemblée, avait fini par avouer ses torts, comme il savait si aisément le faire; et c'était pour reconquérir l'estime de M. de La Marck qu'il avait entrepris le mémoire dont nous venons de parler.

Dans ce mémoire qui a été publié par M. de Bacourt et qui est un des plus célèbres parmi tous ceux que contient son recueil, Mirabeau développe avec force la pensée qu'il avait exprimée de lui-même à M. de La Marck : « Si la famille royale ne sort de Paris, elle et la France sont perdues. » Il repousse non moins énergiquement toute idée pour le roi de sortir de France, ou même de se retirer sur la frontière, à Metz par exemple, de manière à se placer en apparence ou en réalité sous la protection de l'étranger. Il conseille au roi de se retirer à Rouen, de s'y appuyer sur un rassemblement de gardes nationales fidèles, d'y rassurer la nation par des proclamations où il renouvellerait la sanction donnée aux bases de la Constitution, et motiverait l'ajournement de la sanction de plusieurs autres décrets; enfin d'y appeler l'Assemblée nationale, et, si elle ne se rendait pas à cet appel, de convoquer une autre législature.

Voilà ce que Mirabeau ne pouvait avouer rétrospectivement à l'Assemblée; quant à l'idée de faire saisir les rênes du gouvernement par le comte de

Provence, en cas de départ du roi, il n'en est pas question dans le mémoire, et elle est même en désaccord avec le plan recommandé par Mirabeau.

M. de La Marck a raconté comme quoi, ayant fait demander à Monsieur par M. de La Châtre, premier gentilhomme de la chambre du prince, une entrevue aussi secrète que possible, il fut introduit chez le prince, dans la nuit du 15 octobre, et lui remit lui-même le mémoire de Mirabeau. Le comte de Provence en prit sommairement connaissance séance tenante, et après avoir fait ses observations soit sur des passages qui manquaient de clarté, soit sur les mesures proposées même, et qui lui paraissaient être d'une exécution difficile, n'hésita pas à dire cependant qu'il approuvait en général le plan proposé. Mais il se rejeta sur le manque de résolution du roi, qui ne lui permettrait jamais d'adopter un tel plan, et ce fut à cette occasion qu'il prononça ces paroles souvent rappelées : « La faiblesse et l'indécision du roi sont au delà de tout ce qu'on peut dire. Pour vous faire une idée de son caractère, imaginez des boules d'ivoire huilées que vous vous efforceriez vainement de retenir ensemble. »

Après plus de deux heures de conversation avec Monsieur, le comte de La Marck se retira « la tristesse dans l'âme », dit-il. L'entrevue pourtant n'avait pas été inutile, car elle devint le point de départ des relations qui eurent lieu par la suite entre Mirabeau et ce prince.

Ce rapprochement-là, si secret qu'il ait été tenu, n'a pu rester inaperçu. « Ceux qui connaissent le comte de Mirabeau, écrit Mounier dans un passage de son *Appel au tribunal de l'opinion publique*, ignorent-ils qu'il n'est pas en son pouvoir de taire ses projets. Cette indiscrétion qui le trahit sans cesse est un défaut pour lui; elle est peut-être pour les autres un bienfait de la Providence. Elle semble l'avoir doué de l'indiscrétion comme, suivant quelques observateurs, elle fait croître à côté de certaines plantes vénéneuses celles qui doivent leur servir d'antidote. » Eh bien! si, de l'aveu même des adversaires de Mirabeau, son indiscrétion ne lui permettait pas de dissimuler ses projets, croit-on que des projets arrêtés de sa part en faveur du duc d'Orléans se fussent simplement manifestés par de vagues propos, par des boutades dans des conversations particulières, ou des violences contre la reine à la tribune? Mirabeau était aussi prompt à écrire qu'à parler; toutes ses négociations, toutes ses trames secrètes ont donné lieu de sa part à des correspondances suivies qui, les unes après les autres, depuis cent ans, ont plus ou moins complètement reparu au jour; ne serait-il pas bien étonnant que, seule entre toutes, son intrigue avec le duc d'Orléans, si elle eût été ce que l'on a pu penser, n'eût pas laissé de traces écrites? Au cas où il eût réellement formé avec ce prince, comme plus tard avec la Cour, un traité secret par lequel il lui eût assuré son concours, sa première préoccupation, dans l'état de détresse pécuniaire où il se trouvait depuis la mort de son père comme auparavant, n'eût-elle pas été de tirer d'abord d'un pareil traité des profits d'argent? Ces profits d'argent, comme ceux que lui procurera plus tard son entente avec la Cour, ne se fussent-ils pas immédiatement révélés par un changement dans son existence extérieure, par une profusion de ces dépenses de luxe qu'il ne savait pas modérer? Concluons donc que Mirabeau, comme beaucoup d'autres, a pu avoir la pensée de placer à la tête du gouvernement, au cas où Louis XVI ne saurait plus s'y maintenir, un prince naturellement désigné par les sentiments politiques qu'il professait et sa situation dans l'opinion; mais que cette pensée, conçue vers l'époque de l'insurrection du mois de juillet, loin de prendre racine ensuite dans son esprit, s'en est au contraire éloignée à mesure que le caractère du prince lui a été mieux connu; que, lié avec des amis du duc d'Orléans, il a dû aussi établir un commerce passager avec le duc d'Orléans lui-même, et frapper à cette porte, si nous pouvons parler ainsi, comme il a frappé successivement à toutes les portes qui pouvaient ouvrir carrière à son ambition impatiente; mais qu'il n'a jamais été ni dépositaire des véritables secrets du prince et de son entourage (Laclos, dit M. de La Marck, Laclos, qui était l'âme du parti d'Orléans, connaissait trop les hommes pour donner sa confiance à Mirabeau), ni engagé à leur égard par un pacte formel; qu'en nouant des intelligences avec quelques-uns des chefs d'émeute du temps, il a cherché à cultiver sa propre popularité beaucoup plus qu'à servir les ambitions d'autrui. La pusillanimité du duc d'Orléans, à la suite des événements des 5 et 6 octobre, l'a détaché de ce prince complètement et pour toujours.

On sait que La Fayette, fort prévenu contre le duc d'Orléans, et ne jugeant pas sa mission de pacification remplie s'il n'enlevait aux agitateurs l'appui moral ou matériel de ce prince, s'était déterminé à « l'attaquer corps à corps », suivant son expression, afin de l'obliger à quitter momentanément la France. Dès le 7 octobre, c'est-à-dire dès le lendemain matin du jour où il avait ramené le roi à Paris, il demanda au duc un rendez-vous chez la marquise de Coigny, dans la société de laquelle il avait l'habitude de le rencontrer. Là, après une conversation que Mirabeau, dans son discours du 2 octobre 1790, appelait très impérieuse d'une part et très résignée de l'autre, La Fayette arracha à son noble interlocuteur la promesse de partir pour Londres avec une espèce de mission pour justifier ce départ. Quand le duc d'Orléans rendit compte de ce résultat à ses amis dont La Fayette voulait aussi éloigner quelques-uns, et notamment le duc de Biron, ceux-ci lui firent sentir tous les inconvénients d'une obéissance qui équivalait à un aveu des torts qui lui étaient reprochés. Le soir même, le duc d'Orléans écrivit à La Fayette qu'il avait changé d'avis. La Fayette lui assigna alors un second rendez-vous dans la même maison, et le conduisit chez le roi pour recevoir ses ordres. En présence du roi, le duc d'Orléans n'eut ni plus de fermeté, ni plus de dignité; et comme il disait à Louis XVI qu'*il tâcherait de découvrir à Londres les auteurs des troubles*, il supporta cette réponse de Lafayette : « Vous y êtes plus intéressé que tout autre, car personne n'y est autant compromis que vous. » Néanmoins, et quoiqu'il eût paru cette fois encore céder, le prince se ravisa de nouveau après sa visite au roi. Le duc de Biron, son ami, vint se consulter avec Mirabeau.

Ce jour-là, le 12 octobre, Mirabeau était malade dans le logement garni qu'il occupait encore à Paris, hôtel de Malte, rue Traversière, près des Halles, comme avant son élection aux Etats généraux. Le comte de La Marck se trouvait chez lui, dans ce logement, lorsque le duc de Biron s'y rendit; il assista à la conversation. Mirabeau, devant lui, déclara avec énergie que le duc d'Orléans ne devait pas se soumettre aux injonctions de La Fayette, et ajouta que si, le surlendemain 13, le prince voulait venir à l'Assemblée, lui-même y « attaquerait La Fayette et parlerait de manière à déjouer toutes ses prétentions ».

Dans cette circonstance, Mirabeau était beaucoup

moins animé par un sentiment de solidarité avec le duc d'Orléans que par un sentiment de rivalité contre Lafayette et d'irritation contre l'autorité que celui-ci s'arrogeait. Il envisageait surtout le duc d'Orléans comme une influence à opposer à celle de l'homme qui prenait ainsi, disait-il, des allures de maire du palais. Il ne soupçonnait pas encore toute la faiblesse et, tranchons le mot, toute la lâcheté du personnage royal qu'il s'était engagé à défendre.

Le 13, le duc de Biron vint encore voir Mirabeau. Il lui rendit compte des nouvelles irrésolutions de son prince, et peut-être d'une troisième conférence que La Fayette avait eue avec le duc d'Orléans en présence du ministre des affaires étrangères, M. de Montmorin. C'est à la suite de cette visite de M. de Biron que Mirabeau écrivit au comte de La Marck le billet suivant publié dans le recueil Bacourt (1). « M. de Biron sort de chez moi ; il ne part pas parce qu'il a de l'honneur. Je ne sais pas encore s'il est bien sûr que les autres partiront. Le pauvre prince est leurré, ou veut le paraître, par l'espoir de conclure la quadruple alliance (2). Il est chargé d'une lettre du roi pour le roi d'Angleterre. Il n'y

(1) Ce billet est daté du 14 dans le recueil de M. de Bacourt. La date doit avoir été ajoutée après coup par M. de La Marck. Dans l'ordre des événements, le billet se place bien le 13, avant la notification à l'Assemblée du départ du duc d'Orléans, laquelle eut lieu le 14.

(2) On faisait entrevoir aussi au prince l'espérance de la royauté des Pays-Bas, au cas où l'insurrection de ces pays, ap-

a pas une preuve contre lui, et quand il y en aurait il n'y en a pas. Ceci devient trop imprudent. Je vous l'ai déjà dit, cher comte, je ne courberai jamais la tête que sous le despotisme du génie. A demain dans l'Assemblée nationale. *Vale et me ama.* »

M. Louis Passy, dans son remarquable ouvrage sur *Frochot, préfet de la Seine*, nous apprend que le même jour Mirabeau reçut encore la visite de son collègue à l'Assemblée nationale, Frochot, auquel il parla avec beaucoup de vivacité de la nécessité de lutter contre la tyrannie de La Fayette. Frochot s'efforça de le dissuader de son projet de dénonciation à l'Assemblée, en lui faisant observer avec beaucoup de raison que son intérêt comme son devoir était de tendre la main à La Fayette pour résister à l'anarchie et achever la constitution. M. Passy pense que Frochot obtint au moins de Mirabeau des adoucissements aux termes de la dénonciation qu'il avait préparée. Il a retrouvé dans les papiers de Frochot le texte du discours que Mirabeau arrêta sans doute sous une forme définitive avec son ami.

Dans ce document, Mirabeau, après avoir établi que, comme représentant de la nation, le duc d'Orléans est justiciable en tous sens de l'Assemblée ; que « ce serait la plus haute des imprudences ou

puyée par l'Angleterre et la Prusse, ne permettrait pas à l'Autriche de les conserver. Voir les instructions de M. de Montmorin dans le *Recueil de la correspondance de Louis-Philippe-Joseph d'Orléans*, publié en 1800.

la plus insigne des prévarications de laisser amortir impunément des complots s'ils existent » ; mais que « tout doit être éclairci, jugé, connu », semble d'ailleurs préoccupé surtout, ainsi que le fait remarquer M. Passy, de se dégager personnellement de tout soupçon. « J'ai, Messieurs, dit-il, un droit plus particulier, s'il est possible, qu'aucun de mes collègues à vous le demander (l'éclaircissement dont il vient de parler). Depuis des mois entiers on m'accuse d'être un des principaux agents de M. le duc d'Orléans et, pour tout dire en un mot, son complice ; j'ai pu, j'ai dû mépriser ces dégoûtantes absurdités aussi longtemps qu'elles n'ont été que le perfide passe-temps de l'envie ou de la malignité. J'ai tâché de répondre par mes services, et j'ai regardé toutes ces machinations comme le véritable émolument de ma chevalerie ; mais aujourd'hui que le départ de M. le duc d'Orléans et les motifs qu'en donnent ses ennemis accréditent tous les bruits injurieux contre le prince et ceux dont on a jugé à propos de composer son parti, je relève moi-même ces allégations, et je provoque les accusateurs au grand jour. Je demande donc que le président se retire le plus tôt possible vers le roi et le supplie en votre nom de faire revenir le duc d'Orléans pour reprendre immédiatement ses fonctions, rendre compte de sa conduite si elle est inculpée, et subir contradictoirement avec ses accusateurs, quels qu'ils soient, le procès dont vous indiquerez l'objet, les formes et les juges. »

Le lendemain, mercredi 14, Mirabeau partit de bonne heure pour Versailles avec ce projet de discours dans sa poche. Il rencontra au pont de Sèvres un aide de camp de La Fayette qui revenait de Versailles avec le passeport donné au duc d'Orléans par l'Assemblée. Il apprit en même temps que M. de Montmorin avait écrit au président de l'Assemblée une lettre qui l'informait officiellement du départ du prince. Lorsque Mirabeau arriva lui-même à l'Assemblée, dont la séance était ouverte depuis quelque temps, et y trouva un billet du duc de Biron lui annonçant la résolution finale du duc d'Orléans, il savait donc déjà que son projet de dénonciation était devenu inutile. Au lieu d'y donner suite, il déposa le jour même sa proposition de loi martiale, et devant plusieurs députés il épancha sa colère et son mépris à l'endroit du premier prince du sang en termes fort durs pour celui-ci : « Lisez, dit-il en leur tendant la lettre de M. de Biron, lisez, on prétend que je suis de son parti ; je ne voudrais pas de lui pour mon valet (1). » De ce jour, toutes relations entre Mirabeau et le duc d'Orléans cessèrent complètement. De ce jour aussi les tendances modérées de Mirabeau se manifestèrent plus ouvertement et avec plus de suite.

(1) Selon un des témoins entendus dans l'enquête du Châtelet, il se serait exprimé plus brutalement encore.

FIN DU TOME QUATRIÈME

TABLE DES MATIÈRES

DU QUATRIÈME VOLUME

(Voir à la fin du tome V les pièces justificatives se rapportant aux matières traitées dans ce volume.)

Paris. — Soc. d'Imp. Paul Dupont, 4, rue du Bouloi (Cl.). 17.3.91.

www.ingramcontent.com/pod-product-compliance
Lightning Source LLC
LaVergne TN
LVHW010523100826
845148LV00001B/77

* 9 7 8 2 0 1 2 6 9 6 4 0 2 *